The New Grove®

Die großen Komponisten

Meister der italienischen Oper

W0040075

The New Grove®

Die großen Komponisten

Herausgeber: Stanley Sadie
Deutsche Redaktion: Uwe Schweikert

The New Grove®

Die großen Komponisten

Philip Gossett · William Ashbrook
Julian Budden · Friedrich Lippmann
Andrew Porter · Mosco Carner

MEISTER DER ITALIENISCHEN OPER

Rossini · Donizetti · Bellini Verdi · Puccini

Aus dem Englischen
von
Annette Holoch

Verlag J.B. Metzler
Stuttgart · Weimar

4

Titel der Originalausgabe: »Masters of Italian Opera«
© Philip Gossett, William Ashbrook, Julian Budden, Friedrich
Lippmann, Andrew Porter, Mosco Carner 1980, 1983
Zum ersten Mal erschienen in
»The New Grove Dictionary of Music and Musicians«,
herausgegeben von Stanley Sadie, 1980
Erste Taschenbuchausgabe mit Zusätzen
erschienen 1983 bei Macmillan London Limited
The New Grove and the New Grove Dictionary of Music
and Musicians are registered trademarks of Macmillan
Publishers, London

Die Deutsche Bibliothek – CIP-Einheitsaufnahme

The new Grove – die grossen Komponisten / Hrsg.: Stanley
Sadie. – Stuttgart ; Weimar : Metzler
NE: Sadie, Stanley [Hrsg.]

Meister der italienischen Oper. – 1993

Meister der italienischen Oper : Rossini – Donizetti – Bellini –
Verdi – Puccini / Philip Gossett ... Aus dem Engl. von Annette
Holoch. – Stuttgart ; Weimar : Metzler, 1993
(The new Grove – die grossen Komponisten)
Einheitssacht.: Masters of Italian opera <dt>
ISBN 3–476–00928–9
NE: Gossett, Philip; Holoch, Annette [Übers.]; EST

© 1993 J.B. Metzlersche Verlagsbuchhandlung
und Carl Ernst Poeschel Verlag GmbH in Stuttgart
Einbandgestaltung: Willy Löffelhardt
Satz: Typobauer Filmsatz GmbH, Ostfildern
Druck: Gulde Druck GmbH, Tübingen
Printed in Germany

Verlag J.B. Metzler Stuttgart · Weimar

EIN VERLAG DER SPEKTRUM FACHVERLAGE GMBH

INHALT

Gaetano Donizetti
(William Ashbrook, Julian Budden)

Erstes Kapitel: Leben   *Seite 108*

Zweites Kapitel: Die Opern   *Seite 122*

Drittes Kapitel: Andere Werke   *Seite 141*

Vincenzo Bellini
(Friedrich Lippmann)

Erstes Kapitel: Leben   *Seite 174*

Zweites Kapitel: Werke   *Seite 183*

GIUSEPPE VERDI
(*Andrew Porter*)

GIACOMO PUCCINI
(*Mosco Carner*)

VORWORT

Dieser Band enthält eine Reihe von Kurzbiographien aus *The New Grove Dictionary of Music and Musicians* (London 1980). In seiner ursprünglichen Form wurde der Text Mitte der siebziger Jahre verfaßt und Ende des Jahrzehnts fertiggestellt. Für diese Ausgabe wurde der Text von den Autoren nochmals durchgesehen und überarbeitet und gegebenenfalls verändert. Besonderer Wert wurde darauf gelegt, die Bibliographien zu aktualisieren und die neusten Forschungsergebnisse einzubeziehen.

Die Tatsache, daß die Texte dieser Buchreihe ursprünglich als Lexikonartikel gedacht waren, unterscheidet sie im Duktus unweigerlich von Büchern, die von Anfang an als solche konzipiert wurden. In erster Linie sollen sie eine große Menge Information enthalten, die rasch und einfach nachzuschlagen ist. Vorrangiges Anliegen sind mehr Tatsachen als Meinungen, was dazu führt, daß dem biographischen Teil jeweils überdurchschnittlich mehr Platz eingeräumt wird als der kritischen Diskussion. Im Wesen eines Nachschlagewerkes liegt die besondere Verpflichtung, gesichertes Wissen weiterzugeben, sowie das Leben und Werk der Komponisten in der Art einer Enzyklopädie zu behandeln, nämlich Quellen anzuerkennen und unterschiedliche Standpunkte sorgfältig wiederzugeben, anstatt phantasievollen und spekulativen Gedanken über den Charakter oder die Musik eines Komponisten Ausdruck zu verleihen. Es bleibt zu hoffen, daß die umfassenden Werkverzeichnisse und die ausführlichen Bibliographien den Leserinnen und Lesern nützlich sein werden, die darauf bedacht sind, einen vollständigen und umfassenden Zugang zu allen Informationen zu erhalten.

S. S.

Für die deutsche Ausgabe wurden die Texte nochmals durchgesehen und, wo nötig, ergänzt bzw. korrigiert. Hier ist vor allem Julian Budden für seine Hilfe zu danken. Friedrich Lippmann hat den deutschsprachigen Originaltext seines Bellini-Artikels zur Verfügung gestellt und diesen gleichfalls ergänzt. Werkverzeichnis und Bibliographie zu Bellini folgen seiner Zusammenstellung, die er für den 1992 erschienenen »The New Grove Dictionary of Opera« gemacht hat. Die Werkverzeichnisse und Bibliographien der übrigen Artikel wurden von der Verlagsredaktion bis Ende 1992 ergänzt und auf die Bedürfnisse des deutschsprachigen Lesers umgestellt. Auch in diesen Fällen konnte durch das Entgegenkommen Stanley Sadies auf die entsprechenden Verzeichnisse des »New Grove Dictionary of Opera« zurückgegriffen werden. Die Puccini-Bibliographie wurde von Jürgen Maehder neu erstellt. Ihm und Anselm Gerhard ist darüber hinaus für einzelne Hinweise und Korrekturen zu danken.

U. Sch.

GIOACHINO ROSSINI

PHILIP GOSSETT

ERSTES KAPITEL
EINFÜHRUNG

Kein Komponist aus der ersten Hälfte des 19. Jahrhunderts erfreute sich eines solchen Maßes an Anerkennung, Reichtum, Popularität oder künstlerischem Einfluß wie Rossini. Seine Zeitgenossen erkannten ihn als den größten italienischen Komponisten seiner Zeit an. Seine Errungenschaften ließen die Opernwelt eines Cimarosa und Paisiello in Vergessenheit geraten, denn er schuf neue Normen, an denen andere Komponisten gemessen wurden. Daß sowohl Bellini als auch Donizetti ihren eigenen Stil herausbildeten, ist unleugbar; aber sie arbeiteten in Rossinis Schatten, und ihr künstlerisches Profil entstand in der Auseinandersetzung mit seinen Opern. Erst Verdi konnte Rossinis Platz im Zentrum des italienischen Opernlebens übernehmen.

Doch Rossinis Bild als Mensch und Künstler bleibt verzerrt. Als Mensch taucht er meistens als der träge Geschichtenerzähler, als Gourmet, als geistreicher Mittelpunkt eines Salons des Zweiten Empire auf. Dieses Bild rührt überwiegend aus der Art der vorhandenen biographischen Quellen. Nahezu alle überlieferten Dokumente über Rossinis Leben stammen aus der Zeit, nachdem er sich 1829 als Opernkomponist zurückgezogen hatte. Über seine aktive Karriere weiß man wenig außer dem, was Stendhal in seiner glänzenden aber unzuverlässigen Biographie *Vie de Rossini* berichtet, was Rossini vierzig Jahre später seinen Besuchern in Paris erzählte und was man sich aus den knappen Fakten seiner aufgeführten Werke und der wenigen erhaltenen Briefe aus der Frühzeit zusammenstückeln kann. Die faszinierenden Einblicke in die Entwicklung eines Komponisten, wie sie beispielsweise die Korrespondenzen Bellinis oder Verdis gewähren, die Beziehung zwischen Komponist und Librettist, das ästhetische Bekenntnis in Augenblicken künstlerischer Eingebung – all das fehlt bei Rossini völlig.

Auch das allgemeine Verständnis von Rossini als Komponist

ist falsch. Bis vor kurzem wurde Rossinis historischer Stellen-
wert verzerrt. Grund hierfür ist die Beliebtheit seiner großen
komischen Opern, die zu den letzten und großartigsten Beispielen des *Buffo*-Stils zählen. Seine Verbindung zum 18. Jahrhundert wurde konsequent betont, wohingegen seine Stellung
im 19. Jahrhundert mißverstanden wurde. So überragend die
Buffo-Opern auch sein mögen, so kommt Rossini als Komponist der *Opera seria* doch eine historisch größere Bedeutung
zu. Er warf die Formeln des 18. Jahrhunderts über Bord und
fand für die neue Konvention einen Code, der die italienische
Oper für ein halbes Jahrhundert bestimmte. Zwischen 1810
und 1850 wurde die italienische Oper in vielerlei Hinsicht
reformiert: Die Gesangstechnik und Melodik veränderten sich
drastisch; das Theater der Romantik verjagte dramatische
Konventionen, die sowohl das Theater als auch die Oper ty-
rannisiert hatten und wurde so zu einem neuen Quell von
Opernthemen und Operntechniken; das Selbstverständnis des
Komponisten veränderte sich vom Handwerker zum schöpferischen Künstler, wobei jedem einzelnen Kunstwerk zwangsläufig eine neue Bedeutsamkeit zugemessen wurde. Aber stets
beruhte die italienische Oper auf den musikalischen Formen,
dem Stil der Orchestrierung, der rhythmischen Vitalität, der
Rolle der Musik und wie sie das Drama definierte und ihm
Form verlieh. Vorbild hierfür war die Art und Weise, wie dies
erstmals in den Opern Rossinis voll entwickelt wurde.

ZWEITES KAPITEL
KINDHEIT UND JUGEND

Gioachino (Antonio) Rossini wurde am 29. Februar 1792 in Pesaro geboren, einer Kleinstadt an der Adria in den Marken. Seine unmittelbaren väterlichen Vorfahren hatten ihre Wurzeln in Lugo, wohingegen die Familie seiner Mutter aus Urbino kam. Beide Elternteile waren Musiker. Giuseppe Antonio Rossini war ein recht begabter Hornist und ging seinem Sohn als Mitglied der Accademia Filarmonica in Bologna 1801 voran. Zu Beginn seiner Karriere spielte er in Militärkapellen und übernahm bei Zeremonien die Funktion der öffentlichen *trombetta*, einen Posten, den er in Pesaro erhielt, als er sich dort 1790 niederließ. Das Haus, in welches er einzog, beherbergte auch die Familie Guidarini, deren Tochter Anna er am 26. September 1791 heiratete.

Die ersten Jahre nach Rossinis Geburt waren in Pesaro nicht gerade friedfertig. Die Napoleonischen Kriege brachten in verwirrender Abwechslung mal französische, mal päpstliche Truppen mit sich und waren für Giuseppe besonders hart, dessen Enthusiasmus für die Sache der Freiheit den päpstlichen Machthabern mißfiel und zu einer kurzen Inhaftierung im Jahr 1800 führte. Die Erinnerung an das Mißgeschick seines Vaters mag später Gioachinos Enthusiasmus für den italienischen Nationalismus gebremst haben. Das Kind blieb oft bei der Großmutter mütterlicherseits zurück, während seine Eltern in den Opernhäusern der Region musizierten, der Vater im Orchestergraben, die Mutter als Sängerin kleinerer Rollen auf der Bühne.

Als die Familie 1802 nach Lugo umzog, unterrichtete ihn sein Vater im Hornspiel, während ein örtlicher Priester namens Giuseppe Malerbi ihn in Gesang und Komposition einwies. Malerbis musikalisches Wissen und seine enorme Sammlung an Partituren scheinen einen im großen und ganzen günstigen Einfluß auf den musikalischen Geschmack des Kindes gehabt zu haben. Zahlreiche Kompositionen aus Rossinis

Jugendzeit fanden sich unter Malerbis Papieren. Nachdem ein Halsleiden Anna zum Rückzug von der Bühne zwang, ließ sich die Familie in Bologna nieder. Bald muß sich herauskristallisiert haben, daß Gioachino als Sänger hochbegabt war, denn im Juni 1806 folgte er seinem Vater in die Accademia Filarmonica, eine außergewöhnliche Ehre für einen so jungen Menschen. Über seine frühen musikalischen Aktivitäten gibt es nur spärliche Dokumente, man kann aber davon ausgehen, daß er als Sänger (sein Auftritt als Knabe Adolfo in Paers *Camilla* am Teatro del Corso in Bologna in der Spielzeit des Jahres 1805 wird von einem Libretto bezeugt, welches zu diesem Anlaß gedruckt wurde), als Komponist (mehrere Werke stammen aus diesen Jahren, darunter die sechs *sonate a quattro*, die vermutlich 1804 geschrieben wurden, verschiedene Messen und religiöse Werke, Ouvertüren und so fort) sowie als Instrumentalist (denn in dieser Zeit fungierte er häufig als *maestro al cembalo* in Theatern) in Erscheinung trat. Ein reicher Kaufmann aus Ravenna namens Agostino Triossi war ein früher Gönner Rossinis: Viele der Kompositionen des Knaben wurden für private Aufführungen in Triossis Haus verfaßt.

In Bologna erhielt Rossini privaten Unterricht bei Padre Angelo Tesei. Er machte rasch Fortschritte, und im April 1806 war er so weit, in das Liceo Musicale einzutreten. Hier erhielt er Unterricht in Gesang, Cello, Klavier und, was am wichtigsten war, im Kontrapunkt bei Padre Stanislao Mattei, dem Direktor des Liceo und Nachfolger von Padre Martini. Rossini, stets ein ausgeprägter Praktiker, fand nicht so recht Gefallen an den höchst esoterischen Techniken des Kontrapunkts. Er berichtete später seinem Freund Edmond Michotte, daß Mattei ihn als die ›Schande seiner Schule‹ betrachtete. Nichtsdestoweniger zog Rossini größten Gewinn aus der ausgedehnten Beschäftigung mit den mehr ›ernsthaften‹ musikalischen Stilen, als denen, die in den italienischen Theatern vorherrschten. Er verschlang die Musik Haydns und Mozarts – Mozart nannte er später ›die Bewunderung meiner Jugend, die Verzweiflung meiner reifen Jahre und den Trost meines Alters‹ – und mußte sich Übungen in strenger Komposition unterwerfen. Ob-

gleich er sich lediglich das herauspickte, was ihm für eine praktische Karriere unmittelbar nützlich war, so ist die Sicherheit
seiner Harmonik, die Klarheit seiner Stimmführung (kaum
einmal kommt es zu ›verbotenen‹ Sequenzen) und die Präzi-
sion seiner Orchestrierung doch letztlich auf diese traditionelle Schulung zurückzuführen.

Während seiner Studienjahre schrieb Rossini nur wenig:
einige Instrumentalstücke, ein wenig geistliche Musik und
eine Kantate mit dem Titel *Il pianto d'Armonia sulla morte
d'Orfeo*, die einen Preis des Liceo gewann und daselbst anläßlich einer akademischen Versammlung am 11. August 1808 aufgeführt wurde. Es wird oft behauptet, daß er zahlreiche Ein-
lage-Arien für Opern schrieb, die in Bologna aufgeführt wurden, der systematische Nachweis hierfür ist indes nie geführt
worden. Seine erste Oper wurde möglicherweise bereits 1807
von dem Tenor Domenico Mombelli in Auftrag gegeben, der
gemeinsam mit seinen beiden Töchtern den Kern einer
Operntruppe bildete. Wie Rossini später Ferdinand Hiller erzählte, bat Mombelli ihn, einige Nummern eines Librettos mit
dem Titel *Demetrio e Polibio* zu vertonen. Noch ohne die gesamte Handlung zu kennen, komponierte er Nummer für
Nummer, bis die ganze Partitur vollendet war. Obgleich es sich
hierbei um Rossinis erste Oper handelte, wurde sie erst 1812
aufgeführt, nachdem bereits vier weitere Werke dem jungen
Komponisten die Gunst des Publikums beschert hatten. Es ist
nicht klar, wieviel in dieser Oper von Rossinis Hand stammt
und wieviel Mombelli hinzugefügt oder daran herumge-
pfuscht hat; dennoch hielt Rossini mit diesem Werk Einzug in
die Wirklichkeit des italienischen Opernlebens.

DRITTES KAPITEL

ERSTE PERIODE (1810 – 1813)

Das erste Jahrzehnt des 19. Jahrhunderts war eine Zeit des Übergangs in der italienischen Oper. Die von Cimarosa und Paisiello hinterlassenen Hüllen waren leer. Die neapolitanische Buffatradition war im Niedergang begriffen, und die Opern eines Farinelli oder Fioravanti ahmten lediglich deren Gesten nach, ohne ihnen noch Substanz zu verleihen. Obgleich sich die herkömmliche Welt der metastasianischen *Opera seria* aufgelöst hatte, war die Zukunft doch trübe. Die Komponisten vertonten stark bearbeitete Metastasio-Texte oder deren Nachahmungen, wobei der Formelkram des 18. Jahrhunderts und fortschrittlichere Muster musikalisch einen höchst unausgeglichenen Stilmischmasch ergaben. Die simplen tonalen Abläufe der älteren *Opera seria* waren längeren Ensembles und komplexeren Szenen nicht angemessen, dennoch konnte oder wollte kein italienischer Komponist die raffinierteren tonalen Bauformen Mozarts übernehmen. Und da die Libretti sich von der antiken Geschichte ab- und über tragikomische Themen sowie mittelalterliche Stoffe schließlich dem romantischen Drama zuwandten, erwies sich die Orchesterbesetzung des 18. Jahrhunderts als den Bedürfnissen zunehmend unangemessen. Als aus den Pappmachée-Figuren früherer Zeiten Charaktere wurden, verlangten die melodischen Linien eine sorgfältigere Zeichnung, wohingegen die willkürlichen Improvisationen der stimmlichen Verzierungen an Attraktivität verloren. Und da italienische Komponisten, wie Paisiello, Cherubini und Spontini andere europäische Hauptstädte bereisten, vor allem Paris, geriet auch die italienische Oper unter den Einfluß anderer nationaler Schulen.

Diese Herausforderungen an eine sterbende Tradition fanden selbst bei den besten Komponisten des Jahrzehnts, Johannes Simon Mayr oder Ferdinand Paër, wenig Nachhall. Wenngleich sie der italienischen Oper einen neuen orchestralen Reichtum brachten und damit begannen, größere szenische

Komplexe zu konstruieren, als in der Zeit nach Metastasio, so schienen sie doch unfähig, die zahlreichen, aufmerksamkeits-heischenden Elementen zu einem neuen Stil umzuschmelzen. Stendhal konstatierte in seiner unverblümten Art, daß diese Komponisten der Situation nicht gewachsen waren. Mayr war gelehrt, begabt, >der korrekteste Komponist<, aber erst mit Rossini erschien >der große Künstler<. Tatsächlich sind für Stendhal Rossinis allererste Kompositionen die besten, *Tancredi* bedeutet eine Apotheose der Frische, die auf sie abstrahlt. Man muß nicht Stendhals Meinung teilen und Rossinis späteren Werke verunglimpfen, um den Zauber seiner ersten Opern zu erkennen. Inmitten der glänzenden Pracht von *Guillaume Tell* kann man sich mit Stendhal nach der >Frische des Morgens des Lebens< sehnen, nach der Spontaneität und reinen melodischen Schönheit eines Stückes wie dem Duett >Questo cor ti giura amore< aus *Demetrio e Polibio*.

Rossinis eigentliche Opernkarriere begann im Jahr 1810 mit einem Auftrag des Teatro S. Moisè in Venedig, die Musik zu der einaktigen *Farsa* von Gaetano Rossi *La cambiale di matrimonio* zu schreiben. Nach den Worten eines Schülers von Giovanni Morandi, die Radiciotti zitiert, hatte ein hierfür vorgesehener deutscher Komponist den Vertrag nicht eingehalten. Durch die guten Beziehungen von Morandi und dessen Frau, der Sängerin Rosa Morandi, die beide mit Rossini befreundet waren, wandte man sich statt dessen an den unerfahrenen Gioachino. Es war eine glückliche Gelegenheit, wie er sich später erinnerte:

>*Dieses Theater diente außerdem auch dem Début von jungen Komponisten, wie Mayr, Generali, Pavesi, Farinelli, Coccia, etc. und auch für mich im Jahre 1810... Die Unkosten des Impresarios waren ganz gering, da außer einer guten Besetzung (ohne Chor) die ganze Sache auf die Kosten für ein Bühnenbild für jede* farsa, *eine sehr bescheidene Inszenierung und ein paar Probentage beschränkt war. Aus all dem kann man sehen, daß alles dazu diente, das Début eines jungen* maestro *zu erleichtern, der besser als in einer vier-*

*oder fünfaktigen Oper seine angeborene Phantasie (wenn Gott
sie ihm gegeben hat!!) und seine Technik (wenn er sie gelernt
hat!) in einer* farsa *gut genug beweisen kann.« (zit. Weinstock,
S. 393)*

Fünf der ersten neun Opern Rossinis entstanden für das Teatro S. Moisè.

Erst ein ganzes Jahr später, am 26. Oktober 1811, wurde Rossinis nächste Oper, *L'equivoco stravagante* in Bologna uraufgeführt. Das Libretto, in welchem der arme Liebhaber der Heldin den vom Vater bevorzugten reichen Dummkopf davon überzeugt, daß das Mädchen in Wirklichkeit ein als Frau verkleideter Eunuch ist, empfand man als so geschmacklos, daß die Stadtväter von Bologna die Vorstellung nach drei Aufführungen absetzten. Aber Rossini blieb keine Zeit, sich über dieses Fiasko zu ärgern, da das Teatro S. Moisè bereits seine nächste *farsa* erwartete. *L'inganno felice*, im Januar 1812 in Venedig uraufgeführt, war Rossinis erstes wirklich erfolgreiches Werk, das ein Jahrzehnt lang in ganz Italien populär blieb.

Rasch folgten Aufträge von anderen Theatern. Entgegen der Sicht von Wissenschaftlern nördlich der Alpen über den Niedergang der italienischen Musik in dieser Periode, war das Opernleben in einer Hinsicht doch bemerkenswert gesund. Es existierten viele wichtige Zentren, und Theater und Impresarios versuchten, sich mit neuen Werken, der Entdeckung neuer Talente, der Ausbildung von neuen Musikern gegenseitig zu übertrumpfen. Daß hierbei viel schlechte Musik komponiert und aufgeführt wurde, läßt sich nicht leugnen; aber eine blühende, lebendige Kultur konnte einem Komponisten die Möglichkeit zur Reife geben, und Rossini schlug diese Möglichkeit nicht aus. Seine geistliche Oper *Ciro in Babilonia* wurde in Ferrara während der Fastenzeit aufgeführt, darauf folgte erneut ein Werk für S. Moisè, *La scala di seta*. Doch der Höhepunkt in Rossinis erster Periode war die Premiere seiner zweiaktigen Oper *La pietra del paragone* am Teatro alla Scala in Mailand am 26. September 1812. So wie Giuseppina Strepponi Verdi dreißig Jahre später beim Einzug in die Scala unter-

Gioachino Rossini, Zeichnung von Thomas Lawrence
(1769–1830)

stützte, so profitierte Rossini von den Empfehlungen zweier
Sänger, die in seinen früheren Opern mitgewirkt hatten, Maria
Marcolini und Filippo Galli, die beide in *La pietra del paragone*
mitwirkten. Der Triumph des Werkes stand außer Frage. Rossini erzählte später Hiller, daß ihm dies die Freistelluung vom
Militärdienst eintrug. Er eilte zurück nach Venedig, wo er zwei
neue *farse* für das Teatro S. Moisè komponierte, *L'occasione fa
il ladro* und *Il Signor Bruschino*. Es ist bedauerlich, daß 70 Jahre
nachdem Radiciotti den Mythos zerstörte, letztere Oper sei
ein Scherz auf Kosten des Impresarios, diese Geschichte dennoch weiterhin im Umlauf ist. *Il Signor Bruschino* ist vielleicht
die beste von Rossinis frühen *farse*, komisch, geistreich und
mitunter sentimental. Die berühmte Ouvertüre, in deren Ver-

lauf die Violinen von Zeit zu Zeit die rhythmische Hauptfigur auf die metallenen Kerzenhalter klopfen – heute auf ihre Notenständer –, weckt Entzücken sowohl wegen ihrer Absurdität wie auch wegen der völlig natürlichen und logischen Weise, in der dieser Effekt in die Musik integriert ist.

In den sechzehn Monaten zwischen *L'equivoco stravagante* und *Il Signor Bruschino* komponierte Rossini sieben Opern. Allein schon durch den Zeitdruck dieser Aufträge sah er sich öfters veranlaßt, einzelne Stücke in mehr als einer Oper zu verwenden. Obgleich es später in seinem Leben berühmte Beispiele solcher Art der Selbstanleihe gab, so wurden doch keine Kompositionen so oft beliehen wie zwei Stücke aus *Demetrio e Polibio,* nämlich das oben erwähnte Duett ›Questo cor ti giura amore‹, welches in fünf späteren Opern wieder auftauchte, sowie das Quartett ›Donami omai Siveno‹, über das Stendhal schrieb: »Wenn Rossini nur dieses eine Quartett geschrieben hätte, dann hätten Mozart und Cimarosa ihn als ebenbürtig anerkannt«. Man kann die Sorglosigkeit verstehen, wenn auch nicht völlig respektieren, mit der sich Rossini, der eine Oper nach der anderen ausspuckte, seine Aufgabe erleichterte. Bemerkenswert ist, wieviel gute Musik sie enthalten.

Rossinis *farse* und *La pietra del paragone* sind seinen frühen *Opere serie* überlegen. Trotz einiger schöner Momente bleibt *Demetrio e Polibio* farblos, während *Ciro in Babilonia,* wenn schon nicht das Fiasko, als das es Rossini später bezeichnete, so doch kaum von der Menge pseudo-religiöser Opern zu unterscheiden war, die alljährlich zur Fastenzeit entstanden. In den *farse* und komischen Opern hingegen begann Rossinis musikalische Persönlichkeit Gestalt anzunehmen. Formale und melodische Charakteristika seiner späteren Opern erscheinen zwar nur gelegentlich, aber es tauchen viele Elemente auf, die sein gesamtes Werk hindurch bleiben. Eine Liebe zum reinen Klang, zu scharfen und effektvollen Rhythmen gehört dazu. Pacuvios Arie ›Ombretta sdegnosa‹ aus *La pietra del paragone* mit jenem plappernden ›Misipípí, pípí, pípí‹, welches schnell zum Schlager avancierte oder des jüngeren Bruschino trübseliges ›son pentito, tito, tito‹ legen eine Liebe zu Wörtern und deren Klang an den Tag, die dann im ersten Finale von *L'italiana in Algeri* kulminiert. Orchestrale Figurationen geben dem Sänger Raum zur *Buffo*-Deklamation. Fast ausschließlich auf diese Weise ist die Arie ›Chi è colei che s'avvicina?‹ von Macrobio, der Parodie eines Journalisten, aus *La pietra del paragone* gebaut. Manchmal aber, vor allem in diesen früheren Werken, wirkt die orchestrale Betriebsamkeit eher konturlos. So dreht sich fast die ganze Introduktion von *La cambiale di matrimonio* um eine orchestrale Figur (Bsp. 1), mit der der

Bsp. 1

aufgeblasene Mill vergeblich versucht, auf einer Weltkarte die Entfernung von Kanada nach Europa zu berechnen, um dann zu einer temperamentvollen Unterhaltung mit seinem Diener überzugehen. Die gleiche Figur kehrt in *L'inganno felice* in der Arie ›Una voce m'ha colpito‹ wieder, in der Batone feststellt, daß die vermeintlich von ihm umgebrachte Frau lebt. Nicht daß das Orchestermotiv sich an diesen unterschiedlichen Situationen besonders reiben würde, nein, es paßt viel eher zu keiner von beiden: Seine ausgesprochene Einfallslosigkeit macht es extrem anpassungsfähig.

Neben den komischen Elementen sind Rossinis *opere buffe* oftmals von einer sentimentalen Ader durchdrungen. Florvilles Eröffnungs-Solo ›Deh! tu m'assisti, amore!‹ in der Introduktion von *Il Signor Bruschino*, Isabellas ›Perchè del tuo seno‹ aus *L'inganno felice* oder die Kavatine der Berenice ›Vicino è il momento che sposa sarò‹ in *L'occasione fa il ladro* (Bsp. 2) sind hierfür gelungene Beispiele. Rossinis Melodik ist hier weniger überladen als in seinen späteren Opern. Selbst wenn die Sän-

Bsp. 2

Vi - ci - no è il mo - men - to che spo - sa sa - rò, Ep -

- pu - re con - ten - to il co - re non ho.

ger einige Verzierungen hinzufügten, vor allem in den wiederholten Passagen, zwang ihnen der Stil Grenzen auf. Isabella in
L'inganno felice konnte schwerlich mit dem Feuer der Heroinen
aus *Semiramide* oder *Elisabetta, regina d'Inghilterra* singen. Die
Schlichtheit und Ausgewogenheit dieser Melodik, die jene
Verformung vermeidet, die Rossinis späteren Melodien eine
solche Vielfalt verleiht, erklärt teilweise ihre Frische und ihren
Reiz. Wenn ein Sänger zu Koloraturen übergeht, wie Berenice in ihrer ausgedehnten Arie ›Voi la sposa pretendete‹, so
bildet dies normalerweise einen quasi selbständigen Teil vor
der Schlußkadenz – ein Vorgehen, auf das Rossini nach seinen
ersten Opern verzichtete.

Gewann Rossini erst im Laufe seiner Karriere an dramatischer Statur, so war er von Anbeginn an ein vollkommener
Ouvertürenkomponist. Auch wenn die frühen Beispiele noch
nicht über alle die typischen Charakteristika der reiferen
Werke verfügen, so ist ihr Reiz doch unmittelbar und unge-
künstelt. Formal sind es Sonatensätze ohne Durchführungsteil,
denen normalerweise eine langsame Introduktion mit einer
sanglichen Melodie für Oboe, Englischhorn oder Waldhorn
vorangeht. Die erste Themengruppe wird von Streichern gespielt, die zweite von Bläsern. Das Crescendo gehört zur zweiten Gruppe, wobei es in diesen frühen Werken noch nicht zur
Norm geworden ist. Innerhalb dieses Schemas geben faßliche
Melodien, überschäumende Rhythmen, einfache harmonische
Strukturen und ein überragender Sinn für Klang und Balance,
im Verein mit so glänzenden Details wie dem Bläsersatz in *La
scala di seta* oder den Schlägen mit den Bögen in *Il Signor*

Bruschino, den Ouvertüren ihren einzigartigen Charakter. Die Eigenschaften, die sie als Gruppe einzigartig machen, sind zugleich der Grund, warum sie untereinander so austauschbar erscheinen. Fast alle diese Ouvertüren dienten für mehr als eine Oper. Einige der Übernahmen, wie z. B. von *La pietra del paragone* zu *Tancredi,* scheinen nicht weniger unpassend als der berüchtigte Verschiebebahnhof, den Rossini mit der Ouvertüre zu *Il barbiere di Siviglia* betrieb.

In einem berühmten Brief an Tito Ricordi aus dem Jahr 1868 rügte Rossini Boito, der sich allzu schnell an Neuerungen versuche. »Glauben Sie nicht, daß ich Neuerern den Krieg erkläre!« Und er fuhr fort: »Ich will bloß, daß man nicht in einem Tag mache, was nur in mehreren Jahren errichtet werden kann… Möge der liebe Giulio [Sohn von Tito] mit Nachsicht *Demetrio e Polibio,* meine erste Arbeit, und danach *Guglielmo Tell* lesen: da wird er sehen, daß ich auch keine Schlafmütze gewesen bin!!!« Rossinis frühe Werke besitzen noch immer ihren eigenen Charme, und für all diejenigen, die etwas von Stendhals Blut in ihren Adern haben, bleiben sie hinreißend.

VIERTES KAPITEL

VON ›TANCREDI‹ ZU ›LA GAZZA LADRA‹

Da Italien mit seinen verstreuten Staaten kein wirksames Urheberrecht besaß, beschränkten sich Rossinis Einnahmen aus seinen Opern auf die Vorstellungen, in denen er mitwirkte. Die Bezahlung eines Komponisten konnte sich nicht mit der einer Primadonna messen. Da er gezwungen war, sich selbst und in wachsendem Ausmaß auch seine Eltern zu unterhalten, stürzte Rossini sich von einer Oper in die nächste. Die Zeit von *Tancredi* zu *La gazza ladra*, die sich mit seinen neapolitanischen Jahren überschneidet, war eine Zeit des ständigen Reisens und der unermüdlichen kompositorischen Tätigkeit. Ganze Opern entstanden in einem Monat und Rossinis Meisterwerk *Il barbiere di Siviglia* nahm ihn gerade drei Wochen in Anspruch. In diese Zeit fallen seine großen komischen Opern, Werke, die von der reinen *buffo*-Oper bis zu gefühlvollen Komödien reichten, seine mehr dem ›klassischen‹ Ideal verpflichteten ernsten Opern und seine besten Opern im Genre der *semiseria*.

Leider ist nahezu nichts über Rossinis Leben in diesen Jahren bekannt. Anekdoten bezüglich seiner Amouren und seiner hingebungsvollen Liebe zu seinen Eltern gibt es zuhauf, Dokumente hingegen nicht. Ebensowenig kann man späteren Berichten trauen, selbst denen nicht, die von engen Freunden wie Hiller, Alexis Azevedo oder Edmond Michotte herrühren: Derart viele Aussagen, die sie Rossini zuschreiben, sind so eindeutig falsch, daß man annehmen muß, daß sie entweder Rossinis Äußerungen ausschmückten, oder aber daß er seine jungen Jahre durch die rosarote Brille des Alters sah. Sicher ist lediglich, daß Rossini zu dieser Zeit der führende Komponist Italiens wurde. Seine Musik wurde gespielt und fast überall enthusiastisch aufgenommen.

Die ersten beiden Opern Rossinis, die internationale Anerkennung fanden, entstanden nacheinander für venezianische Theater: *Tancredi*, jene idyllische *opera seria*, hatte am Teatro

La Fenice am 6. Februar 1813 Premiere, und die verrückteste aller *buffo*-Opern, *L'italiana in Algeri*, kam am 22. Mai 1813 am Teatro S. Benedetto heraus. Für spätere Generationen reduzierte sich der Ruhm von *Tancredi* auf die Kavatine >Tu che accendi< mit der Kabaletta >Di tanti palpiti<. Man muß nicht erst an die alten Schilderungen erinnern, nach denen Gondolieri die Melodie sangen, Richter sie vor sich hinsummten, um ihren Grad an Beliebtheit zu ermessen. In einem Brief aus dem Jahr 1865 dankt Rossini Tito Ricordi für einen *panettone* zu Neujahr und versichert ihm, daß er »dem größten Verleger (Stifter) und dem Verfasser der allzu berühmten Kavatine >Di tanti palpiti< (Empfänger)« würdig sei. Wagners Parodie, das Schneiderlied im dritten Akt der *Meistersinger*, ist ein weiterer Beweis für ihre Langlebigkeit. Rossinis Melodie scheint die melodische Schönheit und Unschuld einzufangen, die für die italienische Oper charakteristisch war, vermeidet aber jede Naivität durch ihre bezaubernde Kadenz, die, anstatt auf der Tonika in F-Dur zu bleiben, auf den Dur-Akkord der verminderten dritten Stufe in As (Bsp. 3) springt. Rossini fand seine

Bsp. 3

Freude an solchen harmonischen Spielereien selbst innerhalb der einfachsten Phrasen und ihre Würze gibt seinen Melodien ihren besonderen Charme.

Aber in *Tancredi* steckt mehr als ›Di tanti palpiti‹. Es ist Rossinis erste große *opera seria* und sie verkörpert die Frische einer ersten Reife, von erstmals formulierten Prinzipien. Es gibt wenig in *Semiramide*, dessen Wurzeln hier nicht nachgegangen werden könnte. Besonders formale Techniken, die in den frühesten Opern noch unsicher und versuchsweise auftraten, werden nun zu stilistischen Kennzeichen, die von jetzt an die italienische Oper beherrschen sollten. Der Nachweis, daß Rossini hierin als Neuerer gewirkt hat, läßt sich unmöglich führen, dafür ist über die Musik seiner Zeitgenossen zu wenig bekannt. Aber die Macht seines Vorbilds wurde von zahllosen Opernkomponisten nach ihm als erdrückend empfunden.

Rossinis formale Vorgehensweise war zwingend, da sie auf einfache und doch befriedigende Weise das Verlangen nach lyrischem Ausdruck mit den Bedürfnissen des Dramas vereinte. Obgleich in *Tancredi* das *secco*-Rezitativ noch geschlossene musikalische Nummern voneinander trennt, so werden doch innerhalb dieser Nummern viele wichtige dramatische Ereignisse abgehandelt. Es gibt bisweilen isolierte lyrische Momente, wie zum Beispiel Amenaides herrliches ›No, che il morir non è‹ aus dem zweiten Akt, sie spielen aber in Rossinis Opern mit zunehmender Reife eine untergeordnete Rolle. Statt dessen sind sie in größere musikalische Einheiten integriert, im Wechsel mit dramatischen Ereignissen, die den lyrischen Ausdruck begründen. Die formale Anlage der Standard-Arien, Duette und Finali des ersten Aktes demonstriert dies in vielerlei Hinsicht.

Lyrischen Ausdruck zuzulassen, ohne die Handlung einzufrieren, ist das Problem der Arie. Häufig, vor allem in seinen Kavatinen (Auftrittsarien), komponierte Rossini zwei aufeinanderfolgende, unabhängige lyrische Teile, ein eröffnendes Cantabile und eine Schluß-Cabaletta, und gab dem Ganzen somit den Anschein von dramatischer Abwechslung, selbst wenn die tatsächliche Veränderung gering bleibt oder gar nicht eintritt. Herkömmlicher ist dagegen die Art und Weise in Amenaides ›Giusto Dio che umile adoro‹ aus dem zweiten Akt von *Tancredi*. Amenaide ist allein auf der Bühne; nach einer kurzen *scena* beginnt ihre Arie mit einem lyrischen Solo, einem Gebet für den Sieg ihres Helden. In einem Mittelteil mit kontrastierendem Tempo und veränderter Tonart betritt der Chor die Bühne und beschreibt Tancredis Sieg. Emphatisch und nicht lyrisch verläßt sich die Musik nun auf Orchesterfiguren, deklamatorisch unregelmäßige Soli und Einwürfe des Chores. Die Cabaletta beendet die Arie daraufhin in ihrer ursprünglichen Tonart. Amenaide besingt ihre Freude in einer lyrischen Passage, erst ausdrucksvoll, dann in überschäumenden Koloraturen. »Der Chor und die anderen Figuren applaudieren spontan«, heißt es in den Worten von Pietro Lichtenthal, einem zeitgenössischen Gegner, »und sie [Königin Cabaletta], die Güte selbst, schickt sich an, ihr treues Publikum zu befriedigen, indem sie mit dem gleichen instrumentalen Elan die himmlische Melodie wiederholt.« Rossinis mehrteilige Arie mit Cabaletta mag nicht die ideale Lösung für das Problem der Arie sein, aber sie erlaubt lyrischen Teilen neben dramatischer Handlung zu bestehen und gibt den Sängern während der Wiederholung des Cabaletta-Themas die verführerische Möglichkeit, die Melodie zu verzieren. Daß die Cabaletta sowohl nützlich als auch ästhetisch befriedigend war, empfand Verdi noch zur Zeit der *Aida*, als er in einem Brief vom 27.4. 1872 an Opprandino Arrivabene in Reaktion auf die Kritik an seiner Verwendung einer Quasi-Cabaletta entgegnete: »Es ist jetzt in Mode gekommen, gegen die Cabalettas zu wettern und sich zu weigern, sie anzuhören. Das ist ebenso ein Irrtum wie der aus der Zeit, als man nichts anderes als Cabalettas verlangte. Sie schreien so sehr gegen die Konvention und lassen dann die eine fallen, um die andere zu umarmen! Wie Schafherden!!«

Das Duett stellt ein anderes Problem dar. Die *opera seria* des 18. Jahrhunderts war bestrebt, Ensembles auf ein Minimum zu reduzieren. Unter dem Einfluß der *opera buffa* hielten Ensembles allmählich Einzug in das an Metastasio orientierte Sche-

ma, bis um 1800 Ensembles innerhalb der Akte sowie ausgedehnte Finalszenen die Norm waren. Im Zuge seiner künstlerischen Entwicklung nimmt bei Rossini die Anzahl der Solo-
Arien – mit oder ohne Chor – ab, bis sie, in einer Oper wie
Maometto II, nur noch eine bescheidene Rolle spielen. Natürlich gibt es rein lyrische Duette, wie das bereits erwähnte
›Questo cor ti giura amore‹ aus *Demetrio e Polibio*. Rossinis
Anliegen aber war, eine Duettform auszubilden, die den Charakteren die Möglichkeit zum lyrischen Ausdruck gab, während sie sich auf ihre dramatische Konfrontation konzentrierten. Das Duett ›Lasciami, non t'ascolto!‹ von Tancredi und
Amenaide gibt seine Lösung beispielhaft wieder. Das Duett
besteht im wesentlichen aus vier Teilen und beginnt mit einer
Konfrontation, die die ganze Komposition dramatisch begründet, nämlich Tancredis Überzeugung von Amenaides Schuld
und ihre Unschuldsbeteuerungen. Dieser anfängliche Zu-
sammenstoß wird in einander entsprechenden gereimten
Strophen ausgedrückt, die üblicherweise einer ähnlichen oder
der gleichen Musik zugeordnet werden. Auch in diesem Fall
unterscheidet sich die Komposition nur in Details der Verzierungen und in der Tonart: Tancredis Strophe steht in der
Tonika, Amenaides Strophe moduliert zur Dominante und
bleibt dort. Sind die Positionen einmal festgelegt, so fahren
die Figuren zumeist in einem Dialog fort. In diesem Beispiel
allerdings führt eine Modulation (wie sie für die Dur-Me-
diante typisch ist) im Orchester unmittelbar zum zweiten Teil,
in dem eine lyrische Betrachtung der dramatischen Situation
erfolgt. Obwohl Tancredi und Amenaide im Prinzip ganz verschiedene Standpunkte einnehmen, drücken sie diese doch in
einem ›Pseudo-Kanon‹ auf die gleichen oder einander ähnliche Verse aus. Dabei singt eine Figur eine lyrische Passage
allein, die andere wiederholt sie, während die erste kurze
Passagen kontrapunktisch einwirft. Sich überlagernde lyrische
Phrasen und Kadenzen, oft in Terzen und Sexten, beenden
den Teil. Der dritte Teil kann den ersten wieder aufnehmen,
ist aber in der Anlage freier. Aktion kommt ins Spiel, neue
Positionen werden definiert, eine Motivation mit Nachdruck

vorgebracht, während die Musik den Ereignissen folgt und den Finalteil vorbereitet, eine Cabaletta *a due*. Indem sich die Charaktere der oben beschriebenen Form bedienen, reflektieren sie ihre neuen Standpunkte, artikulieren lautstark neue Forderungen und so weiter. (Im Duett aus *Tancredi* geben die älteren gedruckten Ausgaben die Wiederholung des Cabaletta-Themas nicht an, im Autograph ist sie jedoch vorhanden.)

Das Finale des ersten Aktes ist ganz ähnlich strukturiert wie das Duett, beginnt jedoch üblicherweise mit einer kurzen Ensembleszene oder mit einem Chor. Da mehr Handlung in die Musik eingeflochten werden muß, sind die bewegten Teile länger und flexibler. Die Handlung wird durch Arioso-Passagen und einfaches Orchesterdeklamato vorangetrieben, das oftmals in beiden schnellen Teilen identisch ist. Danach folgt zunächst ein langsames Ensemble, >Largo concertato< genannt, sowie eine Schluß-Cabaletta, die im Finale als >Stretta< firmiert, in Form und Funktion von einer normalen Cabaletta indes nicht zu unterscheiden ist. Das Finale aus *Tancredi* ist ein extremes Beispiel. Unter Einschluß zusätzlicher Abschnitte aber kann es als Modell für die meisten zeitgenössischen Seria-Opern dienen. Tatsächlich endet der 2. Akt (>Il contratto nuziale<) aus Donizettis *Lucia di Lammermoor*, abgesehen von einer weniger streng durchgeführten Stretta, mit einem Lehrbuch-Beispiel des Rossini-Finales, dem berühmten Sextett, welches das >Largo concertato< vertritt. Das gleiche gilt für das Finale aus dem ersten Akt von Verdis *Nabucco*. Auch hier noch hält Rossinis Konzept unterschiedliche musikalische, dramatische und stimmliche Kräfte im Gleichgewicht.

In der Gefahr, daß die Form zu rasch zur Formel verkommt, liegt das Problem dieser formalen Konventionen. Aber ein solches Verfahren läßt unterschiedliche Arten der Behandlung und wirkungsvolle Modifikationen zu. In *Tancredi* kommen sie im Reinzustand zum Tragen. Die Linienführung ist deutlich, die Melodik kristallklar, die Rhythmik vital, doch nicht übertrieben und die Harmonik einfach, aber mit genügend chromatischen Wendungen, damit der Zuhörer wachsam bleibt. Der

Orchestersatz ist vollkommen ausbalanciert, den Bläsern sind zahlreiche farbige Soli zugedacht. Heroische und idyllische Stimmungen überwiegen, und Rossini hat den pseudo-arkadischen Geist des Ganzen gut eingefangen. Obgleich sich die Welt von *Semiramide* hier schon andeutet, scheint ihre Verwirklichung noch in weiter Ferne zu liegen.

L'italiana in Algeri auf ein Libretto von Angelo Anelli, bereits 1808 von Luigi Mosca vertont, wurde der gleiche Erfolg wie *Tancredi* zuteil. Es handelt sich um eine *opera buffa*, die sich leichtfüßig im Sentimentalen – Lindoros ›Languir per una bella‹ –, in der derben Farce – das ›Pappataci‹-Terzett –, dem Patriotischen – Isabellas ›Pensa alla patria‹ – und dem komplett Verrückten – das ›cra cra, bum bum, din din, tac tac‹ im Finale des ersten Aktes – bewegt. Viel zu häufig überbewerten Kritiker die Bedeutung der bereichernden Elemente aus der *opera-buffa* in Rossinis *opera seria*, ohne den umgekehrten Vorgang zu betrachten: wie die *opera buffa* Elemente der *seria* aufnahm. Die Arie ›Pensa alla patria‹ hätte in einer klassischen *opera buffa* keinen Platz, und diese Tendenz findet später in *La Cenerentola* ihre Fortsetzung. Ähnlichkeiten zwischen den Genres sind so bedeutend wie ihre Unterschiede. Natürlich gibt es in Rossinis ernsten Opern keine *buffo*-Arien an sich, und Kunstgriffe wie mechanische Wiederholungen, rasche Deklamation bis an die Grenzen des Möglichen, die Verwendung großer Intervalle in einer grotesken Art und Weise (›Pappataci Mustafa‹) oder übertriebene Tempokontraste gehören zur *buffo*-Technik. Andererseits kommen kunstvolle, vom Orchester eingeleitete Rezitative, die oftmals den großen Arien in Rossinis ernsten Opern vorangehen, in seiner *buffo*-Welt selten vor. Die heroische Form des *coro e cavatina* ist der *opera seria* vorbehalten, obgleich Rossini den Vorgang auch in Dandinis pseudo-heroischer Auftrittsarie ›Come un' ape ne' giorni d' aprile‹ in *La Cenerentola* sowie in Isabellas ›Cruda sorte! amor tiranno!‹ in *L'Italiana* parodierte.

Aber so viele Elemente ähneln sich. Die gesamte Formenwelt der *opera seria* kehrt in der *opera buffa* wieder, wenn sie auch hier mit einer dem *buffo*-Erbe eigenen, größeren inneren

Freiheit behandelt wird. Die rhythmische Verve der *opera buffa*, die die schnelle Orchesterfigurativik als Basis ihrer quasi-deklamatorischen Stimmführung benötigt, geht problemlos in den ernsthaften Stil über und sorgt dafür, daß dort in verstärktem Maße Handlung in die musikalischen Nummern eindringt. Wenngleich die Stretta eines *opera seria*-Finales niemals das lärmende Geplapper des >bum bum< aus *L'Italiana* sich zu eigen machen würde, so besteht doch im Charakter nur ein geringer Unterschied zwischen dem Schluß des Finales aus dem ersten Akt der ernsten Oper *Aureliano in Palmira* und der komischen Oper *Il turco in Italia*. Auch ist die Orchestrierung in beiden Genres kaum verschieden. Die Selbstverständlichkeit, mit der ein und dieselbe Ouvertüre sowohl eine ernste als auch eine komische Oper einleiten konnte, ist nur zu bekannt. Diese Vermischung der Genres, vor allem die Verpflanzung der der *opera buffa* eigenen rhythmischen Vitalität in die *seria* und umgekehrt das Einfügen edlerer Gefühle in die marionettenhaften *buffo*-Figuren, ist für das Verständnis von Rossinis Musik und deren Wirkung auf seine Zeitgenossen von zentraler Bedeutung. Auch wenn die traditionelle *buffa* sich in *L'Italiana* nochmals glorreich bestätigt sieht, sollten bis zu *La Cenerentola* gerade vier Jahre vergehen.

Nach *Tancredi* und *L'Italiana* war Rossinis Ruhm gesichert. Vom Jahresende 1813 bis zum Sommer des Jahres 1814 befand er sich überwiegend in Mailand, wo er für das Teatro Re seine beiden venezianischen Erfolgsopern einstudierte und überarbeitete und für die Scala zwei neue Opern komponierte, *Aureliano in Palmira* (26. Dezember 1813) und *Il turco in Italia* (14. August 1814). Die Rolle des Arsace in der ersten Oper wurde vom letzten großen Kastraten gesungen, Giambattista Velluti. Auch wenn die Vorherrschaft des Kastraten-Helden vom Alt (Rossinis Tancredi, Malcolm in *La donna del lago*, Calbo in *Maometto II* und Arsace in *Semiramide* sind allesamt Hosenrollen) und vom Tenor (Otello, Rinaldo in *Armida*, Oside in *Mosè in Egitto* und Ilo in *Zelmira*) verdrängt worden war, so blieb Velluti doch immer noch eine einflußreiche Persönlichkeit. Rossini schrieb 1822 in seiner für den Kongreß von

Verona entstandenen Kantate *Il vero omaggio* nochmals eine
Partie für Velluti. Vellutis größter Triumph aber war der Ar-
mando in Meyerbeers letzter italienischer Oper *Il crociato in
Egitto* (1824), die damit zugleich eine der letzten bedeutenden
Kastratenrollen enthält.

Vellutis Bedeutung für Rossini gipfelt in einer Anekdote,
der man wohl zu großen Glauben schenkt und nach der Velluti
Rossinis Musik so verzierte, daß sie nicht mehr zu erkennen
war. Rossini war außer sich und gelobte, fürderhin alle Verzierungen selbst auszuschreiben. Es ist eine amüsante Geschichte; aber Rodolfo Celletti hat schlüssig bewiesen, daß sie
nicht stimmen kann. Zwar tendiert Rossinis Melodik immer
mehr zum Dekorativen und Blumigen, aber es handelt sich um
einen graduellen Prozeß. Mehr als um die Disziplinierung
seiner Sänger ging es Rossini bei seinem verzierten Stil um
eine Art des musikalischen Denkens, dessen Entwicklung von
Demetrio e Polibio bis zu *Semiramide* nachgezeichnet werden
kann. Mindestens ein Stück aus *Aureliano* wurde mit Vellutis
Verzierungen gedruckt, und zwar das Duett ›Mille sospiri e
lagrime‹. Es ist nicht sicher, daß er diese Varianten in Mailand
sang, aber sie sind nicht verdammenswerter als jene Ausgaben
von Rossini-Arien, die mit den Verzierungen anderer Sänger
in Paris in den zwanziger Jahren des 19. Jahrhunderts veröffentlicht wurden. Es gibt keinen zwingenden Beweis dafür,
daß Velluti irgendeinen Einfluß auf Rossinis Vokalstil hatte.
Und es gibt auch keinen auffälligen Sprung zwischen *Aureliano* und *Elisabetta, regina d'Inghilterra*, Rossinis erster neapo-
litanischer Oper, in der er, schenkt man der Legende Glauben,
erstmals den gesamten Vokalpart ausgeschrieben haben soll.

Aureliano errang in Mailand nur einen begrenzten Erfolg; *Il
turco in Italia* auf ein Libretto von Felice Romani fiel gar durch.
Der Fehler lag nicht an der Oper, die ebenso meisterlich wie
L'Italiana und wegen der Figur des bereits Pirandello vorwegnehmenden Dichters sogar noch raffinierter ist. Die Mailänder waren überzeugt, der *Turco* sei lediglich die Umkehrung
der *Italiana* und meinten, ausgedehnte Selbstanleihen zu
hören. Tatsächlich aber ist *Il turco* eine der von Rossini am

sorgfältigsten konstruierten komischen Opern, und abgesehen von einigen kurzen Motiven (zum Beispiel ist das Eingangsmotiv des Duetts ›Io danari vi darò‹ aus *Il Signor Bruschino* die Grundlage des ersten Teils aus dem herrlichen Duett von Geronio und Fiorilla ›Per piacere alla signora‹) ganz und gar neukomponiert. Die Ensembles sind glänzend, und das Quintett ›Oh guardate che accidente!‹ gehört zu den komischsten Stücken, die Rossini je schrieb. Das Terzett ›Un marito scimunito!‹ zeigt den Dichter, wie er um die Mißgeschicke seiner Freunde herum eine Geschichte erfindet, bis sie wütend auf ihn losgehen und singen:

> Atto primo, scena prima
> Il poeta per l'intrico
> Del marito e dall'amico
> Bastonate prenderà.[1]

Rossinis Vertonung dieses Ensembles ist einzigartig. Das gesamte Stück erwächst aus einer Figur in ganzen Noten, die erst alleine gespielt werden und dann das Orchestermotiv begleiten, um welches sich die *buffo*-Deklamation dreht (Bsp. 4).

Bsp. 4

---

1 Erster Akt, erste Szene
Der Dichter wird für den Wirrwarr
Vom Ehemann und vom Freund
Schläge kriegen.

Ende des Jahres 1814 war Rossini wieder in Venedig und schrieb *Sigismondo* für die Karnevalsspielzeit am La Fenice. Auch wenn die Oper verdientermaßen durchfiel, so entstanden doch einige von der Kritik gepriesenen Nummern aus *Elisabetta, regina d'Inghilterra* ursprünglich für *Sigismondo*. Azevedo zitierte eine Äußerung Rossinis bezüglich der Veröffentlichung seiner sämtlichen Werke bei Ricordi in den fünfziger Jahren des 19. Jahrhunderts:

»*Ich bin wütend ... über die Veröffentlichung, die meine ganzen Opern zusammen unter die Augen des Publikums bringen wird. Man wird die gleichen Stücke mehrmals finden, denn ich dachte, ich hätte das Recht, aus meinen Mißerfolgen die besten Stücke herauszunehmen, sie aus dem Wrack zu retten und in neue Werke einzubauen. Ein Fiasko schien ein für allemal vorbei zu sein, und nun seht her, sie haben sie alle gerettet!*«

Das Ausmaß und der Charakter von Rossinis Selbstanleihen bedarf noch eingehender Untersuchung.

Rossinis nächste Oper, *Elisabetta, regina d'Inghilterra* (4. Oktober 1815), leitet seine neapolitanische Periode sowie seine nahezu ausschließliche Beschäftigung mit der *opera seria* ein. Während der ersten Jahre (1815 bis 1817) seiner Verbindung mit Neapel schrieb Rossini indes mehrere Hauptwerke für andere Städte, darunter zwei komische Opern, Il *barbiere di Siviglia* und *La Cenerentola*, sowie zwei im *semiseria*-Genre, *Torvaldo e Dorliska* und *La gazza ladra*. Diese Werke, die sich als Gruppe so sehr von seinen neapolitanischen Opern unterscheiden, sollen vorab betrachtet werden.

Kurz nach der Premiere von *Elisabetta* ging Rossini nach Rom, wo er für die Karnevalsspielzeit zwei Opern schrieb. Die erste, *Torvaldo e Dorliska*, eröffnete die Spielzeit am Teatro Valle am 26. Dezember 1815. Es gibt reizvolle Passagen in dieser ›Rettungs-Oper‹, aber sie wurde nur mäßig aufgenommen. Elf Tage vor der Premiere unterschrieb Rossini einen Vertrag mit der Konkurrenz, dem Teatro Argentina, über eine Buffo-Oper auf ein von der Direktion ausgewähltes Libretto, die zum

Ende des Karnevals aufgeführt werden sollte. Nachdem ein von Jacopo Ferretti vorgeschlagenes Sujet abgelehnt wurde, bat man Cesare Sterbini, den Librettisten von *Torvaldo*. Das Ergebnis war eine Oper mit dem Titel *Almaviva, ossia L'inutile precauzione*, was sie von Paisiellos bekanntem *Il barbiere di Siviglia* unterscheiden sollte. Der gebräuchlichere Titel wurde indes schon bei der Aufführung des Werks in Bologna im Sommer 1816 verwendet. Daß *Almaviva* bei der Premiere spektakulär durchfiel, ist kaum verwunderlich, bedenkt man die Eile, mit welcher das Stück auf die Bühne kam. Aber all jene Darstellungen, denen zufolge Rossini die Oper ausgiebig verändert haben soll, sind aus der Luft gegriffen – das gilt auch für den Bericht von Geltrude Righetti-Giorgi, der ersten Rosina. Es gibt keinen wirklichen Beweis dafür, daß bei der Premiere eine andere Ouvertüre gespielt wurde als die übliche, die fraglos in allen Wiederholungsaufführungen erklang. Da Rossini die Ouvertüren oft zuletzt in Angriff nahm, ist es wahrscheinlicher, daß er aus Mangel an Zeit oder Interesse auf die Ouvertüre von *Aureliano in Palmira* zurückgriff. (Er griff zu *Aureliano* und nicht zu *Elisabetta*; die Ouvertüre zu *Elisabetta* ist zwar weitgehend identisch, weicht aber doch in Einzelheiten ab und hat eine fülligere Orchestrierung.) Dem Almaviva der Uraufführung, Manuel Garcia, kann nicht nachgewiesen werden, daß er jemals eine von ihm selbst komponierte Serenade einfügte, gleichwohl mag Rossini ihm gestattet haben, eine Begleitung zu ›Se il mio nome saper voi bramate‹ zu improvisieren. Das Autograph enthält die Melodie in Rossinis Handschrift und die Gitarrenakkorde in einer anderen, abgesehen von einer wichtigen Modulation, von der Rossini offensichtlich fürchtete, sie könnte von seinem Sänger, der sich selbst auf der Gitarre begleitete, falsch verstanden werden. Das zur Premiere gedruckte Libretto enthält im Wesentlichen den gleichen Text wie moderne Ausgaben; die Oper, die am 20. Februar 1816 gespielt wurde, war diejenige, die man auch heute kennt.

Il barbiere di Siviglia ist vielleicht die großartigste aller komischen Opern. Beethoven gefiel sie gut; Verdi schrieb 1898 an Camille Bellaigue: »Ich kann nicht glauben, daß *Il barbiere di*

Siviglia bei allem Überfluß wirklicher Einfälle, bei aller *Verve* seiner Komik, bei aller Natürlichkeit der Deklamation die schönste *opera buffa* sein soll, die es gibt«. Angesichts eines der besten Libretti, die Rossini je vertonte, eines Textes, in welchem die Charaktere scharf gezeichnet und die dramatischen Situationen für ein Maximum an Wechselwirkung unter ihnen sorgen, angesichts eines Textes, der seinerseits auf dem vorzüglichen Schauspiel von Beaumarchais basiert und den unvergleichlichen Figaro zum Gegenstand hat, fing Rossini Feuer. Der Oper war bald ein enormer und nie mehr versiegender Erfolg beschieden. Ob man an Almavivas kurze Kanzone › Se il mio nome saper‹, an Rosinas hinreißende Kavatine › Una voce poco fa‹, in welcher die listige Heldin so vollkommen gezeichnet wird, oder an das tumultuarische Finale des ersten Aktes denkt: Rossinis Komposition enthält nacheinander melodische Eleganz, rhythmischen Höhenflug, überragend geschriebene Ensembles, eine originelle und köstliche Orchestrierung – vor allem dann, wenn man das Werk in Alberto Zeddas kritischer und von jeglichen unnötigen Zutaten befreiten Ausgabe hört (Mailand 1969). Die formalen Modelle früherer Opern werden spezifischen dramatischen Situationen mit einer solchen Souveränität und Ironie angepaßt, daß sie stets wie aus dem Augenblick geboren erscheinen. Basilios Verleumdungs-Arie › La calunnia‹ ist eine Apotheose des Rossinischen Crescendo. Die Orchesterphrase, die das Crescendo trägt, erscheint zunächst alleine in den Streichern, *sul ponticello* und *pianissimo*, als instrumentale Begleitung zu Basilios Erzählung. Dann wachsen die Orchesterkräfte stufenweise an, das Register wird höhergeschraubt, die Streicher wechseln zum normalen Bogenspiel und die Artikulation geht zum Staccato über, was alles zusammen in dem Maße das enorme Crescendo hervorbringt, wie die Verleumdung von Mund zu Mund geht. Bartolos › A un dottor della mia sorte‹ hingegen gehört zu den geschwindesten Parlando-Arien, die jemals geschrieben wurden. Im Gegensatz zu Rossinis sonstigem Vorgehen in Vokalkompositionen ist ihr Schlußteil ergötzlicherweise in strenger Sonatenform gehalten – ein wunderbar ironischer Kommentar

*Seite aus dem Manuskript-Autograph von »La Cenerentola«
(Uraufführung: Rom, 25. Januar 1817)*

auf den pedantischen Charakter des Vormunds. Köstlich ist auch das Mißverhältnis zwischen Form und Inhalt im Terzett ›Ah! qual dolce inaspettato!‹, wo der Graf und Rosina ›obligatorische‹ formale Konventionen, einschließlich einer wörtlichen Wiederholung der Cabaletta von ›Zitti zitti, piano piano‹ zu absolvieren haben, während ihre Fluchtleiter verschwindet, und Figaro, der sie erfolglos nachahmt und antreibt, gezwungen ist, die Erfordernisse der Form abzuwarten. Jede Nummer ist voll solcher Überraschungen. *Il barbiere di Siviglia* ist eine Oper, die auf vielen Ebenen genossen werden kann, und was ihr vielleicht im Vergleich zu Mozarts *Le nozze di Figaro* an Menschlichkeit fehlt, macht sie an überragendem musikalischem Geist und Witz wieder wett.

Nach zwei weiteren neapolitanischen Opern, *La gazzetta*

und *Otello*, kehrte Rossini nach Rom zurück, wo er am 25. Januar 1817 *La Cenerentola* mit der Altistin Righetti-Giorgi in der Titelrolle herausbrachte. *La Cenerentola* wendet sich deutlich vom verrückten Stil der *Italiana* oder des *Turco* ab. Sicher gibt es auch hier die üblichen *buffo*-Rollen. Don Magnifico ist eher konventionell, aber Dandini, der als Prinz verkleidete Diener, der auch versucht, als ein solcher zu klingen, ist unaufdringlicher und komischer. Das Duett ›Un segreto d'importanza‹, in welchem Dandini Magnifico seine wahre Identität enthüllt, ist höchst witzig, und Rossinis Vertonung ist glänzend. Sobald das Geheimnis gelüftet ist, wandelt sich die zögernde Eröffnungsphrase (Bsp. *5a*) zur feurigen Melodie des Schlußteils im

Bsp. 5

Allegro (Bsp. *5b*). In der schon aus *L'italiana* bekannten Manier stammelt der verwirrte Magnifico:

Tengo nel cerebro un contrabasso
Che basso basso frullando va[2],

mit allen erforderlichen Sprüngen und schnellem Geplapper. Was *La Cenerentola* dennoch anders macht, ist das Wesen der Cenerentola-Don Ramiro-Geschichte, das gefühlvolle Märchen, die Verwandlung der Küchenmagd, die in der Introduktion des ersten Aktes >Una volta c'era un re< singt, zur königlichen Jungfrau, die, mit den Insignien der Koloraturen ausgestattet, die Oper mit >Nacqui all'affanno e al pianto< beendet. Das schüchterne Mäuschen, das im Duett >Un soave non so che< die bezaubernd unverständlichen Worte >Quel ch'è padre non è padre< stammelt, wächst zur reifen Frau heran, die im Sextett >Siete voi? Voi Prence siete?< zu der wunderbaren Melodie von >Ah signor, s'è ver che in petto< denen vergeben kann, die ihr Unrecht getan haben. Weit entfernt vom Ton einer Isabella oder Rosina, ist Cenerentola ein Charakter, der die Heldinnen aus den sentimentalen Dramen vorwegnimmt, wie sie beispielsweise Bellinis *La sonnambula* verkörpert.

La gazza ladra, die in Mailand am 31. Mai 1817 herauskam, führt diese Entwicklung noch weiter. Wie später in *La sonnambula*, beherbergt der ländliche Rahmen eine Tragikomödie in der Art der damals so beliebten *opera semiseria*. Erst mit Verdis *Luisa Miller* durfte eine ländliche Szenerie als Hintergrund einer wirklichen Tragödie dienen. Einige Kritiker beklagten den mangelnden Ernst in Rossinis Charakterisierung der bösen Mächte, vor allem des Podestà, aber dieser Einwand wird dem Genre nicht gerecht. Dem Podestà kommt die Rolle einer teilweise buffonesken Figur zu, die den Unglauben in die Wirklichkeit solcher Mächte aufrechterhält, die scheinbar versessen darauf sind, Ninetta um jeden Preis zu vernichten. Tatsächlich entwickelt Rossini die Charaktere mit großer Umsicht und vermeidet sowohl die Übertreibungen des *buffo*-Stils, als auch die Posen der *opera seria*. Ninettas Schlichtheit, die sie selbst dann noch wahrt, wenn sie von den Ereignissen überwältigt wird, unterscheidet sie grundlegend von den früheren, raffinierteren Heroinen. Sowohl in der Zartheit, in der sie

2 Ich habe im Hirn einen Kontrabaß,
   Der ganz leise brummt

das Duett mit Pippo anstimmt (>Ebben, per mia memoria<), als auch in der fast monotonen Deklamation von >A mio nome deh consegna questo anello<, das einem Thema aus der Ouvertüre folgt, verkörpert Ninetta das Bild der verfolgten Unschuld. Ihr Gebet zu Beginn des Finales aus dem zweiten Akt, das von einem Trauermarsch eingerahmt wird, ist ausgesprochen rührend, um so mehr als Rossini Verzierungen nur sparsam verwendet. Ninettas Vater Fernando gehört zu den besten Baßrollen des Komponisten, und seine Todesangst wird musikalisch überzeugend umgesetzt. Der Hausierer Isacco wird nur mit ein paar Strichen skizziert, die aber sind witzig und wirkungsvoll, vor allem in seinem Straßenlied >Stringhe e ferri<. Und wenn auch Giannetto einen faden Liebhaber abgibt, so werden doch seine Eltern deutlich charakterisiert. Für den Beginn der Oper schrieb Rossini eine seiner gelungensten Ouvertüren, voll neuer und verblüffender Ideen, vom vorwegnehmenden Wirbel der kleinen Trommel in der Einleitung, dem Militärmarsch, dem ersten Thema in Moll (das später in Ninettas Gefängnisszene wiederkehrt), bis zum überwältigenden Crescendo.

Rossinis Entwicklung nahm ihren Ausgang von den Mustern des 18. Jahrhunderts. Nach und nach festigte sich jedoch seine eigene Gestaltung der musikalischen Form, der vokalen Schreibweise und der dramatischen Charakterisierung. Da seine bekannteren Werke dieser Periode der ersten Meisterschaft angehören, neigt man dazu, sein gesamtes Opernschaffen damit zu identifizieren und ihn eher als Klassiker denn als Romantiker zu beurteilen. Aber selbst wenn sich die romantische Tradition der italienischen Oper über die Werke von Bellini und Donizetti definiert, so ist diese Tradition doch undenkbar ohne die Entwicklungen, denen Rossinis Stil in der ersten Reife und der unmittelbar folgenden Zeit unterworfen war, in der Neapel das Hauptbetätigungsfeld des Komponisten bildete.

FÜNFTES KAPITEL
NEAPEL UND DIE OPERA SERIA (1815—1823)

Um 1815 wurden Rossinis Opern nahezu überall gespielt, nur nicht in Neapel. Daß die Neapolitaner mit ihrer langen und blühenden heimischen Tradition nur ungern ein forsches Nordlicht im Tempel von Cimarosa und dem noch lebenden Paisiello willkommen hießen, ist verständlich. In der Tat bedeutete Rossini das Ende der neapolitanischen Vorherrschaft im Bereich der italienischen Oper. Aber der mächtige und kluge Impresario der neapolitanischen Theater, Domenico Barbaja, der dem stagnierenden Opernbetrieb der Stadt neues Leben einhauchen wollte, lud Rossini ein, nicht nur für seine Theater Opern zu komponieren, sondern auch deren musikalischer und künstlerischer Direktor zu sein. Von 1815 bis 1822 sollte Rossini über dieses Reich regieren, und der anfängliche Widerstand, der ihm von den stolzen und nationalistischen Neapolitanern entgegenschlug, löste sich in dem Maße auf, als er ihr bevorzugter Adoptivsohn wurde.

Obgleich man Rossini zu reisen und an anderen Theatern zu komponieren gestattete, so verblaßten doch nach *La gazza ladra* die Früchte dieser Reisen im Vergleich zu den neapolitanischen Opern. Tatsächlich war Rossinis neapolitanische Periode gerade deshalb von Bedeutung, weil er für ein bestimmtes Theater schrieb, das Teatro S. Carlo, das über ein gutes Orchester und hervorragende Sänger verfügte. Er konnte sich mehr Zeit lassen und sicher sein, angemessene Proben zu bekommen. Er konnte die Vorzüge seiner Truppe kennenlernen, und sie konnten gemeinsam etwas zuwege bringen. Die Entwicklung seines Stils, von *Elisabetta, regina d'Inghilterra* zu *Zelmira* und schließlich *Semiramide*, ist eine unmittelbare Folge solcher Kontinuität. Rossini komponierte nicht nur einige seiner besten Opern für Neapel; diese Opern wirkten sich auch grundlegend auf das italienische Opernschaffen aus und ermöglichten eine Entwicklung, die später zu Verdi führen sollte.

Normalerweise wird behauptet, Rossinis erste neapolitanische Oper, *Elisabetta,* habe eine stilistisch neue Ära eröffnet, aber tatsächlich besitzt der chronologisch bedeutsame Einschnitt nicht die gleiche musikalische Bedeutung. *Elisabetta* gehört zur Welt von *Aureliano in Palmira* und *Sigismondo,* nicht zur Welt von *Mosè in Egitto* oder *La donna del lago.* Wenn man sagt, es sei die erste Oper, in welcher Rossini die Koloraturen ausschrieb, so ist dies eine große Übertreibung, von der schon oben die Rede war. Auch wenn dies die erste seiner Opern ist, in der alle Rezitative von Streichern begleitet werden, so hatte dies doch bereits zwei Jahre zuvor Mayr in *Medea in Corinto* verwirklicht, einer Oper für eben jene Neapolitaner, die, hauptsächlich unter französischem Einfluß, die Abschaffung der Secco-Rezitative in der *opera seria* verlangten. Ein großer Teil der Musik von *Elisabetta* stammt aus früheren Opern und die neuen Stücke bieten wenig Neuerungen. Als Rossinis erste Oper für Isabella Colbran, deren höchst artifizieller Singstil sein musikalisches Denken beeinflußte, ist *Elisabetta* wichtig, stellt aber keine bedeutende Reform oder einen Fortschritt im Wesen der *opera seria* dar.

Gleiches kann von dem ein Jahr später komponierten *Otello* nicht behauptet werden. Nach der Premiere von *Elisabetta* kehrte Rossini wegen *Torvaldo e Dorliska* und *Il barbiere di Siviglia* nach Rom zurück. In seiner Abwesenheit zerstörte ein Feuer das alte Teatro S. Carlo. Während Barbaja es rasch wiederaufbauen ließ, komponierte Rossini zwei Opern für andere neapolitanische Theater, *La gazzetta* und *Otello.* Erstere wurde am Teatro dei Fiorentini am 26. September 1816 gegeben. Dieses Theater beherbergte die traditionelle neapolitanische *opera buffa,* und Rossini ließ die Hauptrolle, Don Pomponio, von dem *buffo* Carlo Casaccia, der sich auf solche Partien spezialisiert hatte, in neapolitanischem Dialekt singen. Übrigens sang Casaccia bei der Wiederaufnahme von *La Cenerentola* am Teatro del Fondo im Frühjahr 1818 den Don Magnifico ebenfalls im Dialekt, vielleicht mit Rossinis Billigung. *La gazzetta* setzte sich noch mehr aus bereits vorhandenen Kompositionen zusammen als *Elisabetta.* Fast scheint es, als wollte

Rossini sein neues Publikum mit zusammengeflickten Erfolgs-Nummern aus weniger bekannten Opern testen, bevor er ein originales Werk in Angriff nahm. Einige Nummern stammen komplett aus *Il turco in Italia*, darunter die gesamte Masken-szene aus dem zweiten Akt mit dem Chor ›Amor la danza mova‹ und dem Quintett ›Oh! vedete che accidente‹; ein Ter-zett stammt unverändert aus *La pietra del paragone* und meh-rere Stücke kommen größtenteils aus *Torvaldo e Dorliska*. Diese Opern waren in Neapel unbekannt, Rossini hatte nicht die Absicht, sie wiederaufzunehmen – im Gegensatz zu *L'ita-liana in Algeri*, die er 1815 gleichzeitig mit der Première von *Elisabetta* zur Aufführung brachte –, so daß sie hemmungslos geplündert werden konnten. Nach *La gazzetta* waren Selbstan-leihen für seine neapolitanischen Opern nur noch selten der letzte Ausweg.

Der am 4. Dezember 1816 am Teatro del Fondo uraufge-führte *Otello* ragt aus der Welt von Rossinis frühen *opere serie* durch seinen meisterhaften dritten Akt auffallend heraus. Der Akt ist als musikalische Einheit konzipiert, und obgleich man die Kanzone des Gondoliere ausmachen kann, das Lied vom Weidenbaum und das Gebet, das Duett und schließlich die Schluß-Katastrophe, so steht doch kein Stück wirklich für sich. Desdemonas Lied vom Weidenbaum scheint strophisch ge-baut zu sein, aber Rossinis Umgang mit vokalen Verzierungen verleiht ihm eine raffiniertere Struktur. Die erste Strophe ist einfach, eine wunderschöne Melodie, von einer Harfe beglei-tet. Die zweite ist bereits ausgeschmückter und die dritte re-gelrecht verziert. Aber von innen und außen braut sich Unheil zusammen, und wenn die ängstliche Desdemona nach einem kurzen Ariosoteil die letzte Strophe beginnt, ist diese bar jeg-licher Verzierung. Unfähig, ihr Lied zu vollenden, verebbt es in einem Arioso. Wenn auch der erste Teil des Duetts Otello-Desdemona in traditionelleren Bahnen verläuft, so tut es der Schluß mit seiner wachsenden Intensität bis hin zu Otellos Mord an Desdemona keineswegs. Es gibt keinen Platz für eine Kabaletta, und Rossini bietet keine an, obwohl der Text so geformt ist, daß er die typische Kabalettastruktur nahelegt.

*Bühnenbildentwurf von Alessandro Sanquirico für die
Aufführung von »Semiramide« in Mailand 1824.*

Den ganzen Akt über ist das Drama das kontrollierende Element und wird hierin von der Musik unterstützt, die doch niemals ihre Rechte abgibt. Mit dem dritten Akt von *Otello* war Rossini als Musikdramatiker den Kinderschuhen entwachsen.

La Cenerentola und *La gazza ladra* führten Rossini nach Rom und Mailand, anschließend kehrte er nach Neapel zurück, wo zwischen 1817 und 1822 die meisten seiner bedeutenden Opern entstanden. Dazu gehören *Armida* (11. November 1817), *Mosè in Egitto* (5. März 1818), *Ricciardo e Zoraide* (3. Dezember 1818), *Ermione* (27. März 1819), *La donna del lago* (24. September 1819), *Maometto II* (3. Dezember 1820) und *Zelmira* (16. Februar 1822). Obgleich *Semiramide* (3. Februar 1823) für Venedig geschrieben wurde, kann man in dieser Oper doch den Höhepunkt dieser Periode sehen, die Rossinis italienische Karriere abschließt. Die für andere Städte geschriebenen Werke reichen im Allgemeinen nicht an das Niveau der neapolitanischen Opern heran.

46

Adelaide di Borgogna (Rom, 27. Dezember 1817), *Adina* (eine 1818 entstandene einaktige *farsa*, die jedoch erst am 11. Juni 1826 in Lissabon aufgeführt wurde und viel Musik aus anderen Stücken enthielt) und *Eduardo e Cristina* (Venedig, 24. April 1819, ebenfalls ein Pasticcio) sind qualitativ deutlich unterlegen. Obgleich es sich bei *Bianca e Falliero* (Mailand, 26. Dezember 1819) um keine innovative Oper handelt, enthält sie doch einige sehr gelungene Passagen. Das ungewöhnlichste dieser Werke ist *Matilde di Shabran* (Rom, 24. Februar 1821), eine ziemlich ernste *opera semiseria*, und die einzige dieser Opern, die Rossini auch in Neapel herausbrachte (Ende 1821 in einer größtenteils revidierten Version).

Die Kritik an Rossinis neapolitanischen Opern, angefangen bei Stendhal, konzentrierte sich allzu sehr auf die Sänger Isabella Colbran, Andrea Nozzari, Giovanni David und Rosmunda Pesaroni, deren stimmliche Talente Rossinis Stil einen unleugbaren und nicht immer positiven Stempel aufdrückten. Sie waren alle auf einen ornamentalen Gesangsstil spezialisiert, der in seiner Schönheit blenden, in seiner Allgegenwärtigkeit aber auch langweilig erscheinen konnte. In seinen neapolitanischen Werken versäumte es Rossini selten, die charakteristischen Vorzüge dieser Stimmen auszunützen. Diesem Aspekt von Rossinis Kunst wurde durch seine persönliche Beziehung zu Isabella Colbran umso mehr Aufmerksamkeit entgegengebracht. Als Rossini nach Neapel kam, scheint sie Barbajas Geliebte gewesen zu sein. Ihr ungewöhnliches stimmliches Talent, das sie als dramatischen Sopran zu ausgefeilter *fioritura* befähigte, und ihre spanische Schönheit bezauberten den Komponisten. Irgendwann zwischen 1815 und 1822 nahm er Barbajas Platz als Colbrans Geliebter ein, und 1822 heiratete er sie in Bologna. Die Ehe war nie sehr glücklich, aber das nicht auszurottende Bild eines Rossini, der von den Launen seiner Primadonna gegängelt wurde, ist falsch. Obgleich sie auf seinen musikalischen Stil einigen Einfluß ausübte, ist die übertriebene Einschätzung ihrer Bedeutung auf eine falsche Lektüre seiner neapolitanischen Opern zurückzuführen.

Der Sologesang nimmt sicherlich in diesen Werken eine

bedeutende Stellung ein. Malcolms Kavatine ›Elena! oh tu che chiamo‹ aus *La donna del lago*, Orestes' Kavatine ›Che sorda al mesto pianto‹ aus *Ermione* und Arsaces Kavatine ›Ah! quel giorno ognor rammento‹ aus *Semiramide* sind allesamt Standardauftrittsarien mit einer vorangehenden *scena*, einem langsamen und reich verzierten *primo tempo* und einer zündenden Kabaletta – herrliche Stücke, die jedoch ihre Funktion so standardisiert erfüllen, daß sie im 19. Jahrhundert nahezu austauschbar eingesetzt wurden. Rossini selbst verwendete ›Che sorda al mesto pianto‹ in *La donna del lago* (Neapel 1819) und den *primo tempo* dieser Arie (zusammen mit einer Kabaletta aus *Otello*) in *Matilde di Shabran* (Paris 1829). Da er es versäumt hatte, für die Desdemona in *Otello* eine Kavatine zu komponieren, fügte die große Sängerin Giuditta Pasta ihre eigene ein, zu diesem Zweck nämlich ›Elena! oh tu che chiamo!‹. Die gleiche Austauschbarkeit betrifft auch die Schlußrondos, die Rossini für viele Opern komponierte. Elenas ›Tanti affetti in tal momento‹, mit dem der Vorhang in *La donna del lago* fällt, fand in vielen Opern Rossinis eine neue Heimat, zumindest zweimal durch Zutun des Komponisten (in *Bianca e Falliero* und 1823 in der venezianischen Überarbeitung von *Maometto II*). Diese Arien sind durchweg virtuose Stücke und bereiten enorme technische Schwierigkeiten, enthalten aber auch einfachere vokale Abschnitte und feine Schattierungen im Orchester, was sie über das Niveau der puren Technik erhebt. Was ihnen an Charakterzeichnung fehlt, machen sie durch herrlichen Klang wieder wett, der unerschöpflich aus Rossini sprudelt.

Richtet man die Aufmerksamkeit in übertriebenem Maße auf die Solisten, läuft man Gefahr, die weitreichenden Fortschritte im musikalischen Denken dieser neapolitanischen Opern zu unterschlagen. Wenngleich *Guillaume Tell* Rossinis ambitionierteste Oper ist, so liegt ihre Basis doch in Neapel. Und Rossini begegnete der französischen Oper nicht erst in Paris: Er leitete 1820 die Wiederaufnahme von Spontinis *Fernand Cortez* am Teatro S. Carlo, kurz bevor er *Maometto II* komponierte. Die Bedeutung, welche Rossini letzterem Werk beimaß, ist offensichtlich. Nachdem es in Neapel mit Gleichgültigkeit aufgenommen wurde, überarbeitete er es 1823 für Venedig, unmittelbar vor der Premiere von *Semiramide*, und setzte es 1826 zu Beginn seiner Pariser Karriere unter dem Titel *Le siège de Corinthe* ein. Ebenso finden sich die besten Nummern von *Moïse*, Rossinis zweiter Pariser Oper, bereits in deren italienischem Vorbild *Mosè in Egitto*.

Die neapolitanischen Opern zeigen eine gewaltige Ausweitung der musikalischen Mittel, insbesondere eine Zunahme der Ensembles nach Anzahl und Länge, womit eine schwindende Vorherrschaft der Soloarien einhergeht, sowie eine starke Aufwertung der Rolle des Chores, der jetzt nicht mehr als passiver Beobachter fungiert, sondern aktiv in die Handlung eingreift. Für die musikalischen und dramatischen Bedürfnisse, nach welchen diese Veränderungen verlangen, schuf Rossini ein dramatischeres Accompagnato-Rezitativ – Ermiones Monolog vor dem Finalduett dieser Oper bietet hierfür ein Beispiel – und wies seinem Orchester im allgemeinen eine dominierendere Rolle zu, was ihm von Kritikern den Spitznamen ›il tedeschino‹ (der kleine Deutsche) einbrachte. Er unterminiert die Tyrannei der ›Nummer‹ von innen her, und man kann durchaus den Standpunkt vertreten, daß die neapolitanische Version von *Maometto II* in dieser Hinsicht kühner ist, als dessen französische Überarbeitung.

Den meisten Opernreformern wird die Erweiterung musikalischer Mittel, das Erreichen einer durchgängigeren dramatischen Struktur sowie die Abkehr von einem von Soloarien abhängigen Stil zugute gehalten. Wie man auf traditionelle Weise so weit kommen kann, zeigt sich im zweiten Akt von *Armida*. Dieser Akt enthüllt eine kontinuierliche additive musikalische und dramatische Struktur – kurze Chöre, die sich mit Rezitativen, Duetten, Tänzen, sogar einem *tema con variazioni* für Sopran abwechseln –, die aus der älteren französischen Tradition herrührt und charakteristisch für die Reform Glucks ist. Solch eine musikalisch zwanglose, aber dramatisch ergiebige Reihung von Einzelteilen, ist sicher keine Erfindung Rossinis. Paer und Mayr wandten diesen Stil, der schon in Rossinis frühesten Opern vorkommt, bevorzugt an. Das Finale des

2. Aktes von *Semiramide* ist ein späteres Beispiel für eine solche szenische Konstruktion.

Im Mittelpunkt von Rossinis Reform steht vielmehr die innere Ausdehnung der musikalischen Einheit. Die einfacheren Formen des *Tancredi* werden weit über ihre ursprünglichen Grenzen ausgedehnt, um eine erweiterte dramatische Aktion und unterschiedliche musikalische Elemente zu beherbergen. Die Introduktionen von *Tancredi* und *Semiramide* stehen erkennbar in der gleichen Tradition, letztere aber ist enorm ausgeweitet, denn in ihr treten fast alle Personen auf und werden die Hauptstränge der Handlung aufgestellt. Darüberhinaus enthält sie eine einführende Soloszene, einen Chor, ein Terzett für Idreno, Oroe und Assur, einen weiteren Chor, dem ein Quartett im Pseudo-Kanon folgt, eine dramatische *scena* für Solisten und Chor sowie eine Schluß-Kabaletta, die zwar von Semiramis angeführt wird, aber alle vier Solisten und den Chor miteinbezieht. Die Musik ist über weite Strecken hin durchkomponiert, die gleichen Themen kehren in verschiedenen Teilen wieder, und die gesamte Komposition stellt eine dramatische, musikalische und tonale Einheit dar. Die vielleicht bemerkenswerteste Nummer in diesen Opern ist das von Rossini so genannte ›terzettone‹ in *Maometto II*, ›Ohimè! qual fulmine‹. Diese Nummer, die tatsächlich die längste Einheit in der Oper ist, zeigt in extremem Maß, wie Rossini Standardformen innerlich ausweitete. Das Ensemble beginnt, als handele es sich um ein einfaches Terzett, mit einem statischen Teil, dem ein bewegter folgt. Normalerweise wäre dies der Platz für eine abschließende Kabaletta, hier jedoch verkündet ein Kanonenschuß Maomettos bevorstehende Belagerung, und Anna, Erisso und Calbo verlassen die Bühne. Da die Szene wechselt, bleibt das ›Terzett‹ unvollständig, die Musik aber geht über in einen Chor und ein Sologebet für Anna. Erisso und Calbo kehren zurück und beginnen, nachdem die Sänger des ursprünglichen Terzetts wieder vereint sind, einen typischen vierteiligen Satz, der die gesamte Szene mit einer Kabaletta beendet. Die gesamte Komposition ist tonal geschlossen, denn sowohl das anfängliche ›Ohimè! qual fulmine‹

wie die abschließende Kabaletta ›Dicesti assai! t'intendo‹ stehen in E-Dur. Tonale Geschlossenheit ist wesentlich für Rossinis Technik und hilft, seine ausgedehnten Ensembles zu ve-
klammern. Obgleich dieses ›terzettone‹, das mehr als ein Drit-
tel des ersten Aktes umfaßt, viele unterschiedliche dramatische
Ereignisse und musikalische Abschnitte enthält, stellte es für
Rossini deutlich eine Einheit dar und muß als solche gehört
werden, damit es formalen Sinn erhält. Würde man es in
›Scena e Terzetto‹, ›Scena‹, ›Coro‹, ›Preghiera‹ und ›Scena e
Terzetto‹ aufbrechen, wie in den herkömmlichen Klavieraus-
zügen der Oper, so stellte man ein Chaos an die Stelle eines
wirkungsvollen und schlüssigen Plans. Es handelt sich hier um
ein extremes, gleichwohl charakteristisches Beispiel für Rossinis Absicht, den einzelnen Nummern mehr musikalisches Material und dramatische Handlung einzuverleiben. Auch wenn
die Nummern aus Abschnitten bestehen, so definieren diese
Abschnitte doch einen größeren Entwurf, denn der Komponist erweitert nahezu bis an die Grenzen des noch Verständ-
lichen die Möglichkeiten jener formalen Muster, die er früher
als grundlegende Bausteine der Struktur der italienischer Oper
eingeführt hatte.

Ebenso wichtig ist die neue Bedeutung, die Rossini dem
Chor beimißt. Von der trägen Masse in *Tancredi* wandelt sich
der Chor in *Mosè in Egitto* oder *La donna del lago* zu einer
zentralen Figur des Dramas, eine Rolle, die Rossini in seinen
französischen Opern noch weiterentwickelt. Kommentiert der
Chor in früheren Opern lediglich die Aktionen der Hauptfiguren, so dominiert er im Finale des ersten Aktes von *La donna
del lago* mit seinem bekannten ›Coro dei Bardi‹, wo die unterschiedlichen melodischen Stränge des Finales zu einem mächtigen Ensemble verschmolzen werden. Der Eröffnungschor
von *Mosè in Egitto* ›Ah! che ne aita!‹ hat seinen Ursprung eher
in einem Bachschen Präludium als in einer einfachen Lied-
form. Beispiel 6 zeigt, wie sich die Melodie durch das Orchester windet, während der Chor, in den die Klagen der Solisten
einfallen, um Gnade bittet. Die Einfachheit und Kraft dieser
Chöre, deren berühmtester das Gebet ›Dal tuo stellato soglio‹

Bsp. 6

aus *Mosè* ist, stellen gegenüber den reich verzierten Solostük-
ken ein Gegengewicht dar.

Sogar Rossinis Umgang mit der Ouvertüre veränderte sich
in Neapel drastisch. Nach *Elisabetta* und *Otello*, deren Ouvertüren jeweils für andere Opern komponiert worden waren, erstere für *Aureliano in Palmira*, letztere für *Sigismondo*, vermied
Rossini es tunlichst, seinen neapolitanischen Opern Standard-
ouvertüren voranzustellen. Tatsächlich besitzen *Mosè*, *Ricciardo e Zoraide*, *La donna del lago*, *Maometto II* (in der Originalfassung) und *Zelmira* überhaupt keine Ouvertüre, sondern
höchstens eine Orchestereinleitung, deren melodisches Material mit den folgenden Introduktionen in Zusammenhang
steht. *Armida* hat eine Ouvertüre, aber sie entspricht nicht
Rossinis traditioneller Schablone. Am faszinierendsten ist die
Ouvertüre zu *Ermione*. Obwohl sie weitgehend der Norm
folgt, hört man doch an einigen Stellen der Ouvertüre, wie der
Chor hinter dem Vorhang über das Schicksal Trojas klagt; in
der Introduktion werden diese Choreinwürfe zu einem richti-
gen Chor erweitert. Opern, die für andere Städte entstanden,
versah Rossini nach wie vor mit Ouvertüren, viele sind indes
Neuaufgüsse, und lediglich die Ouvertüre zu *Semiramide* ist
des Komponisten würdig. Impresarios an anderen Orten
waren vermutlich in einer Position, die es ihnen erlaubte, Ouvertüren zu verlangen, ob der Komponist nun eine schreiben
wollte oder nicht, aber in Neapel konnte Rossini seinen Willen durchsetzen. Das Fehlen von traditionellen Ouvertüren
spiegelt hier ganz eindeutig eine künstlerische Entscheidung

wider, und es scheint, daß Rossini sein Publikum vom ersten Akkord an in das Drama hineinziehen wollte. Eine formale Ouvertüre war unwesentlich und wurde daher geopfert. Die Bedeutung dieses Ansatzes für spätere italienische Komponisten muß kaum betont werden. In der Tat ließ sich eine ganze Generation von Komponisten, darunter Bellini und Donizetti, von Rossinis neapolitanischen Opern inspirieren und leiten.

Rossini komponierte in diesen Jahren neben einer Anzahl Kantaten für staatliche Anlässe oder Besuche von gekrönten Häuptern auch eine *Messa di gloria*. Die Messe ist bemerkenswert; in ihr bedient sich Rossini sowohl seines Opernstils als auch der charakteristischen und in den Opern normalerweise nicht vorkommenden Techniken der Sakralmusik, wie z. B. der ausgiebigen Verwendung obligater Instrumentalstimmen in vollständigen Ritornell-Arien und der Verwendung des kontrapunktischen Satzes. Die *Messa di gloria* ist keineswegs aus Opernfetzen zusammengestückelt, wie früher von so manchen, in Unkenntnis der Partitur, behauptet wurde. Die *Messa di gloria* ist vielmehr ein durch und durch originales und vortreffliches Werk und hat es, nicht anders als die großen geistlichen Werke aus Rossinis später Zeit, verdient, heutzutage aufgeführt zu werden.

SECHSTES KAPITEL

EUROPA UND PARIS (1822—1829)

Spätestens 1822 hatten Rossinis Opern auch internationale Anerkennung erfahren. Sowohl in Frankreich als auch in England
bemühte man sich um seine Dienste; Barbaja aber gab den
Anstoß zu Rossinis erster Auslandsreise, wie er zuvor auch
den Aufenthalt des Komponisten in Neapel in die Wege geleitet hatte. Die beiden Männer waren beruflich, persönlich,
durch die Colbran, und finanziell aneinander gebunden. In der
Tat wuchs Rossinis Vermögen, als er sich mit Barbaja in einer
Gesellschaft zusammentat, die die ertragreichen Spieltische im
Foyer des Teatro S. Carlo betrieb. Als Barbaja Ende 1821 Direktor des Kärntnertortheaters in Wien wurde, brachte er
seine neapolitanische Truppe sowie deren Komponisten mit
und veranstaltete ein Rossini-Festival. Es begann am 13. April
1822 mit *Zelmira*, deren neapolitanische Premiere im Februar
stattgefunden hatte, und dauerte bis Juli. Sechs Opern wurden
mit außergewöhnlichem Erfolg aufgeführt. Die Stadt Beethovens und Schuberts hieß Rossini wie einen Helden willkommen. Möglicherweise wurde er Beethoven vorgestellt, der
ihm, schenkt man Michotte Glauben, riet, ausschließlich komische Opern zu schreiben – ein leicht boshafter Rat an einen
Komponisten, der seit 1817 fast nichts anderes als *opere serie*
geschrieben hatte.

Nach seinem Wiener Aufenthalt trennte sich Rossini von
Barbaja und Neapel. Er kehrte im Sommer 1822 nach Italien
zurück und blieb dort bis Herbst 1823. Auf Einladung des Für-
sten Metternich komponierte er zwei Kantaten für den Kongreß von Verona Ende 1822. Beide waren aus früheren Werken
zusammengestückelt. Während der Karnevalsaison 1823 hielt
er sich am Teatro La Fenice in Venedig auf, wo er für die
Eröffnung der Saison *Maometto II.* überarbeitete und seine
letzte Oper für Italien komponierte: *Semiramide.* Sie gehört zu
den wenigen Rossini-Opern, deren Entstehungsgeschichte
teilweise nachvollzogen werden kann. Der Librettist Gaetano

Rossi war im Herbst 1822 bei Rossini und seiner Frau in Bologna zu Gast, und in seinen Briefen an Meyerbeer ist öfters die Rede von der Komposition der Oper.

Rossini und seine Frau verbrachten den Sommer 1823 in Bologna. Am 20. Oktober brachen sie nach Paris und England auf. Daß sie dem italienischen Theater für immer den Rücken kehren würden, war wohl keinem von beiden bewußt. Rossini verließ Italien als der bedeutendste und bekannteste Komponist seiner Zeit. Er hatte vierunddreißig Opern geschrieben, von denen die besten einen Großteil des Repertoires an den Opernhäusern der gesamten Halbinsel stellten. Er war einunddreißig Jahre alt.

Sie hielten sich kurz in Paris auf, wo viele von Rossinis Opern bereits bekannt waren, auch wenn die Produktionen am Théâtre-Italien sie oft so entstellten, daß Stendhal den Direktoren vorwarf, Rossinis Ruf in Frankreich sabotieren zu wollen. Nachdem man sie königlich hofiert hatte, wurde über zukünftige Projekte für Paris verhandelt. Danach reisten Rossini und seine Frau weiter nach London und kamen dort Ende des Jahres 1823 an. Am King's Theatre wurde eine Rossini-Saison organisiert, aber viele der Opern fielen durch. *Zelmira* hinterließ einen besonders schwachen Eindruck, da die Colbran in der Titelrolle eine Fehlbesetzung war. Ihre Stimme war hinüber, ihre Karriere ganz offenlichtlich zu Ende. Rossini mußte eine neue Oper schreiben, *Ugo, re d'Italia*. Selbst wenn er zumindest einen Teil davon komponiert haben mag, so hat sich doch nichts davon erhalten. Im Autograph von *Ermione* sind aber einige Stücke mit einem anderem Text unterlegt, in denen eine Figur namens Ugo auftritt. Rossini, der das Autograph von *Ermione* – wie von all seinen neapolitanischen Opern – aufbewahrt hatte, beabsichtigte offensichtlich, zumindest Teile dieser nur in Neapel aufgeführten Oper als Grundlage für seine englische Oper zu verwenden. Wieder einmal reagierte Rossini auf ein neues künstlerisches Umfeld, indem er lieber ein älteres Werk umschrieb, als ein neues zu komponieren. Die meiste Zeit verbrachte er damit, aus den Schwächen der englischen Aristokraten Profit zu schlagen, die ohne

SIGNOR ROSSINI'S FIRST CONCERT,

ALMACK'S.

FRIDAY, MAY the 14th.

Her Excellency COUNTESS LIEVEN,	LADY GRANTHAM,
MARCHIONESS OF LANSDOWNE,	COUNTESS COWPER,
COUNTESS OF JERSEY,	LADY GWYDYR,
MARCHIONESS OF WATERFORD,	COUNTESS OF SEFTON,
MARCHIONESS OF CHOLMONDELEY,	COUNTESS OF MORLEY.
COUNTESS BATHURST.	and
MARCHIONESS OF CONYNGHAM.	The Hon. MRS. HOPE.

The Second Concert will be on *Friday* the 11th of June.

Subscriptions to both, *Two Guineas.*

Part the First.

SINFONIA—(Gazza Ladra) . . . . *Rossini.*
DUETTO—" Della casa,"—M. and Madame Ronzi De Begnis *Generali.*
QUARTETTO — " Vedi come esulta," — Madame C. Rossini,
    Madame Caradori, Signor Garcia, and Signor Curioni . . *Rossini.*
SESTETTO — " E palese," — Madame Caradori, Madame C,
    Rossini, Signor Curioni, Signor Placci, Signor Remorini,
    and Signor Benetti . . . . *Rossini.*
CAVATINA—" Quell' istante,"—Madame Catalani . . . *Rossini.*
DUETTO—" Un se puoi,"—Madame Pasta and Signor Curioni *Rossini.*
CAVATINA—" Di piacer,"—Madame Caradori . . . . . *Cimarosa.*
DUETTO—" Se fiate in corpo avete,"—Madame Catalani and
    Signor Rossini . . . . *Cimarosa.*

Part the Second.

SINFONIA—(Tancredi) . . . . *Rossini.*
TERZETTO — " Cruda sorte," — Madame Catalani, Madame
    Vestris, and Signor Garcia . . . . *Rossini.*
ARIA—Madame Pasta . . . . *Zingarelli.*
TERZETTO—" In questo estremo,"—Madame C. Rossini, Ma-
    dame Pasta, and Signor Garcia . . . . *Rossini.*
ARIA—" Pensa a la patria," — Madame Catalani, with chorus *Rossini.*
DUETTO—" Ebben per mia memoria,"—Madame Caradori
    and Madame Vestris . . . . *Rossini.*
CAVATINO—(Figaro)—Signor Rossini. . . . . . . *Rossini.*
TERZETTO — " Giuro alla terra," — Signor Garcia, Signor
    Remorini, and Signor Benetti . . . . *Guglielmi.*
FINALE—God save the King.

. To begin at *Nine* o'Clock.

Vouchers issued by the Ladies Patronesses, to be exchanged for Tickets, at the *Opera Office*, 105, Quadrant.

☞ Signor Rossini respectfully begs leave to state, that having unexpectedly been deprived of the assistance of M. and Madame Ronzi De Begnis, for the latter part of the Concert, Madame Caradori, although unwell, and Signor Benetti, both at a very short notice, most obligingly granted their services on the occasion.

Programm von Rossinis erstem Konzert bei Almack's, London, am 14. Mai 1824.

Zögern unermeßliche Summen dafür ausgaben, um den Komponisten und seine Gattin zu Hausmusikabenden einzuladen oder den verwöhnten Töchtern Unterricht zu erteilen.

Am 1. August 1824 war Rossini erneut in Paris, wo er die Leitung des Théâtre-Italien übernahm. Zu seinen vertraglichen Pflichten gehörte die Einstudierung seiner älteren Opern, andere italienische Opern herauszubringen und neue Opern zu komponieren, und zwar sowohl für das Théâtre-Italien als auch für die Opéra. Nach einem Ferienaufenthalt in Bologna siedelten Rossini und seine Frau Ende 1824 nach Paris über und blieben dort beinahe fünf Jahre. Rossini konzentrierte sich zuerst auf das Théâtre-Italien. Zur Krönung Karls X. komponierte er die Oper *Il viaggio a Reims*, die am 19. Juni 1825 uraufgeführt wurde. Der größere Teil dieser Gelegenheitsoper fand in *Le Comte Ory* seine Wiederverwendung. Als Theaterdirektor brachte Rossini die besten italienischen Sänger in erstklassigen Aufführungen seiner reifsten neapolitanischen Opern nach Paris, darunter *La donna del lago*, *Zelmira* und *Semiramide*. Er überwachte die Produktionen und nahm oft einschneidende Überarbeitungen vor. Unter den von ihm aufgeführten Opern anderer Komponisten befand sich *Il crociato in Egitto*, was den Beginn von Meyerbeers phänomenaler Pariser Karriere bedeutete. Die beiden Männer blieben ihr ganzes Leben hindurch eng verbunden. Mit Rossini am Steuer genoß das Théâtre-Italien die Augenblicke des größten Ruhms. Auch später half er noch mit, das Theater zu leiten – bis er im Jahre 1836 Paris, wie man annehmen mußte, für immer verließ.

Sein Ziel aber war es, französische Opern für die Académie Royale de Musique zu komponieren. Im Oktober 1826 unterzeichnete er einen neuen Vertrag, der ihn von den Alltagspflichten am Théâtre-Italien entband und ihm erlaubte, seine ganze Energie der Komposition neuer Werke für die Opéra zu widmen. Für ihn wurde das Ehrenamt eines *Premier compositeur du roi* und *Inspecteuer général du chant en France* geschaffen. Rossini mußte Französisch lernen und die Feinheiten der Deklamation meistern, bevor er sich behutsam an seine neue Aufgabe wagte. Zwei der neapolitanischen Werke hielt er zur Adaption für die französische Bühne zurück und verhinderte, daß sie während seiner Amtszeit am Théâtre-Italien gegeben wurden. So wurde *Maometto II* am 9. Oktober 1826 zu *Le siège de Corinthe* und *Mosè in Egitto* am 26. März 1827 zu *Moïse.*

Die Unterschiede zwischen den neapolitanischen Originalversionen und den Pariser Bearbeitungen rühren von einem den neapolitanischen Werken innewohnenden dialektischen Prozeß her. In den neapolitanischen Opern geht eine extrem verzierte Gesangslinie, die das Virtuose und Opernhafte betont, mit weitreichenden musikalisch-strukturellen Experimenten einher, die danach streben, bestimmten dramatischen Situationen den ihnen gemäßen musikalischen Ausdruck zu verleihen. In den Pariser Überarbeitungen sind beide Extreme eingeebnet und fügen sich in einen stetigeren, wenngleich weniger kühnen, dramatischen Verlauf, wobei die Kluft zwischen deklamatorischen Zeilen und verzierten Passagen weniger tief ist. Beispiel 7 zeigt, wie eine Melodie aus der Introduktion von *Maometto II* (7a) in ihrer französischen Überarbeitung gereinigt wird (7b). Da Rossini seine strukturellen Experimente gleichermaßen modifizierte, eliminierte er viele Binnenteile des weiter oben analysierten *terzettone*. Zurück blieb ein verstümmelter und eher konventioneller Rest in *Le siège de Corinthe*. Auch die Arien verlieren weiter an Bedeutung. Statt dessen tendiert Rossini mehr zur Komposition größerer Einheiten, in denen Solostimmen und Chor auf dramatischere Weise ineinandergreifen. Die Szene, in der Hiéros die kurze Zeit später zu Tode gemarterten griechischen Krieger segnet und die zukünftige Größe Griechenlands prophezeit, ist eindrucksvoll und nimmt die patriotischen Szenen von Aubers *La muette de Portici* sowie natürlich seinem eigenen *Guillaume Tell* vorweg. Drei der vier ursprünglichen Arien aus *Mosè in Egitto* wurden für Paris gestrichen. Eine Arie wurde hinzugefügt, Anaïs ›Quelle horrible destinée‹, die sich in ihrer Kraft des Ausdrucks und der Schlichtheit ihrer Melodik weit von der verzierten Arie der neapolitanischen Version entfernt.

Bsp. 7

Diese beiden Bearbeitungen bereiteten Rossinis große französische Opern vor, die *opéra comique Le Comte Ory* (20. August 1828) und *Guillaume Tell* (3. August 1829). Beide Werke vereinen wirkungsvoll Elemente des italienischen und französischen Opernstils; indem italienische Lyrismen mit französischer Deklamation und französischem Spektakel zusammengebracht wurden, fügen sie ein weiteres Glied an die Kette, die zur *grand opéra* führt. *Le Comte Ory* ist ein problematisches Werk, episodisch in der Struktur, geht man aber seiner Herkunft nach, so ist es erstaunlich, daß es überhaupt zusammenhält. Die Librettisten Eugène Scribe und Charles Gaspard Delestre-Poirson zogen den zweiten Akt aus ihrer früheren Vaudeville und fügten einen ersten Akt hinzu, in dem Musik aus Rossinis *Il viaggio a Reims* von 1825 verarbeitet wurde. Die Handlung geht auf eine mittelalterliche Ballade zurück, die

von den Taten des berüchtigten Grafen Ory berichtet, und
Rossini verwendete die Balladenmelodie sowohl im Orche-
stervorspiel als auch im Trinkchor des zweiten Aktes. Lediglich die Arie der Gräfin ›En proie à la tristesse‹, die aus *Il
viaggio a Reims* stammt, ist virtuos gehalten. Charakteristischer
für die Oper sind ihre Ensembles: Das Terzett ›A la faveur de
cette nuit obscure‹ enthüllt einen Reichtum an musikalischen
Details, der die abschätzige Meinung von Rossinis Stil wider-
legt. Zu diesem Zeitpunkt beherrschte und vereinte er eine
große Vielfalt an musikalischen Techniken, die von der Fein-
fühligkeit dieses Terzetts bis zu dem deftigen Trinkchor ›Buvons, buvons soudain‹ samt seiner Parodie des unbegleiteten
Gebets ›Toi que je révère‹, von der italienischen Arie der
Gräfin bis zu Raimbauds humoristischem Bericht von der
Plünderung des Weinkellers reichte. Im Orchester konnte
Rossini mit wenigen Instrumenten die wundervollsten Wendungen hervorzaubern, aber auch, wenn nötig, auf die große
Trommel schlagen. Sein Genie hielt diese unterschiedlichen
Kräfte im Gleichgewicht und trotz einiger unlogischer Wen-
dungen in der Handlung ist *Le Comte Ory* doch eine gute Oper.

Rossinis letzte Oper, *Guillaume Tell*, beruht auf Schillers
Schauspiel und wird mehr bewundert als verstanden. Die gelegentlichen Wiederaufführungen litten unter übermäßiger Be-
arbeitung, so als ob man die Musik und das Drama beliebig
verstümmeln könnte; als ob eine Musik, deren Erhabenheit
architektonisch aufgebaut ist, sich behaupten könnte, wenn die
Wiederholung einer Phrase fast unumgänglich die Schere des
ignoranten Dirigenten anzieht; als könnte man dem Werk in
einem Verdischen oder Wagnerschen Sinne zu mehr ›Drama-
tik‹ verhelfen, entledigt man es von seinem persönlichen Umgang mit dem Musikdrama. Die beißende Anekdote – der Direktor der Opéra traf Rossini auf der Straße und teilte ihm
stolz mit: ›Heute abend geben wir den zweiten Akt Ihres *Tell*‹,
worauf der Komponist lediglich erwiderte: ›Wirklich! Den
ganzen?‹ – enthält einiges an Wahrheit; wer die Oper wirklich
kennenlernen und schätzen will, muß sie als komplexe Einheit
hören. *Guillaume Tell* ist mit äußerster Sorgfalt komponiert,

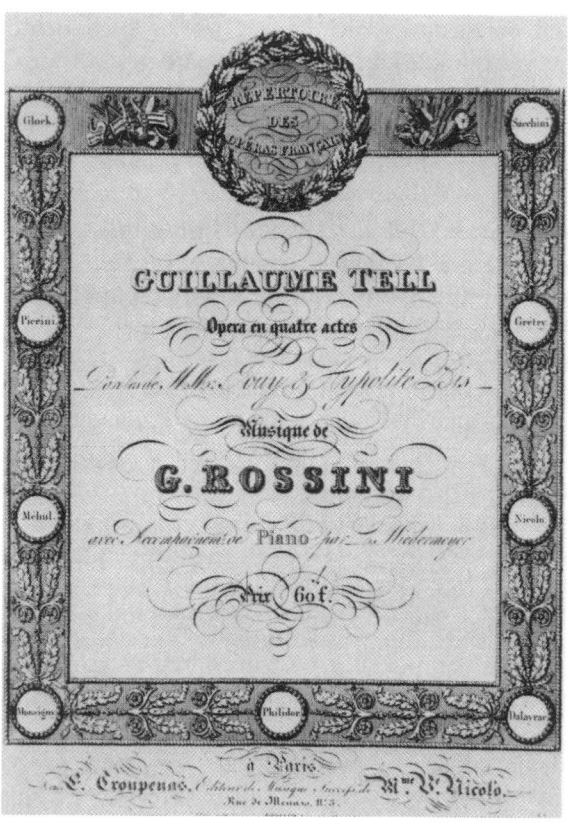

*Titelseite der Erstausgabe des Klavierauszugs von »Guillaume
Tell« (Paris: Troupenas, 1829).*

harmonisch kühn, melodisch von exzessiven Verzierungen befreit (wenngleich der extrem hoch liegende Tenorpart des
Arnold heutigen Sängern Probleme macht), verschwenderisch
instrumentiert und stellt somit eine letzte Reinigung des Rossinischen Stils dar.

Rossini verwob in sein historisches Panorama Elemente der
Pastorale (mit wörtlichen Zitaten des schweizerischen ›ranz
des vaches‹), patriotische Taten, was am Vorabend der Revolu-

tion von 1830 sehr beliebt war, und meisterhaft gezeichnete Charaktere. Das ganze stellt ein üppiges Bild seiner einfallsreichsten Musik dar. Ensembles dominieren, und die dramatischen Forderungen werden erfüllt. Tells deklamatorisches Solo im Finale des dritten Aktes ›Sois immobile‹ fand sogar vor den Augen des alten Wagner Anerkennung. Die große Ouvertüre ist unverfrorene Programmusik. Die ausgiebigen szenischen Effekte, Ballette und Prozessionen entstammen der französischen Operntradition, werden aber wirkungsvoll in die Oper eingebaut. Der Chor hat sowohl musikalisch als auch dramatisch eine zentrale Rolle inne, und vieles in der Oper dreht sich um prächtige Chorensembles, wie z.B. ›Vierge que les chrétiens adorent‹ im Finale des ersten Aktes oder das Schlußensemble ›Tout change et grandit en ces lieux‹. Besonders der zweite Akt ist Musiktheater allerersten Ranges; sein Finale, in welchem die drei schweizer Kantone, jeder musikalisch charakterisiert, zusammengerufen werden und den Aufstand planen, ist vielleicht die großartigste Einzelszene, die Rossini je schrieb.

SIEBTES KAPITEL
RÜCKZUG

Und nach *Guillaume Tell* – nichts mehr. Noch nahezu vierzig weitere Jahre erlebte Rossini, von vielen gepriesen, von einigen verabscheut oder angefleht zu komponieren; aber aus seiner Feder flossen keine Opern mehr. Es gibt keine einfachen Erklärungen für eine solche Entscheidung, wenn sie denn überhaupt bewußt getroffen wurde. Daß Rossini körperlich und geistig erschöpft war – tatsächlich war er zu einem großen Teil seiner ihm noch verbleibenden Zeit schwer krank –, kann hierfür teilweise verantwortlich gemacht werden. Das Tempo, mit der er Opern komponierte, verringerte sich deutlich im Laufe seiner aktiven Karriere: von durchschnittlich drei neuen Opern pro Jahr zwischen 1811 und 1819 auf eine Oper jährlich zwischen 1820 und 1823, und in Paris waren es sogar noch weniger. *Tell* verlangte ihm mehr Energie ab als jedes andere Werk, und aus Briefen und zeitgenössischen Berichten geht hervor, daß Rossini damit seine Opernkarriere zu beenden gedachte. Die finanzielle Sicherheit, die er nun erlangt hatte, mag ebenfalls dazu beigetragen haben.

Politische und künstlerische Ereignisse der folgenden Jahre mögen den Entschluß gefestigt haben, seine Karriere auf ihrem Höhepunkt zu beenden. Vor der Premiere von *Tell* hatte er mit der Regierung Karls X. einen Vertrag ausgehandelt, der ihm eine lebenslange Rente zusicherte, unabhängig von seinen Aktivitäten. Gleichwohl versicherte er aber seine Bereitschaft, im Abstand von jeweils zwei Jahren mindestens vier neue Opern für die Opéra zu schreiben. Während der Verhandlungen hatte er damit gedroht, *Guillaume Tell* vor der Premiere zurückzuziehen, sollte ihm die Rente nicht zugesagt werden. Nachdem die Vereinbarungen unterschrieben waren und *Tell* herausgekommen war, kehrten Rossini und seine Frau für einen Ferienaufenthalt nach Bologna zurück. Seine nächste Pariser Oper war für das Jahr 1831 geplant. Er erwog die Komposition von Goethes *Faust*, erhielt aber nie ein fertiges

Libretto. Statt dessen wurden seine Ferien plötzlich überschattet von den Nachrichten über die Revolution vom Juli
1830, in deren Verlauf Karl X. vertrieben und die Verträge mit
der Unterschrift des alten Regimes außer Kraft gesetzt wurden. Anfang September 1830 reiste Rossini, dessen Beziehung
zu seiner Frau inzwischen sehr angespannt war, alleine nach
Paris. Er hoffte, seine Geldangelegenheiten schnell zu klären,
die Gerichte aber entschieden über die Weiterzahlung seiner
Rente erst sechs Jahre später.

Die Leitung der Opéra war in andere Hände übergegangen.
Rossini war mit dem alten Regime so eng verknüpft gewesen,
daß er hier keinen Einfluß mehr hatte. Mit dem Théâtre-
Italien aber blieb er verbunden und unterstützte aktiv die Aufführung von Werken seiner jüngeren Zeitgenossen, vor allem
von Donizetti und Bellini. In Paris wurde er hauptsächlich
durch den langwierigen Gerichtsstreit über die Sicherung der
von Karl X. festgelegten Rente aufgehalten. Er komponierte
wenig, darunter immerhin zwei bedeutende Werke, das *Stabat
mater* und die *Soirées musicales*. Während einer Reise nach
Spanien mit seinem Freund, dem Bankier Alexandre Aguado,
erhielt Rossini von Fernandez Varela, einem Staatsrat, den
Auftrag, das *Stabat mater* zu vertonen. Er schrieb lediglich die
Hälfte der Partitur – die Nummern 1 und 5 bis 9 – und bat
seinen Freund Giovanni Tadolini, die weiteren sechs Sätze
hinzuzufügen. Es dauerte fast zehn Jahre, bevor Rossini Tado-
linis Machwerk ersetzte, und dann auch nur unter dem Druck
seines Pariser Verlegers Eugène Troupenas. Rossinis Verhal-
ten entsprang nicht der puren Faulheit: 1832 ging es ihm nicht
gut und seine Leiden, ob nun psychisch oder nicht, waren der
Beginn einer fünfundzwanzig Jahre anhaltenden düsteren,
krankhaften Periode. Während seiner Krankheit wurde er von
Olympe Pélissier gepflegt und betreut. Ihre lange Beziehung
hatte anfang der dreißiger Jahre in Paris begonnen und führte
1846, nach dem Tod von Isabelle Colbran, schließlich zur
Hochzeit.

In Paris vollendete Rossini eine Gruppe von acht Kammer-
arien und vier Duetten, die man unter dem Titel *Soirées mu-*

sicales kennt, und die beweisen, daß sein Rückzug von der Opernbühne nicht das geringste mit nachlassender Inspiration zu tun hatte. Die Stücke umspannen eine weite Skala an Stimmungen: Das dramatische *Li marinari*, das tirolerische *La pastorella dell'Alpi*, die neapolitanische Ausgelassenheit der seit jeher populären *La danza*. Sie sind melodisch attraktiv und voll von schönen Details, die von Rossinis Meisterschaft zeugen; so zum Beispiel die überraschenden harmonischen Wendungen nach G-Dur und D-Dur am Ende der in B-Dur stehenden *Serenata*. Diese Stücke entstanden möglicherweise unabhängig voneinander für Mitglieder der Pariser Gesellschaft anfangs der dreißiger Jahre und wurden von Troupenas 1835 für die Veröffentlichung zusammengefaßt.

All jene Faktoren – Krankheit, Veränderungen im künstlerischen und politischen Klima, finanzielle Sicherheit, allgemeine Erschöpfung – zusammen mit dem enormen Erfolg von Meyerbeers ersten französischen Opern *Robert le diable* (1831) und *Les Huguenots* (1836), die viele Techniken des *Tell* zum äußersten führten, wohingegen sie die ›klassischen‹ Tendenzen dieser Oper verneinten, schufen ein physisches und künstlerisches Klima, welches der Komposition neuer Opern von Rossini wenig gewogen war. Aber die Berichte über eine Rivalität zwischen Rossini und Meyerbeer scheinen von Grund auf falsch zu sein. Was auch immer er über Meyerbeers *grands opéras* gedacht haben mag – Rossini unterhielt mit Meyerbeer gute Beziehungen, seit 1825, als er ihn dem Pariser Publikum erstmals vorstellte, bis zu seinem Tod 1864, aus dessen Anlaß Rossini einen *Chant funèbre* komponierte.

Nachdem Rossinis Rentenangelegenheit zu seinen Gunsten entschieden worden war, unternahm er eine kurze Reise nach Deutschland, wiederum mit einem Bankier, Lionel de Rothschild, und besuchte Mendelssohn und Hiller. Mendelssohn war wider Willen tief beeindruckt und schrieb an Mutter und Schwester: »Von Paris und allen Musikern dort, von sich selbst und seinen Compositionen erzählt er die lächerlichsten, lustigsten Dinge, und hat vor allen gegenwärtigen Menschen so ungeheuern Respect, daß man ihm wirklich glauben könnte,

*Gioachino Rossini, Photographie von F. Hanfstaengl
(um 1865)*

wenn man keine Augen hätte, um sein kluges Gesicht dabei zu
sehen. Aber Geist und Lebendigkeit und Witz in allen Mie-
nen und in jedem Wort, und wer ihn nicht für ein Genie hält,
der muß ihn nur einmal so predigen hören, und wird dann
seine Meinung schon ändern.« (14.7.1836) Hiller wurde ein
Freund fürs Leben. Am Ende des Sommers 1836 kehrte Rossini nach Paris zurück, um seine Geschäfte in Ordnung zu
bringen und reiste am 24. Oktober wieder nach Italien. Er
nahm Olympe nicht mit, aber kurze Zeit später, im Februar
1837, folgte sie ihm nach Bologna.

Eine Zusammenfassung der Ereignisse aus Rossinis Leben

in der Zeit zwischen seiner Abreise aus Paris und seiner Rückkehr 1855 liest sich traurig. Er war fortwährend krank, nahezu
untätig und schien tatsächlich am Rande des geistigen, wenn
nicht sogar des physischen Todes zu leben. Gemeinsam mit
Olympe eröffnete er im Winter 1837/1838 einen Salon in Mailand und veranstaltete eine Reihe von musikalischen Soireen,
ähnlich den späteren, berühmteren Pariser Soireen in den
sechziger Jahren. Der Tod seines Vater im Jahre 1839 indes
schwächte Rossini noch zusätzlich; seine Mutter war bereits
1827 während der Proben zu *Moïse* gestorben. Seine einzige
Tätigkeit war die eines ehrenamtlichen Beraters des Liceo
Musicale von Bologna. Er fing dort 1840 an und versuchte, das
Konservatorium zu reformieren und dessen Lehrplan zu ver-
bessern. Es ist bekannt, daß er zumindest eine kleine Rolle bei
der Aufführung seiner Werke dort spielte, da es in der Bibliothek des Konservatoriums einen Satz Orchesterstimmen für
das Quartett aus *Bianca e Falliero* ›Cielo, il mio labbro inspira‹
gibt, in welchem die Stimme für das zweite Horn von Rossinis
Hand stammt. Eine Randnotiz auf dem Manuskript besagt:
›Originalschrift von Rossini. Mai 1844‹. Aber seine Gesundheit war schlecht, vor allem urologische Probleme zogen lange
und schmerzhafte Behandlungen nach sich, so daß Rossini
wenig für das Konservatorium tun konnte.

Als die Originalfassung des *Stabat mater* nach dem Tode
Varelas in die Hände des Pariser Verlegers Aulagnier fiel, der
es druckte und eine Aufführung organisierte, zog Rossini seinen Namen von dieser Version zurück, teils auf Drängen von
Troupenas, teils, weil das von Aulagnier herausgegebene Werk
zusammengestückelt war, und beschloß, das Werk selbst zu
beenden. Das überarbeitete *Stabat mater* war Ende 1841 vollendet. Die Erstaufführung wurde von den Geschwistern Léon
und Marie Escudier arrangiert und fand am 7. Januar 1842 in
Paris im Théâtre-Italien statt. Sie wurde mit überwältigendem
Enthusiasmus aufgenommen. Die italienische Erstaufführung
fand im März unter der Leitung Donizettis in Bologna statt.
Unter den Solisten waren Clara Novello und Nikolai Ivanov,
der ein enger Freund Rossinis wurde und für den Verdi, auf

*Manuskriptseite aus dem Autograph der Fortsetzung
des »Stabat mater« (1841).*

Rossinis Bitten hin, eigens einige Ersatzarien schrieb. Donizetti schrieb über die Aufnahme des *Stabat mater* in Bologna:

*»Die Begeisterung kann unmöglich beschrieben werden. Nach
der letzten Probe, der Rossini am hellen Tag beiwohnte, wurde
er mit lautem Zurufen von mehr als 500 Personen nach Hause
geleitet. Das Gleiche ereignete sich unter seinen Fenstern nach
der Premiere, obgleich er gar nicht in seinem Zimmer war...«*

Vom *Stabat mater* wird oft behauptet, es sei opernhaft. Wenn
damit gemeint ist, daß das Werk eher lyrisch als sinfonisch
konzipiert sei, so wäre dies eine unschädliche Aussage. In
Wirklichkeit handelt es sich bei dieser Aussage aber um einen
versteckten Angriff auf den Stil, der dem Stück unterstellt, es

sei weder besonders religiös, noch sei es tief empfunden. Läßt
man das heikle Problem beiseite, was denn theoretisch religiöser Musik angemessen sei, so enthält Rossinis Vertonung des
Stabat mater so gut wie keine Musik, die normalerweise in
seine Opern hätte Eingang finden können – weder was die
Form, die Orchestrierung, die Melodik noch die Verwendung
des Chores anbetrifft, von einer Menge anderer Kriterien einmal ganz abgesehen. Zweifellos ist die Melodik der Tenorarie
›Cujus animam‹ üppig, aber in keiner Rossini-Oper gibt es ein
ähnliches Andantino maestoso, und schon gar nicht mit dem
hier vorhandenen Reichtum an instrumentalen Details. Man
muß nicht erst auf die spezifisch ›sakralen‹ Ideen hinweisen –
auf das herrliche A-cappella-Quartett ›Quando corpus morie-
tur‹ mit seinen fallenden chromatischen Linien, die Chorfuge
im Finale ›In sempiterna saecula amen‹ oder den dramatischen
Austausch zwischen Sopran und Chor in ›Inflammatus‹ –, um
festzustellen, daß Rossini bemüht war, sein künstlerisches Talent in den Dienst der Sakralmusik zu stellen. Von Anfang bis
Ende begegnet uns hier ein der Opernwelt gänzlich abge-
wandter Geist, dem Rossini zehn Jahre vor der Fertigstellung
seiner Hymne auf die Gottesmutter abgeschworen hatte. Der
erste Satz beginnt mit dem dunklen Klang der Celli, der von
den Fagotten verdoppelt zum Tutti bei ›juxta crucem lacrimosa‹ führt – ein überwältigendes Zeugnis für die Kraft und
den Erfolg seiner Bemühungen.

Rossini scheint vom Triumph des *Stabat mater* aufrichtig
gerührt gewesen zu sein, gleichwohl war er dadurch nicht zu
einer weiteren Komposition zu bewegen. Besondere Dankbarkeit empfand er gegenüber Donizetti, der die Aufführung in
Bologna leitete, doch konnte er den jüngeren *maestro* nicht
dazu überreden, die Direktorenstelle am Konservatorium von
Bologna zu übernehmn. Gesundheitlich war Rossini nach
wie vor geschwächt, und auf der Suche nach medizinischer
Hilfe reiste er 1843 mit Olympe nach Paris. Sie kehrten bald
nach Italien zurück, wo Rossini untätig blieb. 1845 starb Isabella Colbran, und am 16. August 1846 heiratete Rossini
Olympe Pélissier, mit der er nun seit beinahe 15 Jahren zu-

sammengelebt hatte. Er komponierte einige kleinere Stücke,
die zumeist früheren Werken entstammten. So wurde der
berühmte ›Coro dei Bardi‹ aus *La donna del lago* 1844 der
Enthüllung eines Tasso-Denkmals, 1846 der Lobpreisung von
Papst Pius IX. angepaßt. Er verfertigte außerdem eine kurze
Kantate zu Ehren des neuen Papstes, wofür er teilweise auf
Stücke aus *Le siège de Corinthe* zurückgriff.

Die revolutionäre Bewegung, die 1848 durch Italien fegte,
stellte einen entscheidenden Wendepunkt in Rossinis Leben
dar. In den Augen vieler Bologneser fiel er in Ungnade, weil er
es ihrer Meinung nach an der nötigen Begeisterung für die
italienische Einigungsbewegung fehlen ließ. Als sich die Demonstrationen gar gegen ihn direkt richteten, verließen Rossini und seine Frau Bologna in Richtung Florenz. An diese
Zeit erinnerte er sich stets in sehr düsteren Worten und bestand darauf, daß er und seine Frau in Lebensgefahr geschwebt
hätten und die Bologneser alle Mörder seien. Im Verbund mit
seinen physischen Leiden wirkte sich der Zwischenfall demo-
ralisierend auf ihn aus. Er blieb mit Olympe in Florenz oder
war zur Kur in Montecatini oder Lucca. Zeitgenössische Berichte von Emilia Branca Romani, Giuseppina Strepponi und
vielen anderen zeichnen allesamt ein schwermütiges und pes-
simistisches Bild. In einem Brief aus dem Jahre 1854 schrieb
Rossini vom »beklagenswerten Zustand meiner Gesundheit,
in welchem ich mich seit fünf langen Monaten befinde, eine
äußerst hartnäckige nervöse Erkrankung, die mir den Schlaf
raubt und, wie ich sagen möchte, mein Leben nahezu sinnlos
werden läßt«. In der Hoffnung, daß französische Ärzte ihm
dort helfen würden, wo die italienischen versagt hatten, ent-
schlossen sich Rossini und seine Frau im Frühling 1855 zur
Rückkehr nach Paris.

ACHTES KAPITEL
EIN NEUES LEBEN

Rossinis letzte Lebensjahre müssen vor dem Hintergrund körperlicher Erkrankung und geistiger Erschöpfung gesehen werden, die ihn seit 20 Jahren begleitet hatten; denn ohne Übertreibung kann man sagen, daß Rossini in Paris wieder aufzuleben begann. Seine Gesundheit verbesserte sich schlagartig; sein berühmter Humor kehrte zurück. Er kaufte ein Stück Land im Pariser Vorort Passy und baute sich eine Villa; daneben mietete er eine Stadtwohnung in der Rue de la Chaussée d'Antin, wo er bald über einen der interessantesten und elegantesten Salons von Paris gebot. Noch bemerkenswerter ist die Tatsache, daß er wieder zu komponieren begann. Das erste neue Werk war die *Musique anodine*, sechs Vertonungen von Rossinis Lieblingstext für Albumblätter ›Mi lagnerò tacendo‹. Aber diese Stücke, die er am 14. April 1857 »meiner lieben Frau Olimpia als einfaches Zeugnis der Dankbarkeit für die hingebungsvolle und aufmerksame Fürsorge, die sie mir während meiner zu langen und schrecklichen Krankheit zuteil werden ließ«, widmete, haben eine viel größere Reichweite als die Albumblätter, die er auch dann noch rasch niederschrieb, als er sich zurückgezogen hatte. Mit ihnen begann eine Flut von Kompositionen, die schließlich mehr als 150 Klavierstücke, Lieder, kleine Ensembles und die *Petite messe solennelle* umfaßte. Die meisten der kleineren Stücke wurden erstmals bei Rossinis ›Samedi soirs‹ aufgeführt, an denen fast alle großen Künstler und Personen öffentlichen Interesses teilnahmen, die in Paris lebten oder auf der Durchreise waren.

Rossini bezeichnete diese Stücke als seine *Péchés de vieillesse*, als die ›Sünden seines Alters‹, und in ihnen verwandelte er seinen Witz in musikalischen Ausdruck, indem er in unterschiedlichem Maß Grazie und Charme walten ließ, scharfzüngige Parodie, einen Schuß Gefühl und durchweg eine einmalige Verbindung von Raffinesse und Naivität. Er verweigerte ihre Publikation, und obgleich einige davon im 19. Jahrhundert

erschienen, blieben sie doch nahezu unbekannt, bis die Fondazione Rossini in den fünfziger Jahren dieses Jahrhunderts
damit begann, sie zu edieren. Seither wird ihnen immer mehr
bewundernde Aufmerksamkeit zuteil. Ihre historische Stellung muß erst noch umrissen werden, aber es scheint sehr
wahrscheinlich, daß ihr direkter oder indirekter Einfluß auf
Komponisten wie Camille Saint-Saëns und Erik Satie beträchtlich war.

Viele der Klavierstücke sind Parodien, aber als Parodien sind
sie so ansprechend und überzeugend, daß man sie manchmal
mit dem parodierten Gegenstand verwechseln könnte, wären
da nicht die offensichtlichen Übertreibungen und Rossinis
köstliche Titel, die seine Absicht enthüllen. Eins der besten
Stücke ist die *Petit caprice (style Offenbach)*, angeblich ein *quid
pro quo* nach Offenbachs zügellosem ›Trio patriotique‹ aus *La
belle Hélène* ›Lorsque la Grèce est un champ de carnage‹ (mit
der wunderbaren Zeile ›Tu t' fich' pas mal de ton pays!‹), das
Rossinis Terzett aus *Guillaume Tell* ›Quand l'Helvétie est un
champ de supplices‹ auf die Bühne des Thèâtre des Variétés
brachte. Die Tempobezeichnung ›Allegretto grotesco‹ weist
den Weg, wie auch der bizarre Fingersatz, der gegen Offenbachs ›malocchio‹ schützen sollte, das im italienischen Aberglaube Unglück bringt – aber kaum beginnt die Musik, so fühlt
man sich umzingelt von einem leicht beschwipsten Offenbach-
Cancan. Die chromatische Modulation des Hauptthemas (Bsp.
9) ist zweideutig. Dann, mitten in einem anscheinend harmlo-

Bsp. 8

sen F-Dur-Umfeld, setzt Rossini zuerst ein melodisch merk-würdiges Des-Dur ein und läßt schließlich ein wirklich bizarres Fis-Dur erklingen; das Stück geht weiter, als wäre nichts geschehen und moduliert unbefangen zurück zur Tonika und dem Hauptthema.

Obgleich sich Rossini als ein ›viertklassiger Pianist‹ bezeichnete, sind diese Stücke von enormer technischer Schwierigkeit und durchweg reizend. Im *Prélude prétentieux* etwa wird mit einem Fugenthema und der Durchführung ein Kontrapunktklischee nach dem anderen parodiert. *Mon prélude hygiénique du matin,* mit seinen einleitenden C-Dur und a-Moll-Arpeggios, wird bei all jenen ein wehmütiges Lächeln hervorbringen, deren Klavierübungen jeden Morgen mit entsprechenden Übungen begann. Die absurden Tanzrhythmen der *Fausse couche de polka-mazurka* und das asthmatische Thema der *Valse torturée,* in welcher die Tonika durch die Akkordfortschreitung D-Dur, Dis, Des und D-Dur definiert wird, nimmt sich die Salonmusik zur Zielscheibe. Bach und Chopin sind zwar nie weit entfernt, sie werden aber von der Warte des ironischen Respekts gesehen, der Rossinis Huldigungen zu einem Vergnügen werden läßt.

Die Lieder und Chöre sind zwar nicht so erfinderisch, dafür aber nicht weniger erfrischend. *La chanson du bébé,* mit dem Refrain ›Pipi ... maman ... papa ... caca‹ ist ein charmanter Ulk über das Kinderzimmer. *L'amour à Pékin,* Rossinis Flirt mit der Ganztonleiter, gehen mehrere Klavieranläufe voraus, zuerst Harmonisierungen der chromatischen Tonleiter, dann der Ganztonleiter, das Lied selbst ist indes eine Enttäuschung. Es handelt sich um eine einfache Romanze, in der die Ganztonskala nur kurz im Rahmen einer Kadenz auftaucht und die im vorangegangenen Klaviervorspiel ausgearbeitete Harmonisierung anwendet. Der *Choeur de chasseurs démocrates,* den Rossini im Auftrag der Baronin de Rothschild anläßlich des Besuchs von Napoleon III. im Château de Ferrières im Dezember 1862 schrieb, ist ein gelungener Jägerchor. Das D-Dur des Hauptteils wird dadurch genau im Gleichgewicht gehalten, daß Rossini im Mittelteil chromatische Sequenzen verwendet, ein in diesen späten Werken häufiges Vorgehen. Unter den Liedern befinden sich auch mehr traditionelle, sentimentale, ja sogar rührselige Kompositionen, wie *L'orphéline du Tyrol* oder das *Chanson de Zora.* Aber auch ohne die Würze der ironischen Distanz sind diese Stücke reizvoller, als man erwarten könnte, denn Rossini bleibt selbst in seinen konventionellsten Augenblicken ein bemerkenswerter Komponist.

Das beste Werk aus Rossinis späten Jahren, und sicher eine seiner größten Leistungen, ist die *Petite messe solennelle* für zwölf Stimmen, zwei Klaviere und Harmonium, die er für die Gräfin Louise Pillet-Will schrieb und die anläßlich der Weihe ihrer Privatkapelle im März 1864 uraufgeführt wurde. Später orchestrierte Rossini das Werk, aus Furcht, ein anderer würde es an seiner Stelle tun. Gleichwohl ist die Messe in ihrer Originalform am eindrucksvollsten. In einer Einleitung an »den lieben Gott« bezeichnete Rossini die Messe als »die letzte Todsünde meines Alters«, und in ein paar Sätzen am Ende des Autographs wendet er sich an Gott mit folgenden Worten: »Lieber Gott. Hier liegt sie vollendet, die einfache kleine Messe. Ist es heilige Musik (musique sacrée) oder verdammte Musik (sacrée musique), die ich geschrieben habe? Du weißt genau, daß ich für die *opera buffa* auf die Welt gekommen bin! Ein bißchen Können, ein bißchen Herz, das ist alles. Sei denn gepriesen, und halte mir einen Platz im Paradies frei.« Diese ironische Naivität hat etwas sehr anrührendes. Wenn Rossinis Zurückhaltung in der Öffentlichkeit ihm auch den Ruf der Kälte und Unnahbarkeit einbrachte, so gilt das doch nicht für seine großartigste Musik, und hier nun sang er das Lob Gottes *con amore.*

Von 1857 bis zu seinem Tod gehörte Rossini zu den Subskribenten der kritischen Ausgabe der Werke Bachs. Viele seiner Klavierstücke und auch die *Petite messe* zeugen von seiner Kenntnis Bachs. Rossini ahmt Bach nicht nach, sondern versucht, zu historischen Traditionen zurückzukehren und gleichzeitig ein modernes kompositorisches Vokabular zu bewahren. Und bei all dieser kontrapunktischen Schreibweise, komplizierten Chromatik und harmonischen Kühnheit gibt es

herrliche Melodien im Überfluß. Einige Stücke, wie die Tenorarie ›Domine Deus rex coelestis‹, eine Reminiszenz an das
›Cujus animam‹ aus dem *Stabat mater*, sind geradezu opernhaft, was ihre Vorliebe für schöne Melodien angeht. Aber
selbst wenn man die kontrapunktischen Sätze seiner früheren
geistlichen Werke kennt, trifft einen die Pracht der Doppelfu-
gen ›Cum Sancto Spiritu‹ und ›Et vitam venturi saeculi Amen‹
völlig unvorbereitet. Das gesamte ›Credo‹, mit der Tempobezeichnung ›Allegro cristiano‹, ist ein Meisterwerk der Ökonomie. Ein paar musikalische Ideen bilden die Basis des gesamten Satzes, in dem der Text und die Musik von ›Credo‹ als
Refrain dienen. Das ›Crucifixus‹ steht für sich allein – eine
Sopranarie mit der denkbar einfachsten Begleitung, wobei die
Melodie durch chromatische Alterierungen hervorgehoben ist
und der Mittelteil rasch über Mollterzen durch die Oktave
moduliert. Hier, wie auch sonst in der Messe, neigte Rossini
zu einer gewissen Buchstabentreue in der Anwendung der
Chromatik, aber innerhalb des Ganzen scheint sie völlig angemessen. Die *Petite messe solennelle* hat noch spätere Generationen beeindruckt, die sie als die tiefempfundene Offenbarung
eines Mannes verstanden, der nach außen hin oft nichts anderes als ein Witzbold zu sein schien.

Seine letzten Jahre verlebte Rossini zurückgezogen und ge-
achtet – ein Komponist, dessen Ruhm sich auf ein vierzig Jahre
zurückliegendes Schaffen gründete und der doch nach langem
Stillschweigen die Stimme wiedergefunden hatte. Weder verhielt er sich anachronistisch, noch fügte er sich in die gängigen
musikalischen Richtungen, vielmehr begnügte er sich damit,
für sich und seinen Freundeskreis zu schreiben und vor denen,
die ihm zuhörten, seine Ansichten über Kunst sowie Ge-
schichten aus seiner Jugend auszubreiten. Berichte aus diesen
Jahren wurden von vielen veröffentlicht, darunter Hiller,
Saint-Saëns und Hanslick. Der bedeutendste Bericht, selbst
wenn er vielleicht in Teilen erfunden wäre, ist die angebliche
Wiedergabe der Begegnung zwischen Rossini und Wagner im
Jahr 1860, wie sie Edmond Michotte überliefert. Auch Rossinis
letzte Briefe sind voller ästhetischer Urteile und Grundsätze

zur italienischen Musik. An Lauro Rossi, den Direktor des
Mailänder Konservatoriums, schrieb er 1868: »Laßt uns nicht
vergessen, *Italiener*, daß die musikalische Kunst idealistisch und
ausdrucksvoll ist ... daß das Vergnügen Grundsatz und Ziel
dieser Kunst sein muß: Einfache Melodie – klarer Rhythmus«.
Und in einer Bemerkung, die sich auf moderne Tendenzen in
der italienischen Musik bezieht, fügte er hinzu: »Diese neuen
Pseudo-Philosophen sind lediglich Anhänger und Anwälte
dieser armseligen Komponisten, denen es an *Ideen*, an *Phantasie* fehlt!!!« Ähnliche Gedanken drückte er zu einem späteren
Zeitpunkt des Jahres in einem Brief an den Mailänder Kritiker
Filippo Filippi aus, einem Verfechter der Wagnerschen Ideale
in Italien. Hier äußert sich Rossini auch zu einem seiner Lieb-
lingsthemen, dem Niedergang der Gesangskunst und der Notwendigkeit, nach dem ›expressiven‹ Ausdruck und nicht nach
der ›nachahmenden‹ Tonmalerei zu streben: »Gefühle des
Herzens werden *zum Ausdruck gebracht,* nicht aber nach-
geahmt.« Obwohl er sich seiner eigenen kompositorischen
Entwicklung während der zwanzig Jahre, in denen er Opern
schrieb, bewußt war, wandte er sich gegen einen zu plötzlichen
Fortschritt, gegen die Suche nach der extremen Neuheit, die
er bei Komponisten zu beobachten glaubte, die Wagners Einfluß erlegen waren. Er schimpfte gegen diejenigen, die ihre
Kompositionen mit »gewissen schmutzigen Wörtern wie
Fortschritt oder *Dekadenz, Zukunft, Vergangenheit, Gegenwart,
Konvention,* usw.« würzten und fügte hinzu:

*»Glauben Sie nicht, mein guter Doktor Filippi, daß ich für ein
anti-dramatisches System bin – nein wirklich nicht; und
obwohl ich im italienischen* belcanto *zuhause war, ehe ich ein
Komponist wurde, teile ich die philosophische Überzeugung des
großen Dichters, der sagte:*
    Alle Arten sind gut,
    bis auf die langweilige Art.«

Man kann behaupten, daß Rossinis Ideale sich niemals änder-
ten. Als er 1829 zu komponieren aufhörte, war die Welt im

Wandel begriffen. Aber als er wieder zur Feder griff, ließ er eine neoklassizistische Bewegung ahnen, zu deren frühesten Vertretern sein junger Bewunderer Saint-Saëns gehörte, und deren Nachwirkungen noch in der Musik Strawinskis zu spüren sind. So wie seine Opern das Wesen der Oper in der ersten Hälfte des 19. Jahrhunderts bestimmten, übten die *Péchés de vieillesse*, jene Musik, die das kultivierte Paris in Scharen an den ›Samedi soirs‹ zu hören kam, ihren Zauber auf eine jüngere Generation französischer Komponisten aus.

Im Herbst des Jahres 1868 erkrankte Rossinis schwer. Kurze Zeit später, am 13. November, starb er in seiner Villa in Passy. Tausende kamen zu seinem Begräbnis, und in ganz Frankreich und Italien wurden Trauergottesdienste abgehalten. Er wurde auf dem Friedhof Père Lachaise in Paris beigesetzt. Olympe, die gehofft hatte, neben ihm begraben zu werden, konnte man davon überzeugen, einer Überführung von Rossinis sterblichen Überresten nach Italien nach ihrem Tod zuzustimmen. Dies geschah 1887, und in einer feierlichen Zeremonie fand Rossini am 2. Mai 1887 in Santa Croce in Florenz seine letzte Ruhestätte.

In seinem Testament verfügte Rossini eine umfangreiche Stiftung zur Gründung eines Konservatoriums in seiner Heimatstadt Pesaro. Er hinterließ der Stadt ebenso seine verbliebenen Autographe, darunter auch die *Péchés de vieillesse*. Die Fondazione Rossini hat durch ihren *Bollettino* und die *Quaderni rossiniani* maßgeblich dazu beigetragen, das Interesse für Rossini seit den fünfziger Jahren wiederzubeleben. Überdies hat sie viele von Rossinis unveröffentlichten Kompositionen herausgegeben. In den frühen siebziger Jahren begannen die Vorarbeiten zu einer kritischen Gesamtausgabe von Rossinis Werken, die seit Anfang der achziger Jahre im Erscheinen begriffen ist.

WERKVERZEICHNIS

Ausgabe: *Edizione critica delle opere Gioachino Rossini* [EC], ed. Fondazione
Rossini (Pesaro, 1979-) [Bände in eckigen Klammern sind in Vorbe-
reitung]

BCR	–	*Bologna, Teatro del Corso*
Fec	–	*Ferrara, Teatro Comunale*
LIC	–	*Lissabon, Teatro de S. Carlos*
MSC	–	*Mailand, Teatro alla Scala*
NC	–	*Neapel, Teatro S. Carlo*
NFI	–	*Neapel, Teatro dei Fiorentini*
NFO	–	*Neapel, Teatro del Fondo*
PI	–	*Paris, Théâtre Italien*
PO	–	*Paris, Opéra*
RA	–	*Rom, Teatro Argentina*
RAP	–	*Rom, Teatro Apollo*
RV	–	*Rom, Teatro Valle*
VB	–	*Venedig, Teatro La Fenice*
VM	–	*Venedig, Teatro S. Moisè*

komponiert kurz vor der Uraufführung, falls nicht anders vermerkt

OPERN

Titel	Genre, Akte	Libretto	Uraufführung	Quellen, Kommentare	EC	Register
Demetrio e Polibio	dramma serio, 2	V. Viganò-Mombelli	RV, 18. Mai 1812, komp. vor 1809	Klavierauszug (Mailand, 1825–1826)		16, 18, 21, 24, 29, 33
La cambiale di matrimonio	farsa comica, 1	G. Rossi, nach Camillo Federicis Schauspiel (1791) und G.Checcherinis Lib. für Coccia: Il matrimonio per lettera di cambio(1807)	VM, 3. Nov. 1810	Klavierauszug (Mailand, 1847)		18, 22
L'equivoco stravagante	dramma giocoso, 2	G. Gasbarri	BCR, 26. Okt. 1811	Klavierauszug (Mailand, 1851)		19, 21
L'inganno felice	farsa, 1	G. Foppa	VM, 8. Jan. 1812	Klavierauszug (Leipzig, 1819); Partitur (Rom, 1826)		19, 22f.
Ciro in Babilonia, ossia La caduta di Baldassare	dramma con cori, 2	F. Aventi	FEC, 14. März 1812	Klavierauszug (Mailand, 1852)		19, 21
La scala di seta	farsa comica, 1	Foppa, nach F.A.E. de Planard: L'échelle de soie, Lib. für P.Gaveaux (1808)	VM, 9. Mai 1812	S-Smf*, Klavierauszug (Mailand, 1852)	i/vi	19, 23
La pietra del paragone	melodramma giocoso, 2	L. Romanelli	MSC, 26. Sept. 1812	I-Mr*, Klavierauszug (Mailand, 1846)		19–22, 24, 44
L'occasione fa il ladro	burletta per musica, 1	L. Privaldi, nach E. Scribe: Le prétendu par bazard, ou l'occasion fait le larron (1810)	VM, 24. Nov. 1812	F-Pc*, Klavierauszug (Mailand, 1853)	[I/viii]	20, 22f.
Il Signor Bruschino, ossia Il figlio per azzardo	farsa giocosa, 1	Foppa, nach A. de Chazet und E.-T. Maurice Ourry: Le fils par bazard, ou Ruse et folie (1809)	VM, 27. Jan. 1813	Pc*, Klavierauszug (Mailand, 1854)	I/ix	20–24, 34
Tancredi	melodramma eroico, 2	Rossi und L. Lechi, nach Voltaire	VF, 6. Feb. 1813	B-Bmichotte*, I-Ms*, Autograph, (Privatsammlung), Klavierauszug (Leipzig, 1817)	I/x	24–32, 49f.

Titel	Gattung	Libretto	Uraufführung	Ausgabe		Seiten
L'italiana in Algeri	dramma giocoso, 2	A. Anelli, urspr. für L. Mosca (1808)	VB, 22. Mai 1813	Mr*, Ms*, Klavierauszug (Mainz, c1819)	I/xi	22, 26, 31 ff., 38 f., 44
Aureliano in Palmira	dramma serio, 2	F. Romani, nach G. Sertors Lib. für Anfossi: Zenobia in Palmira (1790)	MSC, 16. Dez. 1813	frag. B-Bmichotte*, Klavierauszug (Mailand, 1855)		32 f., 36, 43, 51
Il turco in Italia	dramma buffo, 2	Romani, nach C. Mazzolàs Lib. für F. Seydelmann (1788)	MSC, 14. Aug. 1814	I-Mr*, Klavierauszug (Leipzig, 1821)	I/xiii	32 ff., 38, 44
Sigismondo	dramma, 2	Foppa	VF, 26. Dez. 1814	Mr*, Klavierauszug (Mailand, 1826)		35, 43, 51
Elisabetta, regina d'Inghilterra	dramma, 2	G. Schmidt, nach Carlo Federicis Schauspiel (1814) nach S. Lee: The Recess (Roman, 1783–1785)	NC, 4. Okt. 1815	PESy* (R1979): ERO, vii), Klavierauszug (Leipzig, 1819–1820)		23, 33, 35 f., 42 ff., 51
Torvaldo e Dorliska	dramma semiserio, 2	C. Sterbini, nach J.-B.- de Coudry: Vie et amours du chevalier de Faubles (1790) und den davon abhängigen Libs. von Lodoïska (vertont von Cherubini, Kreutzer, Mayr etc.)	RV, 26. Dez. 1815	F-Pc*, Klavierauszug (Mailand, 1855)		35 f., 43 f.
Il barbiere di Siviglia [Orig.titel Almaviva, ossia L'inutile precauzione]	commedia, 2	Sterbini, nach dem Schauspiel von P.-A. Beaumarchais (1775) und G. Petrosellinis Lib. für Paisiello: Il barbiere di Siviglia (1782)	RA, 20. Feb. 1816	I-Bc*, Klavierauszug (Leipzig 1820), Partitur (Rom, 1828); Neuausgabe ed. A.Zedda (Mailand 1969); Faks. ed. P. Gossett (Rom 1992)		24 f., 35–38, 43
La gazetta	dramma [opera buffa], 2	G. Palomba, nach C. Goldoni: Il matrimonio per concorso (1763)	NFl, 26. Sept. 1816	Nc*, Klavierauszug (Mailand, 1854)		38, 43 f.
Otello, ossia Il moro di Venezia	dramma, 3	F. Berio di Salsa, nach W. Shakespeare	NFO, 4. Dez. 1816	PESy* (R1979): ERO, viii), Klavierauszug (Leipzig, 1819–1820)	[I/xix]	32, 38, 43 ff., 47, 51

Titel	Genre, Akte	Libretto	Uraufführung	Quellen, Kommentare	EC	Register
La Cenerentola, ossia la bontà in trionfo	dramma giocoso, os- 2	J. Ferretti, nach C. Perrault: Cendrillon (1697), C.-G. Etiennes Lib. für N. Isouard (1810) und F. Fiorinis Lib. für S. Pavesi: Agatina, o La virtù premiata (1814)	RV, 25. Jan. 1817	Baf* (R1968: ed. P. Gossett, BMB, xcii), PESr*, Klavierauszug (Paris, 1822–1823)	[i/xx]	31, 35, 38f., 43, 45
La gazza ladra	melodramma, 2	G. Gherardini, nach J.M.T. Baudouin d'Aubigny und L.-C. Caigniez: La pie voleuse (1815)	MSC, 31. Mai 1817	Mr*, Klavierauszug (Bonn und Köln, 1819–1820)	i/xxi	25, 35, 40ff., 45
Armida	dramma, 3	Schmidt, nach T. Tasso: Gerusalemme liberata	NC, 11. Nov. 1817	PESr*, Klavierauszug (Paris, 1823–1824)	[I/xxii]	32, 45, 48, 51
Adelaide di Borgogna	dramma, 2	Schmidt	RA, 27. Dez. 1817	(Mailand, 1858)		46
Mosè in Egitto	azione tragico-sacra, 3	A.L. Tottola, nach F. Ringhieri: L'Osiride (1760)	NC, 5. März 1818	mit überarb. 3. Akt, März 1819; F-Pc* (R1979: ERO, ix), Klavierauszug (Paris, 1822), Partitur (Rom, 1825); überarb. als Moïse et Pharaon, 1827		32, 43, 45, 48, 50f., 57
Adina, o Il califfo di Bagdad	farsa, 1	G. Bevilacqua-Aldobrandini	LIC, 22. Juni 1826; komp. 1818	I-PESr*, Klavierauszug (Mailand, 1859)		46
Ricciardo e Zoraide	dramma, 2	Berio di Salsa, nach N. Forteguerri: Il Ricciardetto, cantos xiv und xv	NC, 3. Dez. 1818	Nc*, Klavierauszug (Mainz, 1821–1822), Partitur (Rom, 1829/R1980: ERO, x)	[I/xxvi]	45, 51
Ermione	azione tragica, 2	Tottola, nach J. Racine: Andromaque	NC, 27. März 1819	F-Po*, Auszüge I-PESr*, Klavierauszug (Mailand, 1858)	[I/xxvii]	45, 47, 51, 54

Titel	Gattung	Libretto/Vorlage	UA	Ausgabe	Band	Seiten
Eduardo e Cristina	dramma, 2	Schmidt, überarb. Bevilacqua-Aldobrandini und Tottola aus dem Orig.lib. für Pavesi: *Odoardo e Cristina* (1810)	VB, 24. April 1819	Klavierauszug (Paris, 1826–1827)		46
La donna del lago	melodramma, 2	Tottola, nach W. Scott: *The lady of the lake* (1810)	NC, 24. Okt. 1819	*PESr,** Klavierauszug (Paris, 1822–1823)	I/xxix	32, 43, 45, 47, 50f., 56, 69
Bianca e Falliero, ossia Il consiglio dei tre	melodramma, 2	Romani, nach A.-V. Arnault: *Les vénitiens, ou Blanche et Montcassin* (1798)	MSC, 26. Dez. 1819	*Mr**; Klavierauszug (Mailand, 1828)	[I/xxx]	46f., 66
Maometto II	dramma, 2	C. della Valle, nach dessen Schauspiel *Anna Erizio* (1820)	NC, 3. Dez. 1820	*PAc* (*R*1981: ERO, xi), *PESr,* Auszüge *GB-Lbl** *US-NYp**, Klavierauszug (Wien, 1823); überarb. als Le siège de Corinthe, 1826	[I/xxxi]	29f., 32, 45, 47–51, 53, 57
Matilde (di) Shabran, ossia Bellezza, e cuor di ferro	melodramma giocoso, 2	Ferretti, nach F.-B. Hoffmanns Lib. für Méhul: *Euphrosine* (1790) und J.M. Boutet de Monvel: *Mathilde* (Schauspiel, 1799)	RAP, 24. Feb. 1821	*B-Bmichotte**, Klavierauszug (Wien, 1822), Partitur (Rom, 1833)		46f.
Zelmira	dramma, 2	Tottola, nach Dormont de Belloy (1762)	NC, 16. Feb. 1822	*F-Pc** (*R*1979: ERO, xii), Auszug *B-Bmichotte*, Klavierauszug (Wien, 1822)		32, 42, 51, 54, 56
Semiramide	melodramma tragico, 2	Rossi, nach Voltaire	VF, 3. Feb. 1823	*I-Vt** (*R*1978: ERO, xiii), Klavierauszug (Wien, 1823), Partitur (Rom, 1826)	[I/xxxiv]	23, 27, 31ff., 42, 45, 47ff., 51, 53f., 56

Titel	Genre, Akte	Libretto	Uraufführung	Quellen, Kommentare	EC	Register
Il viaggio a Reims, ossia L'albergo del giglio d'oro	dramma giocoso, 1	L. Balocchi, nach Mme de Stael [A.l. G. Necker]: *Corinne, ou l'Italie* (1807)	PI, 19. Juni 1825	Orig.material *A-Wn*, *F-Pc*, Auszüge *I-Rc**	[I/xxxv]	56, 58 f.
Le siège de Co- rinthe	tragédie lyrique, 3	Balocchi und A. Soumet, nach dem Lib. für *Maometto II*	PO, 9. Okt. 1826	Überarb. von Maometto II, 1820; Auszüge *F-Pc**, *Po** *I-FOc** und an- derswo, Klavierauszug (Paris, 1826) Partitur (Paris, 1826–1827/*R*1980: ERO, xiv)		48, 57 f., 69
Moïse et Pharaon, ou Le passage de la Mer Rouge	opéra, 4	Balocchi und E. de Jouy, nach dem Lib. für *Mosè in Egitto*	PO, 26. März 1827	Überarb. von Mosè in Egitto, 1818–1819; Aus- züge *F-Pc**, *US-NYp**, *SPmoldenhauer**, STu und anderswo, Partitur und Klavierauszug Paris, 1827/*R*1980: ERO, xv)		48, 57, 66
Le Comte Ory	opéra [opéra co- mique], 2	E. Scribe und C.-G. Delestre- Poirson, nach ihrem Schauspiel (1817)	PO, 20. August 1828	Auszüge *B-Bmichotte**, *F-Po** Partitur und Kla- vierauszug (Paris, 1828/R1978:ERO, xvi)		56, 58 f.
Guillaume Tell	opéra, 4	Jouy, H.-L.-F. Bis und andere, nach dem Schauspiel F. von Schillers (1804)	PO, 3. Aug. 1829	*Pc**, Partitur und Kla- vierauszug (Paris, 1829/*R*1980: ERO, xvii)	I/xxxix	18, 24, 47, 57–62, 64, 71

GEISTLICHE WERKE

Titel, Besetzung	Komposition, Erstaufführung	MS, Ausgaben	Bemerkungen	Register
[inkl. Jugendwerke]: Kyrie a tre voci, 2 T, B, Orch. Gloria, A, T, B, Männerchor, Orch. Laudamus, A, Orch. Gratias, T, Männerchor, Orch. Domine Deus, 2 B, Orch. Qui tollis, T, Orch. Laudamus, Qui tollis, T, Orch. Quoniam, T, Orch. Crucifixus, S, A, Orch. Dixit, 2 T, B, Orch. De torrente, B, Orch. Gloria Patri Sicut erat, 2 T, B, Orch. Magnificat, 2 T, B, Orch.	1802–1809	*Civico Liceo Musicale Giuseppe e Luigi Malerbi, Lugo	?f. Messe (Ravenna)	
Messa (Bologna), 3 Teile, Christe Eleison, 2 T, B, Orch.; Benedicta et venerabilis, grad, 2 T, B, Orch.; Qui tollis; Qui sedes, S, Horn, Orch.	Bologna, Chiesa della Madonna di S. Luca, 2. Juni 1808	*I-Bc* (3MSS, unvollst. 2*)	Messe von verschiedenen Studenten am Liceo Musicale	
Messa (Ravenna), Solo-Männerstimmen, Männerchor, Orch.	Ravenna, 1808	Partitur *RA*, *Auszüge im Istituto Musicale Pareggiato G. Verdi, Ravenna und im Civico Liceo Musicale Giuseppe e Luigi Malerbi, Lugo	nur Kyrie, Gloria und Credo	
Messa, Solo-Männerstimmen, Männerchor, Orch.	?1802–1809	*Mc* [Mikrofilm; Verbleib des Autographs unbekannt]		
Messa (Rimini), S, A, T, B, Orch.	Kathedrale von Rimini, 1809	*F-Pc*, Paris 1881	nur Kyrie, Gloria und Credo	

Titel, Besetzung	Komposition, Erstaufführung	MS, Ausgaben	Bemerkungen	Register
Laudamus, ? S, Orch.			verschollen, erwähnt bei Radiciotti (1927–1929), iii, 253	
Quoniam, B, orch.	Sept. 1813	Partitur und Klavierauszug, Mailand, 1851		
Messa di gloria, Solostimmen, Chor, Orch.	Neapel, San Ferdinando, 24. März 1820	+ N₄; *Fragmente in Fonds Michotte, Brüssel; Paris, 1860		52
Preghiera, ›Deh tu pietoso cielo‹, S, Klavier	c1820	Neapel, 1828		
Tantum ergo, S, T, B, Orch.	1824	Biblioteca Comunale, Rieti		
Stabat mater, 2 S, T, B, Chor, Orch. Erste Fassung	1832, Madrid, Cappella di San Filippo El Real, Karfreitag, 1833	*GB-Lbm; Paris, 1841	12 Nummern, 6 von Rossini, die anderen von G. Tadolini	63, 66
Stabat mater. Zweite Fassung	1841, PI, 7. Jan. 1842	*Lbm; Partitur und Klavierauszüge, Paris 1841–1842	10 Nummern, alle von Rossini	66 ff, 74
3 choeurs religieux, Frauenstimmen, Klavier; 1 La foi (P. Goubaux); 2 L'espérance (H. Lucas); 3 La charité (L. Colet)	Paris, Salle Troupenas, 20. Nov. 1844	Paris, 1844		
Tantum ergo, 2 T, B, Orch.	Bologna, Chiesa di San Francesco dei Minori, 28. Nov. 1847	*I-Mr; Partitur und Klavierauszug, Mailand, 1851		
O salutaris hostia, S, A, T, B	29. Nov. 1857	veröffentl. in La maîtrise (15. Dez. 1857)	Faks. in Azevedo	

Titel, Art, Besetzung	Komposition, Erstaufführung	MS, Ausgaben	Register
Laus Deo, Mezzosop., Klavier	1861	veröffentl. in Il Piovano Arlotto (Florenz, 1861)	
Petite messe solennelle. Erste Fassung, 12 (Solo)-Stimmen, 2 Klaviere, Harmonium	1863, Paris, im Hause der Gräfin Louise Pillet-Will, 14. März 1864	*Fondazione Rossini; Paris, 1869	für 4 Solostimmen, acht-stimmiger Chor 70, 72ff.
Petite messe solennelle. Zweite Fassung, 12 (Solo)-Stimmen, Begleitorch.	1867, PI, 24. Feb. 1869	*Fondazione Rossini; Partitur, Paris, 1869	

KANTATEN, BÜHNENMUSIK, HYMNEN UND CHÖRE

Titel, Art, Besetzung	Komposition, Erstaufführung	MS, Ausgaben	Register
Il pianto d'armonia sulla morte di Orfeo (G. Ruggioa), cantata, T, Chor, Orch	Bologna, Liceo Musicale, 11. Aug. 1808	*I-Bc	16
La morte di Didone, cantata, S, Chor, Orch	1811, VB, 2. Mai 1818	F-Pn; Auszüge, Mailand, 1820–1821	
Dalle quete e pallid'ombre, cantata (P. Venanzio), S,B, Klavier	Venedig, 1812	*I-Ms	
Egle ed Irene, cantata, S, A, Klavier	Mailand, 1814	*Vnm; Mailand, 1820	
Inno dell'Indipendenza (>Sorgi, Italia, venuta è già l'ora<) (G. Giusti), Hymne	Bologna, Teatro Contavalli, 15. April 1815	verschollen	
L'aurora, cantata, A, T, B, Klavier	Rom, Nov. 1815	USSR-Mcm; hrsg. in SovM (1955), Nr. 8, S. 60	
Le nozze di Teti, e di Peleo (A. M. Ricci), cantata, 3 S, 2 T, Chor, Orch	NF, 24. April 1816	*I-Nc	
Edipo a Colono (Giusti, nach Sophokles), Bühnenmusik, B, Chor, Orch [Vollendung der Orchestrierung anonym]	vor 1817	*US-NYpm; 1 Arie, Paris, c1850	
Giunone, cantata, S, Chor, Orch, für >La venuta di S[ua] M[aestà], Ferdinando di Borbone	?1817–1821	*NYp	

Titel, Art, Besetzung	Komposition, Erstaufführung	MS, Augaben	Register
Omaggio umiliato (A. Niccolini), cantata, S, Chor, Orch	NC, 20. Feb. 1819	*I-Nc; Fassung für Klavier solo, Paris, 1864	
Cantata ... 9 maggio 1819 (G. Genoino), aus Anlaß des Besuches von Franz I., S, 2T, Chor, Orch	NC, 9. Mai 1819	Mikrofilm im US-NYp	
La riconoscenza (Genoino), cantata, S, A, T, B, Chor, Orch	NC, 27. Dez. 1821	*Fondazione Rossini; Mailand, 1826	
La Santa Alleanza (G. Rossi), cantata, 2 B, Chor, Orch	Verona, Arena, 24. Nov. 1822	verschollen	
Il vero omaggio (Rossi), cantata, 2 B, Chor, Orch	Verona, Teatro Filarmonico, 3. Dez. 1822	verschollen, hauptsächlich nach La riconoscenza	33
Omaggio pastorale, cantata, 3 Frauenst., Orch.	Treviso, ?1. April 1823 (MS datiert auf 17. Mai 1823)	*I-TVco	
Il pianto delle muse in morte di Lord Byron, Canzone, T, Chor, Orch.	London, Almack's Assembly Rooms, 9. Juni 1824	*GB-Lbm; London, 1824	
De l'Italie et de la France, Hymne, ?für die Krönung Karls X., S, B, Chor, Orch.	PI, ?19. Juni 1825	*Fondazione Rossini; Partitur, QR ix, 62	
Cantata per il battesimo del figlio del banchiere Aguado, 6 Solost., Klavier	Paris, im Haus von A.-M. Aguado, 16. Juli 1827	*Lbm; Paris, 1827, als 3ème quartetto da camera	
L'armonica cetra del nume, zu Ehren des Marchese Sampieri, Solost, Chor, Klavier	Bologna, im Haus von Sampieri, 2. April 1830	erwähnt in Radiciotti (1927–1929), iii	
Giovanna d'Arco, cantata, S, Klavier, überarb. mit Streichern für die Rezitative	Paris, 1832, überarb. 1852	*Fondazione Rossini; QR, xi, 1	
Santo Genio dell'Italia terra (G. Marchetti), zum dreihundertsten Geburtstag Tassos, Chor, Orch.	Turin, Palazzo Carignano, 11. März 1844	*Fonds Michotte, Brüssel	
Su fratelli, letizia si canti (Canonico Golfieri), für Papst Pius IX, Chor, Orch.	Bologna, Piazza Maggiore, 23. Juli 1846	I-Bc, Mailand, 1847	

Titel, Genre, Besetzung	Komposition	MS, Ausgabe	Bemerkungen	Register
Cantata in onore del Sommo Pontefice Pio Nono (Marchetti), 4 Solost., Chor, Orch.	Rom, Senat (Campidoglio), 1. Jan. 1847		*Fragmente in der Fondazione Rossini	
Segna Iddio ne' suoi confini (F. Martinelli), Chor der Guardia Civica von Bologna, Begl. arrangiert. für Banda von D. Liverani	Bologna, Piazza Maggiore, 21. Juni 1848		*Bc	
E foriera la Pace ai mortale (G. Arcangeli, nach Bacchilde), Hymne, Bar, Männerst., Klavier	26. Juni 1850		Privatsammlung der Baroness F. De Renzis Sonnino (Florenz); QR xii, 1	
Dieu tout puissant (E. Pacini), Hymne, Bar, Chor, Orch., Militärkapelle	Paris, Palais de l'Industrie, 1. Juli 1867		*Fondazione Rossini; London, 1873 als Nationalhymne; QR xii, 21	

SOLISTISCHE VOKALWERKE

Titel, Genre, Besetzung	Komposition	MS, Ausgabe	Bemerkungen	Register
Se il vuol la molinara, S, Klavier	?1801	*US-NYpm; Mailand, 1821		
Dolce aurette che spirate, T, Orch.	1810	I-Bc		
La mia pace io già perdei, T, Orch.	1812	Bc		
Qual voce, quai note, S, Klavier	1813	MS in Privatbesitz		
Alla voce della gloria, B, Orch.	1813	*Mr; Mailand, 1851		
Amore mi assisti, S, T, Klavier	c1814	*US-NYpm		
3 Kompositionen für G. Nicolini: Quinto Fabio	1817			
1 Coro e cavatina ›Cara Patria, invitta Roma‹, S, Chor, Orch.		F-Pc; Rom, 1822	zuerst veröffentl. als Alme fide a questi accenti	
2 Aria ›Guidò Marte i nostri passi‹, T, Chor, Orch.		I-PAc		
3 Duett ›Ah! per pietà t'arresta‹, 2 S, Orch.		MS in der Sammlung der Opera Rara (London)	möglicherweise nicht von Rossini	

Titel, Genre, Besetzung	Komposition	MS, Ausgabe	Bemerkungen	Register
Il trovatore (›Chi m'ascolta il canto usato‹), T, Klavier	1818	*US-Wc; Neapel, 1818		
Il Carnevale di Venezia (›Siamo ciechi, siamo nati‹) (Rossini, Paganini, M. d'Azeglio, Lipparini), 2 T, 2 B, Klavier	Karneval 1821	Mailand, 1847	*Faks. in G. Monaldi: ›Una canzone inedita di Rossini‹, Noi e il mondo (1925), August	
Beltà crudele (›Amori scendete‹) (N. di Santo-Magno), S, Klavier	1821	*F-Pc und I-FOc; Neapel, 1847	drittes Faks. in J. Subirá: La música en la Casa de Alba (Madrid, 1927)	
La pastorella (›Odia la pastorella‹) (Santo-Magno), S, Klavier	c1821	Neapel, 1847	Exempl. der Erstausgabe nicht erhalten; erste Neuauflage Mailand, c1850	
Canzonetta spagnuola ›En medio a mis colores‹ (›Piangea un dì pensando‹), S, Klavier	1821	F-Pc; Neapel, 1825		
Infelice ch'io son, S, Klavier	1821	*A-Wgm	zweites Faks. herausg. von L. Schmidt, Emil Naumanns illustrierte Musikgeschichte (Dresden, 9/1928)	
Addio ai viennesi (›Da voi parto, amate sponde‹), T, Klavier	1822	I-Nc; Wien, 1822	auch als ›Addio di Rossini‹ bekannt	
Dall'oriente l'astro del giorno, S, 2 T, B, Klavier	1824	*GB-Lbm; London und Paris, 1824	Erstausgabe London nicht erhalten	
Ridiamo, cantiamo, che tutto sen va, S, 2 T, B, Klavier	1824	*I-Nc; London, 1824		
In giorno sì bello, 2 S, T, Klavier	1824	GB-Lbm; London, 1824		
3 quartetti da camera				
1 (nicht identifizierbar)		Paris, 1827	Exempl. der Erstausgabe nicht erhalten	

2 In giorno si bello, 2 S, T, B, Klavier	1827	Paris, 1827	
3 Oh giorno sereno, S, A, T, B, Klavier	1827	Paris, 1827	
Les adieux à Rome (>Rome pour la dernière fois<) (C. Delavigne), T, Klavier/Harfe	1827	veröffentl. in C. Delavigne: *Messéniennes nouvelles* (Paris, 1827)	
Orage et beau temps (>Sur les flots inconstants<) (A. Betourne), T, B, Klavier	c1830	*Privatsammlung R. Macnutt (Tunbridge Wells, Kent); Leipzig o.J.	
La passeggiata (>Or che di fiori adorno<), S, Klavier	1831	veröffentl. in *Cartas epañolas* (Madrid, 11. April 1831)	
La dichiarazione (>Ch'io mai vi possa lasciar d'amare<) (Metastasio), S, Klavier	c1834	Mailand, 1834–1835	
Les soirées musicales	c1830–1835	Paris, 1835; *nur Nr. 2, US-Wc	63 f.
1 La promessa (>Ch'io mai vi possa lasciar d'amare<) (Metastasio), S, Klavier			
2 Il rimprovero (>Mi lagnerò tacendo<) (Metastasio), S, Klavier			
3 La partenza (>Ecco quel fiero istante<) (Metastasio) S, Klavier			
4 L'orgia (>Amiamo, cantiamo<) (C. Pepoli), S, Klavier			
5 L'invito (>Vieni o Ruggiero<) (Pepoli), S, Klavier			
6 La pastorella dell'Alpi (>Son bella pastorella<) (Pepoli), S, Klavier			
7 La gita in gondola (>Voli l'agile barchetta<) (Pepoli), S, Klavier			
8 La danza (>Già la luna è in mezzo al mare<) (Pepoli), T, Klavier		auch als Anacreontica bekannt	
9 La regata veneziana (>Voga o Tonio benedetto<) (Pepoli), 2 S, Klavier			

Titel, Genre, Besetzung	Komposition	MS, Ausgabe	Bemerkungen	Register
10 La pesca (>Già la notte s'avvicina<) (Metastasio), 2 S, Klavier				
11 La serenata (>Mira, la bianca luna<) (Pepoli), S, T, Klavier				
12 Li marinari (>Marinaro in guardia sta<) (Pepoli), T, B, Klavier				
2 nocturnes (Crével de Charlemagne), S, T, Klavier	c1836	Paris, 1836		
1 Adieu à l'Italie (>Je te quitte, belle Italie<)				
2 Le départ (>Il faut partir<)				
Nizza (>Nizza, je puis sans peine<, >Mi lagnerò tacendo<) (E. Deschamps und Metastasio), S, Klavier	c1836	Paris, c1837		
L'âme délaissée (>Mon bien aimé<) (Delavigne), S, Klavier	c1844	Paris, 1844	*Faks. in *La France musicale* (Paris, 1844); auch als L'âme du Purgatoire veröffentlicht	
Recitativo ritmato (>Farò come colui che piange e dice<) (Dante), S, Klavier	1848	*Fondazione Rossini (2 Kopien); Florenz, 1800		
La seperazione (>Muto rimase il labbro<) (F. Ucceili), S, Klavier	c1858	Paris, c1858	ursprünglich komponiert als Mi lagnerò tacendo	
2 nouvelles compositions (Pacini), S, Klavier	c1860	*Fondazione Rossini; Paris, c1863; QR v, 90 (Nr. 1)		
1 A Grenade (>La nuit règne à Grenade<)				
2 La veuve andalouse (>Toi pour jamais<)				

Mi lagnerò tacendo (Metastasio), zahlreiche Fassungen als Albumblätter komponiert, davon die folgenden als Beispiel:

L'amante discreto, S, Klavier	1835	*F-Pc (2 Exempl.), Pn, I-FOc; Mailand, 1839
Mi lagnerò tacendo, S, Klavier	vor 1847	*F-Pn, I-Baf, in der Privatsammlung von R. O. Lehman (New York)
Mi lagnerò tacendo, S, Klavier	?1833–1839	*F-Pc (3 Exempl.); veröffentl. in Gazetta musicale (Paris, 1840) ebenso veröffent. Paris, c1840, als Beppa la napolitaine
Mi lagnerò tacendo, S, Klavier	1850	*GB-Lbm, I-Sc; herausg., London, 1959
Mi lagnerò tacendo, S, Klavier		*in der Privatsammlung von M. und R. Floersheim (Schweiz) *Faks. in E. Winternitz: *Musical Autographs from Monteverdi to Hindemith* (Princeton, 1955), Abb. 103

INSTRUMENTALWERKE

Titel, Tonart, Besetzung	Komposition	Handschrift, Veröffentlichung	Bemerkungen	Register
6 sonate a quattro, G, A, C, B, Es, D, 2 Violinen, Violoncello, Kontrabaß	c1804	*US-Wc; Mailand, 1825–1826 für Streichquartett (Nr. 1, 2, 4–6), QR i; 1 (Nr. 3)		15
Sinfonia ›al conventello‹, D, Orch.	c1806	Istituto Musicale Pareggialo G. Verdi, Ravenna		
5 Duette, alle Es-Dur, 2 Hörner	c1806	herausg. Hamburg, 1861	Quelle für die Erstausg. unbekannt	
Sinfonia, D, Orch.	1808	I-Bc; QR viii, 1		

Titel, Tonart, Besetzung	Komposition	Handschrift, Veröffentlichung	Bemerkungen	Register
Sinfonia, Es, Orch.	1809	Bc	überarb. als Ouvertüre für La cambiale di matrimonio	
Grand'overtura obbligata a contrabasso, D, Orch	c1809	Istituto Musicale Pareggialo G. Verdi, Ravenna		
Variazioni a più instrumenti obbligati, F, 2 Violinen, Viola, Violoncello, Klarinette, Orch.	1809	Bc; QR ix, 1		
Variazioni di clarinetto, C, Klarinette, Orch.	1809	Bc; Stimmen, Leipzig, 1824; QR vi, 57		
Andante e Tema con variazioni, F, Flöte, Klarinette, Horn, Fagott	1812	*F-Pc; Paris und Mainz, 1827–1828; QR vi, 18		
Andante con variazioni, F, Harfe, Viola	c1820	Neapel, 1820–1824; QR vi, 1		
Passo doppio, Militärkapelle	1822	verschollen	erwähnt bei Radiciotti (1927–1929)	
Walzer, Es, Klavier	?1823	*Pc; I-FOc	drittes Faks. in Revue et gazette musicale (Paris, 1841)	
Serenata, Es, 2 Violinen, Viola, Violoncello, Flöte, Oboe, Englischhorn	1823	US-NYp; Stimmen, Leipzig, 1829; QR vi, 31		
Duetto, D, Violoncello, Kontrabaß	1824	herausg., London, 1969	*versteigert bei Sotheby's, London (1968)	
Rendez-vous de chasse, D, 4 Jagdhörner, Orch.	1828	*F-Pc; Paris, 1828; QR ix, 45		
Fantasie, Es, Klarinette, Klavier	1829	Paris, 1829		
Mariage du Duc d'Orléans, 3 Militärmärsche, G, Es, Es, Militärkapelle	1837	Stimmen, Leipzig, 1837		
Scherzo, a, Klavier	1843, überarb. 1850	*Pc, überarb. Fassung in I-MOe, herausg., Mailand, ohne Datum		

Tema originale di Rossini variato per violino da Giovacchino Giovacchini, A, Violine, Klavier	1845	*Fonds Michotte, Brüssel; *I-Fc* (nur Thema)
Marsch (>Pas-redoublé<), C, Militärkapelle	1852	Mailand, 1853
Thème de Rossini suivi de deux variations et coda par Moscheles Père, E, Horn, Klavier	1860	Leipzig, ohne Datum
La corona d'Italia, Es, Militärkapelle	1868	*Fragment, Fondazione Rossini; Rom, 1878

PÉCHÉS DE VIEILLESSE (1857–1868)

Vollständige Sammlung der Handschriften in der Fondazione Rossini; für eine andere Ordnungsart siehe Handschriftenkatalog dieser Stücke in Fonds Michotte, Brüssel

Band i: Album italiano

1 Quartettino >I gondolieri<, S, A, T, B, Klavier; QR vii, 1

2 Arietta >La lontananza< (G. Torre), T, Klavier (London, c1880); QR iv, 12

3 Bolero >Tirana alla spagnola< (Rossinizzata) (Metastasio), S, Klavier; QR iv, 30; Musik identisch mit Band xi, Nr. 3

4 Elegia >L'ultimo ricordo< (G. Redaelli), Bariton, Klavier; QR iv, 19

5 Arietta >La fioraja fiorentina<, S, Klavier; QR iv, 5

6 Duetto >Le gittane< (Torre), S, A, Klavier (London, c1880)

7 Ave Maria su due sole note, A, Klavier; QR iv, 51

8–10 La regata veneziana, 3 Canzonettas, Mezzosopran, Klavier (Mailand, 1878)

8 Anzoleta avanti la regata (Barcarolle >Plus de vent perfide<)

9 Anzoleta co passa la regata

10 Anzoleta dopo la regata

11 Arietta (Sonetto) >Il fanciullo smarrito< (A. Castellani), T, Klavier, veröffentl. in *Strenna del giornale la lega della democrazia* (Rom, 1881)

12 Quartettino >La passeggiata<, S, A, T, B, Klavier; QR vii, 16

Bd. ix: [Album pour piano, violin, violoncelle, harmonium e cor]

1 Mélodie candide, A, Klavier; QR xvi, 67
2 Chansonette, Es, Klavier; QR xvi, 87
3 La savoie aimante, a, Klavier; QR xvi, 74
4 Un mot à Paganini, élégie, D, Violine, Klavier
5 Impromptu tarantellisé, F, Klavier; QR xvi, 95
6 Echantillon du chant de Noël à l'italienne, Es, Klavier; QR ii, 102
7 Marche et reminiscences pour mon dernier voyage, As, Klavier; QR ii, 108
8 Prélude, thème et variations, E, Horn, Klavier; QR iii, 1
9 Prélude italien, As, Klavier; QR xvi, 107
10 Une larme: thème et variations, a, Violoncello, Klavier
11 Echantillon de blague mélodique sur les noires de la main droite, Ges, Klavier (Mailand, c1879)
12 Petite fanfare à quatre mains, Es, Klavier zu 2 od. 4 Händen

Bd. x: Miscellanée pour piano

1 Prélude blagueur, a; QR xviii, 1
2 Des tritons s'il vous plaît (montée-descente), C; QR xviii, 21
3 Petite pensée, Es; QR xviii, 25
4 Une bagatelle, Es (Paris, c1880–1885); QR xviii, 29
5 Mélodie italienne: une bagatelle (>In nomine patris<), As (Paris, c1880–11885; QR xviii, 31
6 Petite caprice (style Offenbach), C (Paris, c1880–1885); QR ii, 1

Bd. xi: Miscellanée de musique vocale

1 Ariette villageoise (J.-J. Rousseau), S, Klavier; QR v, 72
2 La chanson du bébé (Pacini), Mezzo, Klavier; QR v, 72
3 Amour sans espoir (>Tirana all'espagnole rossinizé< (Pacini), S, Klavier, identische Musik wie Nr. 3, Bd. i
4 A ma belle mère (>Requiem eternam<), A, Klavier; QR xi, 58
5 O salutaris, de campagne, A, Klavier
6 Aragonese (Metastasio), S, Klavier; QR iv, 44
7 Arietta all'antica, dedotta dal O salutaris ostia (Metastasio), S, Klavier, beruht auf O salutaris hostia (29. Nov. 1857); QR iv, 60
8 Il candore in fuga, 2 S, A, T, B
9 Salve amabilis Maria (>Hymne à la musique<), Motette, S, A, T, B; QR vii, 77
10 Giovanna d'Arco, cantata, S, Klavier, Streicher; QR xi, 1

Bd. xii: Quelques riens pour album, 24 Stücke, Klavier (Paris, c1880–1885); EC VII/vii

Bd. xiii: Musique anodine (Metastasio), 15. April 1857; QR iv, 62, Prélude f. Klavier; 6 petites mélodies: 1 Alt, Klavier; 2 Bar, Klavier; 3–4 S, Klavier; 5 Mezzo, Klavier; 6 Bar, Klavier

WEITERE SPÄTE WERKE

(CMS in Fondazione Rossini, falls nicht anders angegeben)
Canone scherzosa a quattro soprani democratici, 4 S, Klavier
Canone antisavant (Rossini), 3 St.
Canzonetta ›La vénitienne‹, C; Klavier; QR xviii, 33
Petite promenade de Passy à Courbevoie, C, Klavier
Une réjouissance, a, Klavier; QR xviii, 46
Encore un peu de blague, C, Klavier; QR xviii, 52
Tourniquet sur la gamme chromatique, ascendante et descendante, C, Klavier; QR xviii, 55

Ritournelle gothique, C, Klavier; QR xviii, 63
Un rien (pour album) : Ave Maria, S, Klavier; QR xi, 60
Pour album: Sogna il guerrier (Metastasio), Bar, Klavier
Brindisi ›Del fanciullo il primo canto‹, B, Chor
Solo per violoncello, a; QR vi, 9 [mit hinzugef. Klavierbegl.]
Questo palpito soave, S, Klavier
L'ultimo pensiero (›Patria, consorti, figli‹) (L.F. Cerutti), Bar, (?)Klavier, Fonds Michotte, Brüssel
Thème, Es, Klavier, *I-Trt*, teilw. Faks. in *LaMusicaE*

VERMISCHTES

Teodora e Ricciardino, Introduktion zur Oper, Entwurf, c1815, Fondazione Rossini
Gorgheggi e solfeggi, Studien, St., Klavier, c1827 (Paris, 1827)
15 petits exercices, St., 1858 (Paris, c1880)
Petit gargouillement, exercice, St., 1867, *F-Po*

Giovinetta pellegrina, Variationen über eine Romanze von N. Vaccai, hrsg. in *La cronaca musicale* (Pesaro, 1912)
Varianten, Kadenzen, etc. für Gesangspartien in Rossinis Opern, Handschriften im Fonds Michotte, Brüssel, *F-Po, I-Mc, US-Cu, NYpm,* und anderswo

ADAPTIONEN UNTER BETEILIGUNG ROSSINIS

Ivanhoé (Oper, E. Deschamps und G.-G. de Wailly), Paris, Théâtre de l'Odéon, 15. Sept. 1826, MS Auszüge in *GB-Lbm*, Partitur (Paris, 1826) [adaptiert von A. Pacini, aus unterschiedlichen Rossini-Opern]

Robert Bruce (Oper, A. Reyer und G. Vaëz), PO, 30. Dez. 1846, Partitur (Paris, 1847) [adaptiert von A.-L. Niedermeyer aus unterschiedlichen Rossini-Opern, besonders aus La donna del lago]

VERSCHOLLENE WERKE ODER WERKE MIT UNSICHERER AUTHENTIZITÄT

(geistliche Werke)

Miserere, Solost., Chor, Orch; Partitur (Leipzig, 1831) als »Trost und Erhebung«

Dixit Domino, Solost., Chor, Orch, *I–Mc*

(weitere Vokalwerke)

Il rimprovero (›Se fra le trecce d'Ebano‹), S, Klavier, hrsg. (Florenz, 1944)

Vieni sull'onde, S, T, Klavier, Fonds Michotte, Brüssel

L'absence, ? veröffentl. Paris, undatiert, erwähnt bei Radiciotti (1827–1929), iii, 250; verschollen

Il baco da seta, ? 1862, ? veröff. Paris, erwähnt bei Montazio 1862, verschollen

Aria di Filippucio (›Il secreto se si perde‹), Buffost., Orch., hrsg. (Triest, 1892)

La calabrese (›Colla lanterna magica‹), S, A, Klavier, *Vc*

Cara, voi siete quella, ? T, orch, hrsg. (Florenz, 1902)

Quando giunse qua Belfior, S, Orch, ? 1824–1835, *FOq*, hrsg. A. Garbolotto, 6 arie inedite (Padua 1968)

(Instrumentalwerke)

12 valzer per due flauti, auf Themen aus Rossinis Opern (Mailand, *c*1827)

Sinfonia di Odense, A, Orch, hs. Stimmen in Odense; QR viii, 17

(unechte Werke)

Duetto buffo di due gatti, 2 St, Klavier, Fondazione Rossini; QR iv, 1

Sinfonia di Odense, A, Orch., hs. Stimmen in Odense; QR viii, 17

BIBLIOGRAPHIE

Quellenmaterial

G. Mazzatinti: *Lettere inedite di Gioachino Rossini* (Imola, 1890, überarb.
2/1892 als *Lettere inedite e rare di G. Rossini*, überarb. 3/1902 als *Lettere
di G. Rossini*, mit F. und G. Manis)

A. Allmayer: *Undici lettere di Gioachino Rossini pubblicate per prima
volta* (Siena, 1892)

G. Biagi: ›Undici lettere inedite di G. Rossini‹, *Onoranze fiorentine a
Gioachino Rossini* (Florenz, 1902), 101

R. De Rensis: ›Rossini intimo: lettere all'amico Santocanale‹, *Musica
d'oggi*, xiii (1931), 343

F. Schlitzer: *Rossiniana: contributo all'epistolario di G. Rossini*, Quaderni
dell'Accademia chigiana, xxxv (Siena, 1956)

–: *Un piccolo carteggio inedito di Rossini con un impresario italiano a
Vienna* (Florenz, 1959)

F. Walker: ›Rossiniana in the Piancastelli Collection‹, *MMR*, xc
(1960), 138, 203

V. Viviani, Hrsg.: *I libretti di Rossini* (Mailand, 1965)

P. Gossett: ›Le fonti autografe delle opere teatrali di Rossini‹, *NRMI*,
ii (1968), 936

–, Hrsg.: *La Cenerentola: riproduzione dell'autografo esistente presso l'Accademia filarmonica di Bologna* (Bologna, 1969)

–: *The operas of Rossini: Problems of Textual Criticism in the Nineteenth-
century Opera (Diss., Princeton U.*, 1970)

B. Cagli, P. Gossett und A. Zedda: ›Criteri per l'edizione critica delle
opere di Gioachino Rossini‹, *Bollettino del Centro rossiniano di studi*
(1974), Nr. 1

F. Lippmann: ›Autographe Briefe Rossinis und Donizettis in der Bibliothek Massimo, Rom‹, *AnMc*, Nr. 19 (1979), 330

J. Kallberg: ›Marketing Rossini: Sei lettere di Troupenas ad Artaria‹,
Bollettino del Centro rossiniano di studi (1980), 41

Tutti i Libretti di Rossini. A cura di Marco Beghelli e Nicola Gallino.
(Rom 1991)

Rossini 1792–1992. Mostra storico-documentaria, a cura di Mauro Bu-
carelli (Perugia 1992)

Gioachino Rossini: *Lettere i documenti*, hrsg. v. B. Cagli u. S. Ragni,
Bd. 1 (Pesaro 1992)

Gioachino Rossini: *Lettere*, hrsg. v. E. Castgliono (Rom 1992)

Erinnerungen von Zeitgenossen

Stendhal: *Rome, Naples, et Florence en* 1817 (Paris, 1817; dt. Übers. Frankfurt/M. 1988).

G. Righetti-Giorgi: *Cenni di una donna già cantante sopra il maestro Rossini* (Bologna, 1823; abgedr. in Rognoni, 2/1968)

G. Carpani: *Le rossiniane ossia Lettere musico-teatrali* (Padua, 1824)

L. Escudier: *Mes souvenirs* (Paris, 1863–1868)

G. Pacini: *Le mie memorie artistiche* (Florenz, 1865, bearb. 2/1872)

F. Hiller: ›Plaudereien mit Rossini (1856)‹, *Aus dem Tonleben unserer Zeit,* ii (Leipzig, 1868, 2/1871), 1–84

R. Wagner: ›Eine Erinnerung an Rossini‹, *Allgemeine Zeitung* (Augsburg, 17. Dez. 1868; abgedr. in *Gesammelte Schriften und Dichtungen,* viii, Leipzig, 1883, 2/1888)

F. Mordani: *Della vita privata di G. Rossini: memorie inedite* (Imola, 1871)

G. De Sanctis: *Gioacchino Rossini: appunti di viaggio* (Rom, 1878)

G. L. Duprez: *Souvenirs d'un chanteur* (Paris, 1880)

E. Branca: *Felice Romani ed i più riputati maestri di musica del suo tempo* (Turin, Florenz und Rom, 1882)

G. Dupré: *Ricordi autobiografici* (Florenz, 1895, 2/1896 als *Pensieri sull' arte e ricordi autobiografici*)

A. Cametti: *Un poeta melodrammatico romano: appunti e notizie in gran parte inedite sopra Jacopo Ferretti e i musicisti del suo tempo* (Mailand, 1898)

E. Michotte: *Souvenirs personnels: la visite de R. Wagner à Rossini (Paris, 1860)* (Paris, 1906, abgedr. in Rognoni, 2/1968; engl. Übers. 1968, Hrsg. H. Weinstock)

–: *Souvenirs: une soirée chez Rossini à Beau-Séjour (Passy)* 1858 (Brüssel, c1910; engl. Übers. 1968, Hrsg. H. Weinstock)

C. Saint-Saëns: Ecole buissonnière (Paris, 1913; dt. Übers. 1978 unter dem Titel *Musikalische Reminiszenzen*)

Allgemeine Literatur

Guerre aux Rossinistes (Paris, 1821)

Stendhal: *Vie de Rossini* (Paris, 1824, überarb. 2/1922 von H. Prunières; engl. Übers. 1956, 2/1970 mit Einführung von R. N. Coe; dt. Übersetzung Frankfurt/Main 1988)

A. Wendt: *Rossinis Leben und Treiben* (Leipzig, 1824)

H. Berton: *De la musique mécanique et de la musique philosophique* (Paris, 1826)

J.-L. d'Ortigue: *De la guerre des dilettanti* (Paris, 1829)

P. Brighenti: *Della musica rossiniana e del suo autore* (Bologna, 1830, 2/1833)

A. Zanolini: *Biografia di Gioachino Rossini* (Paris, 1836, überarb. Bologna, 1875)

M. und L. Escudier: *Rossini: sa vie et ses oeuvres* (Paris, 1854)

Castil-Blaze: *L'Opéra-Italien de 1548 à 1856* (Paris, 1856)

E. Montazio: *Giovacchino Rossini* (Turin, 1862)

A. Aulagnier: *G. Rossini: sa vie et ses oeuvres* (Paris, 1864)

A. Azevedo: *G. Rossini: sa vie et ses oeuvres* (Paris, 1864)

H. S. Edwards: *The Life of Rossini* (London, 1869, überarb. 2/1881 unter dem Titel *Rossini and his School*)

A. Pougin: *Rossini: notes, impressions, souvenirs, commentaires* (Paris, 1871)

L. S. Silvestri: *Della vita e delle opere di Gioachino Rossini: notizie biografico-artistico-aneddotico-critiche* (Mailand, 1874)

E. van der Straeten: *La mélodie populaire dans l'opéra > Guillaume Tell< de Rossini* (Paris, 1879)

Bollettino del primo centenario rossiniano (Pesaro, 1892)

L. Dauriac: *La psychologie dans l'opéra français: Auber, Rossini, Meyerbeer* (Paris, 1879)

–: *Rossini: biographie critique* (Paris, 1906)

A. Sandberger: >Rossiniana<, *ZIMG*, ix, (1907–1908), 336; abgedr. in *Ausgewählte Aufsätze* (München, 1921)

E. Istel: >Rossiniana I. In Rossinis Heimat<, *Die Musik*, x/19 (1910–1911), 3

–: >Rossiniana II. Wagners Besuch bei Rossini<, *Die Musik*, xi (1911/12), 259 u. 342 [kommentierte Übers. von E. Michotte, s.o.]

A. Soubies: *Le Théâtre-Italien de 1801 à 1913* (Paris, 1913)

E. Celani: >Musica e musicisti in Roma (1750–1850)<, *RMI, xxii* (1915), 257–300

G. Fara: *Genio e ingegno musicale: Gioachino Rossini* (Turin, 1915)

A. Cametti: >La musica teatrale a Roma cento anni fa<, *Regia Accademiadi Santa Cecilia: annuario* (Rom, 1915–1930)

F. Vatielli: *Rossini a Bologna* (Bologna, 1918)

A. Casella: >Some Reasons why a Futurist may Admire Rossini<, *The Chesterian*, ii (London, 1920), 321

H. de Curzon: *Rossini* (Paris, 1920)

V. Cavazzocca Mazzanti: >Rossini a Verona durante il Congresso del 1822<, *Atti e memorie dell'Accademia di agricoltura, scienze e lettere di Verona*, 4. Ser., xxiv (Verona, 1922), 53–112

G. Radiciotti: *Gioacchino Rossini: vita documentata, opere ed influenza su l'arte* (Tivoli, 1927-1929)

–: *Aneddoti rossiniani autentici* (Rom, 1929)

J.-G. Prod'homme: ›Rossini and his Works in France‹, *MQ* xvii (1931), 119

G.H.J. Derwent: *Rossini and some Forgotten Nightingales* (London, 1934)

F. Toye: *Rossini: a Study in Tragi–comedy* (London, 1934, 2/1954/R1963)

H. Faller: *Die Gesangskoloratur in Rossinis Opern und ihre Ausführung* (Berlin, 1935)

Rossiniana (Bologna, 1942)

A. Capri: ›Rossini e l'estetica teatrale della vocalità‹, *RMI, xivi* (1942), 353

A. Della Corte: ›Fra gorgheggi e melodie di Rossini‹, *Musica,* i (1942), 23

U. Rolandi: ›Librettistica rossiniana‹, *Musica,* i (1942), 40

L. Ronga: ›Vicende del gusto rossiniana nell'ottocento‹, *Musica,* i (1942), 6

–: ›Svolgimento del gusto rossiniano al novecento‹, *Musica,* ii (1943), 184

G. Roncaglia: *Rossini l'olimpico* (Mailand, 1946, 2/1953)

F. Barberio: ›La regina d'Etruria e Rossini‹, RMI, lv (1953), 64

Rassegna musicale, xxiv/3 (1954), 209–303 [Sondernummer]

Bollettino del Centro rossiniano di studi (1955–1960, 1967-)

L. Rognoni: *Rossini* (Parma, 1956, 2/1968, überarb. 3/1977)

F. Schlitzer: *Rossini e Siena,* Quaderni dell'Accademia chigiana, xxxix (Siena, 1958)

A. Toni und T. Serafin: *Stile, tradizioni e convenzioni del melodramma italiano del settecento e dell'ottocento* (Mailand, 1958)

R. Bacchelli: *Rossini e Esperienze rossiniane* (Mailand, 1959)

E.N. McKay: ›Rossinis Einfluß auf Schubert‹, *ÖMz,* xviii (1963), 17

F. Lippmann: ›Rossini‹, *MGG,* Bd. 11 (Kassel 1963), Sp. 948–973

D.W. Schwartz: ›Rossini: a Psychoanalytic Approach to the Great Renunciation‹, *Journal of American Psychoanalytic Society,* xiii (1965), 551

R. Celletti: ›Vocalità rossiniana‹, *L'opera,* ii (Mailand, 1966), 3

F. d'Amico: *L'opera teatrale di Gioacchino Rossini* Rom, 1968)

G. Barblan: ›Rossini e il suo tempo‹, *Chigiana,* xxv (1968), 143–79

F. Bisogni: ›Rossini e Schubert‹, *NRMI,* ii (1968), 920

A. Bonaccorsi, Hrsg.: *Gioacchino Rossini* (Florenz, 1968)

R. Celletti: ›Origini e sviluppi della coloratura rossiniana‹, *NRMI,* ii (1968), 872–919

–: ›Il vocalismo italiano da Rossini a Donizetti: Parte I: Rossini‹, *AnMc,* Nr. 5 (1968), 267

M. Fabbri: ›Ignoti momenti rossiniani‹, *Chigiana,* xxv (1968), 265

P. Gossett: ›Rossini and Authenticity‹, *MT,* cix (1968), 1006

F. Lippmann: ›Per un'esegesi dello stile rossiniano‹, *NRMI*, ii (1968) 813–56

H. Weinstock: *Rossini: a Biography* (New York, 1968; dt. Übers. Adliswil 1981)

F. Lippmann: ›Rossinis Gedanken über die Musik‹, *Mf*, xxii (1969), 285

P. Gossett: ›Gioachino Rossini and the Conventions of Composition‹, *AcM*, xlii (1970), 48

J. Loschelder: ›L'infanzia di Gioacchino Rossini‹, *Bollettino del Centro rossiniano di studi* (1972), Nr. 1, S. 45; Nr. 2, S. 33

–: ›Rossinis Bild und Zerrbild in der Allgemeinen musikalischen Zeitung Leipzig‹, *Bollettino del centro rossiniano di studi* (1973), Nr. 1, S. 23; Nr. 2, S. 23; (1977), Nr. 3, S. 17

A. Caswell: ›Vocal Embellishment in Rossini's Paris Operas: French Style or Italian?‹, *Bollettino del Centro rossiniano di studi* (1975), Nr. 1, S. 5; Nr. 2, S. 5

Chigiana, xxxiv (1977) [Sondernummer]

P. Fabbri: ›Presenze rossiniane negli archivi ravennati: Due inediti, un autobiografo ed altro‹, *Bollettino del Centro rossiniano di studi* (1978), 5

F. Lippmann, Hrsg.: *Die stilistische Entwicklung der italienischen Musik zwischen 1770 und 1830 und ihre Beziehungen zum Norden;* Rom 1978 [auch veröffentl. als *AnMc*, Nr. 21 (1982)]

P. Fabbri: ›Alla scuola dei Malerbi: altri autografi rossiniani‹, *Bollettino del Centro rossiniano di studi* (1980), 5

F. Lippmann: ›Rossini – und kein Ende‹, *Studi musicali*, x (1981), 279

W. Dean: ›Rossini's French Operas‹, ›Rossini's Italian Operas‹, *NOHM*, viii, Hrsg. G. Abraham (London, 1982), 104–12, 403–26

G. Landini: ›Gilbert Louis Duprez ovvero l'importanza di cantar Rossini‹, *BCRS* (1982), 29–54

M. Viale Ferrero: ›Per Rossini: un primo tentativo di iconografia scenografica‹, *BCRS* (1982), 5–28

P. Fabbri: ›I Rossini, una famiglia in arte‹, *BCRS* (1983), 125–50

S. Henze-Döhring: ›La natura nelle opere di Rossini‹, *BCRS* (1983), 113–23

N. Till: *Rossini: his Life and Times* (London, 1983)

J. Rosselli: *The Opera Industry from Cimarosa to Verdi: the Role of the Impresario* (London, 1984)

V. Gui: ›Scritti Rossiniani‹, *BCRS* (1985), 19–60

S. Castelvecchi: ›Le *Rossiniane* di Mauro Giuliani‹, *BCRS* (1986), 33–72

A. Gier, Hrsg.: *Oper als Text; romanistische Beiträge zur Libretto-Forschung* (Heidelberg, 1986) [enth. M. Brzoska: ›Mosè und Massimilla, Rossinis *Mosè in Egitto* und Bazacs politische Deutung‹, 125–45; U. Weisstein: ›Der Apfel fiel recht weit vom Stamme: Rossinis *Guillaume Tell*, eine musikalische Schweizerreise‹, 147–84; A. Gerhard: »Sortire dalle vie comuni«, wie Rossini einem Akademiker den *Guillaume Tell* verdarb‹, 185–219]

E. Neill: ›Paganini e Rossini‹, *BCRS* (1986), 17–32

R. Osborne: *Rossini* (London, 1986, 2/1987; dt. Übers. München 1988)

B. Cagli und A. Ziino: *Il teatro di San Carlo, 1737–1987* (Neapel, 1987), 133–68

R. Celletti: *Geschichte des Belcanto* (Kassel, 1989), 141–91

S. L. Balthazar: ›Mayr, Rossini, and the Developmenet of the Early *Concertato* Finale‹, *JRMA*, cxvi (1991), 236–66

D. Kimbell: *Italian Opera* (London, 1991),

V. Scherliess: *Gioachino Rossini mit Selbstzeugnissen und Bilddokumenten* (Reinsbek, 1991)

F. d'Amico: *Il teatro di Gioachino Rossini* (Bologna, 1992)

A. Gerhard: *Die Verstädterung der Oper: Rossini, Meyerbeer, Verdi und die Modernität der Pariser ›Grand Opéra‹* (Stuttgart, 1992)

Untersuchungen zu Einzelwerken

H. Berlioz: ›Guillaume Tell‹, *Gazette musicale, i* (1834), Okt.-Nov., 326, 336, 341, 349;

J.L. d'Ortigue: *Le ›Stabat‹ de Rossini* (Paris, 1841)

A. Aulagnier: *Quelques observations sur la publication du ›Stabat Mater‹ de Rossini* (Paris, 1842)

J.A. Delaire: *Observations d'un amateur non dilettante au sujet du ›Stabat‹ de M. Rossini* (Paris, 1842)

A. W. Ambros: ›Die »Messe solennelle« von Rossini‹, *Bunte Blätter*, i (Leipzig, 1872), 81

G.C. Hirt [Pseud. von L. Torchi]: ›Di alcuni autografi di G. Rossini‹, *RMI, ii* (1895), 23 [über *Péchés de vieillesse*]

G. Romagnoli: ›Gioacchino Rossini, Giulio Perticari e la »Gazza ladra««, *Vita italiana*, iii (1897), 106

A. Cametti: ›Il »Guglielmo Tell« e le sue prime rappresentazioni in Italia‹, *RMI*, vi (1899), 580

G.M. Gatti: *Le ›Barbier de Séville‹ de Rossini* (Paris, 1925)

H. Prunières: ›L'»Edipo a Colono« de Rossini‹, *RdM*, xiv (1933), 32

P. Ingerslev-Jensen: ›An Unknown Rossini Overture: Report of a Discovery in Odense‹, *MR*, xi (1950), 19 [über die so genannte *Sinfonia di Odense*]

P.R. Kirby: ›Rossini's Overture to »William Tell««, *ML*, xxxiii (1952), 132

A. Melica: ›Due operine di Rossini‹, *Musicisti della scuola emiliana*, Chigiana, xiii (1956), 59 [über *L'inganno felice* und *L'occasione fa il ladro*]

G. Confalonieri: ›Avventure di una partitura rossiniana: l'»Adina ovvero Il califfo di Bagdad«‹, *Le celebrazioni del 1963 e alcune nuove indagine sulla musica italiana del XVIII e XIX secolo*, Chigiana, xx (1963), 206

J. W. Klein: ›Verdi's »Otello« and Rossini's‹, *ML*, xlv (1964), 130

A. Porter: ›A lost Opera by Rossini‹, *ML*, xlv (1964), 39 [über *Ugo, re d'Italia*]

A. Damerini: ›La prima ripresa moderna di un'opera giovanile di Rossini: »L'equivoco stravagante« (1811)‹, *Chigiana*, xxii (1965), 229

A. Zedda: ›Appunti per una lettera filologica del »Barbiere«‹, *L'opera*, ii (Mailand, 1966), 13

P. Gossett: ›Rossini in Naples: some Major Works Recovered‹, *MQ*, liv (1968), 316 [über *Le nozze di Teti, e di Peleo, Messa di gloria*, etc]

M. Tartak: ›The Two »Barbieri«‹, *ML*, l (1969), 453

G. Carli Ballola: ›Una *pièce à sauvetage* da Salvare‹, *Bollettino del Centro rossiniano di studi* (1971), ii [über *Torvaldo e Dorliska*]

P. Petrobelli: ›Balzac, Stendhal e il *Mosè* di Rossini‹, *Conservatorio di musica ›G. B. Martini‹ di Bologna: Annuario 1965–1970* (1971), 205

B. Cagli: ›Le fonti letterarie dei libretti di Rossini‹, *Bollettino del Centro rossiniano di studi* (1972), Nr. 2, S. 10 [über *Maometto II*]; (1973), Nr. 1, S. 8 [über *Bianca e Falliero*]

G. Carli Ballola: ›Letteratura dell'*Ermione*‹, *Bollettino del Centro rossiniano di studi* (1972), Nr. 3, S. 13

S. Martinotti: ›I »peccati« del giovane e del vecchio Rossini‹, *Quadrivium*, xiv (1973), 249–72

M. Tartak: ›Matilde and her Cousins‹, *Bollettino del Centro rossiniano di studi* (1973), Nr. 3, S. 13

P. Isotta: ›I diamanti della corona: grammatica del Rossini napoletano‹, *Mosè in Egitto*, Opera: collana di guide musicali, iv, (Turin, 1974)

Chigiana, xxxiv (1977) [Sondernummer]

P. Gallarati: ›Dramma e ludus dall'*Italiana* al *Barbiere*‹, *Il melodramma italiano dell'ottocento: studi e ricerche per Massimo Mila* (Turin, 1977)

P. Gossett: *The Tragic Finale of ›Tancredi‹* (Pesaro, 1977)

F. Tammaro: ›Ambivalenza dell'*Otello* rossiniano‹, *Il melodramma italiano dell'ottocento: studi e ricerche per Massimo Mila* (Turin, 1977)

P. Gossett: ›Le sinfonie di Rossini‹, *Bollettino del Centro rossiniano di studi* (1979)

M. Donà: ›Un'aria di Rossini per un'opera di Nicolini nella Biblioteca Comunale di Civitanova Marche‹, *AnMc*, Nr. 19 (1979), 320

C. Questa: *Il ratto del seraglio: Euripide, Plauto, Mozart, Rossini* (Bologna, 1979), [über *L'italiana in Algeri*]

M. Viale Ferrero: >*Guglielmo Tell* a Torino (1839–1840), ovvero una *Procella* scenografica<, *RIM*, xiv (1979), 378

P. Gossett: >The Overtures of Rossini<, 19th Century Music, iii (1979–1980), 3

–: >Rossini e i suoi »Péchés de vieillesse«<, *NRMI*, xiv (1980), 7

M. Conati: >Between Past and Future: the Dramatic World of Rossini in *Mosè in Egitto* and *Moïse et Pharaon*, 19th Century Music, iv (1980–1981), 32

A. Lanfranchi: >Alcune note su *Zelmira*, *BCRS* (1981), 55–84

J. Johnson: >A Lost Rossini Opera Recovered: *Il viaggio a Reims*<, *BCRS* (1983), 5–57

V. Gui: >*Il barbiere di Siviglia*<, *BCRS* (1985), 50–55 [geschr. 1969)

–: >*La Cenerentola*<, *BCRS* (1985), 26–8 [geschr. 1964]

N. John, Hrsg.: *Il barbiere di Siviglia – Moïse e Pharaon* (London, 1985) [ENO Opera Guide]

M. Marino: >Rossini e Pavesi: a proposito di un'aria dell'*Eduardo e Cristina*<, *BCRS* (1986), 5–14

A. Gerhard: >Incantesimo o specchio dei costumi: un'estetica dell' opera del librettista di *Guillaume Tell*<, *BCRS* (1987), 45–60

H. Lacombe: >Contributo allo studio delle fonti del *Moïse* di Rossini<, *BCRS* (1989), 47–62

H. R. Cohen, Hrsg.: *The Original Staging Manuals for Twelve Parisian Operatic Premières/Douze livrets de mise en scène lyrique datant des créations parisiennes* (Stuyvesant, NY, 1991) [enthält die szenographische Dokumentation von *Guillaume Tell*]

M. Everist: >Lindoro in Lyon: Rossini's *Le barbier de Séville*<, *AcM*, lxiv (1992), 50–85

GAETANO DONIZETTI

WILLIAM ASHBROOK UND JULIAN BUDDEN

ERSTES KAPITEL
LEBEN

Ausbildung und frühe Karriere

Gaetano Donizetti wurde am 29. November 1797 in Bergamo geboren. Man taufte ihn auf den Namen Domenico Gaetano Maria Donizetti. Er war das fünfte von sechs Kindern von Andrea und Domenica (Nava) Donizetti, die damals in äußerster Armut im Borgo Canale am nordwestlichen Rand der Altstadt wohnten. Das Haus, jetzt die Nummer 14, wurde 1926 unter Denkmalschutz gestellt, und die dunkle Erdgeschoßwohnung steht Besuchern offen. Die Annahme, daß die Donizettis schottischen Ursprung seien, erwies sich durch Caversazzis Untersuchung von 1924 als haltlos. In der Familie gab es keine musikalische Tradition, wenngleich Gaetanos ältester Bruder Giuseppe (1788–1856) in einer Militärkapelle diente und 1828 nach Konstantinopel übersiedelte, wo er in der ottomanischen Armee Chef der Militärmusik wurde. Ein weiterer Bruder, Francesco (1792–1848), spielte Trommel in einer Banda in Bergamo.

Die Gelegenheit, aus seiner wenig aussichtsreichen Herkunft herauszutreten, kam für Gaetano in Gestalt des Johannes Simon (Giovanni Simone) Mayr, der die entscheidende Figur für seine musikalische Ausbildung werden sollte. Seit 1802 war Mayr *maestro di cappella* an der Kirche Santa Maria Maggiore in Bergamo und verfolgte gleichzeitig eine beachtliche Karriere als Opernkomponist in ganz Italien. Er überzeugte eine örtliche Wohltätigkeitseinrichtung davon, eine kostenlose Musikschule zu eröffnen, die in erster Linie auf eine Stimmausbildung von Chorknaben, aber auch auf eine wohlfundierte musikalische Ausbildung zielte. Die Schule öffnete 1806 ihre Pforten, und Gaetano gehörte zu den ersten Schülern und blieb bis 1814. Mayr war ein gründlicher und genauer Lehrer, der mit einer Vielfalt an Musik vertraut war, besonders der der Wiener Klassik. Er und die von ihm gewählten Lehrer (Salari,

Gonzales und Capuzzi) unterzogen Donizetti einer musikalischen Ausbildung, wie sie zu dieser Zeit kaum irgendwo sonst in Italien angeboten wurde. Ein Hinweis auf Mayrs wirkungsvolle Disziplinierungsmaßnahmen ist die Reihe von Streichquartetten, die Donizetti, hauptsächlich zwischen 1819 und 1821, in Erwartung des eigentlichen Beginns seiner Karriere, komponierte.

Bei aller Schnelligkeit und allem Talent war Donizetti doch ein ungezogener Schüler, wie aus den Schulberichten über die Verteilung von Preisen und Mahnungen hervorgeht. Mayr unterstützte Donizetti stets, und sein Glaube an das außergewöhnliche Talent seines Schülers war unerschütterlich. Das von Mayr 1811 für eine Schüleraufführung zusammengestellte Libretto eines Pasticcios mit dem Titel *Il piccolo compositore di musica* vermittelt einen lebhaften Eindruck von Donizetti als einem übersprudelnden und talentierten Vierzehnjährigen. Als Mayr zur Überzeugung kam, daß Donizettis musikalischer Horizont der Erweiterung bedürfe, leitete er dessen Übersiedlung nach Bologna in die Wege, wofür er auch teilweise aufkam, und wo Donizetti zwei Jahre lang bei Padre Mattei Kontrapunkt studierte. Zweifellos profitierte Donizetti von diesem Unterricht. Matteis wortkarges Wesen ließ in ihm jedoch niemals den Respekt und die Zuneigung erwachsen, die er Zeit seines Lebens gegenüber Mayr empfinden sollte. In Bologna kam es zu ersten Versuchen, Opern zu komponieren, die indes niemals aufgeführt wurden.

Im Spätjahr 1817 kehrte Donizetti nach Bergamo zurück. Mit Mayrs Hilfe schloß er einen Vertrag mit der vom Impresario Zancla geleiteten Truppe ab, die zu jener Zeit hauptsächlich in Venedig aktiv war, und für die er vier Opern komponierte. Keine davon hinterließ einen nachhaltigen Eindruck, und sie sind als Gesellenstücke einzustufen. In diese Zeit fällt auch eine große Zahl von Kompositionen außerhalb des Operngenres, und zwar im sakralen, orchestralen und instrumentalen Bereich. Donizetti schrieb sie innerhalb eines Tages nieder, oft in einem Zug und bewies so die Fähigkeit zu ausgeprägtem Fleiß und raschem Arbeitsvermögen, Eigenschaften, die bis zu

seiner tödlichen Krankheit für ihn charakteristisch bleiben
sollten.

Über Donizettis angeblichen Militärdienst ist viel Unsinn
geschrieben worden. Es ist zu lesen, daß die eine oder andere
seiner frühen Opern einen österreichischen Offizier so sehr
beeindruckt habe, daß er ihn kurzerhand vom Dienst befreite,
um seine Karriere fortsetzen zu können. Tatsächlich aber
wurde Donizetti nie einberufen. Als sich 1818 sein 21. Geburtstag näherte, kaufte ihn eine Dame aus Bergamo namens Marianna Pezzoli-Grattaroli, die von seinem vielversprechenden
Talent beeindruckt war, vom Militärdienst frei. Der Beweis
hierfür ist in einem von Zavadini veröfentlichten Brief nachzu-
lesen, den Donizetti am 26. Juli 1839 schrieb und in welchem er
auf das Ereignis anspielte.

Der eigentliche Startschuß für Donizettis Karriere fiel in
Rom, wo er am 28. Januar 1822 im Teatro Argentina mit der
Oper *Zoraida di Granata* einen unerwarteten Erfolg errang.
Die Gelegenheit verdankte er Mayr, der seinen Vertrag auf
seinen Schüler überschrieben hatte. In der Folge bot ihm der
berühmte Impresario Domenico Barbaja einen Vertrag für
eine Oper am Teatro Nuovo in Neapel an. Donizetti kam im
Februar 1822 in Neapel an, kurz bevor Rossini die Stadt verließ,
die seit 1815 sein Hauptbetätigungsfeld gewesen war. Bellini
war noch Schüler am örtlichen Konservatorium. In dieser Zeit
erwies sich Donizetti als vielsprechend und produktiv, aber er
brachte keine durchschlagenden Erfolge zuwege. Seine erste
neapolitanische Oper *La zingara* (Teatro Nuovo, 12. Mai 1822)
war immerhin so erfolgreich, daß sie in den kommenden fünf-
zehn Jahren mehrere Wiederaufnahmen erlebte. Während
der nächsten Jahre komponierte er zwischen zwei und fünf
Opern jährlich, die von einaktigen Farcen bis zu abendfüllenden Seria-Werken reichten, und zwar hauptsächlich für Neapel, aber auch für Mailand, wo er aufgrund des Mißerfolgs von
Chiara e Serafina (La Scala, 1822) erst 1830 für eine weitere
Produktion eingeladen wurde, außerdem für Rom, Palermo
und Genua, wo es ihm etwas besser erging. Neben der Komposition von 23 Opern, von *La zingara* bis *Anna Bolena* (Mai-

land, Carcano, 1830), studierte Donizetti ab 1827 in Neapel auch regelmäßig Opern anderer Komponisten ein, die er auch dirigierte. Es ist bereits ein Klischee, von dieser Periode seiner Karriere als der >Rossinischen< Periode zu sprechen. Denn selbst wenn der Einfluß des populärsten Opernkomponisten dieser Zeit spürbar ist, so überwiegen doch die Vorboten von Donizettis reifem Stil. Diesen Opern wurde im besten Fall ein vorübergehender Erfolg zuteil, sie sind jedoch wegen ihrer Vielfalt an Farben und Themen bemerkenswert, da Donizetti danach strebte, sein romantisches Temperament der ausgeprägten Vorliebe der neapolitanischen Zensoren für Stücke mit glücklichem Ausgang anzupassen.

1828 heiratete Donizetti Virginia Vasselli (1808 bis 1837), die Tochter eines römischen Rechtsanwalts. Keines ihrer drei Kinder überlebte die Kindheit. Es besteht kein Zweifel an der Echtheit der Gefühle Donizettis gegenüber Virginia. Über ihren Tod während einer verheerenden Choleraepidemie war er untröstlich, was in späteren Jahren seinen so ausgeprägten Hang zur Melancholie noch begünstigte.

Erfolge (1830)

Der Triumph von *Anna Bolena* bezeichnet einen Wendepunkt in Donizettis Karriere. Es war sein erstes Werk, das in Paris und London gespielt wurde und eröffnete ihm somit die Möglichkeiten für eine internationale Karriere. Gleichwohl sollte es noch mehr als ein Jahrzehnt dauern, bevor er die volle Ernte einfahren durfte. Die Einschränkungen, denen er in Neapel unterworfen war, beengten ihn so sehr, daß er 1832 seinen Vertrag löste, was ihm die Freiheit verlieh, häufiger Engagements an anderen Theatern anzunehmen. Nicht alle Opern, die auf *Anna Bolena* folgten, waren so erfolgreich wie diese, aber die Anzahl von Werken, die sich auch an anderen Theatern durchsetzten, darunter jene, die nie wieder aus dem Repertoire verschwanden, ist höher als diejenigen, die durchfielen. Die erste Oper, die nach dem Bruch mit Neapel entstand,

Ugo, conte di Parigi (Mailand, La Scala, 13. März 1832), war ein
Fiasko, aber Donizetti rückte mit *L'elisir d'amore* (Mailand, Ca-
nobbiana, 12. Mai 1832) die Dinge mehr als nur ins Lot. Die
Oper entstand in weniger als einem Monat auf ein von Romani
adaptiertes Libretto nach Scribes *Le philtre*, das bereits 1831 von
Auber vertont worden war. 1833 brachte er in Rom zwei Opern
heraus, *Il furioso nell'isola di San Domingo* und *Torquato Tasso*,
die ihn mit dem dreiundzwanzigjährigen Bariton Giorgio
Ronconi zusammenführten, dessen ungewöhnliche dramatische Ausdrucksfähigkeit ihn beeinflußte und zu Aufgaben für
diesen Stimmtyp stimulierte, wie sie bis dahin in der italienischen Seria-Oper wenig ausgeschöpft worden waren. *Lucrezia
Borgia* (Mailand, La Scala, 26. Dezember 1833) basierte auf
Hugos Schauspiel und konnte sich während eines halben Jahrhunderts fest in den Spielplänen halten.

1834 unterzeichnete Donizetti einen neuen Vertrag mit
Neapel, der ihn zur Komposition von einer Oper pro Jahr für
das San Carlo verpflichtete. *Maria Stuarda* sollte die erste sein,
aber die Zensur wandte sich gegen das tragische Ende (wobei
die Geschichte, daß Königin Maria Cristina in einer Probe
ohnmächtig wurde, nicht der Wahrheit entspricht). In wenig
mehr als zwei Wochen paßte Donizetti seine Partitur einem
völlig neuen Libretto mit dem Titel *Buondelmonte* an, und es
kann kaum überraschen, daß das Ergebnis nur mäßige Zustimmung fand. Als *Maria Stuarda*, die auf dem Schillerschen
Drama basiert, in ihrer ursprünglichen Fassung am 30. Dezember 1835 in der Mailänder Scala uraufgeführt wurde, war die
Aufführung aufgrund der Erkrankung und Launen der Sopranistin Maria Malibran ein gewaltiges Fiasko. Zahlreiche Wiederaufnahmen haben bewiesen, daß es sich indes um eine
Oper von beachtlicher Wirkung handelt, wobei die Schlußszene große Schönheit und Kraft besitzt.

Anfang des Jahres 1835 ging Donizetti auf Einladung Rossinis nach Paris und brachte am Théâtre-Italien *Marino Faliero*
heraus. Im Kielwasser des außergewöhnlichen Erfolgs von Bellinis *I puritani* aufgeführt, hinterließ die Oper wenig Eindruck,
dabei enthüllte eine Aufführung 1966 in Bergamo gera-

Gaetano Donizetti, Gemälde eines unbekannten Künstlers.

dezu verblüffende Vorgriffe auf Verdi. Dieser erste Aufenthalt in Paris war bedeutungsvoll, da er Donizetti mit der *grand opéra* in Berührung brachte, wie sie von Meyerbeer und Halévy vertreten wurde. Außerdem fand er bessere musikalische und theatralische Aufführungsbedingungen an der Opéra-Comique und dem Théâtre-Italien vor und erhielt eine höhere

Gage, als ihm Italien sie zu jener Zeit bieten konnte. Er kehrte nach Neapel zurück, wo er am 26. September 1835 *Lucia di Lammermoor* am San Carlo herausbrachte. Mit der Persiani und Duprez in den Hauptrollen wurde *Lucia* ausgesprochen enthusiastisch aufgenommen. Cammaranos Libretto ist eine gekonnt umstandslose und straff konstruierte Reduktion von Scotts Roman *The Bride of Lammermoor* und versorgte Donizetti mit dem Gerüst für eine Partitur, die als Grundstein der italienischen Romantik gilt. 1839 überarbeitete und vereinfachte er die Partitur für eine französische Übersetzung. Wenngleich die französische Version der italienischen unterlegen ist, so verhalf sie dem Werk doch dazu, sich im kulturellen Bewußtsein Frankreichs zu verankern. Mit *Lucia* war Donizettis Vormachtstellung unter seinen Zeitgenossen gefestigt.

Donizettis nächste Oper, *Belisario* (4. Februar 1836), war die erste von dreien, die er für Venedig schrieb, und hatte nur mäßigen Erfolg. Sie spiegelt seinen Pariser Aufenthalt in dem Versuch wider, das formale Gerüst zu erweitern und mehr Nachdruck auf szenische Effekte zu legen, wenngleich der Gesamteindruck der gut konstruierten Partitur, wie Barblan bemerkte, merkwürdig unpersönlich bleibt. Zurück in Neapel überbrückte Donizetti die Zeit bis zur Eröffnung der Spielzeit am San Carlo damit, für das Teatro Nuovo zwei reizende komische Opern auf eigene Libretti zu komponieren: die beiden Einakter *Il campanello* und *Betly* (wobei letztere später auf zwei Akte erweitert wurde). Die Oper, die er in diesem Jahr für San Carlo schrieb, war eine seiner interessantesten: *L'assedio di Calais*. Er bezeichnete sie als »im französischen Stil geschrieben« – also mit einem Ballett, weniger Kabaletten und vielen wichtigen Ensembleszenen. Cammaranos überzeugendes Libretto behandelt die Geschichte der Bürger von Calais. Donizetti folgte zum letzten Mal der fast schon erloschenen Tradition und schrieb eine Heldenpartie für einen Frauenalt. Seine nächsten drei Opern erweckten eher gemischte Gefühle: *Pia de' Tolomei* (Venedig, 18. Februar 1837), deren Partitur einige entschiedene Vorzüge aufweist; *Roberto Devereux* (Neapel, 29. Oktober 1837), eine gelungene Leistung; sowie *Maria di*

Rudenz (Venedig, 30. Januar 1838), mit dem Manko eines grotesken Librettos, aber mit teilweise trefflich ausdrucksvoller Musik.

Als Zingarelli 1837 starb, hatte man Donizetti, vorbehaltlich der königlichen Zustimmung, den Posten des Direktors des Konservatoriums von Neapel angeboten, an dem er seit einigen Jahren Komposition unterrichtete. Die Bestätigung seiner Ernennung wurde verzögert und schließlich absichtlich unterlaufen, da eine starke Partei Mercadante den Vorzug gab, der sich eher mit Neapel identifizieren ließ. Außerdem wurde seine nächste Oper, *Poliuto*, auf die er große Hoffnungen gesetzt hatte, von der königlichen Zensur verboten, da sie auf der Bühne das Martyrium eines Heiligen darstellte. Das Verbot von *Poliuto* zusammen mit der Enttäuschung über die Ernennung Mercadantes und die Trauer um den Tod seiner Frau bestärkten seinen Entschluß, nach Paris zu gehen.

Letzter Lebensabschnitt und tödliche Krankheit

Bereits zwei Jahre nach seiner Ankunft in Paris im Oktober 1838 wurden Donizettis Opern an vier Pariser Theatern aufgeführt, sehr zur Verwunderung zeitgenössischer französischer Komponisten, besonders Berlioz', der ihn im *Journal des débats* scharf angriff. Donizetti bearbeitete einige seiner italienischen Erfolge für das Théâtre-Italien und fertigte eine französische Version von *Lucia* für das Théâtre de la Renaissance an. Vor allem aber brachte er an der Opéra-Comique am 11. Februar 1840 *La fille du Régiment* heraus, gefolgt von *Les martyrs* an der Opéra am 10. April 1840. *Les martyrs* war die von drei auf vier Akte erweiterte und gründlich überarbeitete Neufassung des *Poliuto*, die auf einem französischen Libretto von Scribe basiert. Sie errang zwar nicht den von Donizetti erwarteten Erfolg, dafür aber setzte sich *La favorite* (Opéra, 2. Dezember 1840) nach zunächst kühler Aufnahme durch. Diese Komposition war ursprünglich vieraktig und unter dem Titel *L'ange de Nisida* für das Théâtre de la Renaissance bestimmt, aber das

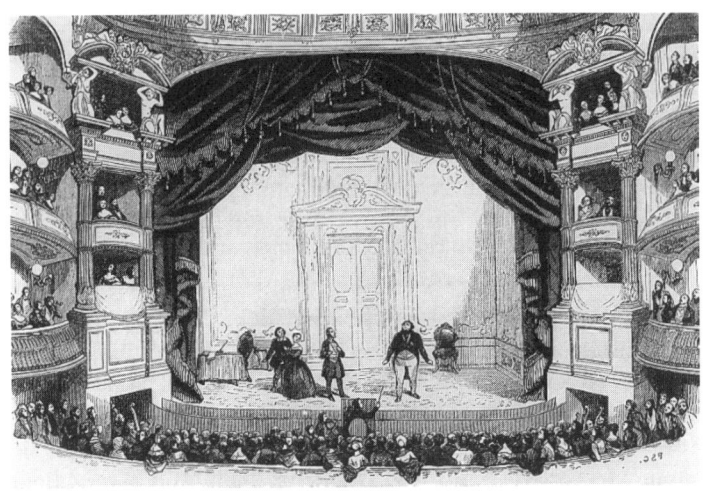

Szenenbild aus dem 2. Akt der Uraufführung von
»Don Pasquale« am Théâtre-Italien, Paris, 1843, Kupferstich aus
der Leipziger »Illustrierten Zeitung« (1843).

Theater ging bankrott, bevor es zu einer Aufführung von *L'ange* kam, und Donizetti erweiterte die Partitur zu *La favorite*. Die häufig berichtete Geschichte, Donizetti habe den vierten Akt von *La favorite* in einer einzigen Nacht geschrieben, entspricht nicht der Wahrheit; fast der gesamte Akt war schon Bestandteil der Partitur von *L'ange*, die Donizetti im Dezember 1839 vollendet hatte. Er fügte dem Akt eine Arie hinzu, die man heute als ›Spirto gentil‹ kennt und die er bereits für die nie vollendete Oper *Le duc d'Albe* komponiert hatte. Der größte Teil der neu komponierten Musik von *La favorite* steckt im zweiten und dritten Akt.

Donizetti war mit der Hoffnung nach Paris gegangen, genügend Geld zu verdienen, um sich aus der aufreibenden Welt der Opernhäuser zurückziehen zu können, wie Rossini es getan hatte. Aber als sich sein Gesundheitszustand verschlechterte, hing er wie besessen an seiner Karriere, bis er sich 1844 nicht mehr ausreichend konzentrieren konnte, um Werke von mehr als nur begrenztem Umfang zu komponieren. Seine Schaffensschübe, über die wir in seinen Briefen nachlesen können, erhielten immer mehr Züge einer verzweifelten Rastlosigkeit. Er reiste nach Rom, wo *Adelia* am 11. Februar 1841 gerade noch dem vollständigen Fiasko entging, und nach Mailand, wo ihn die Einmischung der Zensur bei *Maria Padilla* (26. Dezember 1841) aufbrachte. Im März 1842 ging er auf Einladung Rossinis nach Bologna und dirigierte die italienische Erstaufführung des *Stabat mater*. Die Aufführung war ein großer Erfolg, und Rossini drängte Donizetti, den bedeutenden Posten eines *maestro di cappella* an San Petronio in Bologna anzunehmen. Donizetti wies das Angebot zurück, da er sich auf dem Weg nach Wien befand, in der Hoffnung, den noch bedeutenderen Posten eines österreichischen Hofkapellmeisters zu erhalten. Dort wurden sowohl seine neueste Oper, *Linda di Chamonix* (19. Mai 1842), wie auch die Wiedergabe von Rossinis *Stabat mater* unter seiner Leitung mit großem Jubel aufgenommen, und er erhielt die Ernennung, die ihm eine sechsmonatige Abwesenheit gestattete, um seine Karriere anderenorts zu verfolgen.

Donizettis letzte vier Opern sind besonders bemerkenswert. Obgleich er mit der Komposition von *Caterina Cornaro* schon vor *Linda* begann, war sie doch die letzte Oper, die noch zu seinen seinen Lebzeiten uraufgeführt werden sollte, und zwar am San Carlo in Neapel am 18. Januar 1844. Die Aufführung war schlecht und machte wenig Eindruck, aber Wiederaufnahmen haben gezeigt, daß es sich um ein straffes und konzentriertes Werk mit eindringlich melancholischen Glanzlichtern handelt. *Don Pasquale*, das auf die unerreichten Talente von Grisi, Mario, Tamburini und Lablache zugeschnitten war, wurde über Nacht zum Stolz des Pariser Théâtre-Italien (3. Januar 1843). Dieses Stück, das gemeinhin als Donizettis komisches Meisterwerk gilt, verrät keine Anzeichen seines sich verschlechternden Allgemeinzustands; und doch läßt die Tatsache, daß die Oper ein überraschend hohes Ausmaß an wieder verwendeter alter Musik enthält, Rückschlüsse auf seine nachlassende Erfindungskraft zu. *Maria de Rohan*, deren Premiere im darauffolgenden Juni in Wien stattfand, ist ein kraftvolles und romantisches Melodram, in welchem der Bariton Ronconi als Chevreuse eine seiner großen darstellerischen Rollen bekam. Donizettis letzte vollendete Oper ist *Dom Sébastien, roi de Portugal* (Opéra, 13. November 1843), ein Stück, das durch das verworrene und bisweilen absurde Libretto von Scribe beeinträchtigt wird, jedoch Passagen von großer Schönheit und monumentaler Schwermut enthält. Donizetti war zutiefst enttäuscht, daß die Oper das Publikum nicht so zu rühren vermochte, wie er gehofft hatte. Wenngleich die Partitur als ein »Begräbnis in fünf Akten« abgetan wurde, so ist ein solches Urteil alles in allem doch zu leichtfertig. Denn trotz einiger Mängel enthält die Oper Stellen wie das große Septett im vierten Akt, die zum schönsten gehören, was Donizetti je schrieb.

Während der schwierigen Proben zu *Dom Sébastien* fing das zeitweise unberechenbare Benehmen Donizettis an, seine Freunde zu beunruhigen; vermehrt unterliefen ihm peinliche Fehler, und über seine unkontrollierten Ausbrüche kursierte häßlicher Klatsch. Nach der Wiener Saison des Jahres 1845, so hofften seine treuen Freunde in Italien, würde er zu ihnen zurückkehren, und sie waren beunruhigt, als er darauf bestand, nach Paris zu gehen, von wo er ihnen wirre Briefe über den Berg an Arbeit schrieb, den es zu bewältigen galt. Sein Zustand wurde im Laufe des Jahres 1845 immer schlimmer, und seine Freunde wandten sich an Giuseppe Donizetti in Konstantinopel, der schließlich seinen Sohn Andrea nach Paris sandte.

Andrea fand seinen Onkel in einer schlimmeren Verfassung, als er befürchtet hatte und ließ am 28. Januar 1846 eine ärztliche Untersuchung durchführen. Die Diagnose, die 1848 durch die Autopsie bestätigt wurde, lautete auf eine Infektion von Rückenmark und Großhirn als Folge einer syphilitischen Erkrankung, und die Ärzte empfahlen, ihn in einer Anstalt unterzubringen. Drei Tage später brachte man ihn in ein Sanatorium in Ivry bei Paris, wo er nahezu 17 Monate blieb. Andrea gelang es schließlich gegen alle Widerstände seinen nun hilflos gelähmten Onkel fortzubringen, der nurmehr in der Lage war, einzelne Silben zu stammeln; am 6. Oktober 1847 erreichten sie Bergamo, wo Donizetti bei Freunden untergebracht wurde, die ihn bis zu seinem Tode am 8. April 1848 aufopfernd pflegten.

Donizetti wurde zuerst auf dem Friedhof von Valtesse bestattet, das damals ein Vorort der Unterstadt Bergamos war. 1875 bettete man seine sterblichen Reste nach Santa Maria Maggiore neben das Denkmal von Vela (1855) um; 1951 bekamen sie wiederum einen neuen Platz in der Kirche. Donizettis Sterbehaus, jetzt der Palazzo Scotti in der Oberstadt Bergamos, schmückt eine Gedenktafel. Im Istituto Musicale G. Donizetti, Nachfolgerin der von Mayr 1806 ins Leben gerufenen Schule, befindet sich auch das Museo Donizetti, in dem Erinnerungsgegenstände sowie eine bedeutende Sammlung an Mansukripten aufbewahrt werden. Weitere wichtige handschriftliche Partituren befinden sich in der Bibliothek des Konservatoriums von Neapel, im Archiv des Ricordi-Verlages in Mailand und im Pariser Konservatorium.

Vier Opern Donizettis wurden erst postum uraufgeführt. *Il Pigmalione*, seine erste Oper, die noch während des Studiums in Bologna entstand, kam 1960 im Teatro Donizetti in Bergamo zur Uraufführung. Das Theater hat es sich zur Aufgabe gemacht, in jeder Spielzeit eine wenig bekannte Donizetti-Oper aufzuführen. Die 1826 komponierte *Gabriella di Vergy* wurde 1869 in Neapel in einer von fremder Hand stark veränderten Version uraufgeführt. *Rita*, eine *opéra comique*, 1841 auf einen französischen Text von Vaëz entstanden, hatte 1860 in Paris Premiere. *Le duc d'Albe* wurde 1839 begonnen und halbfertig beiseite gelegt. 1880 erhielt die Verlegerin Giovannina Lucca die Rechte an der Oper und stellte eine Kommission unter dem Vorsitz von Ponchielli zusammen, die die Vollendung der Partitur durch Matteo Salvi, einen Schüler Donizettis aus der Wiener Zeit, überwachen sollte. Die Oper erlebte am 22. März 1882 im Teatro Apollo in Rom ihre Erstaufführung. Die größte Aufmerksamkeit errang dieses Werk durch die Entdeckung, daß Scribe später das gleiche Libretto für Verdis

Les vêpres siciliennes wiederauffrischte. 1959 fertigte Thomas
Schippers eine zweite Version an, die den ursprünglichen Absichten Donizettis näher kam und beim Festival von Spoleto
gegeben wurde.

Donizettis Persönlichkeit

Über tausend Briefe Donizettis liegen gedruckt vor. Seine
Korrespondenz spiegelt ein lebendiges Bild seiner Persönlich-
keit und der Bedingungen wider, unter denen er arbeitete; sie
könnten die Grundlage einer faszinierenden psychologischen
Studie bilden. Donizetti war warmherzig und humorvoll, zu
tiefen Gefühlen fähig und redegewandt. Von seinem labilen
Gesundheitszustand und dem stufenweisen Zerfall seines
Körpers in späteren Jahren geben die Briefe ein bewegendes
Zeugnis. Seine Wahnvorstellungen nahmen zu, und der me-
lancholische Ton wurde immer untröstlicher; die letzten
Briefe, herzzerreißende Hilfeschreie eines verwirrten Geistes,
enstanden in den ersten Tagen nach seiner Einweisung nach
Ivry.

Die Briefe an Mayr sind von besonderem Interesse, weil sie
die beständige Zuneigung und den Respekt gegenüber seinem
alten Lehrer zeigen. Er war überraschend gerecht in seinem
Urteil über andere Komponisten, was dem krankhaft eifersüchtigen Bellini beispielsweise keineswegs gegeben war.
Außer wenn er sich als Opfer von Intrigen wähnte, war er
hinsichtlich seiner Leistungen bescheiden. Seine Briefe enthüllen kein Interesse an den politischen Ereignissen seiner
Zeit. Dies ist kaum überraschend. Donizettis Karriere war vom
Wohlwollen der Herrschenden abhängig, die die Theater
kontrollierten, an denen er arbeitete. Dennoch waren einige
seiner engsten Freunde politische Aktivisten und Flüchtlinge.
Sollte Donizetti in solche Aktivitäten verwickelt gewesen sein,
so gibt es dafür bis jetzt noch keinen klaren Beweis.

Donizettis literarische Neigung kommt in den drei von ihm
selbst verfaßten komischen Libretti zum Vorschein (*Le conve-*

*Gaetano Donizetti, Karikaturistisches Selbstporträt,
datiert 1841.*

nienze ed inconvenienze teatrali, Il campanello und *Betly*). Sie sind
geschickt und gut gebaut und enthalten häufig parodistische
Elemente. Außerdem übernahm er oft eine aktive Rolle bei
der Ausgestaltung, manchmal sogar bei der Niederschrift von
Libretti, die andere Autoren für ihn verfaßten. Er war belesen
und besaß eine besondere Vorliebe für Dante; im Herzen aber
blieb er doch stets der praktische Theatermann, dem die Aus-
übung seines Handwerks zutiefst am Herzen lag.

ZWEITES KAPITEL
DIE OPERN

Donizettis Ruf als Komponist steht und fällt mit seinen Opern. Im Bereich der Komödien wurde sein Rang nie wirklich in Frage gestellt (Mendelssohn schockierte seine Freunde einmal mit der Äußerung, er hätte gerne *La fille du régiment* geschrieben). Sowohl *Don Pasquale* als auch *L'elisir d'amore* halten sich seit dem Zeitpunkt ihrer Entstehung im Repertoire. Im tragischen Genre war Donizetti ein teils mehr, teils weniger erfolgreicher Komponist: mehr insofern, als sein Werk eine ganze Epoche zusammenfaßte; weniger insofern, als nicht eine einzige seiner tragischen Opern den Eindruck eines absoluten Meisterwerks hinterläßt. Allesamt enthalten sie immer wieder Rückfälle in routiniertes Handwerk. Und doch war er für die Lebensfähigkeit der Tradition, die er bediente, von so zentraler Bedeutung, daß mit seinem Verstummen ihr Untergang eingeläutet wurde. Seinen weniger bedeutenden Zeitgenossen wie Mercadante und Pacini fehlte die Sicherheit, mit der er auf ein Ziel hinarbeitete und sein Sinn für das richtige Verhältnis zwischen Mittel und Zweck, so daß sie bald in Manierismen und Befangenheit verfielen. Lediglich Verdi fand für Donizettis Erbe eine neue und gültige Verwendung. Donizettis eigene Werke überleben durch die Anmut und Spontaneität ihrer Melodik, ihre formale Ausgewogenheit, ihre mühelose dramatische Gangart und, mehr als alles andere, durch die romantische Lebhaftigkeit, die unter der kunstfertigen Glätte verborgen liegt.

Allgemeiner Überblick

Gemeinsam mit Bellini verkörperte Donizetti den romantischen Geist Italiens in den dreißiger Jahren des 19. Jahrhunderts. War dieser Geist auch weniger stark als dessen Gegenstück in Frankreich und Deutschland, so definierte er sich durch – und oft auch gegen – eine Operntradition der festgelegten, gattungsgemäßen Formen und stimmlichen Virtuosität, die mit der Notwendigkeit rascher Produktion zusammenhing. Wenn Bellini die italienische Romantik in ihrer konzentriertesten Form ausdrückte, so glich Donizetti dies durch eine größere Vielfalt der Mittel und durch ein ausgeprägteres Gefühl für dramatische Entwicklung aus. Auch besaß er den Vorteil einer gründlicheren musikalischen Schulung durch Mayr und Mattei, was viel zu seiner überragenden technischen und erfinderischen Gewandtheit beitrug.

Als Donizettis Karriere 1818 begann, wurde die italienische Musik vollständig von Rossini beherrscht, dessen formelhafter, reich verzierter Stil von allen Komponisten imitiert werden mußte, denn, so schrieb Pacini, »es gab keinen anderen Weg, seinen Lebensunterhalt zu verdienen«. Obgleich Donizetti als reformwillig gilt, paßte er sich doch diesem Stil problemlos an, ob nun im *Serio-*, *Buffo-*, oder *Semiserio-*Genre, und die ungefähr 30 Werke, die im Laufe der nächsten zehn Jahre hauptsächlich für Neapel und andere Städte des Südens entstanden, zeichnen sich alle durch geschicktes Handwerk und fruchtbare Melodik aus. In den *Seria-* und *Semiseria-*Opern gibt es erst geringe Spuren von Individualität, die in den Hauptgesangspartien dazu neigt, unter dem Gewicht des Rossinischen *canto fiorito* und der *solfeggi* (siehe auch Bsp. 1, eine Passage für eine der vier virtuosen Baßrollen in der heroischen Oper *Otto mesi in due ore, ossia Gli esiliati in Siberia*, 1827) in die Knie zu gehen.

Dagegen weisen seine Komödien wie *L'ajo nell'imbarazzo* (1824), *Olivo e Pasquale* (1827) und *Il Giovedì Grasso* (1828) erste Anzeichen des wahren Donizetti auf. Vor allem *L'ajo* zeigt schon jene Mischung aus Humor und Empfindsamkeit – hier noch glücklich verstärkt durch Ferettis Dichtung –, die das Gütezeichen seines komischen Stils ist. Selbst die routiniert syllabische Vertonung der beiden Buffos wird von einer auffallend frischen Melodik getragen, die mit leicht schmachtenden chromatischen Wendungen ausgeschmückt ist (siehe Bsp. 2). Nach 1828 gewann Donizettis eigener Stil Form, teilweise

Bsp. 1

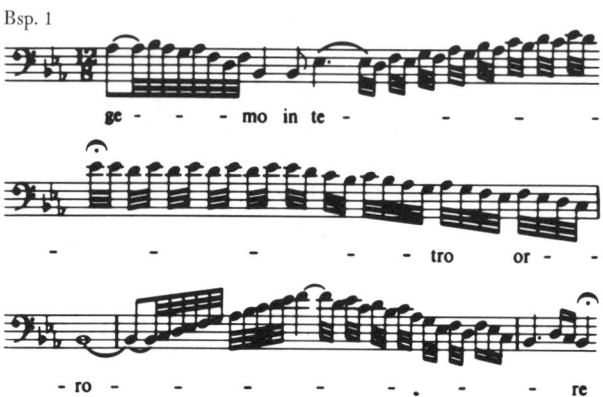

unter dem Einfluß von Bellinis *Il pirata* (1827), die einen neuen Tonfall in die italienische Oper brachte, in dem die *fioritura* sowohl reduziert als auch dem dramatischen Ausdruck untergeordnet wurde, vor allem aber auch unter dem Einfluß von Rossinis monumentalen französischen Opern wie *Le siège de Corinth* (1826) und *Moïse* (1827), die ihren Weg nach Italien in Übersetzungen fanden. Rossinis Einfluß kann man in *L'esule di Roma* (1828) und seinen prächtigen Chören feststellen sowie in *Il diluvio universale* (1830), einer *azione tragico-sacra*, deren melodischer Reichtum in hohem Maß dem ›neuen‹ *Mosè* huldigt. Bellinis Musik hinterläßt in *Alina, regina di Golconda* (1828), *Il paria* (1829) und *Elisabetta, o Il castello di Kenilworth* (1829) ihre Spuren. Die nächsten Opern sind gekennzeichnet von der Tendenz, den *canto fiorito* in den Männerstimmen verschwinden zu lassen oder aber ihn in die Kadenzen zu verbannen; gleichzeitig entledigt sich die Melodik des von Rossini ererbten deklamatorischen Elements und wird, in der Art Bellinis, lyrischer und regelmäßiger, aber auch lebendiger und präziser wie in einer Vorwegnahme Verdis.

In dieser Periode ragen einige Werke als Meilensteine hervor. Mit *Anna Bolena* (1830) fand Donizetti im tragischen Genre zu sich selbst. Hier wurden zum ersten Mal die traditionellen Muster erkennbar eigenwillig angewandt und in den

Bsp. 2

GIULIO

(Per bacco! il ma - e-stro ha perso il cer - vel-lo.) (L'a-mi- co mi

GIULIO

cre-de sva-ni-to il cer-vello.) (Oppu-re egli è un lu-po col manto d'a-

GREGORIO

- gnello.) (O un lu-po mi sti-ma col man-to d'a-gnel-lo.)

Dienst eines zugleich wirksamen wie folgerichtigen Dramas gestellt. *L'elisir d'amore* (1832) kann als die Vollendung der in eine ländliche Szenerie eingebetteten sentimentalen Komödie gelten und ist gleichermaßen der Klassiker dieses Genres wie Rossinis *Barbiere* der Klassiker der späten *opera buffa* bleibt. In *Lucrezia Borgia* (1833) experimentierte Donizetti mit der Anlage des spannungsgeladenen Melodramas, in welchem die Konvention radikaler als jemals zuvor modifiziert wurde: Das

Concertato und die Stretta, die zumindest einen Akt beenden
sollten, wurden auf wenige Seiten am Ende des Prologs zu-
sammengestrichen; keines der Duette ist in der Rossinischen
dreiteiligen Standardform, derer sich Donizetti bis dahin im
allgemeinen noch bedient hatte. Der erste Teil des Duetts
zwischen Lucrezia und Alfonso (›Vi chiedo, o signore‹)
nimmt die Form eines Dialogs an; das Duettino ›Qui che fai‹
im selben Akt ist in der Art eines *parlante melodico*, eines
melodischen Sprechens über einem geschmeidigen Orchesterthema ausgeführt. Beide Duette standen Verdi sowohl für
Nabucco als auch für *Rigoletto* Modell.

Die Entwicklung weg von Rossini vollzog sich stufenweise
und wurde nicht gleichmäßig durchgehalten. *Torquato Tasso*
(1833) war ein innovatorischeres Werk als *Rosmonda d'Inghilterra* (1834). Selbst *Lucia di Lammermoor* (1835), die im allgemeinen als Archetyp der italienischen romantischen Oper angesehen wird, blieb eine merkwürdige Mischung aus alten und
neuen Elementen, was ersichtlich wird, wenn man die beiden
Duette ›Della tomba che rinserra‹ und ›Il pallor funesto or-
rendo‹ miteinander vergleicht; das erste ist durchweg lyrisch
entworfen, wohingegen das zweite sich der für Rossini typischen komplexen Symmetrik einfügt, in der das architektoni-
sche Element Vorrang vor dem dramatischen erhält. Das zutiefst erschütternde Sextett, das bis zu einem Höhepunkt
anschwillt (ein Vermächtnis Bellinis, auf das sich die italienischen Romantiker stürzten), wird von zwei Sätzen umrahmt,
die auf dem gleichen Orchesterthema beruhen – eine weiteres,
mit den Namen Rossinis verbundenes Merkmal, das den
Kontrast zwischen Stillstand und Aktion künstlich erhöht. So
verharren auch Teile der Wahnsinnsszene, wenngleich die Koloraturen effektvoll eingesetzt werden, um die Labilität der
Heldin zu beschreiben, auf einem rein dekorativen Niveau,
selbst ohne die von oder für Teresa Brambilla hinzugefügte
Kadenz für Flöte und Stimme, die auch heute noch gesungen
wird.

Gegen 1836 gewinnt das dramatische Element die Oberhand
in der Struktur der meisten Duette. In *Roberto Devereux* (1837)

ist der Mittelteil des Duetts zwischen Nottingham und Sara
(›Nol sai che un nume vindice‹) ein Dialog über der Musik des
Trauermarschs, der Essex zum Tower von London bringt,
während die Kabaletta kontrastierende Themen für beide Solisten aufweist. Stimmliche Virtuosität erhält eine zunehmend
funktionelle Bedeutung. Anders als Bellini gab Donizetti nie
vollständig die deklamatorische Melodik auf, die für die zwanziger Jahre charakteristisch war. Beispiel 3 zeigt den späten,

Bsp. 3 **Larghetto**

O tu che de - sti il ful - mi - - ne,

che al nembo il fren di scio - - gli, al

nembo il fren discio - - - gli, le

mie dolen - ti la - gri - me in tua pieta - de ac -

- cer - ba.

aber bezeichnenden Fall einer ›offenen‹ Melodie (um Friedrich Lippmanns treffenden Begriff für eine Melodie zu verwenden, die mit ornamentalen, deklamatorischen Gesten in
einem freien Zeitmaß beginnt und stufenweise eine regelmä-

ßigere Bewegung annimmt) in der Kavatine ›O tu che desti il fulmine‹ der Heldin aus *Pia de' Tolomei* (1836).

In den Jahren nach 1839 wurde Donizettis Stil immer prächtiger, und zwar als Ergebnis der Aufträge für Paris und Wien und der Notwendigkeit, ein raffinierteres Publikum als das Neapels oder Mailands zufriedenzustellen. Alle fürs Ausland geschriebenen Werke mit Ausnahme von *Dom Sébastien* haben regelrechte Ouvertüren, die meist mit bemerkenswertem Geschick ausgearbeitet sind, wenngleich nur drei davon (*La fille du régiment, Maria di Rohan* und *Don Pasquale*) thematisch mit den dazugehörigen Opern in Verbindung stehen. Im allgemeinen ist die Orchestrierung voller, die Harmonik subtiler und abwechslungsreicher als zuvor. Doch abgesehen von solch offensichtlichen Gallizismen wie dem Terzett ›Tous les trois réunis‹ in *La fille du régiment* (1840) – einem Gegenstück zur Stretta ›Venez amis, retirons-nous‹ in Rossinis *Le Comte Ory* (1828) – und der unheimlichen Anklage Balthasars in *La favorite* (1840), die ein Echo auf die Anklage Kardinal Brognis in Halévys *La juive* ist, veränderte Donizettis Musik angesichts eines französischen Textes nicht ihre Physiognomie, wie das so oft bei Verdi der Fall sein sollte. Bezeichnenderweise aus einer französischen Oper, *La favorite*, stammt eine der betörendsten italienischen Tenor-Arien – ›Ange si pur‹, die ursprünglich für die unvollendete Oper *Le duc d'Albe* (begonnen 1839) vorgesehen war und heutzutage als ›Spirto gentil‹ vertraut ist. Kaum jemand könnte behaupten, daß irgend etwas gewonnen wäre, würde man die Arie im französischen Original singen. Lediglich *Dom Sébastien* mit seinen vorherrschenden militärischen Rhythmen und »Ticks« in der Begleitung ist als ein bewußter Versuch zu sehen, die erhabene Manier Meyerbeers nachzuahmen.

Die Horizonterweiterung, die sich in Paris angesichts der *grand opéra* vollzog, kam auch den letzten italienischen Opern zugute, von denen drei für ein nicht-italienisches Publikum geschrieben wurden. *Linda di Chamounix* (1842) ist Donizettis reifster und am mannigfaltigsten gestalteter Vorstoß ins Genre der *semiseria*. Die Oper enthält u. a. eine urkomische Szene für einen Baßbuffo und Chor, eine von einem Knaben gesungene melancholische Ballade, ein feierliches Gebet für Baß und Chor als Aktschluß, eine Wahnsinnsszene für die Heldin und eine ›Kennmelodie‹ (hier ein Liebesduett), durch deren Töne der Held die verwirrte Heldin wieder zu Sinnen bringt. In diesem Werk ist das geläufige italienische Idiom bisweilen mit Harmonien von nahezu Schumannesker Empfindsamkeit durchsetzt (siehe Bsp. 4).

Bsp. 4   CARLO

tut - to scor-da a un tuo sor-ri-so. tut-to in te mi do-na a-mor

Don Pasquale (1843), Donizettis komisches Meisterwerk, gewann für Italien das klassische Erbe Mozarts zurück; es zeichnet sich durch das einzigartige Stilmittel eines Konversationsrezitativs aus, dessen lockerer Duktus lediglich von gelegentlichen Streicherakkorden begleitet ist, um die Modulationen zu stützen (dreißig Jahren später sollten sich die Komponisten immer noch eines Continuo-Instruments für die Rezitative der *opera buffa* bedienen). *Maria Padilla* (1841), *Caterina Cornaro* (komponiert 1842) und *Maria di Rohan* (1843) weisen allesamt die Richtung, in die sich Donizettis Kunst entwickelt hätte, wäre seine Karriere nicht abgebrochen. In der Szene und Kavatine der Heldin aus dem ersten Akt von *Maria Padilla* wird das traditionelle rossinische Gerüst in ein Wechselspiel von deklamatorischen und lyrischen Elementen, von Vokal- und Orchestermelodik aufgelöst und bewirkt damit einen dramatischen Fluß, der, wenngleich weniger gewichtig als bei Verdi, so doch nicht weniger drängend ist. In *Maria di Rohan*, Donizettis dichtester Tragödie, hält das Rezitativ Einzug in

geschlossene Nummern, die dadurch eine für die Zeit unge-
wohnte Vielfalt an unterschiedlichen Tempi erhalten. Alle
drei Werke sind frei von dem bewußt erhabenen Gestus, den
Mercadante mit *Il giuramento* (1837) und *Elena da Feltre* (1838)
in die italienische Oper eingeführt hatte. Das kunstfertigste
Concertato Donizettis besitzt zugleich eine nie versiegende
Klarheit.

Melodik, Form, Harmonik

Donizettis melodischer Stil war charakteristisch für seine Zeit
und seine Herkunft und unterscheidet sich nur wenig von dem
seiner italienischen Zeitgenossen. Alle arbeiteten sie in der
gleichen geschlossenen Tradition und bedienten sich, wie ihre
Vorgänger im 18. Jahrhundert, eines gemeinsamen Formelstils.
Donizetti verfügte nicht über so augenfällige Züge wie Bellini
mit seinen »himmlischen Längen« und seiner ganz und gar
persönlichen Art, eine Melodie zu artikulieren oder die betonten Taktschläge durchweg mit Vorhalten zu versehen. Wissen-
schaftler wie Lippmann und Ashbrook haben dagegen auf
Donizettis Verwendung anmutiger und eher sinnlicher chromatischer Durchgangsnoten im Verlauf von schlichten diatoni-
schen Melodien hingewiesen, auf seine Neigung zu Kadenzen
und Halbkadenzen von der fünften auf die dritte Stufe der
Tonleiter, auf die bodenständige und volkstümliche Qualität
der Chöre und Bühnenmusik (die er mit Luigi Ricci und Verdi
teilt), auf die Vorliebe für lyrische Melodien in Dreier- oder
Sechsachtelrhythmen, die häufig zu einer charakteristischen
mazurkaartigen Vertonung der allgegenwärtigen achtsilbigen
Verse führte (z.Bsp. >Da un tuo detto sol dipende<, *Alina
regina di Golconda*; >Per guarir di tal pazzia<, *L'elisir d'amore*;
und >Sin la tomba è a me negata<, *Belisario*). Bemerkenswert ist
vor allem Donizettis Fähigkeit, aus einer schlichten und oft
vorhersehbaren Erweiterung eines einzigen rhythmischen
Einfalls lange und überzeugende Abschnitte aufzubauen (z.
Bsp. >Rayons dorés<, *La favorite*; >O luce di quest' anima<,

Linda di Chamounix; das Gebet mit Chor ›Deh, tu di un umile‹, *Maria Stuarda*; sowie in Beispiel 5 Gennaros Solo ›Di pescator ignobile‹ aus *Lucrezia Borgia*).

Bsp. 5

Di pe-sca-to-re i - gno - bi-le

Esser figliuol cre-de - - i, e se-co o-scu-ri in

Na - po-li Vis - si i prim' an - ni

mie - i, Quan-do un guer-rie-ro in - co - gni-to

Ven - ne d'in-ganno a trar - mi,

　　Charakteristisch für Donizetti ist auch jene Form der Melodik, die, sei es aufgrund einer natürlichen Schroffheit oder aber weil der Höhepunkt früher als erwartet erreicht wird, ihren Impuls gänzlich aus variierten Wiederholungen, Verkürzungen oder Dehnungen einer Kadenzphrase schöpft (z.Bsp. ›Mentre il cor abbandonava‹ aus *Il diluvio universale* und ›Tu che siedi in terzo cielo‹ aus *Fausta*). Dieses Muster kommt vor allem in den Kabaletten zum tragen, wo die Wiederholungen nicht nur die Basis für Virtuosität bilden, sondern auch auf die Schlußkadenz und damit den Applaus hinführen (siehe ›Spargi d'amaro pianto‹ aus *Lucia di Lammermoor* und ›Mon arrêt descend du ciel‹ aus *La favorite*). Im allgemeinen liegt Donizettis Leistung jedoch weniger in irgendeinem spezifischen Beitrag

zur Überwindung der von Rossini geschaffenen Tradition,
sondern vielmehr in einer weitreichenden Erfindungsgabe innerhalb dieser Tradition. Seine Kabaletten zeigen jede mögliche Variante, ob nun brillant, ausdrucksstark oder sentimental. Seine Cantabiles nutzen die übliche zweiteilige Form in
vielerlei unvorhersehbarer Weise. Seine Verwendung von
Quasi-Rezitativen zur abwechslungsreicheren Gestaltung von
erzählenden Arien ist äußerst gewandt (siehe ›Nella fatal di
Rimini‹ aus *Lucrezia Borgia* und ›Regnava nel silenzio‹ aus
Lucia). Besonders ansprechend sind jene plötzlichen Modulationen gegen Ende einer Periode, wie sie in den späteren
Opern immer häufiger auftreten. Auf geradezu magische
Weise geschieht dies im Duett ›Signorina?‹ in *Don Pasquale*
(siehe Bsp. 6)

Bsp. 6

Donizetti kombinierte oft zwei Formen innerhalb derselben
Nummer. Leicesters Kavatine ›Ah rimiro il bel sembiante‹
(*Maria Stuarda*) ist halb ein Duett, halb Arie mit *pertichini* (d. h.
mit kurzen Einwürfen anderer Sänger). Bisweilen gab er seinen Cantabiles eine strophische Dimension, so in ›Ah non

avea più lagrime< (*Maria di Rudenz*) oder in der berühmten
Moll-Dur-Romanze >Una furtiva lagrima< (*L'elisir d'amore*),
deren erster Vers in der verwandten Dur-Tonart, der zweite in
der Dur-Tonika endet. Es gibt kaum eine Oper nach 1830, die
nicht eine auffällige Neuerung in Form und Struktur enthält,
ob es sich nun um Guidos klagende Kavatine >Questo sacro
augusto stemma< (*Gemma di Vergy*) handelt, die dieser über
den plappernden Bericht Rolandos und des Chores über die
Geschichte der Jeanne d'Arc hinwegsingt, oder die Verklam-
merung einer Kabaletta mit einer Phrase aus dem Cantabile
wie im Duett >Fama! Sì, l'avrete< (*Anna Bolena*) oder den
schluchzenden Übergang vom eingeschobenen Ritornello zur
zweiten Strophe der Kabaletta <Ugo è spento> (*Parisina*). Wie
zu erwarten, verwenden die französischen Werke die dreitei-
lige Form mit einem modulierenden Mittelteil (vgl. die beiden
Romanzen der Zaida in *Dom Sébastien*); alle Werke dieser Zeit
weisen eine häufigere Verwendung thematischer Reminiszenzen auf, die sich indes nirgends dem quasi sinfonischen Konzept des Leitmotivs annähern. In seinem Verständnis von
Oper setzte Donizetti den Vorrang der menschlichen Stimme
und der vokal konzipierten Periodik als sein Bauprinzip voraus;
dementsprechend passen sich Harmonik und Orchestrierung
an. Seine Tonartenskala ist im allgemeinen breiter als die von
Bellini, seine Harmonik nüchterner und dennoch raffinierter
(er ging sparsamer mit der Verwendung scharfer Dissonanzen
um). Wie die meisten seiner italienischen Zeitgenossen zielte
er auf dramatischen Ausdruck mehr mit den Mitteln stimmli-
cher Akzentuierung als durch harmonische Nuancierung; so
beruht der allzusehr pauschale emotionale Ausdruck der zahlreichen Kabaletten auf einfacher Dur-Harmonik in einem tragischen Kontext. Auch hielt er sich an das ungeschriebene
Gesetz, welches besagt, daß jedes Stück, das in einer Molton-
art beginnt, unweigerlich in Dur enden muß, ob nun in einer
verwandten Tonart oder in der Tonika – ein Schema, das
viele Rondò-Finales schwächt, besonders die bemerkenswerte Stretta <Come tigri di stragi anelanti> im ersten Akt von
L'assedio di Calais. Abgesehen von dem in *Betly* (1836) verwen-

*Manuskriptseite aus dem Partiturautograph der Kavatine
»Soldats, j'ai rêvé la victoire« aus dem 1. Akt von
»Dom Sébastian« (Uraufführung Paris, 1843).*

deten Jodelthema beschränkt sich ein Lokalkolorit gewöhnlich
auf die gelegentliche Zitierung von Volksliedern aus dem be-
treffenden Land, in dem die Handlung spielt – Henry Bishops
›Home, sweet home‹, (*Anna Bolena*), ›God save the King‹ in
der für Paris nachkomponierten Ouvertüre zu *Roberto Devereux* und das russische Volkslied ›Hoi ne khodi, Grisnyu‹, das
in der Ouvertüre zu *Otto mesi* in streng orthodoxer Harmonik
vorkommt. Nichts deutet in *Il paria* darauf hin, daß das Drama
in Indien spielt. Lediglich in der ›Danse arabe‹ in *Dom Sébastien* machte Donizetti Gebrauch von den harmonischen Mitteln, die der marokkanische Schauplatz bot, und teilweise aus

diesem Grund ist seine Ballettmusik im allgemeinen banal und konturlos.

Orchestrierung und vokale Schreibweise

Donizetti folgte Rossinis ›prismatischer‹ Behandlung des Orchesters und tupfte die Bläserfarben wie ein buntes Muster über einen neutralen Streicherklang, akzentuierte Modulationen durch ausgehaltene Instrumentalakkorde, verdoppelte die Melodik ganz oder teilweise und je nach Bedarf mit einer solistisch gesetzten Flöte, Klarinette oder Trompete. Konzertante und obligate, jedoch stets im *bel canto*-Stil geführte Instrumente verschönern oft eine Szene oder bilden die Basis eines Vorspiels, mit oder ohne eine begleitende Harfe. Bisweilen kommt eine Glasharmonika zum Einsatz (in *Elisabetta, o Il castello di Kenilworth*, ebenso in *Lucia*, wo sie später durch eine Flöte ersetzt wurde), aber auch eine Klarinette (*Torquato Tasso*), Harfe (*Lucia*), Baßklarinette (*Maria di Rudenz*) oder Trompete (*Don Pasquale*). Die Tutti sind normalerweise laut und füllig, wohingegen die Begleitung lyrischer Passagen ein gleichmäßiges rhythmisches Muster, gewissermaßen eine volkstümlichere Variante von Rossinis Manier erzeugt, was mitunter Wagners bekannte Spöttelei über die Riesengitarre rechtfertigt. Betrachtet man aber irgendeine Partitur Donizettis neben einer von Mercadante oder Pacini, so springt ihre Sparsamkeit ins Auge. Es scheint unmöglich, daß so wenige Noten eine so große Wirkung erzielen. Mag auch in Donizettis frühen Werken die Verwendung von Bläserfarben ornamental und hedonistisch erscheinen, so kann sie in den späteren Werken doch kraftvoll und beschwörend sein. Die Hörner spielen eine wichtige Rolle, um die Atmosphäre in *Lucia di Lammermoor* zu beschwören.

In seiner Behandlung der Singstimme folgte Donizetti zuerst dem Vorbild Rossinis, dann dem Bellinis aus *La sonnambula* und den folgenden Opern. Er kam den individuellen Qualitäten der Sänger, für die er schrieb, besonders entgegen:

Niemals versuchte er, wie es Bellini einmal tat, einem Koloratursänger eine schlichte Melodik aufzuzwingen. Die Beweglichkeit der Tacchinardi-Persiani drückte *Rosmonda d'Inghilterra*, *Lucia* und *Pia* ihren Stempel auf; die eher dramatischen Talente einer Pasta oder Ronzi de Begnis kamen in den eher ausdrucksvollen Finali von *Anna Bolena*, *Maria Stuarda* und *Roberto Devereux* voll zum Tragen. Angesichts eines Mezzosoprans ohne jegliche Flexibilität, wie es sich bei Rosine Stoltz verhielt, die in der Uraufführung von *La favorite* die Léonore sang, tilgte Donizetti jegliches dekorative Moment und erreichte eine edle Einfachheit, die nicht nur die Partie der Heldin, sondern die gesamte Partitur prägt, das überflüssige Ballett einmal ausgenommen. Abgesehen von *L'assedio di Calais* folgte er dem allgemeinen Trend, und verdrängte den eine männliche Figur darstellenden Alt oder Mezzosopran aus der Heldenrolle in eine untergeordnete Stellung der Handlung und machte ihn beispielsweise zum Freund des Helden oder der Heldin.

In den männlichen Hauptrollen machte der *canto fiorito* einer einfacheren Beredtheit Platz, in der die Synkopierung normalerweise das Passagenwerk als Mittel der Betonung ersetzte. Wie Bellini behandelte auch Donizetti seine Baritone und Bässe gleich, aber es gelang ihm, den lyrischen Versen der Sänger eine hohes Maß an Ironie zu verleihen (z.B. ›Pour tant d'amour‹ aus *La favorite*) und dadurch einen Vorgeschmack auf Verdi zu geben. Die wachsende Bedeutung der Baritonrollen – sowohl in *Il furioso nell'isola di San Domingo* und *Torquato Tasso* (beide 1833), in *Maria di Rudenz* als auch in *Maria Padilla* hat der Bariton den Vorrang vor dem Tenor – ist Giorgio Ronconi zu verdanken, der mehr als jeder andere Sänger seiner Zeit zu der kraftvollen Konzeption des mit dem jungen Verdi verbundenen Stimmtypus anregte. Für Donizetti wie für die meisten seiner Zeitgenossen blieb der Bariton jedoch im wesentlichen ein *basso cantante*, dessen Tessitur ungefähr einen Ton niedriger lag als die seines Verdischen Gegenstücks. Andererseits ist der Donizettische Tenor eine Persönlichkeit für sich. Selbst als Schurke noch ein Stimmpoet (wie in *Torquato Tasso* und *Pia de' Tolomei*), gewann er erst mit seinen weniger heroischen Seiten in *L'elisir d'amore* an Kontur und erreichte seine gelungenste Verkörperung als Edgar in *Lucia*, eine Rolle, die zwei berühmte Sänger dieser Tage mit ihren entsprechenden Spitznamen versorgte: den ›Tenor des Fluchs‹ (Fraschini) und den ›Tenor des schönen Todes‹ (Moriani). Als ein Sänger von großer Kraft (›Maledetto sia l'istante‹ aus *Lucia*) und selbst Virtuosität (›Trema Bisanzio‹ aus *Belisario*) glänzte er in der Darstellung der betrogenen Unschuld. In seinen reifen Opern lag Donizetti mit dem Tenor stets richtig, doch er operierte mit einfachsten Mitteln (Bsp. 7). Sogar das Ausmaß an Dishar-

Bsp. 7 Larghetto

monie ist außergewöhnlich; keine Komponist konnte besser die Trauer aus einer Kombination der Tenorstimme mit der reinen Dur-Tonalität herausdestillieren, wie zum Beispiel in ›Tu che a Dio spiegasti le ali‹ aus *Lucia*.

Wie Donizetti eine Tenormelodie modellierte, kann in den 1970 von Piero Rattalino herausgegebenen Entwürfen zu Ernestos Arie ›Cercherò lontana terra‹ in *Don Pasquale* verfolgt werden. Sie wiederlegen völlig die Vorstellung, der Komponist habe stets kritiklos und mit halsbrecherischer Geschwindigkeit geschrieben. Tatsächlich gleichen sie in ihrer gewissenhaften Korrektur von Details den Skizzen Beethovens. Auch ein Vergleich mit den wenigen bekannten Skizzen Verdis ist aufschlußreich. Während Verdis Änderungen stets auf eine genauere Schilderung eines bestimmten Charakters in einer bestimmten Situation zielten, beschäftigte sich Donizetti hier ausschließlich mit der Vervollkommnung des melodischen Handwerks in Bezug auf die Darstellung eines verzweifelten Tenors.

Einschätzung

Nur wenige der Bewunderer Donizettis würden zu leugnen versuchen, daß seine Kunst über eine gewisse, der Operngattung gemäße Qualität verfügt, die die Auffassung einer vorangegangenen Generationen spiegelt. Im allgemeinen verlangt das romantische Ethos ein einmaliges unwiederholbares Meisterwerk – ein Definition, die eher auf *Norma* als auf irgendeine von Donizettis ernsten Opern zutrifft. Es wird bisweilen behauptet, daß er die Anregung durch einen romantischen Stoff brauchte, damit er sein Bestes geben konnte. Tatsächlich war er auf fast jedem Gebiet zuhause, von der theatralischen Satire (*Le convenienze ed inconvenienze teatrali*) bis zur neoklassischen Tragödie ohne Liebesgeschichte (*Belisario*). Für seine Komödien *Le Convenienze, Il campanello* und *Betly* verfaßte er selbst das Libretto, und im Falle von *Don Pasquale* schrieb er den Text so stark um, daß sich der Librettist weigerte, seinen Namen darunterzusetzen. Doch wie bei Verdi brachten ungewöhnliche Stoffe ungewöhnliche Lösungen hervor. *Lucrezia Borgia* wird in dieser Hinsicht noch von *L'assedio di Calais* übertroffen, einer patriotischen *grand opéra* nach französischem Vorbild, mit der Donizetti hoffte »in Italien ein neues Genre durchzusetzen«. In keinem der vielen Ensembles fehlt es an überraschenden strukturellen und harmonischen Merkmalen, und die Tatsache, daß der jugendliche Hauptdarsteller ein Mezzosopran ist, erlaubt ein Spiel von Sexten und Terzen in seinem Duett, das mit Bellinis ›Mira o Norma‹ vergleichbar ist. Und doch wurde die Oper außerhalb Neapels kaum gespielt, zweifellos aufgrund ihrer exzentrischen Besetzung (Mezzosopran, Bariton und Baß in den Hauptrollen, wovon letzterer lediglich im dritten Akt auftritt; zwei *soprani compri-*

mari, darunter die Heldin, sowie zahllose Nebenrollen.) Donizetti verfolgte diesen Weg nicht weiter.

Allzu oft mußte der Idealist Donizetti dem Theaterpraktiker nachgeben. Er wird deshalb die Befreiung von der italienischen Opernroutine begrüßt haben, die ihm die Pariser Bühne ermöglichte; er wird den Tenor-Schluß von *Lucrezia Borgia* gegenüber dem Rondò-Finale bevorzugt haben, das er für Madame Méric-Lalande 1833 schreiben mußte. Und doch war Donizetti, wie Rossini und Generationen italienischer Komponisten vor ihm, der Überzeugung, daß eine Oper bei jeder Wiederaufführung den vorhandenen Möglichkeiten angepaßt werden müsse. Er war stets bereit, seine Partituren den Wünschen wechselnder Sänger anzupassen, Nebenrollen zu Hauptrollen aufzuwerten, sogar den ursprünglichen Stimmtyp zu verändern sowie die Hauptrollen selbst mit neuen Nummern zu versorgen – ein Vorgang, der um so einfacher auszuführen war aufgrund der Tatsache, daß die italienische Oper noch in den dreißiger Jahren aus kurzen abgeschlossenen Szenen bestand. Bisweilen stammten die neuen Stücke aus älteren Partituren. So wurde die Kabaletta eines Duetts für Alt und Baß aus *Imelda de' Lambertazzi* (›Restati pur m'udrai‹) für Sopran und Tenor transponiert, mit zwei vorangestellten Sätzen versehen und in *Anna Bolena* als Alternative zu dem viel kürzeren Duett für Anna und Percy eingefügt, das in der endgültigen Partitur abgedruckt ist (›S'ei t'aborre‹). Das ganze Stück wurde fünf Jahre später für *Marino Faliero* abgeändert. Wenn Donizetti keine Zeit hatte, die Sache selbst in die Hand zu nehmen, so gab er den Sängern die Anweisung, ein ›pezzo di baule‹ zu verwenden. Um einer Mezzosopranistin die Rolle der Maria bequemer zu machen, gestatte er sogar, die Stretta aus dem zweiten Akt von *Maria Stuarda* durch diejenige aus dem dritten Akt von *La favorite* zu ersetzen. Einige Übernahmen lassen sich, wenn überhaupt, nur aus Gründen der Bequemlichkeit rechtfertigen. So wurde das Larghetto Concertato im zweiten Akt von *Maria di Rudenz* (›Chiuse il dì per te la ciglia‹) Note für Note als Concertato des 2. Akts in *Poliuto* wiederholt, von wo aus es in den dritten Akt der französischen

Version mit dem Titel *Les martyrs* überging. Ein Schlußquartett aus *Il paria* wurde in *Torquato Tasso* übernommen. Die Duett-Kabaletta ›A consolarmi affrettisi‹, die die ›Kennmelodie‹ in *Linda di Chamounix* bildet, tauchte erstmals in *Sancia di Castiglia* auf, wohingegen die Ouvertüre zu der gleichen Oper, mit Ausnahme der langsamen Einleitung, aus einem Streichquartett des Jahres 1836 stammte. Die Ouvertüre zu *Les martyrs* greift weitgehend auf diejenige zurück, die Donizetti zu einer gemeinsam mit anderen Komponisten geschriebenen Kantate anläßlich des Todes der Malibran beigesteuert hat. Der vermutlich bizarrsten Selbstanleihe begegnet man in *La fille du régiment*, wo eine einstens feierliche Invokation von Noah ›Su quell'arca nell'ira de' venti‹ (*Il diluvio universale*) sich in das heitere ›Chacun le sait, chacun le dit‹ verwandelte. *La favorite* setzt sich größtenteils aus Musik zusammen, die in anderen Zusammenhängen enstanden war, und ist doch mit so großem Können zusammengeschmiedet, daß der Hörer keinen fehlenden Zusammenhang vermißt. Im Gegenteil – die Tatsache, daß so viele der Themen auf der auf- oder absteigenden Tonleiter beruhen, verleiht der Oper einen besonderen Charakter, der in italienischen Opern der Zeit sehr selten ist. Das Komponieren mit ›Ersatzteilen‹, die eingeschränkte Bandbreite der Harmonik, die völlige Unterordnung des Orchesters unter die Stimme und die Künstlichkeit, mit der romantische Themen formal eingekleidet wurden – all dies trug dazu bei, daß Donizetti im Zeitalter Wagners und danach nur gering geschätzt wurde. *Lucia* überlebte als Schlachtroß für Soprane ohne die letzte Szene. *Lucrezia Borgia* und *La favorite* wurden als Vorboten Verdis toleriert. Lediglich die Komödien *L'elisir d'amore* und *Don Pasquale* wurden einer ernsthaften Beachtung als würdig befunden. Seit der Mitte des 20. Jahrhunderts jedoch hat ein gewandelter Geschmack, unterstützt durch die Fürsprache von Künstlern wie Maria Callas, Leyla Gencer und Gianandrea Gavazzeni, Donizetti einem kritischen Wohlwollen geöffnet, und seither werden ständig neue Werke aus seinem immensen Opernschaffen wiederentdeckt.

DRITTES KAPITEL
ANDERE WERKE

Kammermusik für Gesang

Donizettis Kammermusik für Gesang steht für eine Art der Salonmusik, die in Italien und anderswo in der ersten Hälfte des 19. Jahrhunderts en vogue war. Hauptsächlich handelt es sich um Lieder und Duette mit Klavierbegleitung auf Texte von Metastasio (der nach wie vor von Komponisten als Dichter bevorzugt wurde), Romani und professionellen Verseschreibern der Zeit wie Guaita und Tarantini. Viele der Texte stammen aus Libretti und wurden daher als vollständige opernhafte Miniaturen mit Rezitativen in Musik gesetzt; einige wurden zu Veröffentlichungen zusammengefaßt, in der Art, wie sie Rossinis *Soirées musicales* populär gemacht hatte und erhielten suggestive Titel wie *Un hiver à Paris, Nuits d'été à Pausilippe, Inspirations viennoises.* Aber trotz der gelegentlich exotischen Bilder (*La zingara, Il cavallo arabo*) ist die Kulisse im allgemeinen das romantische Italien, selbst wenn der Sammeltitel etwas anderes suggeriert (bezeichnenderweise erschienen diese Veröffentlichungen gewöhnlich gleichzeitig in Paris und Neapel). Jedes Lied oder Duett trägt normalerweise seine eigene Widmung: an einen Freund, einen musikliebenden Mäzen oder einen berühmten Sänger. Volkstümliche Lieder haben bisweilen noch einen Chor (*La torre di Biasone*). Donizetti hatte eine leichte Feder für diese Art der Komposition, und seine gewaltige Produktion an Salonmusik ist noch längst nicht vollständig bekannt. Viele Stücke sind als Handschriften in unterschiedlichen Sammlungen über ganz Europa verstreut; einige wurden in Zeitschriften veröffentlicht und dann vergessen. Auch ist es nicht einfach, zwischen einer genuinen ›composizione di camera‹ und einer ursprünglichen Opernnummer zu unterscheiden, die in einer Fassung für Klavier niedergeschrieben wurde, um einem Sänger einen Gefallen zu tun (›Fausta sempre‹, das Weinstock [1964] als Salonstück bezeichnete, ist in Wirklichkeit ein Cantabile aus *Francesca di Foix*). Einer mündlichen Tradition zufolge soll auch das bekannte neapolitanische Lied *Te voglio bene assaje* von Donizetti stammen, neuere Forschungen haben dies aber angezweifelt (siehe De Mura 1969). Wie die Opern gewinnen auch Donizettis Kammermusikwerke für Gesang neue Wertschätzung, aber selbst die zahlreichsten Fürsprecher können sie nicht den Liedern Schuberts oder Schumanns zur Seite stellen, wo Stimme und Klavier eine weite Skala an verinnerlichten Gefühlen mittels einer scheinbar endlosen Vielfalt an harmonischen und klanglichen Rückungen ausloten. Donizettis Melodien drehen sich um zwei Stereotypen – das Volkslied und die italienische Opernarie, während der Klaviersatz kaum einmal darüber hinausgeht, eine einfache Orchesterbegleitung zu suggerieren. Dennoch sind die Lieder flüssig, ansprechend und aufgrund einer unerwarteten Modulation oder ungewöhnlichen Zeichnung frei von jeder Art Banalität.

Geistliche Werke

1842 überreichte Donizetti Kaiser Ferdinand I. von Österreich ein *Ave Maria* und wollte damit den Beweis liefern, daß es »unter den Komponisten im theatralischen Genre noch einen guten Christen gibt, der ein anderes Genre, nämlich das geistliche kennt«. Zu dieser Zeit konnte er darauf sicherlich berechtigten Anspruch erheben. Wie jeder italienische Komponist seiner Zeit hatte er liturgische Musik als Teil seines musikalischen Ausbildung geschrieben. Hauptsächlich leidet sie unter der Unausgewogenheit von Stil und Ausdruck, die die Kirchenmusik in Italien durch das ganze 19. Jahrhundert hindurch belastete und lediglich von Verdi und Rossini überwunden wurde: den akademisch trockenen Chören, der opernhaften Emphase und Virtuosität in den Soli sowie einer generellen Gleichgültigkeit gegenüber dem Sinn des Textes. Und doch fehlt es nicht an handwerklichem Können oder musikalischem Fundament. Mayrs Unterricht hört man vor allem aus

Gaetano Donizetti, Gemälde von Giuseppe Rillosi.

einigen Ensembles heraus, in denen Haydn und andere deutsche Meister nachklingen (ein frühes *Dixit Dominus* enthält einen Satz, der auf dem Hauptthema der Ouvertüre von Mozarts *Zauberflöte* basiert). Nach 1824 versiegte die Produktion fast vollständig; 1835 indes kehrte Donizetti zur Kirchenmusik zurück, ganz offensichtlich in einem hingebungsvolleren Geist. Zu diesem Zeitpunkt wurde jegliche Verzierung aus den Stimmen verbannt und doch stellt von den drei Requien selbst dasjenige zum Gedenken an Bellinis Tod, welches als einziges veöffentlicht wurde, ein buntscheckiges Gebilde dar – ein Mozart'scher Introitus, ein streng fugiertes Kyrie mit einer Engführung am Ende, ein Dies irae, das Verdis theatralische Kraft vorwegnimmt, ein Judex ergo, das mit feierlich gemessener Deklamation beginnt und in gefühlvoll geträllerten Sexten und Terzen endet sowie ein Offertorium im Stil eines neapolitanischen Volkslieds. Erst in seinen letzten Jahren als Hofkapellmeister in Wien fand Donizetti zu einem liturgischen Stil, der bei aller Vielfalt dennoch Geschlossenheit und Fülle besaß. Dies zeigt sich in eiem *Miserere* in g-Moll, das 1837 ursprünglich Papst Gregor XVI. gewidmet war und 1843 umgeschrieben wurde. Hier findet sich keine Spur von Theatralik mehr. Die Sätze sind kurz und von konzentriertestem Ausdruck. Die geradzahligen Verse, die ursprünglich im Cantus planus gesungen wurden, sind vollständig ausharmonisiert, aber auf modale Weise. In Sätzen wie dem ›Et exultabit‹ und der Schlußfuge wird, wie in Rossinis *Petite messe solennelle*, der Kontrapunkt wiederbelebt. Das schon erwähnte *Ave Maria* wurde von der Wiener Kritik zu Recht wegen seiner schlichten Würde gefeiert und veranlaßte einen Kritiker dazu, der Hoffnung Ausdruck zu geben, dies sei die Wiedergeburt der wahrhaftigen Sakralmusik in Italien.

Instrumentalwerke

Die Instrumentalwerke sind von geringer Bedeutung, demonstrieren allerdings eine satztechnische Fertigkeit, wie man sie Donizetti nur selten zugetraut hat. Zwar ist sie für die verwendeten Instrumente stets gut geschrieben, weist aber kaum einmal über den Geschmack eines Publikums hinaus, für den die Vokalmusik der absolute Wertmaßstab war. Das bekannte Concertino in G-Dur für Englischhorn zeichnet sich durch eine an Schuberts *Rosamunde*-Ouvertüre gemahnende frische

Melodik aus, die ihrer Herkunft indes bald untreu wird und in eine Folge rein dekorativer Variationen abgleitet. Aus anderem Holz sind die 19 Streichquartette, die, mit Ausnahme von zweien, offensichtlich alle für musikalische Soiréen im Hause eines gewissen Bertoli in Bergamo entstanden, wo Mayr oft Bratsche spielte. Sie beweisen eine sichere Hand für die Möglichkeiten des vierstimmigen Streichersatzes sowie eine bündige thematische Ausarbeitung im Stile Haydns (einige unter ihnen haben monothematische Finales). Überdies besaß Donizetti die klare Vorstellung, jedem einen unterschiedlichen Charakter zu geben. Die Nummern 13 bis 15 in A-Dur, D–Dur und F-Dur (die Nummern folgen der Gesamtausgabe der Quartette) haben alle Finales in Moll, das Finale von Nr. 14 ist als ein Haydensches Fugato konzipiert. In Nr. 16 in b-Moll kehrt das Eröffnungsthema im langsamen Satz und im Finale wieder. In Nr. 8 in f-Moll folgen alle vier Sätze einem Programm, wobei es sich beim letzten um einen Trauermarsch handelt. Bisweilen ist das thematische Material farblos wie in Nr. 12 in C-Dur, oder aber die Einfälle sind überzogen wie im langsamen Satz von Nr. 11, der eine Kenntnis Beethovens vermuten läßt. Was indes letzten Endes den Einzug dieser Quartette ins Repertoire verhindert, ist ihre grundsätzliche Oberflächlichkeit des musikalischen Gedankens. Insgesamt ähneln diese Quartette eher Stilübungen als authentischen Kunstwerken. Fast alle könnte man für Streichorchester bearbeiten, ohne daß sie dabei ihren Charakter verlören, und so ist es kein Zufall, daß der am sorgfältigsten ausgearbeitete erste Satz von Nr. 19 auch tatsächlich als Grundlage für die Ouvertüre einer Oper diente.

WERKVERZEICHNIS

Ausgabe: *Edizione Critica delle Opere di Gaetano Donizetti*, hrsg. v. G. Dotto, R. Parker u.a. (Mailand, 1992–) [zunächst erscheinen *Maria Stuarda* und *La Favorita*]

mel – *melodramma*
NC – *Neapel, Teatro di S. Carlo*
NFO – *Neapel, Teatro del Fondo*
NN – *Neapel, Teatro Nuovo*
RV – *Rom, Teatro Valle*

Falls nicht anders angegeben handelt es sich bei den Handschriften um Autographe

Titel	Genre, Akte	Libretto	Uraufführung	Anmerkungen; *Quellen*	Register
Il Pigmalione	scena drammatica, 1		Bergamo, Donizetti, 13. Okt. 1960	Komp. in Bologna, 1816; *F-Pc*	119
L'ira d'Achille	1		nicht aufgeführt	komp. in Bologna, 1817; *Pc* (unvollst.)	
Enrico di Borgogna	mel, 2	B. Merelli	Venedig, S. Luca, 14. Nov. 1818	Abschrift *Pc*	
Una follia	farsa, 1	Merelli	Venedig, S. Luca, 15. Dez. 1818	? auch unter dem Titel Il ritratto parlante aufgeführt; Ouv. Kopie *I-Bc*	
Le nozze in villa	opera buffa, 2	Merelli	Mantua, Vecchio, Karneval 1820–1821	komp. in Bergamo, 1819; als I provinciali, ossia Le nozze in villa, Genua, 1822; Kopie *F-Pc*	
Il falegname di Livornia, o Pietro il grande, czar delle Russie	opera buffa, 2	G. Bevilacqua-Aldovrandini, nach A. Duval	Venedig, S. Samuele, 26. Dez. 1819	*I-Mr*	

Titel	Gattung	Libretto	Uraufführung	Quellen/Bearbeitungen	S.
Zoraida di Granata	mel eroico, 2	Merelli	Rom, Argentina, 28. Jan. 1822	Überarb. (J. Ferretti), Rom, 1824; *Mr*	110
La zingara	dramma, 2	A.L. Tottola	NN, 12. Mai 1822	Kopie *Nc*, Klavierauszug (Paris, 1856)	110
La lettera anonima	dramma per musica, 1	G. Genoino	NFO, 29. Juni 1822	*Mr*; Klavierauszug (Paris, 1856)	
Chiara e Serafina, o Il pirata	mel semi-seria, 2	F. Romani, nach R.C.G. de Pixérécourt: *La cisterne*	Mailand, Scala, 26. Okt. 1822	*Mr*	110
Alfredo il grande	dramma per musica, 2	Tottola	NC, 2. Juli 1823	*Nc*, Kopie *F-Pc*	
Il fortunato inganno	dramma giocoso, 2	Tottola	NN, 3. Sept. 1823	*I-Nc*	
L'ajo nell'imbarazzo	mel giocoso, 2	Ferretti, nach G. Giraud	RV, 4. Febr. 1824	überarb. als Don Gregorio, Neapel, 1826; als Il governo della casa, Dresden, 1828; *Nc* (teilw. Autograph), Auszüge (Mailand, ?1827, 1837), Klavierauszug (Paris, 1856; Mailand, 1878)	123
Emilia di Liverpool	dramma semiseria, 2	nach S. Scatizzi: *Emilia di Lacerpaut*	NN, 28. Juli 1824	überarb. (G. Checcherini), Neapel, 1828; auch aufgef. als L'eremitaggio di Liverpool; *Nc*, Kopie *F-Pc*, Klavierauszug (Paris, 1856)	
Alahor in Granata	dramma, 2	M.A.	Palermo, Carolino, 7. Jan. 1826	Kopie *US-Bm*	
Elvida	dramma, 1	G.F. Schmidt	NC, 6. Juli 1826, überarb. (3) *c*1838	*I-Nc*	
Gabriella di Vergy	tragedia lirica, 3	Tottola, nach P. Du Belloy	NC, 29. Nov. 1869	Orig. komp. 2 Akte, 1826, überarb. *c*1838; überarb. von anderen für Auff. 1869, *BGi*	119
2. Fassung			Belfast, Whitla Hall, 9. Nov. 1978	komp. *c*1838; *GB-Lu* (teilweise Autograph)	

Titel	Genre, Akte	Libretto	Uraufführung	Anmerkungen; Quellen	Register
Olivo e Pasquale	mel, 2	Ferretti, nach S. A. Sografi	RV, 7. Jan. 1827	*I–Nc*; Auszüge (Mailand, 1830), Klavierauszug (Paris, 1856)	123
Otto mesi in due ore, ossia Gli esiliati in Siberia	op. romantica, 3	D. Gilardoni, nach Pixérécourt: *La fille de l'exilé*	NN, 13. Mai 1827	überarb. (A. Alcozer), Neapel, 1833; *Nc*; überarb. von U. Fontana als Elisabeth, ou La fille du proscrit (A. de Leuven und Brunswick [L. Lhérie]), nicht aufgef., HS London, Royal Opera House (teilw. Autograph), Klavierauszug (Paris, ?1854)	123, 134
Il borgomastro di Saardam	mel giocoso, 2	Gilardoni, nach Mélesville [A.-H.-J. Duveyrier], J. T. Merle und E. Cantiran de Boirie	NFO, 19. Aug. 1827	*Mr*; Auszüge (Mailand, 1830, 1833), Klavierauszug (Paris, 1856)	
Le convenienze teatrali	?mel comico/giocoso, 1	Donizetti nach Sografi	NN, 21. Nov. 1827	zweiaktige Fassung, Wien, 1840; *F-Pc* (teilw. Autograph), 2 Auszüge (Mailand, 1830 oder 1831), Klavierauszug (Paris, 1856), Klavierauszug, Hrsg. E. Riccioli (Florenz, 1971)	120, 138
2. Fassung: Le convenienze ed inconvenienze teatrali	dramma giocoso, 2		Mailand, Cannobiana, 20. April 1831		
L'esule di Roma, ossia Il proscritto	mel eroico, 2	Gilardoni, nach L. Marchionni: *Il proscritto romano*	NC, 1. Januar 1828	auch aufgef. als Settimio il proscritto; *I–Mc*, Auszüge (Mailand, 1828; Neapel, 1832), mit neuer Arie, Bergamo, 1840, Klavierauszug (Mailand, ?1840)	124
Alina, regina di Golconda	mel, 2	Romani, nach M.-J. Sedaine	Genua, Carlo Felice, 12. Mai 1828	überarb. Fassung, Rom, 1829; *Nc*, Klavierauszug (Mailand, 1842)	124, 130

Gianni di Calais	mel semi-seria, 3	Gilardoni, nach C. V. d'Arlincourt	NFO, 2. Aug. 1828	Nc, Auszüge (Mailand, 1830 oder 1831)	
Il paria	mel, 2	Gilardoni, nach C. Delavigne	NC, 12. Jan. 1829	Nc, scena ed aria (Mailand, 1837), Klavierauszug (Paris, 1856)	124, 134, 139
Il giovedì grasso, o Il nuovo Pourceaugnac	1	Gilardoni	NFO, 26. Febr. 1829	Nc, Klavierauszug ohne Rezit. (Paris, 1856)	123
Elisabetta o Il castello di Kenilworth	mel, 3	Tottola, nach V. Hugo: *Amy Robsart*, und E. Scribe: *Leicester* [wiederum nach W. Scott: *Kenilworth*]	NC, 6. Juli 1829	Nc, Klavierauszug (Paris, 1856)	124, 135
I pazzi per progetto	1	Gilardoni	NC, 6. Febr. 1830	Nc, Klavierauszug (Paris, 1856)	
Il diluvio universale	azione tragico-sacra, 3	Gilardoni, nach Byron: *Heaven and Earth* und F. Ringhieri: *Il diluvio*	NC, 6. März 1830	Nc, Auszüge (Mailand, 1834), Klavierauszug (Paris, 1856)	124, 131, 140
Imelda de' Lambertazzi	mel tragico, 2	Tottola	NC, 5. September 1830	Nc, Auszüge (Mailand, 1830)	139
Anna Bolena	tragedia lirica, 2	Romani, nach I. Pindemonte und A. Pepoli	Mailand, Carcano, 26. Dez. 1830	Mr, Klavierauszug (Mailand, 1830 oder 1831, 2/1876)	110f., 124, 133f., 136, 139
Gianni di Parigi	mel, 2	Romani, nach Saint-Just	Mailand, Scala, 10. Sept. 1839	komp. 1831; Nc, Klavierauszug (Mailand, 1843)	
Francesca di Foix	mel, 1	Gilardoni, nach C. S. Favart und Saint-Amans: *Ninette à la cour*	NC, 30. Mai 1831	Nc	142
La romanziera e l'uomo nero	1	Gilardoni	NFO, 18. Juni 1831	Nc, Klavierauszug ohne Rezit. (Paris, 1856)	

Titel	Genre, Akte	Libretto	Uraufführung	Anmerkungen; Quellen	Register
Fausta	mel, 2	Gilardoni und Donizetti	NC, 12. Jan. 1832	Ouvert. nachträglich, Mailand, 1832; überarb. Fassung, Venedig, 1834; *Nc*, Klavierauszug (Mailand, 1832 oder 1833; Paris, ?1832)	131
Ugo, conte di Parigi	tragedia lirica, 4	Romani, nach H.-L.-F. Bis: *Blanche d'Aquitaine*	Mailand, Scala, 13. März 1832	*Nc*, Klavierauszug (Mailand, 1832)	112
L'elisir d'amore	mel giocoso, 2	Romani, nach Scribe: *Le philtre*	Mailand, Cannobiana, 12. Mai 1832	*Nc* (1. Akt), *BGi* (2. Akt); Klavierauszug (Mailand, 1832, 2/1869); Partitur (Mailand, 1916)	112, 122, 125, 130, 133, 137
Sancia di Castiglia	tragedia lirica, 2	P. Salatino	NC, 4. Nov. 1832	*Nc*, Klavierauszug (Mailand, 1833)	140
Il furioso all'isola di San Domingo	mel, 2	Ferretti, nach dem anon. Schauspiel über M. de Cervantes: *Don Quixote*	RV, 2. Jan. 1833	überarb. Fassung, Mailand, 1833; *Mr*, Auszüge (Mailand, 1833), Klavierauszug in 2 Akten (Paris, c1845)	112, 136
Parisina	mel, 3	Romani, nach Byron	Florenz, Pergola, 17. März 1833	*BGi* (R1981: ERO, xxv), Klavierauszug (Mailand, 1833, 2/1911)	133
Torquato Tasso	mel, 3	Ferretti	RV, 9. Sept. 1833	*Mr*, Klavierauszug (Mailand, 1833; Neapel und Rom, c1835; Paris, o.J.): auch aufgef. als Sordello il trovatore	112, 126, 135f., 139
Lucrezia Borgia	mel, prol., 2	Romani, nach Hugo	Mailand, Scala, 26. Dez. 1833	überarb. Fassung, Mailand, 1840; *Mr*; Klavierauszug (Mailand, 1834, 2/1859 oder 1860), Partitur (Neapel und Mailand, c1890)	112, 125, 131f., 138ff.
Rosmonda d'Inghilterra	mel serio, 2	Romani	Florenz, Pergola, 27. Febr. 1834	*Nc*, Auszüge (Mailand, 1834, 1851 oder 1852); überarb. als Eleonora di Gujenna, Neapel, 1837, *Nc*, Klavierauszug (Paris, ?1840)	126, 136

Titel	Gattung	Libretto	Uraufführung	Quellen / Ausgaben	Seiten
Maria Stuarda	tragedia lirica, 2/3	G. Bardari, nach F. Schiller	Mailand, Scala, 30. Dez. 1835	komp. für Neapel, 1834, von der Zensur verboten; S–Smf, Auszüge (Mailand, 1835), Klavierauszug (Paris, 1866)	112, 131f., 136, 139
2. Fassung: Buondelmonte	tragedia lirica, 2	P. Salatino	NC, 18. Okt. 1834	neues Libr. auf die Musik für die Auff. in Neapel, I–Nc (teilw. Autograph), Auszüge (Mailand, 1834 oder 1835)	112
Gemma di Vergy	tragedia lirica, 2	G. E. Bidera, nach A. Dumas père: *Charles VII chez ses grands vassaux*	Mailand, Scala, 26. Dez. 1834	Mr, Klavierauszug (Mailand, 1835, 2/1870 oder 1871)	133
Marino Faliero	tragedia lirica, 3	Bidera, nach Delavigne	Paris, Italien, 12. März 1835	Nc, Klavierauszug (Paris, o. J.; Mailand, 1835 oder 1836)	112, 139
Lucia di Lammermoor	dramma tragico, 3	S. Cammarano, nach Scott: *The Bride of Lammermoor*	NC, 26. Sept. 1835	franz. Bearb, Paris, 1839; Autograph im Besitz der Comune di Bergamo (R Mailand, 1941), Klavierauszug (Neapel, ?1835; Mailand, 1837, 2/?1857), Partitur (Mailand, c1910)	114f., 126, 131f., 135ff., 140
Belisario	tragedia lirica, 3	Cammarano, nach E. von Schenk, übers. von Marchionni	Venedig, Fenice, 4. Febr. 1836	Mr, Klavierauszug (Mailand, 1836, 2/1870; Paris, ?1836)	114, 130, 137f.
Il campanello di notte	mel giocoso, 1	Donizetti, nach Brunswick, M.-B. Troin und V. Lhérie: *La sonnette de nuit*	NN, 1. Juni 1836	Nc, Klavierauszug (Neapel und Rom, ?1836; Mailand, 1839)	114, 120, 138
Betly, ossia La campana svizzera	dramma giocoso, 1	Donizetti, nach Scribe und Mélesville: *Le chalet*	NN, 21. Aug. 1836	überarb. (2 Akte), Neapel, 1837; Nc, Klavierauszug (Neapel, ?1836; Paris, ?1836; Mailand, 1836 oder 1837, 2/1877)	114, 120, 133, 138
L'assedio di Calais	dramma lirico, 3	Cammarano, nach Du Belloy	NC, 19. Nov. 1836	F–P¢, ?I–Nc, Klavierauszug (Mailand, 1836)	114, 133f., 136, 138

Titel	Genre, Akte	Libretto	Uraufführung	Anmerkungen; Quellen	Register
Pia de' Tolomei	tragedia lirica, 2	Cammarano, nach B. Sestini und Dante: Commedia	Venedig, Apollo, 18. Febr. 1837	überarb. Fassung, Sinigaglia, 1837; Nc, Auszüge (Mailand, 1837; Paris, ?1837)	114, 128, 136
Roberto Devereux, ossia Il conte di Essex	tragedia lirica, 3	Cammarano, nach F. Ancelot: Elisabeth d'Angleterre	NC, 28. Okt. 1837	Nc (R1982; ERO, xxvi), Klavierauszug (Neapel, 1837; Mailand, 1838/R1975, 2/1870 oder 1871)	114, 127, 134, 136
Maria di Rudenz	dramma tragico, 3	Cammarano, nach A. Bourgeois, J.-G.-A. Cuvelier und J. de Mallian: La nonne sanglante	Venedig, Fenice, 30. Jan. 1838	Vf, Klavierauszug (Mailand, ?c1845; Paris, c1845; Leipzig, c1845)	114f, 133, 135f, 139
Poliuto	tragedia lirica, 3	Cammarano, nach P. Corneille	NC, 30. Nov. 1848	komp. für S. Carlo, 1838, von der Zensur verboten; Nc, Klavierauszug (Mailand, c1850)	115, 139
2. Fassung: Les martyrs	grand opéra, 4	Scribe	Paris, Opéra, 10. April 1840	Mr; (Paris, 1840/R1982: ERO, xxvii), Klavierauszug (Paris, ?1840/R1975; Mailand, 1843)	115, 139f.
La fille du régiment	opéra comique, 2	J.H. Vernoy de Saint-Georges und J.-F.-A. Bayard	Paris, OC (Bourse), 11. Febr. 1840	Nc; (Paris, ?1840); ital, Mailand, 1840, Klavierauszug (Mailand, 1840 oder 1841, 2/1879)	115, 122, 128, 140
L'ange de Nisida	3	A. Royer und G. Vaëz	nicht aufgef.	komp. 1839; auch bekannt als Silvia; überarb. als La favorite; Auszüge F-Pc	115f.
La favorite	opéra, 4	Royer und Vaëz (mit Ergänz. von Scribe), nach Baculard d'Arnaud: Le comte de Comminges	Paris, Opéra, 2. Dez. 1840	Sammlung Malfieri; (Paris, 1841/R1982: ERO, xxviii), überarb. und erweitert aus L'ange de Nisida	115f, 128, 130f, 136, 139f.
Adelia, o la figlia dell'arciere	mel serio, 3	Romani und G. Marini, nach einem anon. frz. Schauspiel	Rom, Apollo, 11. Febr. 1841	I-Nc, Klavierauszug (Paris, ?1843; Mailand, o.J.)	117

Rita, ou le mari battu	opéra comique, 1	Vaëz	Paris, OC (Favart), 7. Mai 1860	komp. 1841; N_5, Klavierauszug (Paris, 1860); auch aufgef. als Deux hommes et une femme	119
Maria Padilla	mel, 3	G. Rossi und Donizetti, nach Ancelot	Mailand, Scala, 26. Dez. 1841	M_r, Klavierauszug (Paris, ?1841; Mailand, 1841 oder 1842)	117, 129, 136
Linda di Chamounix	mel semi-serio,3	Rossi, nach A.-P. d'Ennery und G. Lemoine: La grâce de Dieu	Wien, Kärntnertor, 19. Mai 1842	überarb. Fassung, Paris, 1842; M_r; Klavierauszug (Wien und Mailand, 1842; Paris, 1842)	117, 128, 131, 140
Caterina Cornaro	tragedia lirica, prol., 2	G. Saccherò, nach Saint-Georges: La reme de Chypre	NC, 18. Jan. 1844	komp. 1842–1843; N_5, Klavierauszug (Mailand, 1845/R1974; Paris, 1845)	117, 129
Don Pasquale	dramma buffo, 3	G. Ruffini und Donizetti, nach A. Anelli: Ser Marcantonio	Paris, Italien, 3. Jan. 1843	M_r; Klavierauszug (Mailand, 1843, 2/1871), Partitur (Mailand, 1961)	117, 122, 128f., 132, 135, 137f., 140
Maria di Rohan	mel tragico, 3	Cammarano, nach Lockroy [J.P. Simon] und Badon: Un duel sous le Cardinal de Richelieu	Wien, Kärntnertor, 5. Juni 1843	überarb. Fassung, Paris, 1843; M_r, Klavierauszug (Mailand, 1843, 2/1870 oder 1871; dt, Wien, ?1843; Paris, o.J.)	117f., 128f.
Dom Sébastien, roi de Portugal	opéra, 5	Scribe, nach P.-H. Foucher	Paris, Opéra, 13. Nov. 1843	F-Pc (mit unveröffentl. Ergänz.), Klavierauszug (Paris, ?1843; Mailand, 1844, 2/1886), Partitur (Paris, 1843–1844/R1980; ERO, xxix)	118, 128, 133f.

Unvollständig oder unvollendet: Olimpiade (P. Metastasio), Duett, komp. Bologna, 1817, I-BGi (kein Autograph); Introduzione und aria [Arie aus Le nozze in villa genommen] in I piccioli virtuosi ambulanti (opera buffa, 1), Bergamo, Sommer 1819, Pasticcio aufgef. von Schülern aus Mayrs Schule; La bella prigioniera (farsa, 1), komp. Neapel, 1826, 2 Nummern, Klavierbegl., BGi; Adelaide (comica), begonnen Neapel, 1834, unvollst.. Autograph F-Pc [teilweise in L'ange de Nisida verwendet]; Le duc d'Albe (opéra, 4, Scribe und C. Duveyrier), begonnen Paris, 1839, I-Mr (unvollst.), vollendet durch M. Salvi und andere als Il duca d'Alba, Rom, 1882, Klavierauszug (Mailand, 1881 und 1882), vollendet durch T. Schippers, Spoleto, 1959; Ne m'oubliez pas (3, Saint-Georges), komp. Paris, 1843, 7 Nummern, F-Pc; La fidanzata, aria Pc

KANTATEN UND GELEGENHEITSWERKE

Il ritorno di primavera (G. Morando) 3 Solost., Orch., April 1818, *I-Bc*

Canto accompagnatorio, SATB, Orch., Begräbnisgesang für den Marchese G. Terzi, Bergamo, 1819, *BGi*

Teresa e Gianfaldoni, 2 Solost., Orch., Klavierauszug (Rom, 1821)

Cantata (›Questo è il suolo‹), S, S, Klavier, Neapel, zur königlichen Geburt, April 1822, *BGi*

Angelica e Medoro (nach Ariost), Neapel, Mai 1822

L'assunzione di Maria Vergine (G. B. Rusi), T, T, B, St., Orch., Rom, 1822, *BGi*

Aristea (azione pastorale, 1, G. F. Schmidt), 3 Frauenst., 3 Männerst., Orch., Neapel, S. Carlo, 30. Mai 1823, *BGi*

A Silvio amante, T, Orch., ?1823, *BGi*

La fuga di Tisbe, S, Klavier, komp. 15. Okt. 1824, *F-Pc*

I voti dei sudditi (azione pastorale, 1, Schmidt), vierst., Orch., Neapel, S. Carlo, 6. März 1825, Kopie *I-Nc*

La partenza, Stimmen, Orch., Palermo, Carolino, zur Abreise des Generals delle Favare, Juli 1825

Cantata, Stimmen, Orch., Palermo, Carolino, zum Geburtstag des Königs, 14. Aug. 1825

Licenza, Stimmen, Orch., Palermo, Carolino, für eine Gala, 1825 oder 1826

Saffo, Solost., Chor, Orch., vor 1828, *BGi*; arrang. für St., Klavier (Neapel, o.J.)

Il Canto XXXIII della Divina commedia (Dante), Solobaß, Klavier, Jan.-Febr. 1828 (Mailand, 1843)

Inno reale (F. Romani), Chor, Orch., Genua, zur Einweihung des Teatro Carlo Felice, 7. April 1828

Il genio dell'armonia (E. Visconti), Solostimmen, Chor, ?Orch., Rom, zu Ehren Pius VIII., 20. Dez. 1829, unter der Mitarbeit von Costaguti und Capranica

Il fausto ritorno (azione allegorico-melodrammatica, D. Gilardoni), Stimmen, Orch., Neapel, S. Carlo, zur Rückkehr des Königs und der Königin aus Spanien, Sommer 1830, *Nc*

Cantata, Stimmen, Orch., Mailand, zur Hochzeit Ferdinands von Österreich, 24. Jan. 1831, *BGi*

Inno, zur Hochzeit des Königs von Neapel, Nov. 1832

Il fato (J. Ferreti), Rom, zum Namenstag des Grafen A. Lonzano, 13. Juni 1833

Cantata (E. und C. Carnevali), Rom, zum Namenstag von Anna Carnevali, 26. Juli 1833, Privatsammlung H. Steger, Wien

La preghiera di un popolo (Hymne), S, A, T, B, vierst. Chor, Orch., Neapel, S. Carlo, für Ferdinand II., 31. Aug. 1837, *Nc*; Klavierauszug (Mailand, 1837)

Cantata (Donizetti), Stimmen, Orch., Neapel, S. Carlo, zur königl. Geburt, Aug. 1838, *Nc*

Dalla Francia un saluto t'invia, T, B, B, TTBB, Orch., Klavier, komp. Paris, Mai 1841, aufgef. Bergamo, zu Mayrs 78. Geburtstag, 14. Juni 1841, Hrsg. J.S. Allitt und U. Schaffer (London und Davos, 1975)

Luge qui legis, Stimmen, Orch., Mailand, Begräbnismarsch für P. Marchesi, 1842, Klavierauszug (Neapel, o.J.)

Cristoforo Colombo, Bar, Orch., Paris, Opéra, Benefizkonzert für Barroilhet, März 1845, scena e cavatina *Nc*

Aci e Galatea, erwähnt von Albinati; Gloria a Dio dei nostri padri, Solobaß, Orch., *Nc*; Inno, zum Namenstag von P. Pangrati, *Nc*; Niso e Violetta, St., Orch., Skizze *Mr*; Per il nome di Francesco I, erwähnt von Albinati; Sacro è il dolore, Hymne, 2 St., Orch., *Nc*; Uno sguardo (F. Romani), aufgef. Mailand; La pietade col nemico or mi sembra qui delitto, Solobaß, Orch., *BGi*

Gloria, D, STB, kleines Orch., 1814, *I-BGi*; Qui tollis, F, T, Klarinette, Orch., 7. Sept. 1814, Stimmen [teilweise Autograph] *BGi*; Kyrie, vierst., Orch., 1816, *Ni*; In gloria Dei Patris, ç, vierst., 17. Sept. 1816, *Bi*; Tantum ergo, TTB, Orch., aufgef. 8. Nov. 1816, *Bi*; Cum sancto, Stimmen, Orch., 16. Juli 1817, *F-Pi*; Kyrie, D, vierst., Orch., 1. Aug. 1817, *Pi*; Kyrie, D, Stimmen, Orch., 7. Aug. 1817, *I-Bi*; Gloria, C, drei- bis vierst., Orch., 28. Mai 1818, Kopie der HS und teilweise autogr. Stimmen, *BGi*; Kyrie, c, dreist., Orgel, 8. Aug. 1818, *F-Pi*; Credo, C, dreist., Orch., 17. April 1819, *Pi*; Magnificat, D, S, T, B, STB, Orch., Mai 1819, *Pi*; De torrente, F, ST, Orch., Juni 1819, *Pi*

Laudamus-Gratias, F, S/T, Oboe/Klarinette, Orch., 3. Juli 1819, *Pi*; Qui tollis-Miserere, dreist., Orch., 8. Juli 1819, HS Eigentum der Donizettierben; Gloria, dreist., Orch., 16. Juli 1819, *I-Ni*; Salve regina, F, T Solo, Orch., 5. Aug. 1819, *F-Pi*; Iste confessor, D, S, T, B, STB, Orch., 6. Aug. 1819, *I-Ni*; Sicut erat, C, STB, Orch., 9. Sept. 1819, *F-Pi*; Laudate pueri, D, S, A, T, B, SATB, Orch., 8. Okt. 1819, *I-Ni*; Beatus vir, F, T Solo, Oboe, Klarinette, kleines Orch., *F-Pi*; Cum Sancto Spiritu, D, drei bis vierst., Orch., 1819, *I-Ni*; Domine ad adjuvandum, C, S, T, B, Stimmen, Orch., 1819, *F-Pi*; Domine a dextris, d, B Solo, 1819, *I-Ni*

Oro supplex, E, B Solo, Horn, Orch., 1819, *BGi*; Tecum principium, S/T, Oboe/Klarinette, Orch., 1819, *Ni*; Miserere, 4. Jan. 1820, Kopie der HS, Motette T Solo, Klarinette, kleines Orch., 29. März 1820, *F-Pi*; Miserere, vier Solost., Stimmen, Orch., 4. April 1820, *I-Rvat*; Tibi soli peccavi, F, S Solo, Bassett-Horn, Orch., 6. April 1820, *F-Pi*; Tunc acceptabis, D, vierst., Orch., 6. April 1820, Stimmen *Pi*; Asperges me, Bb, SATB, Orch., 8. April 1820, *Pi*; Domine Deus, Es, B Solo, Klarinette, Orch., 16. Mai 1820, *I-Ni*; Gloria, D,

S, T, B, Stimmen, Orch., 20. Mai 1820, *Ni*; Kyrie-Christe-Kyrie, F, S, A, T, B, SATB, Orch., 20. Mai 1820, Kopie und teilw. autographe Stimmen *BGi*; Kyrie, vierst., Orch., 20. Mai 1820, *Ni*; Qui tollis, Es, T Solo, Horn, Stimmen, Orch., 24. Mai 1820, Kopie der HS und teilw. autographe Stimmen, *BGi*

Gloria Patri, F, S Solo, Violine, Orch., 18. Mai 1820, *F-Pi*; Qui sedes-Quoniam, ç, T Solo, Violine, Orch., 3. Juli 1820, *I-Ni*; Laudamus te, A, S, A, T, B, SATB, Orch., 6. Juli 1820, *Ni*; Gratias agimus, G, S Solo, Flöte, Orch., 6. Juli 1820, *F-Pi*; Dominus a dextris, d, T Solo, Violine, Orch., Aug. 1820, *Pi*; Credo, C, S, T, B, Stimmen, Orch., 18. Okt. 1820, *I-BGi*; Libera me di sanguinibus, a, S Solo, Violine, Orch., 30. Okt. 1820, *F-Pi*; Ne procias, E, B Solo, Horn, Orch., 29. Nov. 1820, *I-Ni*; Dixit Dominus, C, S, T, B, Stimmen, Orch., 1820, Kopie der HS und autographe Stimmen *BGi*; Tuba mirum, Es, B Solo, Orch., 5. Jan. 1821, Kopie der HS und teilw. autographe Stimmen, *BGi*; Kyrie, vierst., Orch., 26. Mai 1821, *F-Pi*; Kyrie, F, vierst., Orch., 26. Mai 1821, *I-Ni*; Miserere, ç, vierst., Orch., 18. Jan. 1822, *F-Pi*; Credo, D, SATB, Orch., aufgef. 24. Nov. 1824, Kopie von Mayr *I-BGi*; Parafrasi del Christus (S. Gatti), S, A, Streichorch., 1829, überarb. 1844, *Ni*; Requiem, d, S, T, B, SATB, Orch., für Bellini, 1835, unvollendet, Klavierauszug (Mailand, 1870/R1974); Miserere, g, 3 Solomännerst., Stimmen, Orch., Orgel, 1837, *Rvat*, überarb. für Solostimmen, Stimmen, Orch., 1842–1843, *Mr* (Mailand, 1844 oder 1845); Requiem, Stimmen, Orch., für Zingarelli, 1827; Requiem, Stimmen, Orch., für Abate Fazzini, 7. Nov. 1837; Messa di Gloria mit Credo, ç, drei bis vier Solost., Stimmen, Orch., aufgef. 28. Nov. 1837, Nc

Ave Maria, Offertorium F, S Solo, SATB, Streichorch., Mai 1842, *BGi*; Klavierauszug (Mailand, o.J.), Partitur (New York, o.J.): Gloria Patri, vierst., Orch., 1843, *Ni*; Ave maria (Dante), S, A, Streichorch., Jan. 1844 (Mailand, o.J.); Quoniam ad te, Offertorium, S Solo, kleines Orchester, 1844, *Ni*; Sic transit gloria mundi, achtst., Orgel, 1844, *F-Pi*; Domine, Dominus noster, Offertorium, B Solo, Orch., Nov. 1844, *I-Ni*

(undatiert)
Ave Maria, F, zweist, Klavier, *Mi*; 3 canzoncine sacre, zweist, Klavier, *Mc*: 1 Questo cor, quest'alma mia, 2 L'amor di Maria Santissima, 3 Preghiera a Maria Vergine; Christe T Solo, 2 Violinen, Klarinette, Kontrabaß, *Ri*; Confitebor, C, STB, basso continuo (Orgel) *BGi*; Credidi, D, STB, basso continuo (Orgel), *BGi*; 3 Credo: STB, orch., *Ni*, Es, S, A, T, B, vierst., Orch., *Ni*, C, vierst., Orch., *BGi*; Credo breve, C, Crucifixus, F, Stimmen, Orch., Orchesterstimmen *BGi* (Gesangsstimmen verloren); 3 Cum Sancto Spiritu: C, ç, vierst., Orch., beide *Ni*, D, S, A, T, B, SATB, Stimmen *BGi*; Dies irae, ç vierst., Orch., inkl. Skizzen *BGi*; Docebo, D, Solo B, kleines Orch., Orgel, Stimmen (teilw. Autograph) *BGi*
Domine ad adjuvandum, C, S, T, B, Stimmen, Blasinstr., Orgel, *F-Pi*; 2 Domine Deus: D, B Solo, kleines Orch., *I-Ni*, e, B Solo, Klarinette, Orch., Kopie *BGi*; Et vitam, C, vierst. o. Begl., *Ni*; 3 Gloria; vierst., Orch., *Ni*, C, vierst., Orch., *Ni*, Solost., Stimmen, Orch., *D-Dlb*; Gloria Patri-Sicut erat, C, STB, Orch., Kopie der HS und teilw. autograph. Stimmen *I-BGi*; In convertendo, C, B Solo, R Orch., *F-Pi*; Inno [auf St. Peter], C, T Solo, kleines Orch., *I-Ni*; Judica me Deus (S. Biava: Ps xlii), 2 Kinderst., Orgel ad lib, Kopie *BGi*; 5 Kyrie: ç, STB, 2 Oboen, 2 Hörner, Orgel, *BGi*, ç, STB, 2

Oboen, 2 Hörner, Orgel, *BGi*, ç, S, T, B, STB, kleines Orch., Kopie der HS und teilw. autographe Stimmen *BGi*, d, S, A, T, B, SATB, Orch, Stimmen (teilw. Autograph) *BGi*, d, SATB, Orch., Stimmen (teilw. Autograph), *BGi*
Kyrie-Christe-Kyrie, E-G-e, T, SATB, Orch., *BGi*, 2 Laudamus-Gratias: F, T Solo, Klarinette, Orch., verloren, A, vierst., verloren; Laudate pueri, C, dreist., Orch.; 2 Miserere: T, T, B, B, TTBB, 2 Viola, 2 Violoncello, 2 Kontrabaß, Orgel, *F-Pi*, d, vierst., Orch., Stimmen (einige Autograph) *I-BGi*; Nisi Dominus, D, T Solo, Orch., Kopie der HS und teilw. autographe Stimmen *BGi*; Pange lingua, F; Preces meae, Es, T Solo, vierst., Soloinstr., Orch., *BGi*; Qui sedes, C, S Solo, Violine, kleines Orch., *F-Pi*; Qui sedes-Quoniam, a, S Solo, Violine, Orch., Kopie der HS und teilw. autographe Stimmen *I-BGi*; 3 Qui tollis: Es, STB, Orch., Kopie der HS und teilw. autographe Stimmen *BGi*, B, T Solo, kleines Orch., Stimmen (teilw. Autograph) *BGi*, E, T Solo, Horn, Orch., Stimmen (teilw. Autograph) *BGi*

Requiem, dreist, Orch., zur Weihung des Grabes von Alfonso della Valle di Casanova, Klavierauszug (Neapel, o.J.); Salve regina, F, STB, Blasinstr., Violoncello, Kontrabaß, *F-Pi*; Sicut erat, C, vierst., Orch., *Pi*; 3 Tantum ergo: F, T Solo, Orch., *I-Ni*, D, S Solo, Orgel, *Mi*, Es, T Solo, Blasinstr., Kontrabaß, Stimmen *BGi*; Tecum principium, F, S, T, Klarinette, Orch., teilw. autographe Stimmen *BGi*; Te Deum (S. Biava) B, 2 Kinderst., Orgel ad lib, Baß, Kopie *BGi*

3 canzonette (Rom, ?1823) [A]

Collezione di canzonette, 5 Lieder, 3 Duette, 1 Quintett (Neapel, o.J.) [B]

Donizetti per camera: raccolta di [9] ariette e [3] duettini (Neapel o.J.) [C]

Nuits d'été à Pausilippe, 6 Lieder, 6 Nocturnes (Neapel, 1836; London, 1836; Mailand, 1837; Paris, ?1840) [D]

Soirées d'automne à l'Infrascata, 4 Lieder, 1 Duett (Neapel, 1837; Mailand, 1839 [mit zusätzl. Duett]; Wien, 1840er Jahre, als Soirées de Paris) [E]

Un hiver à Paris 1838–1839, 5 Nummern (Neapel, 1839), als Rêveries napolitaines, mit zusätzl. Lied (Paris, ?1839; Mailand, 1839; Neapel, c1841; Neapel, 1841 oder 1842 [mit zweitem zusätzl. Lied]) [F]

Matinée musicale, 6 Lieder, 2 Duette, 2 Quintette (Neapel, 1841; London, 1841; Paris, 1841; Mailand, o.J.) [G]

Inspirations viennoises, 5 Lieder, 2 Duette (Neapel, 1842; London, 1842; Mailand, 1842; Paris, o.J) [H]

Raccolta di [6] canzonette e [2] duettini (Mailand, o.J.) [I]

Dernières glânes musicales, 8 Lieder, 2 Duettte (Neapel, o.J.) [J]

Fiori di sepolcro: [9] melodie postume (Neapel, o.J.) [K]

Donizetti: Composizioni da camera, Hrsg. R. Mingardo (Mailand, 1961) [L]

6 arie inedite, Hrsg. C. Pestalozza (Mailand, 1974) [M]

(Solostimme, Klavier)

Addio, romanza, (Mailand, 1844), J; Addio brunetta, son già lontano, allegretto scherzoso, in Il sibillo (Neapel, 5. Okt. 1843), wieder abgedr. in Journal of the Donizetti Society, ii (1975), 155; Adieu, tu brises et pour jamais, romance, F-Pc; Ah, non lasciarmi, no, bell' idol mio (Metastasio), romanza, Pc; Ah, rammenta, o bella Irene (Metastasio), cavatina (Mailand, 1830 oder 1831), L; Ah, si tu voulais, toi que j'aime, canzone, I-BGi; Aimer ma rose est la sorte de ma vie, romance, I; A mezzanotte, arietta, D, L; Amiamo, canzonetta (Mailand, 1871); Amis courons chercher la gloire, canzone, F-Pc; Ammore! canzonetta napoletana; Amor che a nulla amato, Albumblatt, 1843, I-BGi

Amor corrisposto (Bei labbri che amore formò) (Metastasio), A; Amor marinaro (Me vojo fà na casa), canzonetta napoletana, E, L; Amore e morte (G.L. Redaelli), arietta, E, L; Amor tiranno (Perché due cori insieme) (Metastasio), romanza, K; Amour jaloux, romance, F-Pc; Anch'io provai le tenere smanie, arietta, unveröffentl.; Antonio Foscarini (G.B. Niccolini) (Neapel, o.J.); A più bel mesto salice, canzonetta, Privatsammlung Marchesi Medici, Rom; Au pied d'une croix, romance, Pc; Au tic-tac des castagnettes, canzonetta oder aria, I

Che cangi tempra mai più non spero (Metastasio), andante, M; Che non mi disse un dì (Metastasio), canzonetta, in Il sibillo (Neapel, 2. Mai 1844), Neuabdr. in Journal of the Donizetti Society, ii (1975), 159; Combien la nuit est longue, romance, F-Pc; Come volgeste rapidi, giorni de' miei primi anni, romanza, Pc; Dell'anno novello, canzonetta, I-Nlp; Del colle in sul pendio, canzonetta, B; Doux souvenirs, vivez toujours (E. Barateau), Mélodie, veröffentl.; D'un genio che m'accende (Metastasio), B; Ella riposi alcuni istanti almeno, cavatina, Ms; Elle n'existe plus, mélodie, in 2 mélodies posthumes (Mailand, o.J.); E morta! (C. Guaita), scena, H, L; E più dell'onda instabile, arietta, Nc; Faut-il renfermer dans mon âme, mélodie, F-Pc

Fra le belle Irene è quella (Metastasio), canzonetta; Garde tes moutons, romance, veröffentl.; Già presso il termine de' suoi martiri

(Metastasio), *I-BGi*; Giovanna Gray, romanza, K; Giuro d'amore
(Eterno amore e fè ti giuro), arietta, B, L; Gran Dio, mi manca il
cor, *F-Pç*; Heureuse qui près de toi (nach Sappho), *I-BGi* (ohne
Begl.); I capelli (Questi capelli bruni), romanza, C; Il barcajuolo
(L. Tarantini), D, L; Il cavallo arabo, bolero oder romanza, G; Il
crociato (C. Guaita), arietta oder Romanza, D; Il giglio e la rosa
(Non sdegnar vezzosa Irene), canzonetta, I, J; Il m'aime encore,
doux rêve de mon âme, mélodie, *F-Pç*

Il mio ben m'abbandonò, melodia, *I-BGi*; Il mio grido getto ai venti,
romanza moresca, 1844, M; Il nome (Voi vorreste il nome amato),
arietta, C; Il pegno, canzonetta, Privatsammlung Marchesa Medici, Rom; Il pescatore (Batte il bronzo) (A. Ricciardi); K; Il pescatore (Era l'ora) (A. de Lauzières, nach Schiller), F, L; Il rimprovero
(Quando da te lontano), romanza, C; Il ritorno del trovatore da
Gerusalemme, *F-Pç*; Il ritratto (F. Romani), impromptu, Privatsammlung Casa Branca, Mailand; Il sorriso è il primo vezzo, canzonetta, B, C

Il sospiro (C. Guaita), melodia, H, L; Il sospiro del gondoliere,
barcarola, *I-Nç*; Il trovatore, *BGi*; Il trovatore in caricatura (Le
troubadour à la belle étoile) (L. Borsini), scène bouffe oder ballata, F; Io amo la mestizia, romanza, ?1841 oder 1842, Privatsammlung Marchesa Medici, Rom; Io son pazza capricciosa, arietta;
J'attends toujours (E. de Lonlay), romance, veröffentl.; Je vais
quitter tout ce que j'aime, romance, *F-Pç*; La bohémienne, ballade,
Pç; La chanson de l'abeille (H. Lucas), ital. (Mailand, 1844), J; La
conocchia, arietta oder canzone napoletana, D, L

La corrispondenza amorosa (Cifre d'amore; Billets chéris), romanza,
G, L; La dernière nuit d'un novice (A. Nourrit), ballata, angefügt
an F, L; La farfalla ed il poeta, canzoncina, *Pç*; La fiancée du
timballier (V. Hugo), 1843, *Pç*; La fidanzata, romanza, K; La folle
de Saint-Hélène (A. Nourrit), ballata, 1842 oder 1842 dem Neu-
druck von F in Neapel angefügt; La gondola, canzone; La gondo-

liera (Vieni la barca è pronta), barcarola, G; La hart (P. Lacroix),
chant diabolique; La longue douleur, preghiera; La lontananza
(F. Romani), arietta, E, L; L'amante spagnuolo (L. Tarantini),
arietta oder bolero, E; Lamento in morte di V. Bellini (Venne
sull'ale ai zeffiri) (A. Maffei) (Mailand, 1836)

Lamento di Cecco Varlungo, Albumblatt, Sammlung Donebauer,
Prag; La mère et l'enfant (A. Richomme), Mélodie (Mailand,
1830), J, L, Begleitung für Orchester arrangiert, Kopie *I-BGi*; La
mia fanciulla, K; L'amor mio (L'arcano del core) (F. Romani), K, L;
La musulmane (M. Bourges), veröffentl.; La negra (La nouvelle
Ourika), romance, G; La ninna-nonna (La mère au berceau de son
fils) (A. de Lauzières), ballata, F, L; La partenza del crociato
(Puoti), arietta oder romanza, C; La passeggiata al lido (Che bel
mar) (Neapel, o.J.); La prière (?P. Lacroix); La savoiarda (A. Brof-
feni), romanza, K; La speranza; La sultana (L. Tarantini), ballata, F,
L; La torre di Biasone (Tarantini), ballata, D

La tradita (Oh ingrato, m'inganni), romanza oder arietta, C; L'at-
tente, mélodie; La vendetta (Bedda Eurilla), canzonetta siciliana,
C; La voix d'espoir (M. Cimbal), romance; La zingara (C. Guaita),
arietta, H, L; Le crépuscule (V. Hugo), D, L; Le départ pour la
chasse (P. Lacroix), Bar/B, Horn, *Nç*; Le dernier chant du troubadour, romance, in 2 mélodies posthumes (Mailand, o.J.); Le gon-
dolier de l'Adriatique (Crevel de Charlemagne), nocturne; Le
miroir magique (E. Plouvier), chansonette; Léonore (M. Escudier), romance (Mailand, 1843), J; Le pauvre exilé (A. de Leuven),
romance

Le petit joueur de la harpe (P. Lecroix), *Nç*; Le petit montagnard, K;
Le pirate (S. Saint Etienne), melodie, in Lyre française (Mainz,
o.J.); Le renégat (E. Pacini), scène, ital. (Mailand, 1835); Les reve-
nants (Lacroix), aria, *F-Pç*; Les yeux noirs et les yeux bleus (E.
Monnier), romance; L'étrangère, romance, Privatsammlung Marchesa Medici, Rom; Le violon de Crémone (E.T.A. Hoffmann),

romance, Pc; L'ora del ritorno (Guaita), arietta, H; Lu trademiento (Aje, tradetore, tu m'haje lassata), canzone napoletana, I, L, Malvina (G. Vitali), scène (Neapel, 28. Dez. 1843), M; Malvina la bella, romanza, in Il sibillo (Neapel, 28.12. 1843), wieder in Journal of the Donizetti Society, ii (1975), 156; Marie enfin quitte l'ouvrage, romance, Pc

M'è Dio il tuo signore (Oh quanto in me tu puoi), G; Mentre del caro lido, canzonetta, Privatsammlung der Marchesa Medici, Rom; Minvela (Quando verrà sul colle), canzonetta oder romanza, C; Mon enfant, mon seul espoir, romance, Pc; Morire per te', arietta (Neapel, o.J.); Nice, sr'occhiuzzi càlali, canzonetta, Privatsammlung der Marchesa Medici, Rom; Noé (J. de Boutellier), scène du déluge, 1839, veröffentl, Non amerò che te, romanza; Non giova il sospirar (Metastasio), canzonetta veneziana, A

Non m'ami più (L'ingratitudine) (Guaita), H; Non v'è più barbaro di chi non sente (Metastasio), canzonetta, Privatsammlung der Marchesa Medici, Rom; Non v'è nume, non v'è fato, romanza (Mailand, o.J.); N'ornerà la bruna chioma (Romani); scena e cavatina, L; O anime affannate, venite a noi parlar (Dante: Divina commedia), Pc; Occhio nero incendiator, canzonetta, I; O fille que l'ennui chagrine, romance, Pc; Oh, Cloe, delizia di questo core, canzonetta, Privatsammlung der Marchesa Medici, Rom; Oh, je rêve d'une étrange plus douce que l'enfant qui dort, Pc

On vous a peint l'amour (Lacroix), romance, Pc; Or che in cielo, barcarola, Strenna musicale, i (1837); Or che la notte invita, canzonetta, Pc; Oui, je sais votre indifférence, Pc; Oui, ton dieu c'est le mine (M. Michonne), romance, Pc; Ov'è la voce magica, melodia, 1844, M; Pace! canzonetta (Neapel, o.J.); Pas d'autre amour que toi (E. Barateau), mélodie; Perché due cori, romanza, I-Nc; Perché se mai, Nigella amata, insensibile tu sei?, romanza, Pc; Philis plus avare que tendre, romance, Pc

Più che non m'ama un angelo (L'amor funesto), romanza, auch arran-giert für Violoncello/Harfe,1842, L; Plus ne m'est rien, romance, Pc; Pourquoi me dire qu'il vous aime, romance, Pc; Preghiera (Una lagrima), G, L; Quand un soupçon mortel, romance, Pc; Quand je vis que j'étais trahie, scène religieuse, mit Klavier, Orgel, Pc; Quando il mio ben io rivedrò, canzonetta, Privatsammlung der Marchesa Medici, Rom; Quando morte coll'orrido artiglio, Gebet; Quanto mio ben t'adoro, canzonetta, Privatsammlung der Marchesa Medici, Rom; Quel nome se ascolto (Metastasio), romanza

Questo mio figlio è un fiorellin d'amore, berceuse, in Album du gaullois: oeuvres inédites, i (Paris, 1869); Qui sospirò, là rise, aria, Kopie mit autograph. Anmerkungen, I-Nc; Rendimi il core, o barbaro, canzonetta, A; Rose che un dì spiegaste, romanza, F-Pc; Se a te d'intorno scherza, romanza, in Il sibillo (Neapel, 4. April 1844), Neuabdruck in Journal of the Donizetti Society, ii (1975), 158; Se lontana, ben mio, tu sei (Metastasio), canzonetta; Se talor più nol rammento, cavatina; Seul sur la terre, Albumblatt oder Romanze, Privatsammlung C. Lozzi, Bologna; Si o no, canzonetta giocosa, J; Si tanto sospiri, ti lagni d'amore, Pc; Si tu m'as fait à ton image, romance, Pc

Sorgesti alfin, aurora desiata, aria, I-Nc; Sospiri, aneliti, che m'opprimete, canzonetta, Privatsammlung der Marchesa Medici, Rom; Sovra il campo della vita, larghetto, M; Sovra il remo sta curvato (L. Mira), barcarola, in Il sibillo (Neapel, 22. Febr. 1844), Wiederabdr. in Journal of the Donizetti Society, ii (1975), 157; Spunta il dì, l'ombra sparì, romanza, F-Pc; Su l'onda tremula ride la luna, B; Su questi allor, canzonetta, Privatsammlung der Marchesa Medici, Rom; Taci invan, mia cara Jole, romanza, 1835; T'aspetto ancor (Nel tuo cammin fugace), romanza (Mailand, 1843), J; Te dire adieu (G. Vaëz), romanza

Te voglio bene assaìe, canzone napoletana, häufig Donizetti zugeschrieben; Tengo no n'namurato, canzonetta napoletana, I; Troppo vezzosa é la ninfa bella, canzone, I-BGc; Trova un sol mia bella Clori (Metastasio), Sammlung des Grafen G. B. Camozzi-Vertova, Bergamo; Trova un sol mia bella Clori (Metastasio), Sammlung Toscanini, New York [andere Vertonung]; Tu me chiedi se t'adoro, arietta, 1840, F-Pç; Una prece sulla mia tomba (Non priego mai) (Redaelli), canto elegiaco oder romanza, C

Una tortora innocente, romanza, I-BGi; Una vergine donzella per amore, romanza, F-Pç; Un bacio di speranza, romanza (Mailand, 1845); Un coeur pour abri (A. Richomme), scène; Un detto di speranza, romanza, J; Uno sguardo (F. Romani), romanza, Casa Branca, Mailand; V'era un dì che il cor beato, romanza, I-Mç; Vien ti conforta, o misera, F-Pç; Vision (E. Plouvier), mélodie; Viva il matrimonio (L- Tarantini), cavatina buffa, Baß (Mailand)

(Duette)

Ah, non lasciarmi, no (Metastasio), I-Nç; Amor, voce del cielo, (Taranti), notturno, D; Armida e Rinaldo (Tasso), F-Pç; Canzonetta con l'eco (Per valli, per boschi), 27. Aug. 1817, I-Rç; C'est le printemps (E. Plouvier), chansonette-valse; Che cangi tempra mai più non spero (Metastasio), ohne Begl., BGi; Che ciel sereno, I; Che vuoi di più? (Guaita), H; Duettino, S, S, Nç Duett, S, S, F-Pç; Duett, 1822, Sammlung C. Lozzi, Bologna; Godi diletta ingrata nell'ingannarmi tu, canzonetta, Pç; Ha negli occhi un tale incanto (Metastasio), B

Héloïse et Abélard (Crevel de Charlemagne), duo historique; Ho perduto il mio tesoro (Metastasio), B; I bevitori (Tarantini), notturno oder brindisi, D; I due carcerati, I-Mç; I fervidi desiri (Da me che vuoi, che brami), C; Il fiore (Qui dove mercè negasti), duettino pastorale, E; Il giuramento (Palazzolo), notturno, D; Io d'amore, o Dio, mi moro (?Metastasio), B, C; I sospiri (Ti sento sospiri) (Metastasio), C; L'addio (Dunque addio) (F. Romani), F;

L'addio (Io resto), G; La gelosia (Querelle d'amour), scherzo, G, L; L'alito di Bice (F. Puoti), notturno, D

La passeggiata al lido (Che bel mar), J; L'aurora (Tarantini), notturno, D; La voce del core (T'intendo, sì, mio cor) (Metastasio); C; Les napolitains (Crevel de Charlemagne), nocturne; L'incostanza di Irene (Metastasio), 1826, an E angefügt; L'ultimo rimprovero (O crudel che il mio pianto), I, J; Lumi rei del mio martire, canzonetta, Privatsammlung der Marchesa Medici, Rom; Non mi sprezzar Licori (Metastasio), I-BGi; Predestinazione (Guaita), H; Quegli sguardi e quegli accenti, BGi; Se mai turbo il tuo riposo (Metastasio), Nc

Sempre più t'amo mio bel tesoro, F-Pç; Sempre sarò costante (Metastasio) (Rom, o. J.); Se tu non vedi tutto il mio cor (Metastasio), BGi; Sull'onda cheta e bruna, barcarola (Mailand, 1838); Uno sguardo ed una voce (Une nuit sur l'eau) (Palazzolo), notturno, D; Vedi là sulla collina, Mç; Vuoi casarti, duetto buffo, 2B

(drei- bis fünfstimmige Werke)

Ah che il destino (Metastasio), (S, S, T)/(S, S), BGi; Cedè la mia costanza, Irene, al tuo rigor (Metastasio), S, A, T, B, 1820, F-Pç; Clori infedel, S, A, B, I-Rç; Di Gioja di pace la dolce speranza, Moldenhauer Archive, Seattle; Finchè fedele tu mi sei stata, canzonetta, vierst., 5. Mai 1817, F-Pç; Io morrò, sonata è l'ora, dreist., Pç La campana, T, T, B, B, G; Lumi rei del mio martire, madrigale, vierst., 12. Juni 1817, I-BGi; Qui sta il male, trio, Nç; Rataplan (La partenza del reggimento), T, T, B, B, G, K; Se schiudi il labbro, divertimento, S, S, T, T, B, ohne Begl., Strofe di Byron, S, A, B, B, Mç; Sien l'onde placide, Per noi la vita, Ma poi passati stragi e orror

Sinfonien: C, 12. Juni 1816, *I-Bc*; Sinfonia concertante, D, 17. Sept. 1816, Hrsg. G. Piccioli (Mailand, 1937); C, 24. Nov. 1816, *BGi*; D, 29. März 1817, *F-Pc*; g, Blasinstr., 19. April 1817, Hrsg. D. Townsend (New York, 1967), Hrsg. B. Päuler (Zürich, 1970); D, 10. Sept. 1817, *Pc*; ›La partenza‹, 25. Okt. 1817, *Pc*; D, 17. Dez. 1817, *Pc*; d, auf den Tod von A. Capuzzi, 1818, *Pc*; ›L'incendio‹, aufgef. Bergamo 19. März 1819, *Pc*; D, ?1832 oder 1833, unvollst., *I-BGi* [enth. Themen, die in Il furioso und in L'Elisir d'amore verwendet werden]; auf Themen von Bellini, 1836, *F-Pc*; Arrang. für Klavier (Mailand, 1836); D, 25 nicht-autograph. Stimmen, *I-BGi*; Adagio und Menuett aus einer Sinfonie; *F-Pc*

Sinfonia zur cantata In morte M. Malibran, aufgef. Mailand, 17. März 1837, übrige Sätze von Pacini, Mercadante, Coppola, Vaccai, *I-Mr*, Klavierauszug (Mailand, 1837 oder 1838)

Konzerte: Concertino, G, engl. Horn, Orch., aufgef. Bergamo, 19. Juni 1817, Hrsg. R. Meylan (Frankfurt am Main, 1966); Klarinettenkonzert, Es, Privatsammlung A. Martinelli, Bergamo; Konzert f. Violine, Violoncello, Orch., *F-Pc*; Konzert f. unbest. Instr., *Pc*; ohne Titel, Bb, Klarinette, kleines Orch., *I-BGi*

Weitere Werke: Introduzione, Streichorch., 1829, Hrsg. U. Schaffer (London und Davos, 1975); Gran marcia militare imperiale, für den türkischen Sultan, bearb. f. Klavier (Paris, o.J.), bearb. für Sinfonieorch. von D. Townsend (1967); Marsch, Aug. 1840, *F-Pc*; Preludio, für eine Oper, *Pc*; Rataplan, *I-Mr*

Streichquartette: Nr. 1, Es, 26. Dez. 1817; Nr. 2, A; Nr. 3, c; Nr. 4, D, 27. Juli 1818; Nr. 5, e; Nr. 6, g; f, 6. Mai 1819; B, 26. Mai 1819; d, 22. Jan. 1821; g, 26. Jan. 1821 (ohne 4. Satz); C, 12. März 1821; C, 15. März 1821; A, 19. April 1821; D, 1825; e, 1836; D, F, b, alle von Zavadini 1819 bis 1821 datiert; alle in Gaetano Donizetti: 18 quartetti, hrsg. Istituto italiano per la storia della musica (Rom und Buenos Aires, ?1948) [Fehlerhafte Ausgabe]; C, *F-Pc* (ohne letzten Satz); inkl. 1. Satz, a, *Pc*; beide von Zavadini 1819 bis 1821 datiert

Weitere Werke: Sextett, 2 Violinen, Viola/Violoncello, Flöte, 2 Hörner, verloren; Quintett, C, 2 Violinen, 2 Viola, Violoncello, 1. Satz *I-BGi*; Quintett (Introduzione und Largo affettuoso), 2 Violinen, Viola, Violoncello, Kontrabaß, Hs Eigentum der Donizettierben; Quintett, C, 2 Violinen, Viola, Violoncello, Gitarre, *Nc*; Klaviertrio, Es, 12. Nov. 1817, Kopie *BGi*; Flötensonate, c, 15. Mai 1819, Hrsg. R. Meylan (Frankfurt am Main, 1969); Violinsonate, f, 26.–27. Oktober 1819, *BGi*; Violoncellosonate, D, Kopie *BGi*; Oboensonate, Hrsg. R. Meylan (Frankfurt am Main, 1966); Variationen, Des, Violine, Klavier, 1826, auf 27 Themen aus Donizettis Opern, *BGi*; Larghetto und Allegro, g, Violine, Harfe, Hrsg. R. Meylan als Sonata (Frankfurt am Main, 1970); Largo, Violine, Violoncello, Klavier, d, Kopie *BGi*; Larghetto, Flöte, Fagott, Klavier, Violine, inkl. Begl., *F-Pc*; Largo, g, Violoncello, Klavier, Hrsg. U. Schaffer (London und Davos 1975); Werk ohne Titel, B, Blasinstrumente, Orig. *I-BGi*; Studio Nr. 1, B, Klarinette, 1821, Hrsg. R. Meylan (Frankfurt am Main, 1970); Duetto, B, 2 Klarinetten, Hrsg. B. Päuler (Zürich, 1971)

Pastorale, E, 1813, *I-BGi*; Sinfonia Nr. 3, A, 22. Okt. 1813, *BGi*; Sinfonia, C, 19. Nov. 1816, *Bc*; Un capriccio in sinfonia, e, 15. Aug. 1817, *BGi*; 2 motivi del celebre Mo Paer messi in suonata, 7. Okt. 1817, *BGi*; Variazioni sopra la canzonetta del bardo nell'Alfredo di Mayr (Mailand, 1820); Rondò, D, Febr. 1825, *BGi*; Larghetto, C, 30. Dez. 1834, *Mc*; La vénitienne, Walzer (Mailand, 1843)

Undatiert: Adagio e Allegro, f, Hrsg. R. Meylan (Frankfurt am Main, 1971); Allegro vivace, C; Allegro vivace, G; Fuge, g; Invito, Walzer; Larghetto, Thema und Variationen, Es; Stück auf das Thema ›Una furtiva lagrima‹, g; Presto, F; La ricordanza, adagio sentimentale, Es; Sinfonia, D; Walzer; Variationen, G; Variationen, E; alle *BGi*; Sinfonia, D, *Nc*; Walzer, *F-Pc*; Giuseppina, polka-mazurka (Neapel, o.J.)

Vierhändig: Il Capitan Battaglia, sonata, Es, 1819; Polacca, D, 1819; Sonata, C, 31. März 1819; Sonata, D, 12. Okt. 1819; Sinfonia Nr. 2, d, 28. März 1820; Sonata, a, 25. April 1820; Una delle più matte, C, 17. Mai 1820; Stück ohne Titel, C, 25. Febr. 1821; Walzer, 1844; alle *I-BGi*

Vierhändig, von Zavadini datiert 1813 bis 1821: 2 Allegro, D, E; Allegro moderato, A; Allegro vivace, C; Il genio di GDM, G; L'inaspettata, Es; La lontananza, e; Larghetto, G; Marcia lugubre, f; La solita sonata, F; Sonata Nr. 3 a 4 sanfe, F; Sonata, B; Sonata, D; Sonata Nr. 3, F; alle *BGi*

Vokalversuche der Schülerzeit, etc: Ah! quel Guglielmo, Sextett, S, S, T, T, B, B, Orch., 1812, *Nc*; Ognun dice che le donne, Arie, B Solo, Orch., 20. März 1815, *F-Pc*; Guarda che bianca luna (J. Vittorelli), anacreontica, Stimmen, Orch., 30. März 1815, *Pc*; Perché quell'alma ingrata, Duett, S, T, Orch., 27. Sept. 1816, *I-Nc*; Amor mio nume, Arie, 1816; Ti sovvenga amato bene, Arie, S, Orch., 10. Mai 1817, *Nc*; Isabella ormai mi rendi, Terzett, T, T, B, Orch., 1818, *Nc*; Se bramate che vi sposi, Duett, Hs Eigentum der Doni-zettierben; Taci, tu cerchi invano, Duett, S, S, Orch., *Nc*; Sposo lo so, Rezit, Da quel piano difendimi, Duett, S, B, kleines Orch., *Nc*; Che avvenne che fu, Rezit, Solo per te sospiro, romanza, T, Kleines Orch., *BGi*

Übungen aus der Schülerzeit: Fugen und Kontrapunktübungen, einige 1815–1817, *BGi*, *Nc*

Didaktisches: Solfeggi, Mez, Klavier, *Nc*; Vocalizzi o gorgheggi, *F-Pc*

BIBLIOGRAPHIE

Ricordi di Gaetano Donizetti esposti nella mostra centenaria tenutasi in Bergamo nell'agosto-settembre 1897, *raccolti da Giuseppe e Gaetano Donizetti, collezione di proprietà dei fratelli Giuseppe e Gaetano Donizetti* (Bergamo, 1897, erweitert 2/1897)

C. Malherbe: *Centenaire de Gaetano Donizetti: catalogue bibliographique de la section française à l'exposition de Bergamo* (Paris, 1897)

G. Zavadini: *Catalogo generale: Museo donizettiano di Bergamo* (Bergamo, 1936)

V. Sacchiero und andere: *Il Museo donizettiano di Bergamo* (Bergamo, 1970)

V. Sacchiero: ›Contributo ad un catalogo donizettiano‹, *CSD* 1975 [Siehe auch SAMMELVERÖFFENTLICHUNGEN], 835–941

L. Inzaghi: ›Catalogo generale della opera‹, *Gaetano Donizetti*, Hrsg. G. Tintori (Mailand, 1983), 133–278

Sammelveröffentlichungen

Studi donizettiani, Nr. 1 (1962); Nr. 2 (1972); Nr. 3 (1978); Nr. 4 (1988) [*SD*]

Donizetti Society Journal (1974-) [*DSJ*]

1° *convegno internazionale di studi donizettiani: Bergamo* 1975 [*CSD*]

Briefe

A. Eisner-Eisenhof, Hrsg.: *Lettere di Gaetano Donizetti* (Bergamo, 1897)

F. Schlitzer: ›Curiosità epistolare inedite nella vita teatrale di Gaetano Donizetti‹, *RMI*, 1 (1948), 273

G. Zavadini: *Donizetti: vita, musiche, epistolario* (Bergamo, 1948)

G. Barblan und F. Walker: ›Contributo all'epistolario di Gaetano Donizetti: lettere inedite o sparse‹, *Studi donizettiani*, i (1962)

F. Speranza, Hrsg.: *Studi donizettiani*, i (1962)

›An Unpublished Donizetti Letter‹, *Journal of the Donizetti Society*, ii (1975), 271

J. Commons: ›Una corrispondenza tra Alessandro Lanari e Donizetti (45 lettere inedite)‹, *Studi donizettiani*, iii (1978), 9–74

F. Lippmann: ›Autographe Briefe Rossinis und Donizettis in der Bibliothek Massimo, Rom‹, *AnMc*, Nr. 19 (1980), 330

SD, Nr. 4 (1988), 7-126 [>Lettere inedite o sparse di Donizetti con data<, 7-78; >Lettere inedite di Donizetti senza data o con data incompleta<, 79-82; >Lettere indirizzate a Donizeti<, 83-90; >Lettere di altri nelle quali si parla di Donizetti<, 91-108; >Lettere e articoli concernenti la malattia di Donizetti (1846-1847)<, 109-120; Index, 121-126]

Leben und Werk

F. Regli: *Gaetano Donizetti e le sue opere* (Turin, 1850)
G. Bonetti: *Gaetano Donizetti* (Neapel, 1926)
G. Donati-Pettèni: *Donizetti* (Mailand, 1930, 3/1947)
G. Gavazzeni: *Gaetano Donizetti: vita e musiche* (Mailand, 1937)
G. Monaldi: *Gaetano Donizetti* (Turin, 1938)
G. Zavadini: *Donizetti: vita, musiche, epistolario* (Bergamo, 1948)
L. Bossi: *Donizetti* (Brescia, 1956)
A. Geddo: *Donizetti: l'uomo, le musiche* (Bergamo 1956)
H. Weinstock: *Donizetti and the World of Opera in Italy, Paris and Vienna in the First Half of the Nineteenth Century* (New York 1963; dt. Übers. Adliswil 1983)
W. Ashbrook: *Donizetti* (London, 1965)
G. Barblan: >Donizetti<, *LaMusicaE*
W. Ashbrook: *Donizetti and his Operas* (Cambridge, 1982) [enthält vollst. Bibliographie]
R. Steiner-Isenmann: *Gaetano Donizetti. Sein Leben und seine Opern* (Bern/Stuttgart 1982)
P. Mioli: *Donizetti: 70 melodrammi* (Turin, 1988)
W. Ashbrook/J. Budden: Artikel >Donizetti<, *The New Grove Dictionary of Opera*, i (London 1992), 1206-1221

Biographische Studien und Memoiren

L. Stierlin: *Bibliographie von Gaetano Donizetti* (Zürich, 1852)
T. Ghezzi: >Ricordi su Donizetti<, *Omnibus* (Neapel, 7. März 1860)
L. Escudier: *Mes souvenirs* (Paris, 1863)
F. Cicconetti: *Vita di Gaetano Donizetti* (Rom, 1864)
A. Bellotti: *Donizetti e i suoi contemporanei* (Bergamo, 1866)
Cenni biografici di Gaetano Donizetti raccolti da un vecchio dilettante di buona memoria (Mailand, 1874)

F. Alborghetti und M. Galli: *Gaetano Donizetti e G. Simone Mayr: notizie e documenti* (Bergamo, 1875)

P. Cominazzi: ›Sorsa attraverso le opere musicali di Gaetano Donizetti: reminiscenze‹, *La fama* (1875), Nr. 35, S. 137; Nr. 36, S. 141; Nr. 38, S. 149; Nr. 39, S. 149; Nr. 40, S. 157

G. Duprez: *Souvenirs d'un chanteur* (Paris, 1880)

E. Branca: *Felice Romani ed i più riputati maestri di musica del suo tempo* (Turin, Florenz und Rom, 1882)

G. Cottrau: *Lettres d'un mélomane* (Neapel, 1885)

G. Capeli: ›La calotta cranica di Donizetti‹, *Archivio italiano per le malattie nervose e più particolarmente per le alienazioni mentali* (1887)

A. Gabrielli: ›Le case di Donizetti a Napoli‹, *Fanfulla della domenica,* liii (1893)

E. Verzino: *Contributo ad una biografia di Gaetano Donizetti* (Bergamo, 1896)

C. Ricci: ›Donizetti a Bologna: appunti e documenti‹, *Gaetano Donizetti: numero unico nel primo centenario della sua nascità* 1797–1897, Hrsg. P. Bettòli (Bergamo, 1897), 10

A. Cametti: *Un poeta melodrammatico romano: appunti e notizie in gran parte inedite sopra Jacopo Ferretti e i musicisti del suo tempo* (Mailand, 1898)

D. G. Antonini: ›Un episodio emotivo di Gaetano Donizetti‹, *RMI,* (1900), 518

A. Gabrielli: *Gaetano Donizetti* (Rom und Turin, 1904)

A. Cametti: *Donizetti a Roma* (Turin, 1907)

A. Pougin: ›Donizetti‹, *Musiciens du XIXe siècle* (Paris, 1911)

U. Riva: ›Un bergamasco (Giuseppe Donizetti pascià), riformatore della musica in Turchia‹, *Rivista di Bergamo, i (*1922), 349

G. Caversazzi: *Gaetano Donizetti: la casa dove nacque, la famiglia, l'inizio della malattia* (Bergamo, 1924)

A. Codignola: *I fratelli Ruffini: lettere di G. e A. Ruffini alle madre dall'esilio francese e svizzero* (Genoa, 1925–1931)

G. Caversazzi: *Gaetano Donizetti: discorso a cura della Congregazione di carità* (Bergamo, 1926)

F. Abbiati: ›La musica in Turchia con Giuseppe Donizetti, pascià‹, *Bergomum,* xxii (1928)

G. Donati-Pettèni: ›Attraverso le biografie donizettiane‹, *Rivista di Bergamo,* viii (1929), 389

–: *Studi e documenti donizettiani* (Bergamo, 1929)

G. Rota-Basoni Scotti: ›Le memorie donizettiane della Baronessa Basoni Scotti‹, *Rivista di Bergamo,* viii (1929)

T. Oliario: ›La malattia ed i medici di Gaetano Donizetti‹, *Minerva medica,* xxix (1938)

Donizetti l'uomo: Bergamo 1946–1948

O. Tiby: >Gaetano Donizetti a Palermo<, *Annuario dell' Accademia di Santa Cecilia* (1949–1951); separat veröffentl. (Rom, 1951)

F. Schlitzer: *L'ultima pagina della vita di Gaetano Donizetti da un carteggio inedito dell'Accademia Chigiana*, Quaderni dell'Accademia Chigiana, xxviii (Siena, 1953)

A. Damerini: >Vita tragica di Donizetti<, *Melodramma*, i–ii (1954)

F. Schlitzer: *Donizetti, G.: episodi e testimonianze F. Fiorentino* (Neapel, 1954)

–: *Mondo teatrale dell'ottocento* (Neapel, 1954), 49

–: *L'eredità di Donizetti: da carteggi e documenti dell'archivo dell'Accademia Chigiana*, Quaderni dell'Accademia Chigiana, xxx (Siena, 1954)

O. Tiby: *Il Real Teatro Carolino e l'ottocento musicale palermitano* (Florenz, 1957)

G. Zavadini: *Donizetti l'uomo* (Bergamo, 1958)

A. Geddo: >Para una iconografia de Donizetti<, *Boletin de programas*, xx (1961), 86

F. Walker: *The Man Verdi* (London, 1962)

H. Weinstock: >Chi era Marianna Donizetti?<, *Studi donizettiani*, ii (1972), 41

G. Barblan: >Donizetti in Naples<, *Journal of the Donizetti Society*, i (1974), 105

L. Mikoletzky: >Gaetano Donizetti und der Kaiserhof zu Wien; neue Dokumente<, *AnMc*, Nr. 14 (1974), 411

J. Allitt: *Donizetti and the Tradition of Romantic Love: a Collection of Essays on a Theme* (London, 1975)

G. Pillon: >I diarii della follia di Gaetano Donizetti<, *Il borghese* (31. Juli 1977), 1073, 1085

R. Steiner-Isenmann: *Gaetano Donizetti; sein Leben und seine Opern* (Bern, 1982)

J. Black: >Donizetti and his Contemporaries in Naples, 1822–1848: a Study in Relative Popularity<, *DSJ*, vi (1988), 11–27

Musikrevy, xlvii (1992), 87–111 [18 kurze Artikel]

Spezialuntersuchungen

H. Berlioz: >»La fille du régiment«<, *Journal des débats* (16. Febr. 1840); Neuabdr. in *Les musiciens et la musique* (Paris, 1903), 145

P. Scudo: >Donizetti et l'école italienne depuis Rossini<, *Critique et litterature musicales* (Paris, 1850), 75

H. F. Chorley: >Donizetti's Operas<, *Thirty Years' Musical Recollections*, i (London, 1862), 153

P. Bettòli: ›Le opere di Gaetano Donizetti: erroi e lacune‹, *Gaetano Donizetti: numero unico nel primo centenario della sua nascita 1797–1897*, Hrsg. P. Bettòli (Bergamo, 1897), 26

A. Calzado: *Donizetti e l'opera italiana in Spagna* (Paris, 1897)

A. Centelli: ›La musica di Donizetti a Venezia‹, *Gaetano Donizetti: numero unico nel primo centenario della sua nascita 1797–1897*, Hrsg. P. Bettòli (Bergamo, 1897), 13

C. Malherbe: ›Le centenaire de Donizetti et l'exposition de Bergame‹, *RMI*, iv (1897), 707

A. Pougin: ›Les opéras de Donizetti en France‹, *Gaetano Donizeti: numero unico nel primo centenario della sua nascita 1797–1897*, Hrsg. P. Bettòli (Bergamo, 1897), 20

E. C. Verzino: *Le opere di Gaetano Donizetti: contributo allo loro storia* (Bergamo und Mailand, 1897)

E. Prout: ›Auber's »Le philtre« und Donizetti's »L'elisir d'amore«: a Comparison‹, *MMR*, xxx (1900), 25, 49, 73

W. J. Kleefeld: *Don Pasquale von Gaetano Donizetti* (Leipzig, 1901)

A. Lazzari: ›Giovanni Ruffini, Gaetano Donizetti e il *Don Pasquale*‹, *Rassegna nazionale* (1, 16. Okt. 1915)

L. Miragoli: *Il melodramma italiana nell'Ottocento* (Rom, 1924)

A. Cametti: *La musica teatrale a Roma cento anni fa:* ›*Olivo e Pasquale*‹ *di Donizetti* (Rom, 1927)

G. Donati-Pettèni: ›Una visita al Museo Donizettiano di Bergamo‹, *Emporium*, lxv/2 (1927), 17

–: *L'Istituto musicale Gaetano Donizetti* (Bergamo, 1928)

–: *Studi e documenti donizettiani* (Bergamo, 1929)

R. Barbiera: ›Chi ispirò la »Lucia«‹, *Vite ardenti nel teatro (*1700–1900*)* (Mailand, 1930)

A. Cametti: ›La musica teatrale a Roma cento anni fa: »Il corsaro« di Pacini, il »Furioso« e »Torquato Tasso« di Donizetti, »La sonnambula« di Bellini, la »Norma« di Bellini‹, *Reggia Accademia di Santa Cecilia, Roma: annuario* (1930–1931), 445–489; (1933–1934), 365–421

C. B. Micca: ›Giovanni Ruffini e il libretto de Don Pasquale‹, *Rivista di Bergamo*, x (1931), 537

E. Appelius: ›Il centenario dell' »Elisir d'amore«‹, *Rivista di Bergamo*, xi (1932), 195

G. Gavazzeni: ›Donizetti e l'Elisir d'amore‹, *RaM*, vi (1933), 44

G. Roncaglia: ›Il centenario di »Lucia«‹, *RMI*, xl (1936), 119

G. Pinetti: *Le opere di Donizetti nei teatri di Bergamo* (Bergamo, 1942)

I. Pizzetti: ›Un autografo di Donizetti‹, *La musica italiana dell'Ottocento* (Turin, 1947), 231 [über *Lucia di Lammermoor*]

M. Baccaro: ›*Lucia di Lammermoor*‹ *prima al S. Carlo di Napoli* (Neapel, 1948)

G. Barblan: ›La »Messa di Requiem« di Gaetano Donizetti‹, *RaM*, xviii (1948), 192

–: *L'opera di Donizetti nell'età romantica* (Bergamo, 1948)

M. Rinaldi: ›Antonio e Pasquale‹, *La Scala* (1950), Juli

A. Capri: ›Linda di Chamounix‹, *La Scala* (1952), Mai, 46

A. Pironti: ›Duca d'Alba‹, *La Scala* (1952), Nr. 34, S. 38

N. Gallini: ›Inediti donizettiani: ultima scena dell'opera »Caterina Cornaro«‹, *RMI*, lv (1953), 257

B. Dal Fabbro: ›Donizetti e l'opera buffa‹, *I bidelli del Valhalla* (Florenz, 1954)

A. della Corte: ›Un secolo di critica per l'opera di Donizetti‹ *Melodramma*, i–ii (1954)

F. Sacchi: ›Sensazionale tragedia in Scozia‹, *Melodramma*, i–ii (1954)

F. Schlitzer: *Mondo teatrale dell'ottocento* (Neapel, 1954)

B. Becherini: ›Il »Don Sebastiano« di Donizetti al XVII maggio musicale fiorentino‹, *RBM*, ix (1955), 143

E. Dent: ›Donizetti: an Italian Romantic‹, *Fanfare for Ernest Newman* (London, 1955), 86: Neuabdr. in *Journal of the Donizetti Society*, ii (1975), 249

M. P. Boyé: ›Donizetti et l'opéra italien‹, *Revue de la Méditerranée* (1956–1958), Nr. 73–83

A. Geddo: ›Donizetti: ordine fra i suoi quartetti‹, *La Scala* (1956), Nr. 77, S. 63, III

M. Ballini: ›Ritorno dell' »Anna Bolena«‹, *La Scala* (1957), Nr. 89, S. 17

U. Cattini: ›Note sul Roberto Devereux‹, *Ricordiana* (1957), Nov.

G. Barblan: ›Un personaggio di Cervantes nel melodramma italiano: »Il furioso all'isola di San Domingo«‹, *Musicisti lombardi e emiliani*, Chigiana, xv (1958), 85

F. Walker: ›The Librettist of »Don Pasquale«', *MMR*, lxxxviii (1958), 219

G. Barblan: ›l »Giovedì grasso« e gli svaghi »Farsaioli« di Donizetti‹, *Musicisti piemontesi e liguri*, Chigiana, xvi (1959), 109

P. Berri: ›Il librettista del »Don Pasquale«: leggende, ingiustizie, plagi‹, *La Scala* (1959), Nr. 110, S. 19

J. Commons: ›An Introduction to »Il duca d'alba«‹, *Opera*, x (1959), 421

–: ›Emilia di Liverpool‹, *ML*, xl (1959), 207

G. Roncaglia: ›Ricuperato anche »Il furioso all'isola di S. Domingo«‹, *La Scala* (1959), Nr. 115, S. 34, 69

G. Barblan: ›Una donizettiana farsa di costume: »Le convenienze e le inconvenienze teatrali«‹, *Le celebrazioni del* 1963, Chigiana, xx (1963), 217

H. Liebisch: ›Eine Oper – zwei Texte: textkritische Bemerkungen zu Donizettis »Don Pasquale«‹, *Musik und Gesellschaft*, xiii (1963), 91

G. Barblan: ›Alla ribalta un'ottocentesca tragedia lirica: »Parisina d'Este« di Donizetti‹, *Chigiana*, xxi (1964), 207–238

–: ›Caracteristicas corais do »D. Sebastiano« de Donizetti‹, *Estudos italianos em Portugal*, xxiii (1964), 203

–: ›Attualità di Donizetti‹, *L'opera italiana in musica ... in onore di Eugenio Gara* (Mailand, 1965), 59

–: *La favorita: mito e realtà* (Venedig, 1965)

F. Cella: ›Indagini sulle fonte francesi dei libretti di Gaetano Donizetti‹, *Contributi dell'Istituto di filologia moderna*, franz. Reihe, iv (1966), 343–590

F. Lippmann: ›Die Melodien Donizetis‹, *AnMc*, Nr. 3 (1966), 80–113

G. Barblan: ›Lettura di un'opera dimenticata: »Pia de' Tolomei« di Donizetti (1836)‹, *Chigiana*, xxiv (1967), 221

R. Celletti: ›Il vocaliscmo italiano da Rossini a Donizetti‹, *AnMc*, Nr. 5 (1968), 267; vvii (1969), 214–247

F. Lippmann: ›Gaetano Donizetti‹, *Vinczeno Bellini und die italienische opera seria seiner Zeit*, AnMc, Nr. 6 (1969), 304

E. de Mura: *Enciclopedia della canzone napoletana* (Neapel, 1969)

P. Rattalino: ›Il processo compositivo nel »Don Pasquale« di Donizetti‹, *NRMI*, iv (1970), 51, 263

E.H. Bleiler: *Lucia di Lammermoor by Gaetano Donizetti* (New York, 1972) [enth. Libretto, Übersetzung und Einführung]

W. Dean: ›Some Echoes of Donizetti in Verdi's Operas‹, *3° congresso internazionale di studi verdiani: Milano 1972*, 122

J. Freeman: ›Donizetti in Palermo and *Alahor in Granata*‹, JAMS, *xxv* (1972), 240

F. Speranza, Hrsg.: *Studi donizettiani*, ii (1972) [enth. W. Ashbrook: ›La composizione de »La favorita«‹; P. Rattalino: ›Unità drammatica della »Linda di Chamounix«‹; H. Weinstock: ›Chi era Marianna Donizetti?‹]

P. Schmid: ›*Maria Stuarda* and *Buondelmonte*‹, *Opera*, xxiv (1973), 1060

W. Dean: ›Donizetti's Serious Operas‹, *PRMA*, c (1973–1974), 123

F. Lippmann: ›Der italienische Vers und der musikalische Rhythmus: zum Verhältnis von Vers und Musik in der italienischen Oper des 19. Jahrhunderts‹, *AnMc*, Nr. 12 (1973), 253–369; Nr. 14 (1974), 324–410; Nr. 15 (1975), 298–333

L. Mikoletzky: ›Gaetano Donizetti und der Kaiserhof zu Wien: neue Dokumente‹, *AnMc*, Nr. 14 (1974), 411

Journal of the Donizetti Society, i (1974) [enth. J. Schaap: ›Il burgomastro di Saardam‹; J. Watts: ›L'ajo nell'imbarazzo‹]

Journal of the Donizetti Society, ii (1975) [enth. G. Barblan: ›Maria di Rohan‹; J. Commons: ›The Authorship of »I piccioli virtuosi ambulanti«‹, ›Unknown Donizetti Items in the Neapolitain Journal »Il sibilo«<J. Guaricci: >Lucrezia Borgia<; R. Leavis: >*La favorite* and *La favorita*: One Opera, Two Librettos<; M.F. Messenger: >Donizetti, 1840: 3 »French« Operas and their Italian Counterparts<]

F. Lippmann: >Verdi und Donizetti<, *Opernstudien: Anna Amalie Abert zum 65. Geburtstag* (Tutzing, 1975), 153

1° convegno internazionale di studi donizettiani: Bergamo 1975 [enth. R. Angermüller: >Gli anni viennesi di Donizetti<; F.L. Arruga: >La drammaturgia donizettiana<; W. Ashbrook: >La struttura drammatica nella produzione di Donizetti dopo il 1838<; L. Baldacci: >Donizetti e la storia<; G. Bezzola: >Aspetti del clima culturale italiano nel periodo donizettiano<; B. Cagli: >Sui testi poetici della produzione vocale di camera<; G. Carli Ballola: >Letteratura del »Torquato Tasso«<; P. Cattaneo: >Contributo per un'analisi della produzione sacra di Donizetti<; C. Casini: >Il decennio della fortuna critica di Donizetti a Parigi<; F. Cella: >Il donizettismo nei libretti di Donizetti<; J. Commons: >Donizetti e la censura napoletana<; S. Döhring: >La forma dell'aria in Gaetano Donizetti<: P. Gossett: >Anna Bolena e la maturità di Donizetti<; A. Gazzaniga: >La produzione musicale donizettiana nel periodo napoletano<; F. Lippmann: >Donizetti e Bellini: contributo all'interpretazione dello stile donizettiano<; P. Rattalino: >Trascrizioni, riduzioni, trasposizioni e parafrasi del »Don Pasquale«<; B. Zanolini: >L'armonia come espressione drammaturgica in Donizetti<; A. Zadda: >Caratteristiche della strumentazione nell'opera teatrale di Gaetano Donizetti<]

G. Barblan: >Gaetano Donizetti mancato direttore dei conservatori di Napoli e di Milano<, *Il melodramma italiano dell'ottocento*, ii: *Da Rossini a Puccini*, Hrsg. M. Mila (Turin, 1977)

G. Gavazzeni: >Brogliaccio donizettiano<, ibid.

B. Sarnaker: >Chi cantò l'*Esule di Roma*? overo, Parti in cerca di cantanti<, ibid.

Journal of the Donizetti Society, iii (1977) [enth. J. Commons: >Maria Stuarda and the Neapolitain Censorship<: -: >Giuseppe Bardari<; J. Commons, P. Schmid und D. White:>19th century Performances of *Maria Stuarda*<]

J.N. Black: >Cammarano's Libretti for Donizetti<, *Studi donizettiani*, iii (1978), 115

D. White: >Donizetti and the »Three Gabriellas«<, *Opera*, xxix (1978), 962

A. Gazzaniga: >Un intervallo nelle ultime scene di »Lucia«<, *NRMI*, xiii (1979), 620

Journal of the Donizetti Society, iv (1980) [enth. J.N. Black: >Cammarano's Notes for the Staging of Lucia di Lammermoor<; -: >Cammarano's Self-Borrowings: the Libretto of Poliuto<; T.G. Kaufmann:

›L'esule di Roma: a Performance History‹; -: ›Italian Performances
in Vienna 1835-1859‹; F. Lo Presti: ›La fortuna di Donizetti oggi in
Inghilterra‹; A. Weatherson: ›Donizetti in Revival‹]

W. Ashbrook: *L'ange di Nisida* di Donizetti', *RMI*, xvi (1981), 96

J. Black: *Donizetti's Operas in Naples* (London, 1982)

A. Gazzaniga: ›La geminazione nel linguaggio di Donizetti‹, *NRMI*,
xviii (1984), 420-433

W. Ashbrook: ›Donizetti and Romantic Sensibility in Milan at the
Time of *Maria Padilla*‹, *DJS*, v (1984), 8-19

J. Black: ›*Elisabeth d'Angleterre, Le comte d'Essex*, and *Roberto Devereux*‹, DSJ, *v (*1984), 135-146

-: ›The Revival of *Gemma di Vergy* at the S. Carlo of Naples in June
1838‹, *DSJ*, v, (1984), 82-87

J. Commons und J. Black: ›*Il campanello di notte*: Further Evidence,
Further Questions‹, *DSJ*, v (1984), 231-239

W. Crutchfield: ›A Donizetti Discovery‹, *MT*, cxxv (1984), 487-490
[*Elisabeth (Otto mesi)*]

T. Kaufmann: ›*Lucrezia Borgia* Various Versions and Performance
History‹, *DSJ*, v (1984), 37-81

F. Lo Presti: ›*Le duc d'Albe*: the Livret of Scribe and Duveyrier‹, *DSJ*, v
(1984), 243-316

R. Parker: ›*Maria Padilla*: Some Historical and Analytical Remarks‹,
DSJ, v, (1984), 20-34

S. L. Balthazar: *Evolving Conventions in Italian Serious Opera: Scene
Structure in the Works of Rossini, Bellini, Donizetti, and Verdi,
1810-1850* (Diss., Univ. of Pennsylvania, 1985)

A. Gazzaniga: ›Appunti di Donizetti per una conferenza‹, *NRMI*, xix
(1985), 291-297

P. Gossett: *Anna Bolena* (Oxford, 1985)

C. Dahlhaus: ›Komödie mit Musik und musikalische Komödie: zur
Poetik der komischen Oper‹, *NZM*, Jg. 147 (1986), 24-27

Pipers Enzyklopädie des Musiktheaters, i (München 1986), 737-766; ii
(München 1987), 1-54 [enth. 25 Artikel über einzelne Opern von
N. Miller]

W. Ashbrook: ›Donizetti and Romani‹, *Italica*, lxiv (1987), 606-631

A. Bini: ›*Otto mesi in due ore* ossia *Gli esiliati in Siberia*: vicende di
un'opera donizettiana‹, *RIM*, xxii (1987), 183-260

S. Fayad: *Donizetti a Napoli (*1822-1838) (Neapel, 1987)

N. L. Jennings: *Gaetano Donizetti (1797-1848): the Evolution of his Style
leading to the Production of* ›*Anna Bolena*‹ *in 1830* (Diss. Michigan
State Univ., 1987)

W. Ashbrook: ›Popular Success, the Critics and Fame: the Early Ca-
reers of *Lucia di Lammermoor* and *Belisario*‹, *COJ*, ii (1990), 65-81

H. R. Cohen, Hrsg.: *The Original Staging Manuals for Twelve Parisian Operatic Premières/Douze livrets de mise en scène lyrique datants des créations parisiennes* (Stuyvesant, NY, 1991) [enth. Regiebuch für *La favorite*]

VINCENZO BELLINI

FRIEDRICH LIPPMANN

ERSTES KAPITEL
LEBEN

Erziehung und frühe Laufbahn (1801–1826)

Vincenzo Bellini wurde als erstes von sieben Kindern am
3. November 1801 in Catania in einer Musikerfamilie geboren:
Der Großvater Vincenzo Tobia Bellini, aus den Abruzzen
stammend, hatte an einem der neapolitanischen Konservato-
rien studiert und wirkte seit 1767/68 in Catania als Organist,
Komponist und Musiklehrer. Bellinis Vater Rosario war
gleichfalls Musiker in Catania: Komponist, Kapellmeister, Musiklehrer. Der junge Vincenzo zeigte sehr frühzeitig einen
aufnahmebereiten Geist und erhielt daher schon weit vor dem
normalen Schulalter vom Vater Klavierunterricht, während
ihm ein Geistlicher die Anfangsgründe des Schulwissens bei-
brachte. Ein Anonymus berichtet (Ms. im Museo Belliniano,
Catania), daß Bellini bereits im Alter von wenig mehr als fünf
Jahren auf bewundernswerte Weise Klavier spielte; auch habe
er ein ausgezeichnetes Gehör und musikalisches Gedächtnis
bewiesen. Im Alter von sechs Jahren schrieb er seine erste
Komposition, ein *Gallus cantavit.* Dem genannten Anonymus
zufolge erhielt Bellini, nachdem er sieben Jahre alt geworden
war, Privatunterricht in Latein, neueren Sprachen, Rhetorik
und Philosophie. In der Musik – das heißt nun vor allem:
Komposition – unterrichtete ihn nach dem 7. Lebensjahr vor-
nehmlich der Großvater. Bellini komponierte jetzt zahlreiche
kirchenmusikalische Werke. Was von ihnen heute (hand-
schriftlich) erhalten ist, hat Francesco Pastura auf S. 710 seines
Buches *Bellini secondo la storia* zusammengestellt; genau datie-
ren lassen sich die Manuskripte nur zu einem kleinen Teil. Der
hübsche und sympathische Knabe war in Catania sehr bekannt.
Bald ließ er sich nicht nur, wie bis dahin, in den Kirchen als
Komponist hören, sondern auch in den Salons der Aristokratie
und des Patriziats. Für diese Kreise schrieb er seine ersten
Arietten, wohl auch einige Instrumentalwerke.

Als ihn der Großvater nichts mehr zu lehren wußte, ging
Bellini im Juni 1819 nach Neapel. Die Mittel, am dortigen
Konservatorium zu studieren, gab ihm die Stadtverwaltung von
Catania. Sein erster Lehrer am neapolitanischen Konservato-
rium war Giovanni Furno; als »maestrino« beaufsichtigte ihn
Carlo Conti. Im Kontrapunkt unterwies ihn, wohl ab 1821,
Giacomo Tritto. 1822 (nach Florimo) kam Bellini in die Schule
des Konservatorium-Direktors Nicola Zingarelli. Studien im
strengen Satz wurden nun durch Übungen in der Solfeggien-
Komposition ergänzt. Zingarelli ließ Bellini die Meister der
sog. »neapolitanischen Schule«, aber auch die Instrumentalwerke J. Haydns und Mozarts studieren. Bellinis Interesse an
Mozart wird durch einige Editionen von Werken dieses Komponisten bezeugt, die sich mit autographem Besitzvermerk
Bellinis im Konservatorium Neapel befinden. Zu Übungs-
zwecken entstand in der Konservatoriumszeit, besonders nach
1822, eine Reihe von kirchenmusikalischen Werken und In-
strumentalstücken; für Freunde schrieb Bellini um 1824 eine
Hochzeitskantate; daneben komponierte er einige Arietten
(etwa 1824 erschien bei Girard & C. in Neapel die Romanze
»Dolente immagine di Fille mia« als erstes gedrucktes Werk
Bellinis).

Es gehörte zum Usus des neapolitanischen Konservatoriums, einen am Ende seiner Studien angekommenen Kompo-
sitions-Studenten einem größeren Publikum mit einem dramatischen Werk vorzustellen. So führte Bellini im Theatersaal
des Konservatoriums im Beginn des Jahres 1825 seine Opera
semiseria *Adelson e Salvini* mit (nur männlichen) Schülern des
Konservatoriums auf. Der Erfolg führte zur Verpflichtung, für
einen Galaabend im Teatro S. Carlo eine Oper zu schreiben.
Bianca e Fernando, aus Rücksichten auf das neapolitanische
Herrscherhaus in *Bianca e Gernando* umbenannt, wurde im Mai
1826 ein guter Erfolg. Hoffnungen auf eine Aufführung des
überarbeiteten *Adelson e Salvini* im Teatro del Fondo (Handschriften im Konservatorium Neapel beweisen Bellinis Überarbeitung für Sänger dieses Theaters) zerschlugen sich, so wie
sich auch die Hoffnungen auf eine Ehe mit der Jugendliebe

Vincenzo Bellini, Aquarell (um 1835)

Maddalena Fumaroli zerschlugen. Um so glücklicher war Bellini, vom Impresario Barbaja eine Scrittura für eine an der Mailänder Scala aufzuführende Oper zu erhalten.

Opernerfolge (1827–1833)

Von Mai bis Oktober 1827 entstand in Mailand *Il pirata,* das Werk, mit dem sich Bellini sofort Bahn brach. Ein Publikumserfolg, wie ihn Bellini mit dieser seiner dritten Oper erzielte, wurde Donizetti erst nach über 30 Opern zuteil (*Anna Bolena,* 1830). Damals begann die überaus fruchtbare Zusammenarbeit mit dem Librettisten Felice Romani, der den Text auch der Opern *La straniera, La Zaira, I Capuleti e i Montecchi, La sonnambula, Norma* und *Beatrice di Tenda* schrieb. Eine solche Anhänglichkeit an *einen* Librettisten begegnet man bei den zeitgenössischen italienischen Opernkomponisten nicht. Sie war in der Klangfülle und oft an Metastasio gemahnenden Eleganz der Verse dieses Librettisten begründet, aber auch in der Freundschaft, die Bellini und Romani bis zur Entzweiung über der Arbeit an *Beatrice di Tenda* verband. Gleichfalls 1827 begann die enge Zusammenarbeit mit dem (schon in *Bianca e Gernando,* 1826, aufgetretenen) Tenor G.B. Rubini, welche noch weiter reichte: bis hin zu *I Puritani* (1835). Diese Verbindung wurde für den Sänger nicht weniger als für den Komponisten fruchtbar. Ähnlich eng hat Bellini später (in *La sonnambula, Norma* und *Beatrice di Tenda*) mit Giuditta Pasta zusammengearbeitet. Anfang 1828 wurde *Il pirata* in Wien gegeben. Schon damals wurde das Ausland auf Bellini aufmerksam.

Von 1827 bis 1833 blieb Mailand Bellinis Hauptwohnsitz. Schnell drang er in die gehobenen Gesellschaftskreise ein. Er war wohlgelitten bei der Principessa Belgioioso, dem Conte Barbò, der Duchessa Litta, der Contessa Appiani u.a. Er lebte allein von den Scritture der Operntheater. Ein Amt – wie etwa Konservatoriumslehrer oder künstlerischer Direktor eines Operntheaters – hat er im Unterschied zu den Kollegen Rossini, Donizetti, Pacini und Mercadante nie bekleidet. Dafür wußte er seine Werke teuerer als bis dahin in Italien üblich zu verkaufen. Und er lebte durch Monate auf den Landsitzen der befreundeten Familien Cantù und Turina. Zu Giuditta Cantù, die mit dem Grundbesitzer und Seidenfabrikanten Ferdinando Turina unglücklich verheiratet war, hatte Bellini ein leidenschaftliches Liebesverhältnis, das bis 1833 andauerte. Es begann im April 1828 in Genua, dessen Teatro Carlo Felice Bellini mit der 2. Fassung seiner Oper *Bianca e Fernando* erfolgreich eröffnete. Den zweiten großen Markstein in seiner künstlerischen Laufbahn – nach dem ersten des *Pirata* – bedeutete jedoch die Oper *La straniera*, welche im Februar 1829, wiederum an der Mailänder Scala, aufgeführt wurde. Der Publikumserfolg übertraf womöglich den des *Pirata*, aber die Oper gab auch Anlaß zu ausgedehnten Diskussionen unter den damaligen Musikkritikern (vgl. den teilweisen Abdruck bei Luisa Cambi, *V.B.*, *Epistolario*): Einige Kritiker sahen in dem wahrhaft neuartigen Stil des Werkes Gefahren. Im Mai 1829 inaugurierte Bellini ein zweites Theater: das neue Teatro Ducale in Parma. Seine *Zaira* wurde jedoch ein Mißerfolg, an dem Verstimmungen in den Theaterkreisen Parmas (man glaubte Bellini nicht eifrig genug bei der Sache) mitschuldig waren. Um so erfolgreicher wurde, ein knappes Jahr später, die Oper *I Capuleti e i Montecchi* im venezianischen Teatro La Fenice.

Bellini wußte sich in die Epoche der Meisterschaft eingetreten. Selbstbewußt schrieb er am 28. März 1830: »Mein Stil erklingt nun in den bedeutendsten Opernhäusern der Welt ... und wird mit größter Begeisterung aufgenommen«. Im Frühjahr 1830 meldete sich zum ersten Male in heftiger Form die Krankheit, die fünf Jahre später zum Tode führen sollte: eine heftige Entzündung des Magen-Darm-Systems. Zur Erholung weilte Bellini im Sommer am Comer See (als Gast der Familien Cantù und Turina). Im August studierte er in Bergamo seine *Straniera* ein. Im Herbst begann er *L'Ernani* zu komponieren; Felice Romani hatte bereits einen Teil des berühmten Dramas Hugos in Libretto-Form gebracht. Das Projekt wurde aufgegeben, weil man Schwierigkeiten mit der Zensur befürchten mußte. Anstelle des *Ernani* entstand *La sonnambula*, welche am Teatro Carcano in Mailand im März 1831 mit sehr großem Erfolg aufgeführt wurde. Nicht so gut erging es zunächst der Oper *Norma*, welche die Karnevalsspielzeit 1831/32 des Teatro alla Scala eröffnete. »Fiasco, fiasco, solenne fiasco«, berichtete Bellini über die Uraufführung. In den folgenden

Aufführungen begriff das Publikum jedoch den Wert dieses Hauptwerkes Bellinis. Beruhigt konnte er am 5. Januar 1832 eine lange Reise nach Neapel und Sizilien antreten. Sie gestaltete sich auf der heimatlichen Insel zu einem wahren Triumphzug. Die Rückreise nach Mailand führte über Neapel, Rom und Florenz. Nicht vor Ende Mai kam Bellini wieder in Mailand an. Die nächsten größeren Arbeiten waren die Einstudierungen seiner *Norma* in Bergamo und Venedig (August und Dezember 1832). Die neue Oper, die danach für Venedig entstand, die *Beatrice di Tenda*, wurde ein Mißerfolg. Bellini selbst aber hielt die *Beatrice* für »non indegna delle sue sorelle« (»nicht unwert ihrer Schwestern«).

Letzte Opern: London und Paris (1833 – 1835)

Etwa im Februar 1833 schloß Bellini einen Kontrakt, in London drei seiner Opern einzustudieren. Über Paris reiste er im April in die englische Hauptstadt. *Il pirata*, *Norma* und *I Capuleti e i Montecchi* (mit Giuditta Pasta in den Hauptrollen) fanden im King's Theatre starken Beifall, nicht geringeren daneben, im Drury Lane Theatre, *La sonnambula* (mit Maria Malibran in der Titelrolle). Im August reiste Bellini nach Paris. Verhandlungen mit der Opéra führten zu keinem Erfolg, statt dessen aber die mit dem Théâtre Italien, über dessen Bühne *Il pirata* und *I Capuleti e i Montecchi* im Herbst erfolgreich gingen. Da die Verhandlungen für eine neue Oper sich aber lange hinzogen (erst zu Beginn des Jahres 1834 erhielt er die definitive Scrittura), hatte Bellini viel Zeit, sich dem geselligen Leben zu widmen, für das er auch in London viel Begeisterung gezeigt hatte. Er trat in nähere Beziehungen zu Rossini, der sein väterlicher Freund wurde, ferner zu Chopin, Carafa, Paër u. a. Musikern. Im Salon der nach Paris emigrierten Principessa Belgioioso traf er des öfteren mit Heinrich Heine zusammen. Von den musikalischen Eindrücken, die er in Paris empfing, war derjenige der stärkste, der von den Beethoven-Aufführungen im Conservatoire ausging: »E'bel comme la nature«, rief Bel-

lini mit leuchtenden Augen Ferdinand Hiller zu, als er die 6.
Sinfonie gehört hatte.

Endlich im April 1834 begann Bellini den Text *I Puritani* des
italienischen Emigranten Conte Carlo Pepoli zu komponieren
– »nach einem Jahr wirklich ausgiebiger Ruhe«, wie der Komponist sich ausdrückte. Etwa gleichzeitig mit der Scrittura für
das Théâtre Italien erhielt er aus Neapel die Einladung, eine
neue Oper zu schreiben. Aus Zeitschwierigkeiten lehnte er ab;
aber er blieb mit der Direktion des Teatro S. Carlo im Gespräch. Die Frucht der zahlreichen Vorschläge und Gegenvor-
schläge ist eine auf die Stimmen Malibran/Duprez/Porto abge-
stimmte Zweitfassung der *Puritani*, die jedoch nicht zur Aufführung gelangte, weil die Partitur nicht zum vorgesehenen
Termin in Neapel ankam. Mit der Pariser Fassung der *Puritani*,
der einzigen durch Drucke bekannten, feierte Bellini im Januar
1835, wenige Monate nach einem großen Erfolg der *Sonnambula* im selben Theater, einen wahrhaftigen Triumph. Das Kö-
nigshaus ernannte ihn zum Ritter der Ehrenlegion. Bellini sah
sich da angelangt, wohin er stets gestrebt hatte, »unmittelbar
hinter Rossini«. Er entschied sich, in Paris zu bleiben. In diesem Frühjahr 1835, erneut ohne Kompositionsauftrag, gingen
ihm Pläne über Pläne durch den Kopf. Sie betrafen eine er-
strebte Heirat, die Karriere im allgemeinen, bestimmte Opern
im einzelnen. Verhandlungen mit der Opéra und mit der
Opéra comique zogen sich in die Länge. Keiner der Pläne
wurde verwirklicht. Ende August erkrankte Bellini, am 23. September 1835 starb er einsam in einem Landhaus im Pariser
Vorort Puteaux, isoliert gehalten sehr wahrscheinlich unter
dem Verdacht der Cholera. Die Obduktion ergab die wahre
Todesursache: »Bellini erlag zweifellos einer akuten Dick-
darm-Entzündung, die durch einen Leber-Abszeß noch ver-
schlimmert wurde.« Am 2. Oktober fand die Totenmesse im
Invalidendom statt. »Paër, Cherubini, Carafa und Rossini hielten je einen Zipfel des Leichentuchs«, heißt es in einer Beschreibung der Feierlichkeit. Die Gebeine ruhten bis 1876 auf
dem Friedhof Père Lachaise, seitdem im Dom der Heimatstadt
Catania.

Charakter

Das berühmteste literarische Konterfei Bellinis stammt von
Heinrich Heine (*Florentinische Nächte*, 1837). Heine legte mit
seiner amüsanten Schilderung jedoch bestenfalls *eine* Seite von
Bellinis Charakter bloß: das etwas Dandyhafte, das ihm wohl,
zumindest in der Pariser Zeit, eigen war. Immerhin hat Heine
bemerkt, »daß sein Charakter durchaus edel und gut war. Seine
Seele ist gewiß rein und unbefleckt geblieben von allen häß-
lichen Berührungen«. Daß Bellini im Innersten integer war,
berichten auch andere Beobachter, denen man wohl glauben
darf. Sein lebenslänglicher Freund Francesco Florimo spricht
von einem »animo candido«. Rossini sagte zum Maler Guglielmo De Sanctis: »Er besaß die schönste, liebenswürdigste
Seele.« Ferdinand Hiller schrieb: »Seine Persönlichkeit glich
seinen Gesängen – sie war bestrickend – ebenso reizend als
sympathisch«. Bei Hiller liest man auch folgendes: »Er dachte
scharf und fühlte lebhaft ... Er wußte sehr wohl, was er wollte,
und war weit davon entfernt, eine Art von Naturdichter zu
sein, wie sich ihn Manche wohl vorstellen mögen«. Diese
nachdenklichen Züge Bellinis treten in mehreren Briefen, in
denen er sich über seine Kunst äußert, hervor.

»Animo candido«, aber nicht »angelico«: Es fehlen nicht
die Schattenseiten. Seinen komponierenden Kollegen ist Bellini nicht selten mißtrauisch, neidisch und sogar übelwollend
gegenübergetreten. Der besonders im damaligen Opernbetrieb unausbleibliche Konkurrenzkampf mag vieles davon ver-
ursacht haben. Aber Bellini ist oft unnötigerweise zu weit
gegangen. So z.B. im Verhältnis zu Donizetti. Man vergleiche
Bellinis geradezu gehässige Abwertung des *Marino Faliero*
(Brief vom 1. April 1835) mit Donizettis neidloser Bewunderung der *Norma* (Brief Donizettis vom 31. Dezember 1831).
Auch im Verhältnis zu den Frauen sind negative Charakter-
züge nicht zu verkennen. Daß er die kleineren Liebesaben-
teuer (ihre Häufigkeit ist in der populären Literatur sicherlich
übertrieben worden) nicht allzu ernst nahm, werden ihm nur
strenge Moralisten vorwerfen. Ein weniger schöner Zug ist

jedoch, daß er selbst da, wo ihn – wie im Verhältnis zu Giuditta
Turina – leidenschaftliche Liebe ergriffen hatte, nicht frei von
Kalkül blieb (vgl. den Brief vom 27. September 1828 an Florimo). Aus dem Verhältnis zu dieser verheirateten Frau, die
ihn ernstlich liebte, ist Bellini nicht ohne Schuld hervorgegan-
gen. Die Heiratspläne von 1834/35 (die Briefe nennen keine
Namen, sprechen aber viel von Mitgift) waren so egoistisch
wie vage.

Keineswegs war Bellini ein weichlicher, melancholischer
Mensch ohne starke männliche Züge. Florimo nennt Bellinis
Charakter nicht allein »rein, liebenswürdig, dankbar, bescheiden«, sondern auch »leidenschaftlich, jähzornig, anmaßend«.
Giovanni Ricordi spricht gar von einem »vulkanischen Charakter, der jederzeit explodieren kann«. In Pariser Theaterkreisen
galt Bellini, wie er selber 1835 an Florimo schrieb, als »etwas
arrogant und arg eitel«.

ZWEITES KAPITEL
WERKE

Die Herkunft von Bellinis Stil

Während Rossini und Verdi nicht nur als Opernkomponisten, sondern auch als Autoren hochbedeutender Kirchenmusik in die Musikgeschichte eingegangen sind, bedeuten die nicht-theatralischen Werke Bellinis bloße Nebenprodukte, auf die man ohne allzu großen Verlust verzichten könnte. Von Bellini zu reden heißt von seinen Opern zu reden, und es heißt – von der Opera semiseria *Adelson e Salvini* abgesehen – von Opere serie zu reden. (*La sonnambula* neigt freilich wiederum der Gattung der Opera semiseria zu, allerdings ohne eine einzige wirklich komische Szene aufzuweisen.)

Die Anfänge stehen im Zeichen Rossinis, der Lehre Zingarellis und sicherlich auch der Volksmusik der sizilianischen Heimat sowie Neapels. Florimo hat Scherillo berichtet, daß Bellini in seiner Konservatoriumszeit gern aus einem »zibaldone di poesie siciliane«, einer »Anthologie« sizilianischer Volksdichtung musiziert habe. Manches sizilianische Volksgut mag in seine Musik eingeflossen sein, wie etwa die Vorliebe für engintervallische Bewegung und für 6/8-, 9/8- und 12/8-Takt. Beweisen läßt sich ein direkter Einfluß jedoch nicht, da die sizilianische Volksmusik bereits lange vor 1825 auf die Kunstmusik abgefärbt hatte. Noch schwerer läßt sich der Einfluß der neapolitanischen Volksmusik belegen, jedenfalls auf dem heutigen Stande des Wissens von der Folklore Neapels und seiner Provinz. Daß jedoch zumindest einige Affinitäten bestehen, duldet keinen Zweifel. Zur Lehrmeinung Zingarellis gehörte, daß die Melodie erstens das Zentrum der Musik sei, zweitens auf die einfachste Weise konzipiert werden müsse. Zingarelli konnte es jedoch nicht verhindern, daß Rossini mit seinen vitalen Melodien und Rhythmen, aber auch mit der jede »Einfacheit« verleugnenden Überfülle von Koloraturen Bellini in seinen Bann schlug: Die neapolitanische Auffüh-

rung der *Semiramide* (1824) wurde eines der bestimmenden
musikalischen Ereignisse der Studienzeit Bellinis.

Adelson e Salvini zeigt den jungen Komponisten im Schnitt-
punkt aller dieser Tendenzen und Einflüsse. Rossini klingt aus
nicht wenigen Teilen der Partitur wider: aus den Crescendi
der Introduktion und des I. Finales, aus zahlreichen Orchester-
motiven, aus den Gesängen der Buffofigur Bonifacio, aber
auch aus etlichen Kantilenen der parti serie (z. B. aus dem
Beginn von Adelsons Auftrittsarie »Obliarti! abbandonarti!«).
Aber neben den rossinesken Teilen stehen in diesem Erstlingswerk doch viele Zeugnisse eines ganz eigenständigen
Ausdrucks: echt romantischer Klangsinn, der sich unter anderem im Dur/Moll-Wechsel offenbart; emphatischer Schwung
etlicher Melodien. Ein solch überschwängliches Sich-Ausströ-
men bedeutete ein Novum in der italienischen, ja der europäischen Oper. Bellinis neuartige Lyrik auf die Tradition der sog.
»neapolitanischen Schule« zurückzubeziehen, wie es in der
Literatur des öfteren geschehen ist, ist unangebracht. Eine
andere Behauptung, sie stelle eine Sentimentalisierung, Steigerung der Rossinischen Lyrik dar, ist historisch genauer. Aber
auch sie läßt Wesentliches außer acht: die Spontaneität, mit
der hier ein neuer, zutiefst romantischer Ausdruck erwuchs. In
diesem Erstlingswerk und auch in *Bianca e Fernando* (in beiden
Fassungen) sind Stücke mit stark individuellem Ausdruck allerdings noch in der Minderheit gegenüber solchen, die auch ein
anderer respektabler italienischer Komponist der Zeit hätte
schreiben können. In *Il pirata* dagegen durchdringt der individuelle Stil weite Teile der Oper, die sich dadurch enger und
eindrucksvoller zusammenschließen. Von dieser Oper an war
Bellini einer der tonangebenden Komponisten Italiens, zumal
nach Rossinis baldigem Verstummen als Opernkomponist
(1829). Einige wesentliche Züge der post-Rossinischen italienischen Opernmusik gehen auf Bellini zurück. Donizetti und
Pacini, Mercadante und Verdi haben von ihm gelernt.

Text und Musik

An erster Stelle unter den hervorstechenden Charakteristika
seiner Musik – wir betrachten im folgenden die Opern von
1827 bis 1835 summarisch und nicht chronologisch – verdient
die Textnähe seiner Musik genannt zu werden, eine Nähe,
welche die Zeitgenossen derart beeindruckte, daß sie die
Musik oftmals »filosofica« nannten. Sie hat sogar den Beifall
R. Wagners gefunden. »Bellinis Musik kommt von Herzen,
und sie ist dem Text ganz innig verbunden«, sagte er 1880 zu
Florimo. Der neuartige Ernst, den Bellini dem Text entgegen-
bringt, stellt eine Gegenreaktion auf Rossinis sehr häufige
Nonchalance in dieser Hinsicht dar. Der Text wird in Bellinis
Melodien genau deklamiert, Wortakzent und musikalische Betonung fallen, mit relativ wenigen Ausnahmen, zusammen.
Aber mehr noch: Sinngehalt und Stimmung der Szene werden
intensiv interpretiert. Eine durchgängige, konsequente Perso-
nen-Charakteristik hat Bellini dabei freilich nicht ins Werk
gesetzt. Seine Opern bieten, darin nicht verschieden von den
italienischen Opern zwischen etwa 1815 und etwa 1850 gene-
rell, eine Reihung einzelner Affektbilder. Und bei dieser Illustration des Affekts kommt es nicht darauf an, ob ein Guter
oder ein Böser den Affekt äußert: Schurken (wie etwa der
Filippo der *Beatrice di Tenda*) singen genauso kantabel und
schön wie die reinen Seelen. Liebesarie ist Liebesarie, egal
wer sie singt – dieser Maxime folgt auch Bellini. Konsequente
Personencharakteristik ist in Italien erst Sache des mittleren
und späten Verdi.

Mit dem neuartigen Ernst, den Bellini dem Text entgegen-
bringt, hängt die Verminderung von Zahl und Ausdehnung der
Koloraturen zusammen. In *La Straniera* hat er die Koloratur
dermaßen eingeschränkt, daß zeitgenössische italienische Kritiker von »declamazione cantata, o canto declamato« sprachen.
(vgl. Beispiel 1, aus der Cabaletta des Duetts Arturo/Alaide im
I. Akt von *La Straniera*). Die Radikalität Bellinis hängt mit
seinem heftigen Bestreben zusammen, vom Rossini-Stil los-
zukommen, »um ein neues Genre und eine Musik einzufüh-

Bsp. 1

ren, die die Worte so deutlich wie möglich ausdrücken sollen, wobei der Gesang und das Drama eine Einheit bilden« (vgl. F. Cicconetti). Von *La sonnambula* an hat er der Koloratur wieder etwas mehr Raum gegeben, ja sie den Themen oft integriert (wie z.B. in der in Beispiel 2 zitierten Melodie aus dem Duett

Bsp. 2

Elvino/Amina aus dem 2. Akt von *La sonnambula*, oder auch in Normas »Casta diva«).

Dem Textinterpreten Bellini mußte ein gutes Libretto, mußten gute Verse am Herzen liegen. Ein gutes Libretto war für ihn ein solches, das zahlreiche spannungsgeladene »situazioni« enthält und dessen Verse »die Leidenschaften in der lebendigsten Weise aussprechen« (zu Florimo am 4. August 1834). »Die Oper [im ital. Original: »dramma per musica«] muß einen zu Tränen, zum Schauder, zum Sterben bringen«, schrieb er im Frühjahr 1834 an den Conte Pepoli. In der Forderung nach spannenden Situationen – die an sich unglaubwürdige *Straniera*-Handlung pries er als »voll von Situationen, die alle neu und überwältigend sind« (August 1828 an Florimo) – begegnet sich Bellini mit dem frühen und mittleren Verdi. Heikler als Verdi und wohl jeder italienische Komponist seiner Zeit war Bellini jedoch im Gefühl für poetischen Wert und Unwert der Verse. Er wußte sich »sehr bewegt von guten Versen« (an Florimo im September 1828), und deshalb hielt er mit großer Anhänglichkeit am Librettisten Romani fest, dem besten »verseggiatore« jener Zeit. Unglaubwürdig aber ist ein angebliches Bellini-Wort, das Florimo überliefert: »Gebt mir gute Verse, dann gebe ich euch eine gute Musik.«

Dieselbe Naivität, die man Bellini nicht zutrauen kann, spricht aus dem sogenannten Brief an Agostino Gallo (1843 in Florenz publiziert, abgedruckt u. a. bei Cicconetti und Pastura). Hierin ist der Kompositions-Vorgang mit einer solchen Laienhaftigkeit dargelegt, daß man den ›Brief‹ bestenfalls für eine nachträgliche, entstellende Einkleidung einiger authentischer Äußerungen Bellinis halten kann. Bellini war ein viel zu guter Musiker, als daß er das in diesem ›Brief‹ dargelegte Kompositionsprinzip hätte befolgen können. Der ›Brief‹ läßt den Komponisten folgende Stadien durchmessen: Studium der Charaktere – Deklamation der Verse und Achtgeben auf deren »Sprachmelodie« – Umsetzung der Sprachmelodie in die musikalische – Probe am Klavier. In Wahrheit entstanden Bellinis Melodien auf den verschiedensten Wegen: Manchmal durchaus, wie es der ›Brief‹ will, in der Inspiration durch den spezifischen Text. Ebenso häufig aber auch in den »täglichen Studien«, wie Bellini jene Übungen nannte, die darin bestanden, Melodien ins Blaue hinein zu entwerfen, teils unter ganz allgemein gehaltenen Szenen-Vorstellungen, teils sogar auch ohne diese. Aus diesem Melodien-Vorrat (etliche solcher Skizzen sind im Museo Belliniano, Catania, erhalten) und aus Parodien früherer Stücke (Parodien sind in Bellinis Werk proportional nicht weniger zahlreich als in denen Rossinis) ist ein guter Teil von Bellinis Szenen gespeist. Und es sind keineswegs nur Nebenszenen, in denen Bellini auf schon vorhandene Melodien zurückgreift, sondern durchaus zentrale, wie z. B. in

Norma die Kultszene, das Duett Adalgisa/Pollione, oder wie in
I Capuleti e i Montecchi das I. Finale.

Melodik und Klang

Verdi hat Bellini besonders als den Komponisten weit-
gespannter Melodiebögen gerühmt (1898 an C. Bellaigue:
»... bei ihm gibt es lange lange lange Melodien, wie sie niemand zuvor geschrieben hat«). In der Tat liegt hier eine der
größten Leistungen Bellinis, und diese ist um so staunenswer-
ter, als sich seine Melodiebögen aus kleinen (meist zweitakti-
gen) Einheiten zusammensetzen, aus denselben rhythmischen
Typen, die auch seine italienischen Zeitgenossen verwendeten
und die mit den Charakteristika der einzelnen italienischen
Versarten korrespondieren. Im ganzen gesehen, gehören auch
Bellinis Werke zu jener Phase der italienischen Opernmusik,
welche ganz auf Korrespondenzmelodik und Symmetrie gestellt ist. (Die metrisch irregulär gebildeten Melodien sind in
der absoluten Minderheit). Aber es gelingt Bellini, aus den
relativ kleinen, typischen Bausteinen weitgespannte Melodiebögen zu fügen, die uns Heutige nicht weniger als Verdi be-
eindrucken. Als Mittel dazu dienen ihm diastematische Steigerungen – die Melodie schraubt sich systematisch in die Höhe,
wie z. B. in »Casta diva« –, Vermeidung von betonten harmonischen Kadenzen für eine Vielzahl von Takten – ein Muster-
beispiel: Aminas »Ah! non credea mirarti« in *La sonnambula* –,
die Verbindung von melodischem Gestus und dynamischer
Steigerung und anderes mehr. Außer den erwähnten Stücken
aus *Norma* und *La sonnambula* verdienen das II. *Norma*-Finale
(besonders der E-dur Teil) sowie das Larghetto im Quintett
des 2. Aktes der *Beatrice di Tenda* hervorgehoben zu werden.

In diesen Stücken, wie auch in »Casta diva«, liegt der melodische Höhepunkt am Ende – eine starke Neuerung für die
italienische Oper um 1800. Auch damit hat Bellini stark auf
Verdi eingewirkt (vgl. z. B. die Preghiera Leonoras »Madre,
pietosa Vergine« im II. Akt der *Forza del destino*).

Das zweite Novum, das in »Casta diva« zu bemerken ist, besteht im Klangrausch des Stückes. Zielstrebig auf dem dynamischen und diastematischen Höhepunkt angekommen, schwelgt Bellini in einer bis dahin unbekannten Weise im Klang. Die Synkopen unterstützen die Klangsinnlichkeit. Noch stärker tritt diese im genannten Schlußgesang des II. *Norma*-Finales hervor. Hier hat Bellinis Tendenz einer ekstatischen Klangentfaltung ihre höchste Ausprägung gefunden. Wie sich im E-Dur-Teil das Sequenz-Motiv in einer Vielzahl von Takten auf den harmonisch stark gewürzten (Tritonus) Höhepunkt schraubt, wie die Bewegung ins Pianissimo zurückgenommen wird, um danach ein zweites Mal einzusetzen – das ist von wahrhaft berauschender Wirkung, und es war 1831 historisch neu. Diese Sequenzen haben auch Richard Wagner beeinflußt. Noch in den Sequenzen-Steigerungen des *Tristan* ist der Einfluß spürbar.

Die Neuheit von Bellinis Steigerungen liegt zum Teil in der Harmonik, und speziell in der Dissonanzbehandlung. In den Sequenzen des II. *Norma*-Finales werden die Dissonanzen zunächst für die Länge von Viertelnoten aufgelöst, allerdings – und das ist bemerkenswert – auf den schwachen Taktzeiten (vgl. Beispiel 3). In den darauf folgenden Takten gibt Bellini dann den Konsonanzen immer weniger Raum: sie erscheinen fast durchweg nur als Durchgänge, für die Länge von Sechzehntelnoten. Die Spannung, die der endlich auf betonter Taktzeit erscheinende E-Dur-Akkord auflöst, wird dadurch ungeheuer stark.

In diesem Klangrausch vor allem gründet die »Romantik« der Musik Bellinis. Romantisches Klangempfinden äußert sich auch in der Liebe zu kleinen, kleinsten Intervallen. Bellini schreibt gern Melodien, die im Gleiten über Halbtonabstände Intensität gewinnen und oft eine betörende Süße ausströmen. Beispiele sind die schon genannten Preghiera Normas sowie das 1. Tempo der Arie Isolettas im II. Akt der *Straniera*, oder die Stelle »Prendi, l'anel ti dono« im 1. Duett Amina/Elvino in *La sonnambula* (vgl. Beispiel 4). Solche Melodien sind ganz typisch für Bellini, der über ihnen aber keineswegs vergessen

Bsp. 3

Bsp. 4

hat, Melodien mit weiten Intervallen zu schreiben – man denke z. B. an den diastematisch weit ausgreifenden Schlußgesang der *Straniera* (Cabaletta »Or sei pago, o ciel tremendo«). Berlioz fand den Bellini-Stil gekennzeichnet durch die Prädominanz der großen Terz des Grundtons; ähnliches schreibt auch Federico Ricci. Beide Autoren beachteten nicht, daß die Vorliebe für die (oft mit einem Sextaufschwung erreichte) Terz, der sich nicht selten ein Quartvorhalt zugesellt, zum europäischen romantischen Stil schlechthin gehört. Aber ohne Zweifel gehören Bellinis so charakterisierte Melodien zu den überzeugendsten Beispielen für diese Art romantischen Über-

schwanges. Noch ›romantischer‹ als die Melodien mit betonter Terz über dem Grundton sind solche, die durch eine Doppelheit der Aufschwünge gekennzeichnet sind, wie in Beispiel
5 (der Cabaletta der Arie Elvinos aus dem 2. Akt von *La son-*

Bsp. 5

nambula). Der Sextaufschwung des Beginns, der auf die Terz
über dem Grundton führt, wird überboten durch die Emphase
des im 3. Takt erfolgenden Aufschwungs zur Sext über dem
Grundton, welche als Vorhalt zur Quint fungiert. Dieser in der
Doppelheit der Aufschwünge urromatische Melodietyp begegnet oft bei Bellini.

Andere Elemente seines Stils

Bellinis Rhythmik ist nicht so individuell wie seine Melodik
(aber das gilt ja für Donizetti und den frühen Verdi auch).
Allzuhäufig begegnen bestimmte Formeln im Orchester. In
der rhythmischen Gestaltung des Gesangsparts neigt Bellini
wie Donizetti und der frühe Verdi der Isorhythmik zu: Ein für
die Komposition des 1. Verses gewählter rhythmischer Typ
wird gern das ganze Stück hindurch beibehalten, oder doch
jedenfalls über eine weite Strecke hinweg. Die Neigung zur
Isorhythmik hängt eng mit der genannten Hyperperiodik der
Melodiephrasen zusammen. Andererseits verdienen Hervorhebung diejenigen Melodien, in denen Bellini diese Hyperpe-

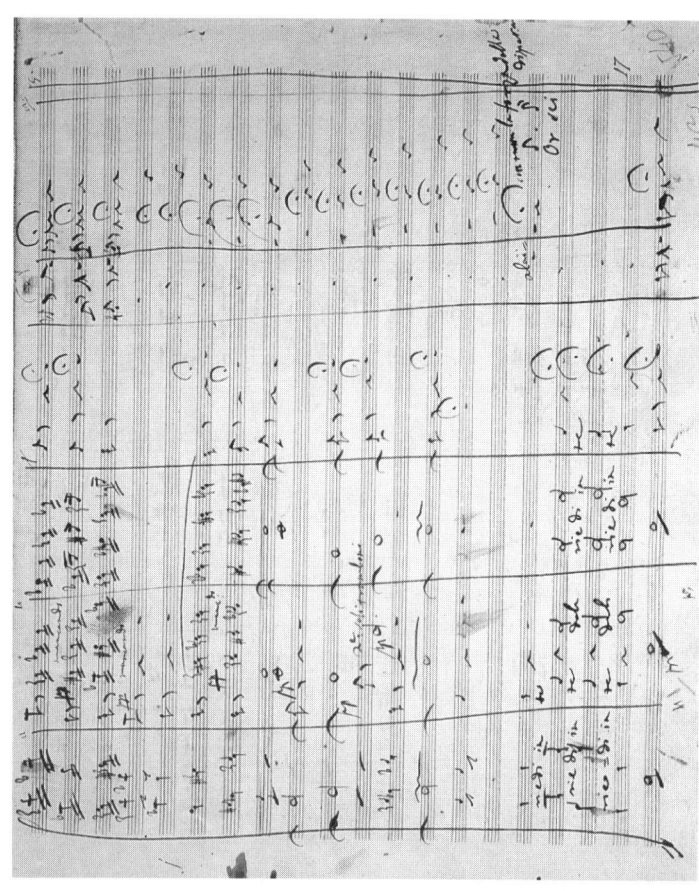

Zwei Seiten aus dem Finale von Bellinis Oper »La straniera« (Uraufführung am 14. Februar 1829), mit dem Beginn der Cabaletta »Or sei pago«.

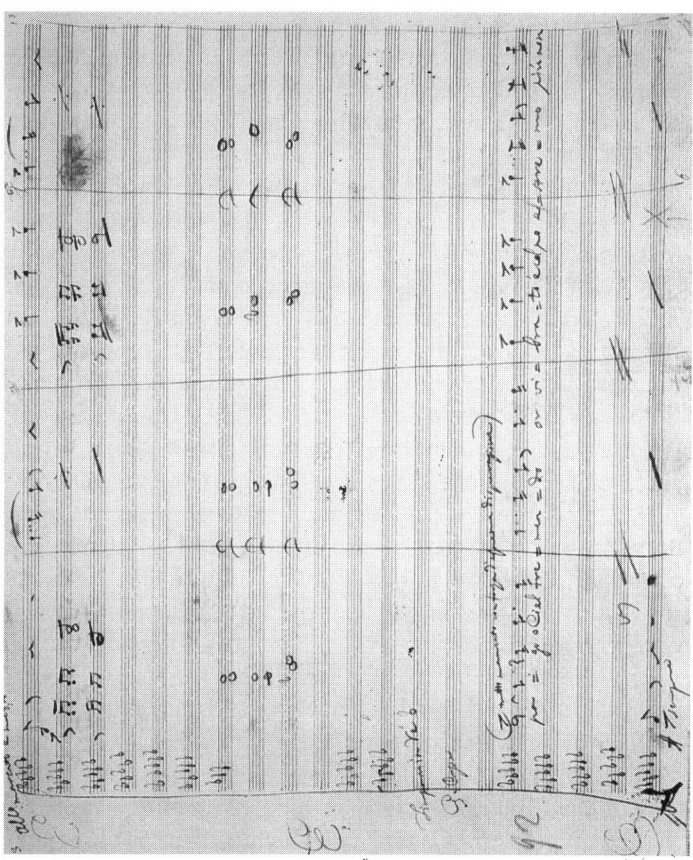

riodizität durchbricht, was häufig mit seinem Streben nach den
»langen langen langen Melodien« (Verdi) zusammenhängt. In
Aminas »Ah! non credea mirarti« (*La sonnambula*) gleicht von
den ersten elf Takten in rhythmischer Hinsicht keiner dem
anderen.

Hinsichtlich Bellinis Harmonik verdient besonders die
schon erwähnte Dissonanzbehandlung Hervorhebung, ferner
ist der häufige Dur/Moll-Wechsel zu nennen. *La straniera* ist
reich an harmonischen Ausweichungen in entlegene Tonarten.
Farbige Modulationen findet man besonders in *I Puritani*.

Bellinis Orchester begleitet, ähnlich wie das Donizettis, die
ausgesprochen kantablen Gesänge sehr zurückhaltend, d. h. ak-
kordisch, tritt aber gelegentlich, z. B. in den Mittelteilen der
Arientempi, mit plastischen Motiven hervor. Nicht selten
übernimmt es, so in Chören und dialogischen Partien, geradezu die Führung, indem es mit meistens einem einzigen
Motiv der musikalischen Szene Einheit und Kontinuität verleiht. Streckenweise schon in den Werken seit 1831, am stärk-
sten jedoch in *I Puritani* gewinnt die Instrumentation an Far-
bigkeit.

Man könnte annehmen, daß ein Musiker von starker Klangsinnlichkeit, der sich in streckenweisem Klangrausch als Romantiker par excellence ausweist, zur Unklarheit, ja zur Zer-
störung der Form neige. Das genaue Gegenteil ist bei Bellini
der Fall. Sein Klangschwelgen verbindet sich mit einer strengen Ökonomie der Anlage. Es geschieht auf äußerst knappem
Raum: Bellinis Lieblingsform für Arientempi (also für den
Hauptteil der ›Scena ed Aria‹, nicht für diese im ganzen) ist:
A^1 (= Verse 1 und 2 der 1. Textstrophe) in insgesamt meist 4
Takten; A^2 (= Verse 3 und 4 der 1. Textstrophe) von wiederum
meist 4 Takten; B (= Verse 1 und 2 der 2. Textstrophe), meistens 4 Takte; A^1 + Coda (= Verse 3 und 4 der 2. Textstrophe;
hier ist größere Fülle möglich, und hier ist auch die Heimstatt
für längere Koloraturen). Eine so knappe Form liebt Rossini
nicht, und auch Donizetti neigt zu größerer Breite.

Im großen ganzen folgt Bellini der musikalischen Szenen-
form, die seit ca. 1820 in Italien feststand. Die Arien und En-

sembles sind reich gegliedert, die Arien zumeist in zwei, die Duette sehr oft in drei Teile bzw. Sätze (»tempi«). Die großen Finali (meistens der I. Akte) sowie die Introduzioni sind noch stärker unterteilt. Musikalische Hauptpfeiler des großen Finales sind, nach Rossinis (und der Opera buffa) Vorgang, ein langsames lyrisches Ensemble und das dramatische Schluß-Allegro mit Stretta. An allen diesen Formen – auch an der Arie – beteiligt sich ausgiebig der Chor, teils mit dramaturgischer Berechtigung, teils nur aus musikalischen Gründen: zur Erreichung größerer Klangfülle, zur Schaffung des Kontrastes Solo-Tutti. Das Drama wird in keinem der Teile ausgeschaltet (wie hingegen oft in Arien des Settecento), sondern allenfalls kurzfristig suspendiert. Die mehrteiligen Formen mit wechselnder Besetzung ermöglichen es, das Drama zwischen den einzelnen geschlossenen Formen – auch sie sind oftmals nicht wahrhaft »geschlossen« – voranschreiten zu lassen; sie entsprechen damit dem romantischen Geist der Libretti mit ihren oft abenteuerlichen, schnell wechselnden Situationen. Bellini folgt dem allgemeinen Usus, aber nicht ohne individuelle Nuancen und Neuerungen. Er hat stärker als jeder andere italienische Komponist der Jahre um 1830 Arie und Rezitativ einander angenähert. Diese Annäherung von ›geschlossener‹ und ›offener‹ Form erreichte er vor allem durch die Einführung von überaus zahlreichen kantablen, ja direkt arienhaften Abschnitten ins Rezitativ. Neu daran sind die Häufigkeit dieser Einfügungen und ihr Stil, der über die traditionellen »Ariosi« weit hinausgeht. Oft weiß man beim Hören nicht, wo im Geflecht der musikalischen Szene die eigentliche »Arie« beginnt. So beispielsweise beim Hören einer Szene wie der Sortita Riccardos in *I Puritani*: Man glaubt schon beim Einsatz des Arioso »O Elvira, o mio sospir«, die »Arie« begänne (sie beginnt indessen erst mit »Ah! per sempre io ti perdei«). Bellinis Eigentum ist auch die besagte Häufigkeit der knappen Form A^1 A^2 BA' für das einzelne Arien-Tempo.

Wie in der Beschreibung von Bellinis Charakter, so auch in der seiner Kunst hat man bisher die weichen, elegischen Züge überbetont. Die – für die praktische Interpretation folgenrei-

che – Rede, Bellini wisse nur die weichen, elegischen Affekte
in persönlicher Weise auszudrücken, ja er sei von Grund auf
ein »Elegiker«, ein »sanfter Sizilianer« (R. Wagner), ist
grundfalsch. Zwar liegt unbestritten ein melancholischer Zug
über vielen Melodien Bellinis. Aber auch auf andere Affekte
als die weichen verstand sich dieser Komponist vorzüglich.
Hier sei nur auf die Rachegesänge Normas hingewiesen (»I
Romani a cento« und »Già mi pasco« im Duett mit Pollione
im II. Akt), auf den Kriegschor der Gallier in derselben Oper,
auf die militante Melodie »Suoni la tromba« im II. Finale der
Puritani, auf die vor Freude gleichsam überquellende Cabaletta »A quel nome« im Duett Elvira/Giorgio am Beginn derselben Oper, auf die Trotzarie Alaides im Schluß der *Straniera*
(Cabaletta). Woher die einseitige Beurteilung des Bellini-Stils
als »weich«, »elegisch«, schlechthin »lyrisch«? Zum einen
natürlich aus dem starken Eindruck, den die wahrhaft elegisch
gestimmten Melodien Bellinis hervorrufen; elegische Melodien Bellinis sind in der Tat eindrucksvoller als gleichge-
stimmte Donizettis. Zum anderen aber ist die auf Bellini folgende stilistische Entwicklung an der einseitigen Betonung
der Elegik schuld: die Leidenschaftlichkeit und Pathetik Verdis
ließen Bellinis Ausdruck der kräftigen Affekte blasser erscheinen, ja dieser geriet in Gefahr, überhört zu werden.

Bellini angemessen aufzuführen heißt, im Gesangsstil einen
guten Ausgleich zwischen »bel canto« und angespannter Dra-
matik zu finden, etwa so, wie ihn wohl Bellinis geliebter Tenor
G.B. Rubini gefunden hat. Es geht nicht an, Bellini wie einen
reinen Bel canto-Meister des 18. Jahrhunderts zu singen. Die
Sängerin, welche die dramatischen Züge in der Partie Normas
– sie weisen auf die Gesangsweise mancher Verdi-Heroine
voraus – zu einem bloß wohlklingenden Bel canto verniedlicht,
verfälscht Bellini in gleicher Weise wie der Musikkritiker, der
ihn einseitig »weich« und »lyrisch« nennt.

Bellinis Größe ist heute fraglos anerkannt. Nach einer Periode übertriebenen Kultes um die Mitte des vorigen Jahrhunderts und einer Periode zu starker Vernachlässigung im
Beginn unseres Säkulums wird man ihm heute anscheinend

gerechter. Seit ca. 1950 mehren sich erneut die Aufführungs-
zahlen; große Sänger, voran Maria Callas, sangen und singen
seine Opern. Die Musikwissenschaft hat endlich genaue Bio-
graphien vorgelegt und den Stil Bellinis zu analysieren versucht. Eine kritische Ausgabe seiner Werke ist noch immer ein
dringendes Desideratum.

WERKVERZEICHNIS

OPERN

Titel	Genre, Akte	Libretto	Uraufführung	Handschriften, Drucke	Register
Adelson e Salvini	opera semiseria, 3	A.L. Tottola, nach P. Delamarre	Neapel, Conservatorio di S. Sebastiano, Febr. 1825	I-CATm*	175, 183 f.
2. Fassung	2		nicht aufgef. [überarb. Fassung 1826 od. 1828–1829 vollendet]	GB-Lbl, I-Nc*, Nc, Fragm. F-Pn*, I-Baf*; Klavierauszug (Paris, o.J.; Mailand, 1903/R1985)	
Bianca e Fernando	melodramma, 2	D. Gilardoni, nach C. Roti	Neapel, S. Carlo, 30. Mai 1826	Nc*, Nc, Fragm. CATm*; Klavierauszug (Neapel, 1826)	175, 177, 184
1. Fassung [als Bianca e Gernando]					
2. Fassung		überarb. F. Romani	Genua, Carlo Felice, 7. April 1828	Fragm. Nc*, Nc, Skizzen CATm*, Gim*; Teile (Mailand, 1828; Neapel, 1828), Klavierauszug (Mailand, 1837; 2/1903/R1985)	178
Il pirata	melodramma, 2	Romani, nach I.J. S. Taylor: Bertram, ou Le pirate	Mailand, Scala, 27. Okt. 1827	GB-Lbl, I-Nc* (R1983: ERO, i), V (mit handschriftl. Anmerkungen), Fragm. US-NYpm*; Partitur (Mailand, c1960/R1978), Klavierauszug (Mailand, 1828)	177 ff., 184
La straniera	melodramma, 2	Romani, nach V.-C. Prévôt	Mailand, Scala, 14. Febr. 1829	GB-Ob, I-Mc (mit handschriftl. Anmerkungen; R1982, ERO, ii) Mr*, Nc, Klavierauszug (Mailand, 1829)	177 f., 185 ff., 189 f., 192 ff., 196
Zaira	tragedia lirica, 2	Romani, nach Voltaire	Parma, Ducale, 16. Mai 1829	Nc*; Partitur (Catania, 1976) Teile, Klavierauszug (Mailand, 1829; Mailand, c1894)	177

I Capuleti e i Montecchi	tragedia lirica, 2	Romani, nach L. Scevola: *Giulietta e Romeo*	Venedig, Fenice, 11. März 1830	*CATm** (*R*1981: ERO, iii) *Mr* (mit handschriftl. Anmerkungen), *V4*, Partitur (Mailand, *c*1955, Klavierauszug (Mailand, 1831)	177ff, 188
La sonnambula	melodramma, 2	Romani, nach E. Scribe und J.-P. Aumer	Mailand, Carcano, 6. März 1831	*Mr** (*R*1934), *N4*, Skizzen *CATm**, *US-NYpm**; Partitur (Mailand, *c*1890), Klavierauszug (Mailand, 1831; London, 1849)	177ff, 183, 186, 188–191, 194
Norma	tragedia lirica, 2	Romani, nach A. Soumet	Mailand, Scala, 26. Dez. 1831	*I-Rsc** (*R*1935; *R*1983; ERO, iv), Skizzen *CATm**, Partitur (Mailand, 1898, 3/1915/*R*1975), Klavierauszug (Mailand, 1832; Paris, 1835; London, 1848, 2/1871/*R*1975)	177ff, 181, 188ff.
Beatrice di Tenda	tragedia lirica, 2	Romani, nach C. Tedaldi-Fores	Venedig, Fenice, 16. März 1833	*I-N4*, *Rsc**, *V4*, Skizzen, *CATm**; Partitur (Rom, *c*1840/*R*1980: ERO, v), Klavierauszug (Mailand, 1833)	177, 179, 185, 188
I puritani	melodramma serio, 3	C. Pepoli, nach J.-A.F.-P. Ancelot und Xavier [J.X. Boniface *dit* Saintine]: *Têtes Rondes et Cavaliers*	Paris, Italien, 24. Jan. 1835	*PLcom** (*R*1983: ERO, vi), Fragmente *CATm**, *Mr*; Partitur (Mailand, 1897, 2/*c*1960/*R*1978), Klavierauszug (Mailand, 1836)	177, 180, 194ff.
(I puritani), Neapolitanische Fassung,	2	Pepoli	London, Barbican, 14. Dez. 1985	*CATm* (teilweise Autograph; *R*1983: ERO, vi)	180

Weitere: Ernani, Nov.–Dez. 1830, (Romani, nach V. Hugo: *Hernani*), unvollendet, Fragmente *CATm** | 178

GEISTLICHE WERKE

(alle Werke komponiert vor 1825)

Compline, verschollen; Cor mundum crea, F, 2 Solostimmen, Orgel, in *Pubblicazione periodica di musica sacra sotto gli auspici della S. C. di Propaganda Fide*, ii/2 (Rom, 1879), auch in *Cronache musicali*, i (Rom, 1900), Nr. 28; Credo, C, 4-stimmig, Orchester; Cum sanctins, Autograph, *I-Nc*; De torrente, Autograph *Nc*; Dixit Dominus, Autograph *Nc*; Tecum principium, in *Composizioni giovanili inedite* (Rom, 1941); Domine Deus, Autograph *Nc*

Gallus cantavit, ?Autograph *I-CATc*; Gratias agimus, C, Solo-Sopran, Orchester; Juravit, Juravit, Autograph *Nc*; Kyrie, Autograph *Nc*; Laudamus te, Autograph *Nc*; Litanie pastorali in onore della B.V., 2 S, Orgel; Magnificat, 4 Stimmen, Orch., Fragment. Autograph *F-Pm*; Messe a-A, S, A, T, B, 4-stimmig, Orch., Autograph unvollst. *I-CATm* (Mailand, 1843); Messe (Ky-Gl), D, SSTB, Orch., Autograph, datiert 1818, *Nc*; Messe (KY-Gl), G, SSTB, Orch.; Messe, g, Solostimmen, Chor, Orch., Fragm. des Autographs *CATm, Nc*

Pange lingua, 2-stimmig, Orgel, Autograph *CATm*; Qui sedes, Autograph *CATm*; Qui tollis, Autograph *Nc*; Quoniam, T, 4-stimmig, Orch., Autograph *F-Pm, I. Nc*; Quoniam, S, Orch. [verwendet die Aria di Cerere], Autograph *Nc*; Salve regina, A, 4-stimmig, Orch., Autograph *CATm*, Faks. in *Composizioni giovanili inedite* (Rom, 1941); Salve regina, f-F, Solo-B, Orgel (Mailand, 1862)

4 Tantum ergo, 1823 (Mailand, o.J.): D, Solo-A, Orch., E, Solostimmen, Chor, Orch., F, 2-stimmig, Orch, G, Solo-S, Orch; 5 Tantum ergo mit Genitori, vermutlich vor 1823; B, Solo-S, Orch.;Es, Solo-S, Orch. (Florenz und Rom, o.J.), F, 2 S [4-stimmig in Genitori], Orch., F [ohne Genitori], Solo-S, Orch. (Florenz und Rom, o.J.), G, Chor, Orch.; 2 Te Deum C, Es, 4-stimmig, Orch.; Versetti da cantarsi il Venerdì Santo, 2T, Orch., Autograph in der Privatsammlung von Marusia Manzella, Rom, erwähnt in F. Pastura: ›Le tre ore di agonia‹, *Rivista del Comune di Catania* (1953); Virgam virtutis, Autograph *Nc*

ANDERE VOKALWERKE

(komponiert nach 1825 für 1 Stimme, Klavier, falls nicht anders angegeben)

6 ariette da camera (Mailand, 1829 [Ricordi]; Neapel, o.J. [Clausetti]; Paris, ?1831 [Launer, kein Exemplar bekannt]; Neapel, o.J. [Girard]) [A]

Bellini per camera: raccolta completa delle sue ariette (Neapel, o.J.) [die Girard-Ausgabe von 6 ariette da camera, erweitert um 8 zusätzliche Nummern] [B]

Brezze dell'Etna: 26 ispirazioni del cigno catanese (Neapel, o.J.) [alle 26 Nummern möglicherweise nicht veröffentlicht] [C]

Soirées musicales: Sammlung beliebter Arietten und Romanzen (Wien, 1839 [Mechetti]) [D]

3 ariette inedite (Mailand, 1837–1838) [Ricordi]) [E]

Composizioni da camera (Mailand, 1935, 2/1948 [Ricordi]) [F]

Hauptsächliche Quellen für die Handschriften: *F-Pn, I-CATm, Fn, Mc, Nc, Rsc, US-NYpm, Wc*

Almen se non poss'io (Metastasio), arietta, A, B, C, D, F

A palpitar d'affanno, romanza, Nr. 270 in Aurora d'Italia e di Germania (Wien, o.J.), auch in Prima ed ultima composizione di Bellini (Turin, o.J.)

Bella Nice che d'amore, arietta, A, B, C, D, F

Chi per quest'ombre (Giudiccione), freier Kanon, 4-stimmig, ohne Begleitung, 15. August 1835, Faks. in *Gazette musicale de paris*, ii (Okt. 1835), auch in A. Pougin: *Bellini: sa vie, ses oeuvres* (Paris, 1868), nach S. 228

Dalla guancia scolorita, freier Kanon, 2-stimmig, Klavier, 1835, in *Stremna letteraria artistica musicale del giornale ›Il pirata‹* (Bologna, 1872), auch in *La musica popolare*, ii (1883), nach S. 145

Dolente immagine di Fille mia, arietta (Neapel, c1824; Paris, o.J.), B, C, D, E, F, Autographe Orchesterstimmen *I-Nc*

E nello stringerti a questo core, aria, 1 Stimme, Orch., vor 1825, Autograph *Nc*

Era felice un dì, arietta, in *Musica d'oggi*, xviii (1936), Zusatz zu Nr. 4

Gioite, amiche (Aria di Cerere; verwendet in Quoniam), S, Orch., vor 1825, Autograph, *Nc*

Il fervido desiderio, arietta, B, C, E, F

Imene, Hochzeitskantate, S, T, T, Stimmen, Orch., ?1824, Fragmente des Autographs *I-CATm, US-NYpm*, trio [Ombre pacifiche] hrsg. (Florenz und Rom, o.J.)

L'abbandono, romanza, B, C, D, F; als L'ultima veglia (Mailand, 1836); als La mammoletta (Paris, o.J.)

La farfalletta, canzoncina, ?1813, F

L'allegro marinaro, ballata (Mailand, 1844), B, C, F

La ricordanza (C. Pepoli), 1834, Autograph *US-Wc*

Malinconia, ninfa gentile (I. Pindemonte), arietta, A, B, C, D, F

Ma rendi pur contento (Metastasio), arietta, A, B, C, D, F

No, traditor, non curo, aria, S, Klavier, vor 1825, *I-CATm* [Original möglicherweise mit Orch.]

O souvenir: pagina d'album, arietta (Florenz und Rom, o.J.)

Per pietà, bell'idol mio (Metastasio), arietta, A, B, C, D, F

Quando incise su quel marmo, aria, S, Orch., vor 1825, Autograph *Nc*, mit Klavierbegleitung (Mailand, 1836), auch als Nr. 269 in Aurora d'Italia e di Germania (Wien, o.J.), B, C, F; [mit einleitendem Rezitativ]

Si, per te, gran nume eterno, cavatina, S, orch., vor 1825, Autograph *I-Nc*

Sogno d'infanzia, romanza (Mailand, 1835), B, C, D, F

T'intendo, si, mio cor (Metastasio), 4S, ohne Begleitung, c1824, Autograph *US-NYpm*

Torna, vezzosa Fillide, romanza, *I-Mc*, F

Vaga luna che inargenti, arietta, Nr. 246 in Aurora d'Italia e di Germania (Wien, o.J.), B, C, E, F

Vanne, o rosa fortunata, arietta, A, B, C, D, F

Verloren: Amore, Malinconia, La speranza (C. Pepoli), 3 Sonette, 1834–1835; Alla luna (Pepoli), 1834–1835; Numi, se giusti siete (Metastasio), romanza, angekündigt auf der Titelseite von C; Arietta, Mailand, für Lady Christina Dudley-Stuart, 1828; Cavatina, Mailand, für das Album der Herzogin Litta; Guarda che bianca luna, romanza, ?Palermo, 1832, erwähnt in O. Tiby: *Il Real Teatro Carolino e l'ottocento palermitano* (Florenz, 1957), 156

Unecht und zweifelhaft: Ah, non pensar = Teil der Introduzione von Beatrice di Tenda; Se il mio nome (Berlin, o.J.), D = Rossini: Il barbiere di Siviglia; Tu che al Pianger, B, tatsächlich von F. Florimo; Le dernier soir, romanza (Paris, 1841) [Authentizität sehr zweifelhaft]

INSTRUMENTALWERKE

Orchesterwerke: (alle komponiert vor 1825): Capriccio, ossia Sinfonia per studio, c; 6 sinfonie: B, Autograph *I-CATfm*, c (Mailand, 1941), d-D (Mailand 1941), D, Faks. in Composizioni giovanili inedite (Rom 1941) (Padua, 1959), Es, Faks. in Composizioni giovanili inedite (Rom, 1941), Es (Mailand, 1941); Ob.-Konzert, Es, Autograph *Nc*, Faks. in Composizioni giovanili inedite (Rom, 1941) (Mailand, 1961)

Tasteninstrumente: Allegretto, g, Klavier, Autograph, *I-Fm*; Capriccio, G, Klavier zu 4 Händen, *Nc*; Pensiero musicale, Klavier, Hrsg. F.P. Frontini (Florenz und Rom, o.J.); Polacca, Klavier zu 4 Händen; Sonata, F, Klavier zu 4 Händen, Autograph *Nc*; Orgelsonate, G, Autograph *US-NYpm*; Tema, f, Klavier, c1834, Autograph *F-Pn*

Unecht: Stücke für Klavier, Violine, Flöte, Oboe

BIBLIOGRAPHIE

Werkverzeichnisse

F. Pastura: ›Elenco delle opere‹, *Bellini secondo la storia* (Parma, 1959), 709

G. Pannain: ›Bellini: catalogo delle opere‹, *LaMusicaE*

F. Lippmann: ›Bellinis Opern – Daten und Quellen‹, *Vincenzo Bellini und die italienische Opera seria seiner Zeit*, AnMc, Nr. 6 (1969), 365–397; Überarb. ital. Übers. in M.R. Adamo und F. Lippmann: *Vincenzo Bellini* (Turin, 1981), 523

L. Orrey: ›Catalogue of Works‹, *Bellini* (London, 1969), 157

H. Weinstock: *Vincenzo Bellini: his Life and his Operas* (New York, 1971), 213 (dt. Übersetzung Adliswil, 1985, 267)

Bibliographien

O. Viola: ›Bibliografia belliniana‹, *Omaggio a Bellini* (Catania, 1901), 336; gesondert hrsg. (Catania, 1902, 2/1923)

L. Ronga: ›Note sulla storia della critica belliniana‹, *Bollettino dei musicisti*, ii (1934), 70; Neuabdruck in L. Ronga: *Arte e gusto nella musica* (Mailand und Neapel, 1956)

A. Damerini: ›Bellini e la critica del suo tempo‹, *Vincenzo Bellini*, Hrsg. I. Pizzetti (Mailand, 1936), 215–250

S. Pugliatti: ›Problemi della critica belliniana‹, *Chopin e Bellini* (Messina, 1952)

H. Weinstock: *Vincenzo Bellini: his Life and his Operas* (New York, 1971), 547 (dt. Übers. Adliswil, 1985, 515)

W.F. Kümmel: ›Vincenzo Bellini nello specchio dell‹ »Allgemeine musikalische Zeitung« di Lipsia 1827–1846‹, *NRMI*, vii/2 (1973), 3

R. Riehn: ›Auswahlbibliographie‹, *Vincenzo Bellini* (München, 1984), 109–116

Diskographien

A. Porter: ›Norma‹, *Opera on Record*, Hrsg. A. Blyth, i (London, 1979), 154–172

G. Cataldo: *Il teatro di Bellini* (Bologna, 1980), 159–165

L. Bellingardi: ›Discografia‹, in M. Adamo und F. Lippmanan: *Vincenzo Bellini* (Turin, 1981), 557–562

C. Marinelli: ›La sonnambula‹, *Opere in disco* (Fiesole, 1982), 136–147

R. Fairman: ›»La sonnambula« and »I puritani«‹, *Opera on Record*, Hrsg. A. Blyth, ii (London, 1983), 115–128

P. Mezzacapo de Cenzo: ›Auswahldiskographie‹, *Vincenzo Bellini* (München, 1984), 117–120)

Briefe

F. Florimo: *Bellini: memorie e lettere* (Florenz, 1882)

A. Amore: *Vincenzo Bellini: vita: studi e ricerche* (Catania, 1894) [einschließlich der an Bellini gerichteten Briefe]

F. Pastura: *Le lettere di Bellini* (Catania, 1935)

L. Cambi: *Vincenzo Bellini: epistolario* (Mailand, 1943)

F. Pastura: *Bellini secondo la storia* (Parma, 1959)

F. Walker: ›Lettere disperse e inedite di Vincenzo Bellini‹, *Rivista del Comune di Catania*, viii/4 (1960), 3

D. Musto: ›Vincenzo Bellini in due autografi inediti dell'Archivio di Stato di Napoli‹, *Rassegna degli Archivi di Stato*, xxi (1961), 351

L. Cambi: ›Bellini: un pacchetto di autografi‹, *Scritti in onore di Luigi Ronga* (Mailand und Neapel, 1973), 53–90

F. Lippmann: ›Belliniana‹, *Il melodramma italiano dell'ottocento: studi e ricerche per Massimo Mila* (Turin, 1977), 281

Ikonographie

B. Condorelli: ›Il volto di Bellini‹, *Vincenzo Bellini: numero commemorativo a cura della Rivista del Comune di Catania* (Catania, 1935), 18

O. Profeta: ›Dantan e la Parigi di Bellini, *Vincenzo Bellini: numero commemorativo a cura della Rivista del Comune di Catania* (Catania, 1935), 77

F. Pastura: *Bellini secondo la storia* (Parma, 1959)

H. Weinstock: *Vincenzo Bellini; his Life and his Operas* (New York, 1971) (dt. Übers. Adliswil, 1985)

R. Alajamo: ›Iconografia belliniana‹, *I teatri di Vincenzo Bellini* (Palermo, 1986), 159–223

C. Andò, D. de Meo und S. E. Failla, Hrsg.: *Bellini: mostra di oggetti e documenti provenienti da collezioni pubbliche e private italiane* (Catania, 1988)

Leben und Werke

A. Pougin: *Bellini; sa vie, ses oeuvres* (Paris, 1868)

F. Florimo: *La scuola musicale di Napoli*, iii (Neapel 1882)

–: *Bellini: memorie e lettere* (Florenz, 1882)

I. Pizzetti: ›Bellini, Vincenzo‹, *Enciclopedia italiana*, vi (1930)

G. T. De Angelis: *Vincenzo Bellini: la vita, l'uomo, l'artista* (Brescia, 1935)

O. Tiby: *Vincenzo Bellini* (Turin, o. J.)

F. D'Amico: ›Bellini, Vincenzo‹, *ES*

F. Pastura: *Bellini secondo la storia* (Parma, 1959)

R. Monterosso: ›Bellini, Vincenzo‹, *DBI*

L. Orrey: *Bellini* (London, 1969)

H. Weinstock: *Vincenzo Bellini: his Life and his Operas* (New York, 1971) (dt. Übersetzung Adliswil, 1985)

W. Oehlmann: *Vincenzo Bellini* (Zürich, 1974)

M. R. Adamo und F. Lippmann: *Vincenzo Bellini* (Turin, 1981)

P. Brunel: *Vincenzo Bellini* (Paris, 1981)

G. Tintori: *Bellini* (Mailand, 1983)

Biographie und Charakter

H. Heine: ›Florentinische Nächte‹, *Salon*, iii (Hamburg, 1837)

F. Cicconetti: *Vita di Vincenzo Bellini* (Prato, 1859)

A. Amore: *Vincenzo Bellini: vita: studi e ricerche* (Catania, 1894)

A. Cametti: *Bellini a Roma: brevi appunti storici* (Rom, 1900)

A. Aniante: *Vita amorosa di Vincenzo Bellini* (Mailand, 1926)

G. de Gaetani: *Ipotesi sulla natura della malattia che condusse a morte Vincenzo Bellini* (Catania, 1931)

L. Cambi: *Bellini: la vita* (Mailand, 1934)

G. Nataletti: ›1819-1827: gli anni di Napoli‹, *Bollettino dei musicisti, ii* (1934), 45

F. Pastura: ›1801-1819: a Catania‹, *Bollettino dei musicisti,* ii (1934), 41

A. della Corte: ›L'animo‹, *Vincenzo Bellini*, Hrsg. A. della Corte und G. Pannain (Turin, 1935), 3

G. Policastro: *Vincenzo Bellini (*1801-1819), (Catania, 1935)

L. Cambi: ›La fanciullezza e l'adolescenza‹, *Vincenzo Bellini*, Hrsg. I. Pizzetti (Mailand, 1936), 11

J. Chantavoine: ›Bellini a Parigi‹, *Vincenzo Bellini*, Hrsg. I. Pizzetti (Mailand, 1936), 191

E. J. Dent: ›Bellini in Inghilterra‹, *Vincenzo Bellini*, Hrsg. I. Pizzetti (Mailand, 1936), 163.

P. Cavazzuti: *Bellini a Londra* (Florenz, 1945)

G. Roncaglia: ›Vincenzo Bellini: il musicista, quale appare dal suo epistolario‹, *RMI,* l (1948), 159

F. Walker: ›Amore e amori nelle lettere di Giuditta, Bellini e Florimo‹, *La Scala* (1959), Nr. 112, S. 13: engl. Übersetz. unter dem Titel ›Giuditta Turina and Bellini‹, *ML,* xl (1959), 19

F. Lippmann: ›Belliniana: nuovi documenti‹, *Il melodramma italiano dell'ottocento: studi e ricerche per Massimo Mila (Turin,* 1977), 281–318

J. Rosselli: ›Vita e morte di Bellini a Parigi‹, *RIM,* xix (1984), 261–276

Allgemeine kritische Studien

H. Berlioz: ›Bellini: notes nécrologiques‹, *Journal des débats* (16. Juli 1836); Neuabdr. in H. Berlioz: *Les musiciens et la musique* (Paris, 1903)

R. Wagner: ›Bellini: ein Wort zu seiner Zeit‹, *Zuschauer* (Riga, 7/19. Dez. 1837); Neuabdr. in *Bayreuther Blätter* (1885), Dez.; Neuabdr. *Sämtliche Schriften und Dichtungen,* xii (Leipzig o.J.), 19–21

J. Chr. Lobe: ›Bellini‹, *Fliegende Blätter für Musik und Wahrheit über Tonkunst und Tonkünstler* (Leipzig, 1855); Neuabdruck in *Vincenzo Bellini* (München, 1984), 47–63

A. Amore: *Brevi cenni critici* (Catania, 1877)

F. Hiller: ›Vincenzo Bellini‹, *Künstlerleben* (Köln, 1880); Neuabdr. in *Vincenzo Bellini* (München, 1984), 95–104

F. Ricci: ›Una lettera di Federico Ricci su Bellini‹, in F. Florimo: *Bellini: memorie e lettere* (Florenz, 1882), 140 ff

M. Scherillo: *Vincenzo Bellini: note aneddotiche e critiche* (Ancona, 1882)

–: *Belliniana: nuove note* (Mailand, o.J.)

A. Amore: *Vincenzo Bellini: arte: studi e ricerche* (Catania, 1892)

–: *Belliniana: erroi e smentite* (Catania, 1902)

I. Pizzetti: ›La musica di Vincenzo Bellini‹, *La voce,* vii (1915); auch sep. veröffentlicht; Neuabdruck in I. Pizzetti: *Intermezzi critici* (Florenz, o. J.) und *La musica italiana dell 800* (Turin, 1947)

C. Gray: ›Vincenzo Bellini‹, *ML* vii (1926), 49

F. Torrefranca: ›Il mio Bellini‹, *Bollettino dei musicisti,* ii (1934), 65

A. della Corte: ›La formazione‹, *Vincenzo Bellini,* Hrsg. A. della Corte und G. Pannain (Turin, 1935), 29

D. de' Paoli: ›Bellini, musicien dramatique‹, *ReM* (1935), Nr. 156, S. 52

A. Einstein: ›Vincenzo Bellini‹, *ML,* xvi (1935), 325

G. Pannain: ›Saggio critico‹, *Vincenzo Bellini,* Hrsg. A. della Corte und G. Pannain (Turin, 1935), 77–123

–: ›Vincenzo Bellini‹, *RaM* viii (1935), 1, 100, 174, 237; Neuabdr. in G. Pannain, *Ottocento musicale italiano* (Mailand, 1952), 16

I. Pizzetti: ›Hommage à Bellini‹, *ReM* (1935), Nr. 156, S. 39

G. Gavazzeni: ›Spiriti e forme della lirica belliniana‹, *Vincenzo Bellini*, Hrsg. I. Pizzetti (Mailand, 1936), 81–131

M. Mila: ›Bellini cent'anni dopo‹, *Cent'anni di musica moderna* (Mailand, 1944)

S. Pugliatti: ›Carattere dell'arte di Vincenzo Bellini‹, *Chopin e Bellini* (Messina, 1952)

I. Pizzetti: ›Spirite e forme dell'arte belliniana‹, *Musica d'oggi*, Neue Serie, i (1958), 346

F. Lippmann: *Vincenzo Bellini und die italienische Opera seria seiner Zeit*, AnMc, Nr, 6 (1969); überarb. italienische Übers. in M.R. Adamo und F. Lippmann: *Vincenzo Bellini* (Turin, 1981)

–: ›Ein neuentdecktes Autograph Richard Wagners: Rezension der Königsberger »Norma«-Aufführung von 1837‹, *Musicae scientiae collectanea: Festschrift Karl Gustav Fellerer* (Köln, 1973), 373; Wagners Text auch in: *Vincenzo Bellini* (München, 1984), S. 7–10

–: ›Belliniana‹, *Il melodramma italiano dell'ottocento: studi e ricerche per Massimo Mila* (Turin, 1977), 281

–: ›Donizetti und Bellini‹, *Studi musicali*, iv (1975), 193

E. J. Dent: *The Rise of Romantic Opera*, Hrsg. W. Dean (Cambridge, 1976)

C. Greenspan: *The Operas of Vincenzo Bellini* (Diss., Univ. of California, Berkeley, 1977)

G. Cataldo: *Il teatro di Bellini* (Bologna, 1980)

R. Alajamo, Hrsg.: *I teatri di Vincenzo Bellini* (Palermo, 1986)

Werke: Einzelstudien

O. Viola: ›Saggio bibliografico delle più antiche edizioni dei libretti musicati da Vincenzo Bellini‹, Anhang zu O. Viola: *Bibliografia belliniana* (Catania, 1902), 57

H. de Saussine: ›L'harmonie bellinienne‹, *RMI*, xxvii (1920), 477; dt. Übersetzung in *Vincenzo Bellini* (München, 1984), 11–16

A. della Corte: ›Vicende degli stili del canto dal tempo di Gluck al 900‹, *Canto e bel canto*, Hrsg. A. della Corte (Turin, 1933)

L. Tonelli: ›I libretti di Bellini‹, *Bollettino dei Musicisti*, ii (1934), 75

B. Condorelli: *Il Museo Belliniano: catalogo storico-iconografico* (Catania, 1935)

A. della Corte: ›Il canto e i cantanti‹, *Vincenzo Bellini*, Hrsg. A. della Corte und G. Pannain (Turin, 1935), 49

H. de Saussine: ›Sur Bellini harmoniste‹, *ReM* (1935), Nr. 156, S. 63

F. Pastura: >Due frammenti della »Beatrice di Tenda« di Bellini, *RaM*, viii (1935), 327

–: >Rivelazioni degli autografi musicali belliniani: varianti e temi inediti<, *Vincenzo Bellini: numero commemorativo a cura della Rivista del Comune di Catania* (1935), 25

–: >Un arietta inedita di Vincenzo Bellini<, *Musica d'oggi*, xviii (1936), 115

G. F. Winternitz: >I cimeli belliniani della R. Accademia Filarmonica di Bologna<, *RMI*, xl (1936), 104

F. Schlitzer: >Cimeli belliniani<, *Tommaso Traetta, Leonardo Leo, Vincenzo Bellini: notizie e documenti raccolti da F. Schlitzer*, Chigiana, ix (1952), 61

N. Gallini: >Collana d'arie per Mademoiselle Cartier<, *La Scala* (1963), Nr. 49, S. 42

F. Schlitzer: >Vincenzo Bellini<, *Mondo teatrale dell'ottocento* (Neapel, 1954)

M. Rinaldi: *Felice Romani* (Rom, 1965)

F. Lippmann: >Verdi e Bellini<, *P congresso internazionale di studi verdiani: Venezia 1966*, 184; Dt. Übersetzung in *Beiträge zur Geschichte der Oper*, Hrsg. H. Becker (Regensburg, 1969), 77

–: >Pagine sconosciute de »I Capuleti e i Montecchi« e »Beatrice di Tenda« di Vincenzo Bellini<, *RIM*, ii (1967), 140

–: >Quellenkundliche Anmerkungen zu einigen Opern Vincenzo Bellinis<, *AnMc*, Nr. 4 (1967), 131

F. Cella: >Indagini sulle fonti francesi dei libretti di Vincenzo Bellini<, *Contributi dell'Istituto di filologia moderna*, franz. Reihe (Mailand, 1968), 449–576

R. Celletti: >Il vocalismo italiano da Rossini a Donizetti<, *AnMc*, Nr. 5 (1968), 267; Nr. 7 (1969), 214–247

F. Lippmann: >Wagner und Italien<, *AnMc*, Nr. 11 (1972), 200–247

–: >Der italienische Vers und der musikalische Rhythmus<, *AnMc*, Nr. 12 (1973), 253–369; Nr. 14 (1974), 324–410; Nr. 15 (1975), 298–333

A. Caswell: >Mme. Cinti-Damoreau and the Embellishment of Italian Opera in Paris, 1820–1845<, *JAMS*, xxviii (1975), 459–492

R. Dalmonte: >La canzone nel melodramma italiana del primo ottocento: ricerche di metodo strutturale<, *RIM*, xi (1970), 230–312

D. Goldin: >Aspetti della librettistica italiana fra 1770 e 1830<, *AnMc*, Nr. 21 (1982), 128–191

E. E. Bauer: >Klingt wie Bellini<, *Vincenzo Bellini* (München, 1984), 64–94

Atti del convegno internazionale di studi belliniani: Catania 1985 [enth. F. Giovale: >»A, tu perdoni. Quel pianto il dice«: note sul tema del sacrificio e del perdono nei libretti belliniani di Felice Romani<,

25–45; A. Nicastro: ›Il caso Pepoli e il libretto dei Puritani‹, 47–61; R. Meloncelli: ›La lirica vocale di Vincenzo Bellini nella produzione cameristica italiana dell'ottocento‹, 63–111; M.R. Adamo: ›Guarda che bianca luna: una »lettura« belliniana‹, 113–144; S. Maguire: ›On the Question of Analysis at Bellini‹, 145–156; G. Tintori: ›Lettere di Bellini e su Bellini al Museo Teatrale alla Scala‹, 157–174; R. Vlad: ›Modernità di Bellini‹, 175–185; F. A. Agostinelli: ›»I Puritani« uno e due: la versione napoletana‹, 187–193; S.E. Failla: ›La prima versione di Adelson e Salvini‹›, 195–212; L. Arruga: Recitazione neoclassica , immedesimazione e drammaturgia‹, 213–220; J. Budden: ›La fortuna di Bellini in Inghilterra‹, 225–231; M. Conati: ›La »novella« belliniana‹, 241–260; D. Cranmer: ›A Portuguese Perspective‹, 261–88; P. Rattalino: ›I melodrammi di Bellini nelle parafrasi pianistiche coeve‹, 289–295; F. Lesure: ›Bellini et Berlioz‹, 297–304; R. Pagano: ›Vincenzo Tobia Bellini e le sue Toccate per clavicembalo‹, 305–329; ›L'attuale situazione degli studi belliniani‹, 331–361]

G. Tomlinson: ›Italian Romanticism and Italian Opera: an Essay in their Affinities‹, 19th Century Music, x (1986–1987), 43–60

S. Maguire: *Vincenzo Bellini and the Aesthetics of Early Nineteenth-Century Italian Opera* (New York und London, 1989)

Werke: Einzelne Opern

A. Damerini: *Vincenzo Bellini, ›Norma‹: guida attraverso il dramma e la muscia* (Mailand, 1923)

G. Pannain: ›La Norma‹, *ReM* (1935), Nr. 156, S. 44

A. della Corte: ›Le prime opere‹, *Vincenzo Bellini*, Hrsg. I. Pizzetti (Mailand, 1936), 39–80

G. Pannain: ›»Norma«: cento anni‹, *Ottocento musicale italiano* (Mailand, 1952), 49

J.A. Borromé: ›Bellini and »Beatrice di Tenda«‹, *ML*, xlii (1961), 319

V. Gui: ›Beatrice di Tenda‹, *Musica d'oggi*, neue Reihe, ii (1969), 194

F. Lippmann: ›Su »La straniera« di Bellini‹, *NRMI*, v (1971), 565–605

P. Petrobelli: ›Note sulla poetica di Bellini: aproposito de *I puritani*‹, *MZ*, viii (1972), 70

R. Monterosso: ›Per un'edizione di »Norma«‹, *Scritti in onore di Luigi Ronga* (Mailand und Neapel, 1973), 415–510

L. Orrey: ›The Literary Sources of Bellini's First Opera‹, *ML*, lv (1974), 24

C.S. Brauner: ›Textual Problems in Bellini's *Norma* and *Beatrice di Tenda*‹, *JAMS*, xxix (1976), 99

F. Degrada: ›*Prolegomeni a una lettera della Sonnambula*‹, *Il melodramma italiano dell'ottocento: studi e ricerche per Massimo Mila* (Turin, 1977), 319; dt. Übersetzung in *Vincenzo Bellini* (München, 1984), 17–47

L. Gherardi: ›Varianti ne »I puritani«‹, *Chigiana*, xxiv (1977), 217

P. Petrobelli: ›Bellini e Paisiello: altri documenti sulla nascità dei *Puritani*‹, *Il melodramma italiano dell'ottocento: studi e ricerche per Massimo Mila* (Turin, 1977), 351

Atti del Convegno di studi sull'opera ›Bianca e Fernando‹ di Vincenzo Bellini (Genua, 1978)

G. Spina: ›Origine di »I puritani«‹, *NRMI*, xii (1978), 29

Atti del simposio belliniano celebrato in occasione del 150° anniversario della 1° esecuzione di ›Norma‹ (Catania, 1981)

R. Monterosso: ›Le due redazioni dei »Puritani«‹, *Letterature comparate, problemi e metodi: studi in onore di Ettore Paratore* (Bologna, 1981), 589–609

M. Collins: ›The Literary Background of Bellini's *I Capuleti ed i Montecchi*‹, *JAMS*, xxxv (1982), 532–538

B. Cagli: ›Il risveglio magnetico e il sonno della ragione‹, *Studi musicali*, xiv (1985), 157–170

S. E. Failla: ›Adelson e Salvini (prima versione)‹, *I teatri di Vincenzo Bellini*, Hrsg. R. Alajamo (Palermo, 1986), 13–28

G. Pugliese und R. Vlad: *I puritani ritrovati; la versione inedita dedicata a Maria Malibran* (Manduria, 1986)

J. Deathridge: ›Reminiscences of *Norma*‹, *Das musikalische Kunstwerk: Festschrift Carl Dahlhaus* (Laaber, 1988), 223–227

M. Mauceri: ›Ancora su »I Puritani« per Napoli: un inedito‹, *NRMI*, xxiii (1989), 410–417

G. Spina: ›Scott-Ancelot-Pepoli-Bellini: genesi del libretto de »I Puritani«‹, *NRMI*, xxiii (1989), 79–97

S. A. Willier: ›Madness, the Gothic and Bellini's *Il pirata*‹, *OQ*, vi (1989), 7–23

GIUSEPPE VERDI

ANDREW PORTER

ERSTES KAPITEL

LEBEN, 1813—1843

Verdi kam 1813 in Roncole, in der Nähe von Busseto, zur Welt.
Als seinen Geburtstag nannte er stets den 9. Oktober, das Fest
des Heiligen Donnino. Das Taufregister vom 11. Oktober, das
ihn mit dem Vornamen Giuseppe Fortunio Francesco ver-
zeichnet, spricht von einem »Infantem natum heri«, im Ge-
meinderegister von Busseto ist am 12. Oktober die Rede von
»un Enfant... né le jour dix du courant«. Nach der damals in
Italien noch gebräuchlichen Berechnung begann ein neuer Tag
offiziell mit Sonnenaufgang. Vielleicht wurde Verdi spätnachts
am 9. Oktober geboren und der Gemeindepriester machte
seine Aufzeichnung erst nach Sonnenuntergang des folgenden
Tages, formell gesehen also am 11. Oktober. Dies ist nur das
erste einer Reihe von kleineren Rätseln aus Verdis früher
Kindheit. Noch 1876 erzählte er der Gräfin Maffei angeblich
verblüfft von seiner Entdeckung, daß er 1813 und nicht 1814
geboren wurde; und doch zeigen die von ihm verwendeten
Pässe das richtige Datum. Er machte es seinen Biographen
schwer, indem er seine bescheidene Herkunft übertrieb, sich
mit Vorliebe »einen Bauern aus Roncole« nannte, und zudem
in seinem späteren Leben mehrere irreführende Bemerkungen über seine Jugend machte. 1891 schrieb er: »Da ich leider
in einem armen Dorf zur Welt kam, hatte ich nicht die Möglichkeit, mir selbst irgendetwas beizubringen. Sie gaben mir
ein erbärmliches Spinett zum Üben, und einige Zeit später
fing ich an, Noten zu schreiben... Noten über Noten. Das ist
alles«. Das ist aber gerade nicht alles, wie neuere und gründ-
liche Forschungen vor allem von Mary Jane Matz, erbrachten;
dennoch wird das Bild, das der Komponist selbst von sich
entwarf, von einer Biographie in die nächste übernommen. Er
war kein Bauer, sondern seine Vorfahren väterlicher- wie mütterlicherseits waren kleine Landbesitzer, Wirte und Händler.
Im Kirchenregister von Sant'Agata, einem ungefähr vier Kilometer nördlich von Busseto gelegenen Dorf, wo Verdi 1848

ein Landgut erwarb und bald Großgrundbesitzer wurde, sind seine Vorfahren bis in die Mitte des 17. Jahrhunderts zurück-zuverfolgen. Sein Großvater, auch er hieß Giuseppe, zog An-fang der achtziger Jahre des 18. Jahrhunderts nach dem unge-fähr vier Kilometer südöstlich von Busseto liegenden Dorf Roncole und eröffnete dort ein Wirtshaus. Giuseppes jüngster Sohn Carlo (1775 bis 1867) übernahm den Familienbetrieb. 1805 heiratete Carlo Luigia Uttini, Tochter einer seit langem in dem acht Kilometer westlich von Busseto liegenden Weiler Saliceto di Cadeo ansässigen Wirtsfamilie. Sie hatten zwei Kinder, den Komponisten und seine Schwester Giuseppa Francesca (1816 bis 1833).

Schon früh erkannte man die Begabung des jungen Giu-seppe und förderte sie unermüdlich. Bereits im Alter von drei Jahren erhielt der frühreife Knabe bei Don Pietro Baistrocchi, einem *magister parvulorum* und Organisten in Roncole Unter-richt. Man besorgte ihm ein Spinett, welches ihn sein ganzes Leben hindurch, bis hin zu seiner letzten Ruhestätte in der Casa di Riposo in Mailand begleitete. Heute befindet es sich im Museum der Scala. Eine im Deckel dieses Spinetts von Handwerkern, die die Tastatur-Mechanik erneuert und repa-riert hatten, angebrachte Karte ist auch das erste schriftliche Zeugnis von Verdis musikalischer Begabung und besagt, es sei »kostenlos« geschehen, »in Anbetracht des Eifers des jungen Giuseppe Verdi, auf diesem Instrument spielen zu lernen«. Wohl 1822, im Alter von neun Jahren, übernahm Verdi nach dem Tod Baistrocchis einige der Aufgaben seines Lehrers und gelangte als *maestrino* von Roncole zu einem gewissen lokalen Ruhm. Im darauffolgenden Herbst sandte ihn sein Vater auf die Schule nach Busseto. Im Alter von elf Jahren trat er in das *ginnasio* ein und genoß eine klassische humanistische Ausbil-dung; einige seiner Schulkameraden waren später auf akademi-schem und medizinischem Gebiet erfolgreich. Zur selben Zeit erhielt er von Ferdinando Provesi, dem Direktor der Städti-schen Musikschule und der Philharmonischen Gesellschaft, der darüber hinaus noch Organist von San Bartolomeo, der Hauptkirche von Busseto war, Unterricht in Kontrapunkt und

Komposition. Verdi blieb bis 1832 in Busseto, wo er eine Anzahl geistlicher und weltlicher Werke komponierte. Sein Debut machte er mit einer Ouvertüre zu Rossinis *Il barbiere di Siviglia*, die 1828 vor einer örtlichen Aufführung der Oper gespielt wurde. Ab 1831 lebte er im Haus des Kaufmanns und Musikmäzens Antonio Barezzi, den er als seinen zweiten Vater ansah und der später dann sein Schwiegervater wurde. In diesem Jahr wurde Carlo Verdi auch wegen eines Stipendiums für die weitere musikalische Ausbildung seines Sohnes beim Monte di Pietà vorstellig. Verdi erhielt es jedoch erst 1833, und Barezzi übernahm die Kosten für Verdis erstes Studienjahr in Mailand.

Im Juni 1832 bewarb sich Verdi um die Aufnahme in das Mailänder Konservatorium. Er wurde abgelehnt und hat sich noch in späteren Jahren an diese Ablehnung verbittert und ungenau erinnert. Das Urteil der Prüfer nennt billige Gründe: es erwähnt seine falsche Klaviertechnik; nennt ihn einen vielversprechenden Komponisten »voller Ideenreichtum«, der jedoch der kontrapunktischen Disziplin bedürfe; erwähnt ferner, daß er ein »Ausländer« sei (ein Parmitaner in der Lombardei); und schließt mit der Bemerkung, daß er zu einer Zeit, da die Schule bereits überfüllt war, nicht die notwendige Qualifikation besitze, und überdies mit achtzehn Jahren das übliche Eintrittsalter bereits um vier Jahre überschritten habe. Verdi wurde Privatschüler von Vincenzo Lavigna, einem Komponisten, der an der Scala Anfang des Jahrhunderts einigen Erfolg hatte. »In den drei Jahren, die ich mit ihm verbrachte, schrieb ich nichts anderes als Kanons und Fugen, Fugen und Kanons in jeder Gestalt [*in tutte le salse*]. Niemand brachte mir Orchestrierung bei oder wie man mit dramatischer Musik umgeht.« Diese Äußerung aus dem Jahr 1871 muß, wie alle späteren Behauptungen Verdis, daß er sich mehr oder weniger alles selbst beigebracht habe, mit Vorsicht genossen werden. In einem Bericht aus dem Jahr 1853 über seine Mailänder Studienzeit erwähnte er »verschiedene Stücke, meist komischer Natur, die mich mein Lehrer zur Übung erfinden ließ und die nicht einmal als Partitur niedergeschrieben wurden«. Eine

Anfang des autographen Manuskripts von Verdis Arie »Io la vidi«, die vermutlich 1832–35 während der Studienjahre in Mailand komponiert wurde.

Arie, die möglichereise aus diesen Jahren stammt, *Io la vidi,* ist als Partitur überliefert (siehe Abb.), ihre Instrumentierung ist von fremder Hand korrigiert. In Verdis frühesten Werken weist kaum etwas auf eine besondere Fertigkeit im Kontrapunkt hin. Aufschlußreich ist höchstens die folgende Anekdote: Francesco Basily, einer der Prüfer des Konservatoriums, die Verdi abgelehnt hatten, besuchte Lavigna und beklagte sich darüber, daß keiner der Kandidaten für die Stelle des Organisten an der Kathedrale von Monza in der Lage sei, eine anständige Fuge auf ein von Basily vorgegebenes Thema zustandezubringen. Lavigna reichte seinem Schüler das Thema, und während sich die beiden Professoren weiter unterhielten schrieb Verdi eine Fuge, die Basilys Bewunderung hervorrief. »Warum nur haben Sie mein Thema mit einem Doppelkanon

verziert?« – »Nun, ich fand es recht dünn und wollte es ein
wenig bereichern.«

Verdi hätte die gutbezahlte Stelle in Monza vielleicht bekommen können, ging aber auf lokalen Druck und aus Loyalität
zu seinem Gönner Barezzi nach Busseto zurück und wurde
dort, zu einem viel niedrigeren Gehalt, *maestro di musica* der
Stadt. Der Ernennung gingen Schwierigkeiten voraus. Provesi
war 1833 gestorben; Lavigna war der Meinung, Verdi sei noch
nicht genügend ausgebildet, um die Nachfolge anzutreten, und
so setzte er seinen Unterricht in Mailand fort. Ein Jahr später
wurde ein gewisser Giovanni Ferrari *maestro di cappella* in San
Bartolomeo, ohne daß wie üblich ein Probespiel stattgefunden
hatte. Es folgte ein langer und hitziger Streit in der Stadt – mit
Pamphleten, Straßenschlägereien, Verhaftungen und Verfol-
gungen – zwischen den Anhängern Ferraris und denen Verdis,
zwischen der kirchlichen und der weltlichen Seite. Der Bi-
schof von San Donnino (heute Fidenza; es erhielt 1927 seinen
alten Namen zurück), in dessen Diözese Busseto lag, schaltete
sich zugunsten von Ferrari in die Angelegenheit ein, den er
»einen gestandenen Mann« nannte, dem man mehr vertrauen
könne als einem »bartlosen Jüngling, der inmitten einer bevöl-
kerungsreichen Stadt Musik studierte, wo sich die Jugend
mehr an Skandale hält, die dort in der Öffentlichkeit vor sich
gehen.« Und er teilte dem Innenminister von Parma mit, daß
»den zivilen und militärischen Obrigkeiten befohlen werden
solle, auf der Hut zu sein, um den Aufruhr im Keim zu erstik-
ken«. Dragoner hielten sich bereit. Schließlich wurde Ferrari
in der geistlichen Stelle bestätigt und Verdi für die weltliche
ernannt. 1835 kehrte er nach Busseto zurück. Er wurde im
Februar 1836 in Parma von Giuseppe Alinovi geprüft, Ferrari
nahm an der Entscheidung nicht teil. Und wieder gibt es den
diesmal mehr als nur anekdotischen Beweis dafür, wie hoch
man seine kontrapunktischen Fähigkeiten einschätzte. Nachdem er die letzte Aufgabe der Prüfung, eine vierstimmige
Fuge, absolviert hatte, erhob sich Alinovi

»und sagte zu Verdi: ›Bis jetzt spielte ich die Rolle des strengen
Prüfers; jetzt spiele ich die des Bewunderes. Diese Fuge ist eines
vollendeten Meisters würdig. Sie können genug, um eher
maestro *in Paris oder London als in Busseto zu sein.«*

Verdis Vertrag mit der *comune* vom 20. April 1836 verlangte
eine zehnmonatige Anwesenheit pro Jahr, während der er an
der Musikschule Vokal- und Instrumentalmusik (Cembalo,
Klavier, Orgel), Gesang, Kontrapunkt und freie Komposition
unterrichten sowie die Konzerte der Philharmonischen Gesellschaft dirigieren sollte. Sein Gehalt betrug 657 Lire jährlich
(was die Gesellschaft später auf 1000 erhöhte); nach drei Jahren konnten beide Vertragspartner den über neun Jahre abgeschlossenen Vertrag sechs Monate im Voraus kündigen. Nachdem die Stellung gesichert war, heiratete Verdi im April Ba-
rezzis älteste Tochter Margherita (Mai 1814 bis Juni 1840). Sie
hatten zwei Kinder, Virginia Maria Luigia (26. März 1837 bis
August 1838) und Icilio Romano Carlo Antonio (11. Juli 1838 bis
22. Oktober 1839). Aus den spärlichen Dokumenten über Verdis drei Jahre währende Tätigkeit als *maestro di musica* in Busseto gewinnt man das Bild eines mit seinen städtischen Aufgaben rastlos beschäftigten Musikers, den es in die große Welt
drängt und dem seine Verpflichtungen gegenüber der Gemeinde lästig werden, die ihn nie vergessen läßt, daß sie ihm
einst seine Ausbildung finanziert hatte. Es gibt übereinstim-
mende Aussagen – angefangen von den Erinnerungen derjeni-
gen, die ihn schon als kleines Kind kannten und ihn auch später
nicht aus den Augen verloren – über sein stolzes und unabhän-
giges Wesen, sein Selbstvertrauen sowie die Ungeduld gegenüber irgendwelchen Ansprüchen, die die Öffentlichkeit an ihn
stellte.

1853 erinnerte sich Verdi:

»Wieder in meiner Vaterstadt, begann ich, Märsche, sinfonie
[Ouvertüren oder kurze Orchestersätze] *zu schreiben,*
eine vollständige Messe, eine vollständige Folge von
Vespern, drei oder vier Vertonungen von Tantum ergo *und*

weitere Kirchenmusik, an die ich mich nicht erinnere. Unter den Vokalstücken befanden sich Chöre aus den Tragödien Manzonis für drei Stimmen und Il cinque maggio *für Solostimme.«*

Programme der Akademie-Konzerte in Busseto bestätigen diese Aktivität. Das Programm vom 25. Februar 1838 beispielsweise enthält ein »Capriccio für Horn«, ein Rezitativ und eine Arie, eine »Introduktion, Variationen und Coda für Fagott« sowie ein *buffo*-Duett, alles von »Signor Maestro Verdi«; der Abend begann mit der Ouvertüre zu Rossinis *Semiramide*, endete mit einer Meyerbeer-Ouvertüre und im Mittelpunkt stand Scribes Komödie *Die Künstlermansarde.* Ein *Tantum ergo* ist überliefert; einige fragmentarische Duette für zwei Tenöre und Orgel, die man einst Verdi zugeschrieben hat, sind in Wirklichkeit Kopien von Bellinis »Versetti da cantarsi il Venerdi Santo«. 1838 wurden Verdis erste Lieder in Mailand veröffentlicht. Er arbeitete auch an der Oper, die in seinen Worten »*Oberto, conte di San Bonifacio* betitelt wurde«. Ob es sich bei *Oberto* um den verschollenen *Lord Hamilton* oder den so gut wie verschollenen *Rocester* handelt, aus dem dann *Oberto* wurde, und wieviel die drei möglicherweise gemeinsam haben, ist noch immer ungeklärt (vgl. Walker, 1962, S. 24 ff; Budden I, 1973, S. 45 ff). Im November 1837 zerschlugen sich Verdis Hoffnungen, daß *Rocester* in Parma aufgeführt würde. Seinen Urlaub 1838 verbrachte er in Mailand, wo er versuchte, seine Oper unterzubringen und offensichtlich Ermutigung erfuhr, denn nach seiner Rückkehr nach Busseto reichte er seinen Rücktritt ein. Im Februar 1839 zog er mit seiner Familie nach Mailand. Im November wurde *Oberto* an der Scala mit ansehnlichem Erfolg aufgeführt. Ricordi kaufte die Rechte für 2000 österreichische Lire und der Direktor des Theaters, Bartolomeo Merelli, gab drei weitere Opern in Auftrag.

Die erste war eine Komödie, *Un giorno di regno*, auf eine leicht veränderte Fassung des Librettos *Il finto Stanislao*, das Felice Romani 1812 für Adalbert Gyrowetz geschrieben hatte. Die Oper fiel durch und wurde nach nur einer Vorstellung am

5. September 1840 abgesetzt. 1879 erinnerte Verdi sich daran, daß während der Komposition dieses heiteren Stücks seine Tochter, sein Sohn und seine Frau innerhalb von zwei Monaten starben. Tatsächlich beweisen die oben genannten Lebensdaten, daß Virginia starb, bevor die Familie Busseto verließ, und Icilio noch vor der Premiere des *Oberto*. Dies ist nicht das einzige Mal, daß Verdi seine Erinnerungen in einer dramatisch eindrucksvolleren Weise umarrangiert. Die Ereignisse selbst sind indes traurig genug. Vom Publikum, das er zu erobern gehofft hatte, zurückgewiesen und einsam in seiner Mailänder Wohnung sitzend, versank Verdi in Depressionen und gelobte sich, nie mehr zu komponieren.

Mit einer Mischung von taktvoller Aufmunterung, Überzeugung und List, brachte ihn der schlaue Merelli wieder dazu, zu komponieren, und Verdis dritte Oper *Nabucodonosor*, dessen sperrigen Titel man schon bald zu *Nabucco* verkürzte, entstand fast gegen seinen Willen, als sich in die Verzweiflung zurückkehrende Hoffnung und neu gefundene Stärke mischten. Merelli hatte ihm ein Libretto von Temistocle Solera aufgedrängt, das eigentlich für Otto Nicolai gedacht war, von diesem aber – welch Glück für die Nachwelt – abgelehnt wurde. Nach Verdis eigenem Bericht fiel sein Blick zuerst auf den Chor der vertriebenen Hebräer »Va, pensiero, sull'ali dorate«, der einen unauslöschlichen Eindruck hinterließ: »Ich durchflog die folgenden Verse und wurde mächtig von ihnen ergriffen, um so mehr als sie eine Paraphrase der Bibel waren, die ich immer über alles geliebt hatte«. Er verbrachte eine schlaflose Nacht und las das ganze Libretto immer wieder durch. In den folgenden Monaten – »heute diesen Vers, morgen jenen, hier eine Note, dort eine ganze Phrase« – entstand »nach und nach die ganze Oper«. Im Herbst 1841 brachte er sie Merelli – aber die folgende Saison stand bereits, und es brauchte Verdis ärgerliches Drängen, daß *Nabucco* aufgeführt wurde. Selbstzweifel machten Selbstvertrauen Platz – ein häufiges Muster in seinem Leben, das in Franz Werfels Verdi-Roman (1925) einfühlsam nachgezeichnet wird.

Das Vertrauen war berechtigt. *Nabucco*, im Frühjahr 1842 an der Scala uraufgeführt, errang einen überwältigenden Erfolg und triumphierte bei der Wiederaufnahme in der Herbstspielzeit mit 57 Vorstellungen – eine in den Annalen der Scala weder zuvor noch danach jemals erreichte Zahl. Das Werk verbreitete Verdis Namen rasch in ganz Italien und dann in der Welt. 1843 wurde *Nabucco* in Wien und Lissabon aufgeführt; 1844 in Barcelona, Berlin, Korfu, Stuttgart, Oporto und Malta; 1845 in Paris, Hamburg, Marseille und Algier; 1846 in Kopenhagen, Konstantinopel, Budapest und London; 1847 in Havanna und Bukarest; 1848 in New York und Brüssel; 1849 in Prag; 1850 in Lemberg (Lwów) und Buenos Aires; 1851 in Zürich und St. Petersburg. Ähnliche Aufzählungen – wobei diese eine für alle weiteren stehen mag – könnte man auch über die rasche Verbreitung all seiner anderen erfolgreichen Opern machen. Und wie Henry F. Chorley 1862 bemerkte, sei »Signor Verdi... der einzige Komponist seines Landes, der in den vergangenen 15 Jahren den Maestro aus besseren Tagen [Rossini] vertritt, dessen Musik vom einen Ende Europas zum anderen gehört wurde.«

Solera nahm den Stoff für sein Libretto aus einem an der Scala 1838 aufgeführten Ballett, das wiederum auf einem französischen Schauspiel basierte. Er war Komponist, Dichter und als italienischer Patriot mit der österreichischen Polizei zusammengestoßen; der ausgesprochene Sinn für nationale Identität in *Nabucco* war weitgehend seine eigene Zutat zu seinen Quellen. Verdi seinerseits bestand darauf, daß ein ursprünglich nach dem Sehnsuchtschor vorgesehenes Liebesduett durch eine erst düstere, dann feurige *profezia* des hebräischen Oberpriesters Zaccaria ersetzt wurde. Mit den schwungvollen *I lombardi alla prima crociata*, die im folgenden Jahr an der Scala uraufgeführt wurden, wollten die beiden Männer ihren vorausgegangenen Triumph wiederholen, was ihnen auch gelang. Als Quelle diente ein episches Gedicht von Tommaso Grossi; die großen Chöre waren nun Italienern in den Mund gelegt.

ZWEITES KAPITEL
DIE PATRIOTISCHEN ELEMENTE
IN DEN OPERN

Verdis früher Biograph ›Folchetto‹ (Jacopo Caponi, 1881; vgl.
Pougin) erkannte es ganz richtig. Über *Nabucco* und *I lombardi*
sagte er:

>*»Verdi fing an – ich möchte sagen, anfangs fast instinktiv –*
>*politische Aktionen mit seiner Musik anzuzetteln. Ausländer*
>*werden nie begreifen können, welchen Einfluß zu einer*
>*gewissen Zeit die zündenden, lodernden Melodien ausübten, die*
>*Verdi erfand, wenn ihn Situationen oder auch nur einzelne*
>*Verse an den unglückseligen Zustand Italiens, ihre*
>*Erinnerungen oder Hoffnungen gemahnten. Das Publikum*
>*erkannte überall Anspielungen, aber Verdi fand sie zuerst und*
>*formte sie zu seiner begeisterten Musik, was oft damit endete,*
>*daß sie im Theater eine Revolution auslösten.«*

In *Ernani* wurde die »ruchlose Umarmung« eines ältlichen
Vormunds, aus der sich Elvira weinend befreien möchte, mit
der österreichischen Herrschaft gleichgesetzt. In *Attila* riefen
die aufrührerischen Zeilen »Avrai tu l'universo, Resti l'Italia a
me«(»Du sollst das Universum haben, solange Italien mein
bleibt«) riesigen Enthusiasmus hervor, selbst wenn sie im
Kontext eines Handels ausgestoßen werden, den ein italienischer Verräter dem Hunnen anbietet. *La battaglia di Legnano*
ist in der Tat ein Aufruf im Sinne des Risorgimento zu den
Waffen. Der Chor aus *Nabucco*, in dem die vertriebenen Juden
sich nach ihrer Heimat sehnen und der vergleichbare Chor aus
I Lombardi »O Signore, dal tetto natio«, in dem sich die italienischen Kreuzfahrer nach ihren heimatlichen Feldern und
Weinbergen sehnen – der, nach den Worten des Risorgi-
mento-Dichters Giuseppe Giusti, »so viele Herzen erschüt-
tert und berauscht hat« –, verursachten nach dem Ausspruch
Folchettos »die ersten politischen Demonstrationen, die das

Wiedererwachen der Lombardei und des Veneto signalisierten.«

Verdi war ein emotional engagierter Patriot; daran lassen seine Briefe keinen Zweifel. Alle seine Opern vor *Aida* entstanden im Schatten drohender oder wirklicher Revolutionen und Kriege in seinem Land, und, wie Luigi Dallapiccola 1965 schrieb, ist »das Phänomen Verdi ohne das Risorgimento undenkbar. Ob er nun eine aktive Rolle darin spielte oder nicht, ist unwesentlich; er sog dessen Luft und Atmosphäre ein« und »formulierte in Worten und Musik einen Stil, durch den das italienische Volk einen Schlüssel zu seiner dramatischen Lage fand und im Einklang mit dem Komponisten stand.« Gleichzeitig muß sich Verdi sehr wohl bewußt gewesen sein, daß der Appell an die patriotischen Gefühle seinen Werken die allgemeine Anerkennung sichern half. Nach wie vor findet man in ihnen aktuelle Anspielungen. Doch jenseits aller spezifischer ›Bedeutung‹ rief und ruft die Macht von Verdis Melodien und seiner straffen, langsam anschwellende Rhythmik Emotionen bei den Massen hervor. Dies ist ein wichtiges Element in seinen Werken, ein Grund für ihren unmittelbaren und anhaltenden Erfolg beim breiten Publikum. Selbst Menschen, die bequem und ungestört leben, lassen sich dazu bewegen, in die Klagen der Hebrärer über »O mia patria, sì bella e perduta« in *Nabucco* oder in die Klage der schottischen Flüchtlinge in *Macbeth* über ihre »Patria oppressa« im Einklang mit der Musik einzustimmen. Ende der fünfziger Jahre des 19. Jahrhunderts bediente man sich des Namens des Komponisten als Akronym für *V*ittorio *E*manuele *R*e *D'I*talia; und der Ruf »Viva VERDI!« konnte auch dem Monarchen gelten, unter dem Italien vereinigt wurde.

DRITTES KAPITEL

DIE ›VIER PERIODEN‹

Ernani, Verdis nächste Oper nach *I lombardi alla prima cro-ciata*, entstand 1844 für Venedig, und mit ihr fing die Zeit an, die der Komponist später seine »Galeerenjahre« nannte. Tatsächlich sprach er, *Nabucco* miteinbegriffen, von 16 »Galeerenjahren«; der Satz stammt aus einem Brief vom 12. Mai 1858 an Clarina Maffei. In den folgenden neun Jahren flossen weitere vierzehn Opern aus seiner Feder. Für Rom schrieb er noch 1844 *I due Foscari*, 1849 *La battaglia di Legnano* und 1853 *Il trovatore*; für Mailand entstand 1845 *Giovanna d'Arco*; für Neapel 1845 *Alzira* und 1849 *Luisa Miller*; für Venedig 1846 *Attila*, 1851 *Rigoletto* und 1853 *La traviata*; für Florenz schrieb er 1847 *Macbeth*. 1848 wurde *Il corsaro*, 1850 *Stiffelio* in Triest uraufgeführt. Aufträge aus dem Ausland führten 1847 in London zu *I Masnardieri* und im selben Jahr in Paris zu *Jérusalem*, einer gründlichen Überarbeitung von *I lombardi*.

Das Tempo verlangsamte sich erst, als sich Verdi im Oktober 1853, nach *La traviata*, in Paris niederließ und nahezu zwei Jahre an der Komposition von *Les vêpres siciliennes* arbeitete, die im Juni 1855 uraufgeführt wurden. Als er 1857 nach Italien zurückkehrte, brachte er in Venedig *Simon Boccanegra* und *Aroldo*, eine Überarbeitung des *Stiffelio*, in Rimini heraus – beide blieben indes ohne großen Erfolg. Dann kam es wegen des 1858 für Neapel komponierten *Un ballo in maschera* zu Problemen mit der Zensur, so daß die Oper schließlich im darauffolgenden Jahr in Rom uraufgeführt wurde. Sie wurde gefeiert, aber die Aufführung ließ Verdi unbefriedigt. Seine Abneigung gegenüber den Bedingungen des italienischen Opernlebens wuchs. Er bebaute seine Güter, und nur drei stattliche ausländische Aufträge brachten ihn wieder dem Theater zurück: *La forza del destino* 1862 in St. Petersburg, *Don Carlos* 1867 in Paris und *Aida* 1871 in Kairo. Seine beiden letzten Meisterwerke entstanden in aller Muße und kamen dann auf die Bühne der Scala: *Otello* 1887 und *Falstaff* 1893.

Giuseppe Verdi, Photographie von A. A. Disderi (um 1850).

Abramo Basevi schlug bereits 1859 in der frühesten und nach
wie grundlegenden Untersuchung über Verdis Musik eine
Unterteilung in vier Perioden oder Stile vor: die >pompöse<
Periode, bis zu *La battaglia di Legnano*, in der der Einfluß des
späten Rossini dominiert; die >intime< Periode, beginnend mit
Luisa Miller, in der sich die Figuren differenzierter und mit
größerer Individualität artikulieren und der Komponist mehr
in die Nähe Donizettis rückt; dann eine >französisch beein-
flußte< Periode, die mit *La traviata* beginnt und eine >deutsch
beeinflußte< Periode, vertreten durch *Simon Boccanegra*. Nach
Basevis Buch sollten noch sechs große Opern folgen. Bezieht
man diese mit ein, könnte man eine Neuaufteilung vorschla-
gen, in der die zweite, >intime< Periode in *La traviata* kulminiert, und mit *Les vêpres siciliennes* eine dritte, dreißig Jahre
dauernde Periode anhebt, in der der Komponist danach
strebte, eine >grand opéra< zu schaffen, die die erhabenen
Sujets eines Meyerbeer mit seiner eigenen, besonderen italienischen >Wärme< zum Leben erwecken sollte. Das Ergebnis
indes befriedigte ihn nie wirklich ganz, denn *Simon Boccanegra*,
La forza del destino, *Don Carlos* und in geringerem Ausmaß
auch *Aida*, wurden allesamt nach der Premiere überbeitet. In
diesen Jahren drohte Verdi ununterbrochen mit einem Ros-
sini-ähnlichen Rückzug – und blieb doch fast ununterbrochen
mit Paris in Berührung, prüfte einen Stoff nach dem anderen,
lehnte alles ab, was ihn nicht begeisterte und lechzte doch stets
nach dem entscheidenden, uneingeschränkten Triumph an der
Opéra, die sich ihm entzog, bis 1880 unter seiner Leitung dort
Aida aufgeführt wurde.

In der Zwischenzeit waren die Wurzeln für *Otello* gelegt.
Mit den Überarbeitungen von *Simon Boccanegra* (1880/1881)
und *Don Carlos* (1882/1883) prüfte er die Kräfte, die er zur
Komposition dieses Werks benötigte. *Otello*, der keinerlei musikalische oder dramatische Schwächen enthält, und jenes an
ein Wunder grenzende Schlußgeleit *Falstaff* stellen eine
vierte und letzte Periode dar.

VIERTES KAPITEL
AUF DEM WEG ZUR REIFE

Verdi war 1839 sechsundzwanzig Jahre alt, ein Spätzünder, der nicht einmal die reguläre Ausbildung am Konservatorium hinter sich gebracht hatte. Rossini, Donizetti und Bellini waren die vorzüglichsten Opernkomponisten, die man während seiner Studienjahre in Mailand aufführte, aber es gab viele Werke anderer Komponisten, die dort mit Erfolg gespielt wurden. 1834 dirigierte Verdi eine Aufführung von Haydns *Schöpfung*; zu jener Zeit war Haydn indes schon ein Klassiker, kein Vorbild mehr wie für den jungen Rossini oder Donizetti. 1845 ließ Verdi seinen Schüler Emanuele Muzio »die ganze klassische Musik von Beethoven, Mozart, Leidesdorf, Schubert, Haydn, etc. studieren; und dann erst werden wir zu den Modernen übergehen«. Später standen in greifbarer Nähe seines Bettes Taschenpartituren der Streichquartette Haydns, Mozarts und Beethovens. Aber man kann in seinen beiden ersten Opern nur schwer irgendeinen spezifischen Einfluß jenseits des damals alles beherrschenden ›Code Rossini‹ ausmachen. Im Nachhinein ist es für jeden klugen Menschen einfach, jene spezifisch Verdische Energie herauszuhören, die aus *Oberto* und *Un giorno di regno* spricht. *Nabucco* ist eindeutig nach dem Vorbild von Rossinis *Moïse* geformt, der 1840 an der Scala gespielt wurde, sowohl im allgemeinen Aufriß, als auch in der Gestaltung einzelner Nummern. Vieles in *I lombardi* geht ebenfalls auf Rossini zurück; ein anderer Einfluß ging von Mercadante aus, dessen ›Reformopern‹ *Il giuramento* und *Il bravo* 1837 bzw. 1839 an der Scala gespielt wurden. Mercadantes Ziel war es, die traditionelle Struktur und Abfolge von Nummern aufzulockern, die dramatische Unmittelbarkeit zu erhöhen und das Orchester weniger konventionell zu behandeln. Er erklomm damit eine weitere Stufe der Reform, die schon Rossini, Bellini und Donizetti angestrebt hatten. Besonders der erste Akt von *I lombardi* läßt die Vermutung zu, daß Verdi die Musik Mercadantes aufmerksam studiert hatte.

Für Verdis frühen Stil sind die Vorbilder rasch gefunden –
für den Bau seiner Arien, Ensembles und Akte; für seine kraftvollen und teils mehr deklamatorischen, teils mehr lyrischen
Rezitative; für den rhythmischen Akzent seiner Melodien; für
seine harmonischen Fortschreitungen mittels Terzverwandt-
schaften. Wenn man heutzutage eine Oper von Mercadante,
Pacini oder Federico Ricci hört, so ist man über ihre Anklänge
an Verdis Tonfall verblüfft. Es ist daher sinnvoll, einen Kritiker
dieser Tage zu Wort kommen zu lassen, der mit diesen Komponisten bestens bekannt war und einen Neuling gegenüber
den Vorhandenen beurteilen konnte. Chorley erklärte, daß
Verdi der einzige Italiener seiner Zeit sei, der einen mehr oder
weniger eigenen Stil besitze und fuhr fort:

»*Doch viele hervorstechende Merkmale seines Stils sind nicht die
des Signor Verdi allein. Das Crescendo und der Gebrauch –
nicht der Mißbrauch – des Unisono wurde von Donizetti
angeregt; die Form der Kabaletta, in der die Phrase sich eher
sprunghaft bewegt, als daß sie fließt, von Federico Ricci; die
Anwendung von Synkopierungen von Signor Pacini; das
Übermaß an Appoggiaturen von Bellini. Und doch: Durch die
neue Verbindung entsteht aus dem bekannten Material ein
neues Ganzes.*«

Ganz richtig nannte Chorley als bestimmendes Merkmal von
Verdis neuer, persönlicher Mischung die Vorliebe für »wilde
und düstere« Stoffe; die zunehmende Bemühung, die »nackte
Wildheit der Instrumentierung« seiner ersten Stücke zu va-
riieren, zu bereichern und zu besänftigen; weit ausschwin-
gende Cantabile-Passagen im Neunachtel- und Zwölfachteltakt, die schweren Stimmen mit einem langem Atem entgegenkommen; häufige »Aufforderungen an die Sänger, mit
äußerster Kraft zu singen«; und, wichtiger als alles andere,
»der Ernst, mit dem er den dramatischen Ausdruck verfolgt«,
ein Bestreben, das ihn von den Komponisten unterschied, die,
nachdem sie eine erfolgreiche Formel gefunden hatten, sich

damit zufriedengaben, sie zum Vergnügen anderer und zum eigenen Vorteil auszubeuten.

Die Entstehungsgeschichte von *Ernani*, dessen Musik Verdi in Mailand entwarf und dort auch weitgehend ausführte, während der Librettist in Venedig saß, ist gut dokumentiert. In seinen Briefen aus dieser Zeit formulierte Verdi schon 1843 Grundsätze seiner Überzeugung von der Oper, die ihn durch seine ganze Karriere begleiten sollten. Ideen, Grundsätze, selbst Schlagworte daraus kehren während der nächsten vierzig Jahre ständig wieder. Deshalb kann *Ernani* gut zum Ausgangspunkt eines ›thematischen‹ Überblicks dienen, wie Verdis Opern geschrieben wurden, ohne daß es zu den Wiederholungen käme, die eine Chronik, in der Werk nach Werk betrachtet wird, zwangsläufig mit sich brächte.

FÜNFTES KAPITEL
STOFFWAHL

Sänger, Zensoren und lokale Empfindlichkeiten mußten bei der Wahl des Stoffes gleichermaßen bedacht werden. Im Falle seiner ersten Oper für Venedig verwarf Verdi mit Bedauern sowohl *König Lear* als auch Byrons *The Corsair*, die mehr wirkungsvolle männliche Hauptfiguren benötigt hätten, als die venezianische Operntruppe in dieser Spielzeit aufbieten konnte. Solche praktischen Überlegungen waren stets wichtig. Florenz zum Beispiel mußte auf *I masnadieri* verzichten, weil Verdis Lieblingstenor, Gaetano Fraschini, zur Uraufführung der eigens für ihn geschaffenen Rolle des stürmischen Karl Moor nicht zur Verfügung stand, bekam dafür aber den *Macbeth*, weil der ausgezeichnete Bariton Felice Varesi im Ensemble war. Mit zunehmender Strenge machte Verdi die Unterzeichnung eines Vertrags vom Engagement bestimmter Sänger oder zumindest von Sängern eines gewissen Kalibers abhängig. Der ungeschriebene *König Lear*, der durch seine Biographie rollt, wie der Kopf des enthaupteten englischen Königs Karl I., hätte mehr als einmal komponiert werden können, wären die Künstler seiner Träume zur Hand gewesen, die Lear und Cordelia hätten verkörpern können. (Vielleicht aber auch nicht; für mehr als einen großen Komponisten blieb eine *Lear*-Oper eine nicht zu realisierende Vision.) Die Vertonung des *Ruy Blas* nach Victor Hugo, die ihm lange vorschwebte, wurde 1857 durchkreuzt, da sich Filippo Coletti, der erste Bariton des neapolitanischen Ensembles, sowohl für die Rolle des Dom César als auch für die Titelrolle als ungeeignet erwies. Vier Jahre später wurde *Ruy Blas* wiederum verhindert, wenn auch aus anderen Gründen: Daß eine Königin einen Lakaien liebt, fand man in St. Petersburg unpassend. Statt dessen fiel die Wahl auf *La forza del destino*.

Ähnliches war 1843 während der Entstehung von *Ernani* vorgefallen. Nachdem Verdi *King Lear* und *The Corsair* verworfen hatte, erwog er Byrons *Bride of Abydos*, Dumas' *Cathe-*

rine Howard, Bulwer-Lyttons' *Rienzi* und Tommaso Grossis *Caduta de' Langobardi*; aus unterschiedlichen Gründen wurden alle abgelehnt, und Verdi schlug Byrons *The Two Foscari* als idealen Stoff vor – venezianisch, leidenschaftlich und für Musik höchst geeignet. Aber der Vorschlag wurde abgelehnt, da immer noch Nachfahren der betroffenen Familien lebten. Verdi legte ihn für eine spätere Verwendung beiseite; wie immer, wenn ein Stoff seine Phantasie wirklich gepackt hatte, hatte die Oper, die daraus entstehen könnte, in seinen Gedanken bereits Form und ‹Farbe› angenommen, ohne daß auch nur eine Zeile des Librettos oder ein Takt Musik geschrieben gewesen wäre. Für Venedig nahm er ohne große Begeisterung zunächst den *Cromwell* eines jungen Dichters namens Francesco Maria Piave an. Dies bildete den Anfang einer nahezu zwanzigjährigen Zusammenarbeit, die bis zu *La forza del destino* währen sollte. Aber der Text begeisterte ihn nicht, wie aus einem Brief vom 5.9.1843 an Nani Mocenigo hervorgeht:

»*Dieser* Cromwello *ist wahrlich nicht von großem Interesse, zieht man die Belange des Theaters in Betracht. Der Aufbau ist regelmäßig, klar und mit einem Wort gut gemacht, aber arm an Handlung: Schuld hat vielleicht mehr der Stoff als der Dichter. Der erste Akt hat mich überzeugt, aber im zweiten läßt die Wirkung, anstatt zuzunehmen, wie ich gehofft hatte, mehr und mehr nach ... Oh, wenn man den* Hernani *machen könnte, das wäre eine sehr schöne Sache ... Morgen werde ich ausführlich an Signor Piave schreiben und alle die Szenen des* Hernani *anführen, die mir geeignet scheinen. Ich habe bereits gesehen, daß man den ganzen ersten Akt zu einer großartigen Introduktion zusammenfassen und den Akt dort beenden kann, wo Don Carlos von Silva die Herausgabe von Hernani fordert, der hinter seinem Porträt verborgen ist. Den zweiten Akt gemäß dem vierten Akt des französischen Dramas machen. Und den dritten Akt mit dem großartigen Terzett, bei dem* Hernani *stirbt, beenden etc...* «

Diese unmittelbare ›Vision‹ davon, wie ein Schauspiel musik-
dramatische Form annehmen könnte, ist bezeichnend. *Cromwell* wurde verworfen und *Ernani* komponiert. Es ist, als hätten
Stoffe Verdi genauso erwählt, wie er sie sich auswählte. *Nabucco* war dafür bereits ein gutes Beispiel. Nachdem er 1852
zwei Texte von Scribe für seinen bevorstehenden Auftrag der
Opéra abgelehnt hatte, teilte er dem Dramatiker mit, er könne
erst dann über eine Oper nachdenken, wenn er »eine Dichtung habe, die meine Begeisterung entfacht und mich ausrufen
läßt ›Das ist es! Das ist das Richtige! Sofort an die Arbeit!‹«
1865, während der Verhandlungen, die zu *Don Carlos* führten,
rief er aus:»Ein Libretto, gebt mir nur ein Libretto – und die
Oper ist geschrieben!« 1870, nachdem er die Zeit mit einem
Stoff nach dem anderen verträdelt hatte, stürzte er sich, kaum
hielt er es in Händen, mit unverholener Erleichterung auf das
Szenarium von *Aida*.

Im März 1844, dem Monat, in dem *Ernani* uraufgeführt
wurde, fing Verdi an, seine *Copialettere* zu führen, Bände, die
Kopien oder Entwürfe seiner wichtigsten Briefe enthielten.
Die erste Seite enthält seine Bedingungen eines Opernauf-
trags für Neapel, u. a., daß er das Libretto von Salvatore Cammarano sieben Monate vor der geplanten Premiere erhalten
müsse und daß er seine eigene Besetzung aus einem Ensemble
auswählen könne, zu dem in jedem Fall Eugenia Tadolini, Fraschini und Coletti gehören müßten. Auf einer anderen Seite
notierte er sich eine Liste mit möglichen Opernstoffen. Sie
fängt an mit *King Lear*, *Hamlet* und *Der Sturm* und schließt
Byrons *Cain*, Victor Hugos *Le roi s'amuse*, *Marion de Lorme* und
Ruy Blas sowie *Kean* von Dumas dem Älteren und zwei spanische Stücke mit ein. Es handelt sich um Autoren und Stücke,
auf die er während seiner ganzen langen Laufbahn immer
wieder zurückkommen sollte – Shakespeare und die Romantiker, die in Shakespeare ihr Vorbild sahen. Weniger charakteristische Beispiele, die er nicht weiterverfolgte, sind eine *Phae-
dra* nach »Euripides-Racine«, eine *Annia* nach Tacitus' *Annalen* und ein *Giacomo di Valenza*, die Geschichte eines Bologneser Jünglings aus dem 14. Jahrhundert, dessen Hin-

richtung einen Aufstand unter den Studenten auslöste, die er
in Sismondo Sismondis großer Geschichte der italienischen
Republiken gefunden hatte. Es fehlt lediglich ein Name, dessen gesammelte Werke immer noch neben denen Shakespeares im Buchregal an Verdis Bett in Sant'Agata stehen:
Schiller. *Giovanna d'Arco* (1845) stellte kaum mehr als eine
erste flüchtige Berührung mit dem deutschen Dramatiker dar;
Solera bestritt sogar, was jedoch unglaubwürdig ist, daß sein
Libretto irgend etwas mit *Die Jungfrau von Orleans* zu tun
habe. Verdis erste wirkliche Schiller-Oper und seine erste
Shakespeare-Oper, *I masnadieri* und *Macbeth*, wurden im Juli
1846 entworfen. Er verbrachte diesen Monat mit Andrea Maffei, dem Übersetzer Schillers und, später, der Schillerschen
Version von *Macbeth*, in einem Kurort.

Schillers erstes Drama, *Die Räuber*, das Verdis *I masnadieri*
zugrunde lag, ist ein flammendes Dokument der frühen Romantik. Es erschien 1782 und damit zu einer Zeit, da man
Shakespeare erstmals auf deutschen Bühnen spielte; Verdis
früheste Shakespeare- und Schiller-Opern spiegeln bis zu
einem gewissen Grad nicht nur seine eigene, sondern auch
Italiens Entdeckung von Shakespeare wider – und die Be-
kanntheit von Schillers Stücken in Italien. Es überrascht nicht,
daß Verdi sich auf der Suche nach Stoffen keinem Dichter so
oft zuwandte wie Schiller und dies bei keinem anderen außer
Shakespeare so fruchtbar war. In den Karrieren dieser beiden
Männer gibt es verblüffende Parallelen. Sätze über Schiller in
A. W. Schlegels *Vorlesungen über dramatische Kunst und Literatur* lassen sich mit der gleichen Berechtigung auf Verdi anwenden:

»*Unter diesen Umständen trat Schiller auf, mit allen Anlagen
ausgerüstet, um zugleich auf die edleren Geister und auf die
Menge stark zu wirken. Er dichtete seine frühesten Werke noch
sehr jung, unbekannt mit der Welt, die er zu schildern
unternahm, und wiewohl ein selbständiger und bis zur
Verwegenheit kühner Genius, dennoch von den eben erwähnten
Vorbildern Lessing's, Goethe's in seinen früheren Arbeiten,*

und Shakespeare's, wie er ihn ohne Kenntniß des Originals verstehen konnte, mannichfaltig beherrscht.«

In Schillers frühesten Werken finden sich sowohl gräßliche Überspanntheiten als auch wilde Kraft. Aber »ein so edler Geist konnte nicht lange in solchen Ausschweifungen beharren... und warf sich daher mit unglaublichen Anstrengungen und einer Art von Leidenschaft in die Bildung.« In den Werken seiner mittleren Periode – Schlegel nennt »Don Carlos« – zeichnet sich eine Änderung ab: »Theilweise sehr tief in der Characterzeichnung, kann es doch die alte sich brüstende Unnatur noch nicht ganz verläugnen, die nur in gewähltere Formen gekleidet ist.« Spätere Werke wie die »Maria Stuart« schließlich sind »mit größerer Kunstfertigkeit und eben so großer Gründlichkeit... angelegt und ausgeführt.«

Schillers *Kabale und Liebe* ist ein »bürgerliches Trauerspiel«, und *Luisa Miller*, die Oper, die auf dem Drama fußt, spiegelt Verdis neue Beschäftigung mit ›einfachen‹ – aber anziehenden – Figuren in fesselnden Zwangssituationen wider. Verdi griff nur zweimal zu modernen Stücken, die erst ein Jahr, bevor er sie vertonte, erschienen waren und deren Handlung in der Gegenwart angesiedelt war: In *Stiffelio* (1850) geht es um Scheidung, und *La traviata* (1853) spiegelt seine eigene Situation wider, da er zu dieser Zeit mit einer begabten, erfahrenen und attraktiven Frau zusammenlebte, mit der er nicht verheiratet war. Zwischen *Stiffelio* und *La traviata* aber lagen *Rigoletto* und *Il trovatore*. Verdi wechselte gerne seine Genres. Patriotische ›Spektakel‹ von Solera wechselten sich mit ›intimen‹ Dramen von Piave ab. Die Stadt der Uraufführung spielte ebenfalls eine Rolle. Salvatore Cammarano, der Doyen der neapolitanischen Librettisten, schnitt die Stoffe der Tradition gemäß zurecht, wie im Falle von *Alzira* – nach Voltaire, dessen scharfe Kritik an der christlichen Moral stark abgeschwächt wurde – oder *Il trovatore* und zog *Kabale und Liebe* den politischen Zahn. Doch für eine Uraufführung in Rom, das kurz vor der Ausrufung einer unabhängigen Republik stand, ließen er und Verdi die revolutionären Fanfaren von *La batta-*

*Bühnenbildentwurf von Giuseppe und Pietro Bertoia für
»Il trovatore«, 3. Akt, 1. Szene (das Lager des Grafen Luna) für
die Aufführung am Teatro La Fenice, Venedig, 1853/54
(aquarellierte Feder- und Tintenzeichnung).*

glia di Legnano erschallen, einer Oper, die sich vor ihrer ›Bändigung‹ überall sonst als unaufführbar erwiesen hatte.

*»Eine meiner Ideen ist es, den Sturm zu vertonen und das
gleiche mit allen großen Dramen der großen
Tragödienschreiber zu tun. (1850)«*

*»Le roi s'amuse ist der großartigste Stoff und vielleicht auch
das großartigste Stück der modernen Zeit. Triboulet
[Rigoletto] ist ein Shakespeare würdiges Geisteskind!! … Sie
wissen, daß ich vor sechs Jahren, als mir Mocenigo den Ernani
vorschlug, ausrief: ›Ja, bei Gott, da kann nichts schief gehen‹.«*

»*Heute, als ich über verschiedene Stoffe nachdachte, schoß mir* Le roi *wie ein Blitz, eine Inspiration durch den Sinn und ich sagte das gleiche: >Ja, bei Gott, da kann nichts schief gehen<.*« *(1850)*

»*Ich wünsche neue, grandiose, schöne, abwechslungsreiche, kühne Stoffe ... und kühn bis zum äußersten.*« *(1853)*

»*(Zum Beispiel würde ich vor zehn Jahren nicht gewagt haben, den* Rigoletto *zu machen.) Ich finde, daß sich unsere Oper so sehr durch übertriebene Eintönigkeit versündigt, daß ich mich heute weigern würde, solche Stoffe wie* Nabucco, Foscari *etc. etc. zu schreiben ... Es ist nur eine Seite, eine erhabene, wenn Ihr wollt, aber doch immer dieselbe ... Aus demselben Grund ziehe ich Shakespeare allen Dramatikern vor, die Griechen nicht ausgeschlossen. Mir scheint, daß der beste Stoff, was die Wirkung betrifft, den ich bislang in Musik gesetzt habe ...* Rigoletto *ist. In ihm gibt es schlagkräftige Situationen, Vielfalt, Brio, Pathos. Alle dramatischen Vorgänge erwachsen aus der leichtlebigen, ausschweifenden Person des Herzogs; daher die Ängste Rigolettos, die Leidenschaft Gildas etc. etc., die viele ausgezeichnete dramatische Höhepunkte bilden, so unter anderem die Szene des* Quartetts.« *(1853)*

Das letzte Zitat stammt aus einem Brief an Antonio Somma, der für Verdi ein *Lear*-Libretto schrieb und Scribes *Gustave III* zu *Un ballo in maschera* umarbeitete. Verdi fuhr fort und erklärte Somma, daß aus seiner Sicht ein Drama nicht durch die bloße Hinzufügung »eines Fests, eines Abendessens, sogar eines Turniers« lebendiger werde; Vielseitigkeit der Situationen sei in der Tat notwendig, müsse aber aus den Personen selbst kommen. Immer mehr fühlte er sich von Dramen angezogen, deren Ereignisreichtum seinen Ausgang von einem zerrissenen Charakter nahm. Ein gängiger Opernkonflikt seiner Zeit war der zwischen Liebe und patriotischer Pflicht, wie er zum Beispiel in Rossinis drei *grands opéras* deutlich zum

Ausdruck kommt. Verdi schlug ihn in einigen frühen Stücken an und kam in *Aida* darauf zurück, wie diese Oper im Hinblick auf die Situationen und die Handlung überhaupt das konventionellste aller seiner Libretti besitzt. Ungewöhnlicher dagegen sind die Konflikte eines *Stiffelio*, des Pastors, der christliche Vergebung predigt und sich selbst nicht dazu durchringen kann, seinem sündigen Weib zu vergeben, oder einer Azucena, der Zigeunerin, die hin und hergerissen ist zwischen Rachegelüsten und der Mutterliebe dem Sohn gegenüber. Viele der Verdischen Helden sind Herrscher, auf denen das Gewicht der öffentlichen Pflichten schwer ruht. Wollte man eine Lehre aus der Summe der von ihm vertonten Stoffe ziehen, so könnte sie folgendermaßen lauten: Ehre und Pflicht legen einem aufrechten Mann eine Entscheidung nahe, die ihn in Zwiespalt mit seinen Hoffnungen und seinem persönlichen Glück bringt. Eine ähnlich düstere Sicht des Lebens hat Verdi vielfach in seinen Briefen ausgedrückt. Seine zweite und seine letzte Oper waren Komödien; von den übrigen enden nur *Oberto* und der außergewöhnliche *Stiffelio/Aroldo* nicht mit einer Todesszene.

Verdi war stets auf der Suche nach unkonventionellen Stoffen, die nicht nur die Gewähr für einen Ablauf von Ereignissen boten, die sich wirksam vertonen ließen, sondern deren dramatische Entwicklung auf einen Höhepunkt zusteuerte. War ein Stoff einmal gewählt und von dem entsprechenden Theater akzeptiert, so war die Oper, in seinen Worten, »so gut wie geschrieben«.

SECHSTES KAPITEL
LIBRETTO UND SZENISCHE GESTALT

Aber der Text selbst mußte erst noch geschrieben werden, und ein Libretto zu gestalten, erwies sich im allgemeinen als langwierigere Angelegenheit als die Komposition selbst. Als Verdi den ersten Teil des *Cromwell*-Textes erhielt, schrieb er: »Ich lege diesen ersten Akt beiseite, da ich nicht mit der Arbeit beginnen möchte, bevor ich nicht das ganze Libretto habe. So mache ich es normalerweise und finde es die beste Methode, denn wenn ich eine Vorstellung des gesamten Textes habe, finden sich die Noten immer von selbst.« Der allgemeine Aufbau von *Cromwell* war mit Piave bereits abgesprochen. Für *Ernani* hatte Verdi ihm ein sorgfältig ausgearbeitetes Szenarium der Nummern zugesandt. Dies war Verdis übliche Vorgehensweise, die oft in aller Ausführlichkeit dokumentiert ist, wenn der Komponist und sein Librettist in unterschiedlichen Städten wohnten und vermutlich lief es auch so ab, als Verdi 1865/1866 für fünf Monate in Paris weilte, um den Text zu *Don Carlos* mit Méry und Du Locle zu besprechen, oder wenn Du Locle ihn 1870 in Sant'Agata besuchte, um *Aida* vorzubereiten. Zu diesem Zeitpunkt waren der szenische Grundriß und die Abfolge der Nummern bereits festgelegt:

»*Wenn Carlos auftritt, hätte ich gerne ein ganz kleines zärtliches Duett … Dann, bei Ernanis Auftritt wenig später, würde ich mich gerne in die Stretta des Stückes stürzen* [d.h.. in den als Terzett endenden Schlußteil des als Duett begonnenen Stückes; Rossini, Bellini und Donizetti hatten sich dieser Technik bereits in ausdrucksvoller Weise bedient]. *Danach hätte ich gerne, daß ein Diener oder Giuseppe in einer Art Rezitativ Ruys Ankunft verkündet; nach einigen Worten der Überraschung sollte er das Adagio des Schlußensembles einleiten.*«

Würde man alle großen italienischen Opern des 19. Jahrhunderts mit vier Akten oder einem Prolog und drei Akten aufeinanderlegen, so könnte man darin ein ›Muster‹ mit folgenden Kennzeichen entdecken: eine *introduzione*, in der eine der Hauptfiguren ein von Chören umrahmtes Solo hat; die Heroine wird in der zweiten oder dritten Szene eingeführt, oft mit einer Arie erzählenden Charakters, einem Traum, einer Erinnerung, der vielfach ein Frauenchor vorausgeht; große Concertato-Finali im zweiten und dritten Akt (oder wenigstens ein mitreißendes Duett anstelle eines der Finali); ein ausgedehntes dreisätziges Duett in einem der mittleren Akte; eine *preghiera* für die Heroine am Beginn des letzten Aktes; zum Schluß eine Todesszene für den Helden oder auch, vor allem in einer Primadonnen-Oper, ein so genanntes ›rondo finale‹ für die Heldin. In drei- oder zweiaktigen Opern ist das Schema gerafft. Es gibt in den Werken Verdis und seiner Vorgänger zahllose Abweichungen, Kennzeichen des grundlegenden Schemas können indes in all seinen Opern gefunden werden, von *Oberto* bis zu *Otello* und *Falstaff.* Wenn seinen dramatischen und musikalischen Absichten Konventionen dienlich waren, so war er bereit, sie zu verwenden, aber er war stets glücklich, wenn er mit ihnen brechen konnte und bestand darauf, sie zu brechen, sobald sie die Einzigartigkeit des von ihm gewählten Dramas zu verschleiern drohten. »Ich habe durchaus keine Scheu vor Cabaletten«, schrieb er 1870, »aber es muß immer die Situation und der Anlaß vorhanden sein. In dem Duett aus *Ballo in maschera* gab es einen prachtvollen Anlaß; nach dieser ganzen Szene mußte, ich darf es wohl sagen, Liebe aufflammen…«.

Piave wurde mitgeteilt, daß *Ernani* mit »einem herrlichen Terzett« enden solle (September 1843). »Um Himmels Willen, schließen die den vierten Akt nicht mit einem Rondo, sondern machen Sie ein Terzett; mehr noch, dieses Terzett sollte das beste Stück in der Oper sein« (Oktober 1843). (Mit herrlichen Terzetten enden auch *Luisa Miller* und die überarbeitete Fassung von *La forza del destino*.) Auch im Falle von *Luisa Miller* kann die sehr enge Zusammenarbeit zwischen

dem Komponisten und seinem Librettisten anhand der reich-
haltig überlieferten Dokumente studiert werden. Zu einem
bestimmten Zeitpunkt schrieb Cammarano: »Wenn ich nicht
fürchten müßte, als Utopist verschrien zu werden, wäre ich
versucht zu sagen: Um die mögliche Perfektion eines musikalischen Werkes zu erreichen, dürfte nur ein einziger Kopf Verfasser der Verse und der Noten sein.« Das war 1849, ein Jahr
vor der Uraufführung von *Lohengrin*. Als 1851 *Il trovatore* zur
Diskussion stand, wurde Cammarano mitgeteilt:

*»Was die Aufteilung der Nummern betrifft, so möchte ich Euch
dieses sagen: Wenn man mir Poesie anbietet, die man in Musik
setzen kann, dann ist mir jede Form, jede Aufteilung recht;
mehr noch, je neuartiger und ausgefallener diese sind, um so
glücklicher bin ich darüber. Wenn es in der Opern keine
Kavatinen, keine Duette, keine Terzette, keine Chöre, keine
Finali etc. etc. gäbe und wenn die ganze Oper nur (ich möchte
fast sagen) eine einzige Nummer wäre, dann würde ich das
vernünftiger und richtiger finden. Deshalb sage ich Euch:
Wenn man zu Beginn dieser Oper den Chor (alle Opern
fangen mit einem Chor an) und Leonoras Cavatina vermeiden
und gleich mit dem Gesang des Troubadours anfangen könnte,
das wäre gut, denn diese so isolierten Nummern mit
Szenenwechsel bei jeder Nummer haben mir mehr den
Anschein von Konzert- als von Opernnummern.«*

Verdi folgte diesen allgemeinen Überlegungen mit seinem
eigenen ausführlichen Grundriß, der Numer für Nummer beschrieb, da er spürte, daß dem Entwurf Cammaranos »die
ganze Neuheit und Wunderlichkeit des spanischen Dramas«
fehlte. Unter anderem schrieb er die Verknüpfung von Leonoras Arie, der Kanzone des Troubadours vom Turm sowie des
›Miserere‹-Chores zu einer geschlossenen Nummer vor und
wiederholte seine Forderung nach »freien, neuartigen Formen«. Als er daranging, das Libretto nach Cammaranos Tod
zu vertonen, nahm er die Stretta aus dem Finale des zweiten
Aktes heraus (»vielleicht hat Cammarano sie nur geschrieben,

weil es so Usus ist«), um den Akt mit einer Reihe von erregten Klagen enden zu lassen (»So scheint mir die Form neuartiger zu sein«). Aus dem gleichen Grund strich er ganz zum Schluß zwölf Verszeilen zugunsten der abrupten Ausrufe, die die Oper nun beenden.

Veränderungen dieser Art können im Entstehungsprozeß aller Verdiopern nachgewiesen werden, sofern das entsprechende Quellenmaterial erhalten ist. Nicht nur dem fügsamen Piave diktierte Verdi seine Vorstellungen. Von Scribe forderte er für *Les vêpres siciliennes* ein bestimmtes Versmaß und machte für einige Zeilen sogar dichterische Vorschläge. Für Teile des *Don Carlos*, und zwar sowohl 1866 für die Urfassung als 1883 für die überarbeitete Version, schrieb er die benötigten Verse (auf französisch!) vor und gab sie Du Locle lediglich für den letzten Schliff. Den ausführlichsten Briefwechsel stellt die Korrespondenz mit Antonio Ghislanzoni über *Aida* dar; Verdi erklärte ihm nicht nur, was er wollte, sondern auch, weshalb er es wollte; sein Augenmerk galt dabei sowohl den wirkungsvollen Situationen wie der Rolle, die sie im Kontext des Dramas erfüllen mußten. Die Korrespondenz ist eines der wichtigsten Dokumente der Literatur zur Oper. Die der *Aida* zugrunde liegende Handlung, die der Ägyptologe Auguste Mariette in einer dreiundzwanzigseitigen Broschüre niedergelegt hatte, wurde von Verdi und Du Locle zu einem Szenarium ausgearbeitet; Ghislanzonis Aufgabe war es dann, das Ganze in italienische Verse zu fassen, die Verdi vertonen konnte. Am 14. August 1870 erhielt Verdi den ersten Versuch des Dichters, die Weiheszene zu versifizieren:

»Wenn ich ganz ehrlich meine Meinung sagen darf: mir scheint die Weiheszene nicht so gut gelungen, wie ich es erwartet hatte. Die Personen sprechen nicht immer so, wie sie wohl müßten, und die Priester sind nicht genügend Priester. Ich vermisse auch die »Bühnensprache«. Wenn sie überhaupt da ist, liegt sie unter dem Reim und dem Vers begraben; sie tritt einfach nicht klar und deutlich genug hervor... Diese Szene müssen wir so bedeutungsvoll und feierlich wie möglich gestalten.«

Die *parola scenica* war ein Konzept, das Verdi schon lange (wenn zunächst auch nur instinktiv) begleitete und das er in einem späteren Brief als »die Worte« bezeichnete, »die durchkommen, und eine Situation klar und deutlich herausheben«. Verdi schrieb einige von Ghislanzonis regelmäßigen Versen neu, machte brüske, exklamatorische Wortwechsel daraus und fuhr fort:

»*Ich weiß sehr gut, was Sie mir entgegenen werden: und der Vers, der Reim, die Strophe? Was soll ich darauf antworten? Ich würde Rhythmus Rhythmus, Reim Reim und Strophe Strophe sein lassen, wenn es die Handlung verlangt; ich würde die Verse auflösen, um das ausdrücken zu können, was in der Handlung liegt. Leider fordert das Theater zuweilen von Dichter und Musiker das Talent, weder Dichtung noch Musik zu schaffen.*«

Am 16. August wandte er sich wieder der Weiheszene zu. »Wir müssen Sie nochmals durchgehen, um ihr einen größeren Charakter und eine größere szenische Bedeutung zu geben. Es darf keine frostige Hymne, sondern muß eine wirkliche scena sein. Ich lege eine Abschrift des französischen Szenarios bei, das die ganze Bedeutung dieses Bildes zeigt«. Selbst eine Szene ohne Handlung, wie die in *Don Carlos*, in der die Damen außerhalb des Klosters auf die Königin warten, kann zu »einer wirklichen scena« werden, vorausgesetzt die Worte haben genügend Charakter und Farbe. Auch die Szene von Amneris und ihren Dienerinnen (zweiter Akt, erste Szene) muß eine solche Szene sein. Am 22. August schrieb er:

»*Ich habe für die Weiheszene schon etwas gefunden. Wenn es Ihnen nicht entsprechend scheint, wollen wir weiter suchen. Aber vorerst könnte man damit wohl einen recht wirkungsvollen Auftritt zur Musik machen. Das Stück wäre zusammengesetzt aus einer Litanei, mit der die Priesterinnen zu beginnen hätten, worauf die Priester respondieren; dann käme ein Opfertanz mit einer langsam-traurigen Musik; ein*

*kurzes Rezitativ, kräftig, feierlich wie ein Bibelpsalm; und ein
Gebet in zwei Strophen, vom Priester gesprochen, dann von
allen wiederholt. Und es sollte besonders die erste Strophe ein
ruhiges Pathos haben, damit sie sich, soweit möglich, von den
anderen Chören im Finale des ersten und zweiten Akts
unterscheide, in denen wohl die Marseillaise nachweht...
Ich glaube, die Litaneien müßten (zum tausendsten Mal,
verzeihen Sie meine Kühnheit) aus kleinen Strophen
zusammengesetzt sein mit je einem langen Vers und einem
Quinar, oder (und vielleicht wäre das besser, um so alles sagen
zu können) mit zwei achtfüßigen Versen. Der fünffüßige wäre
das Ora pro nobis. Auf diese Art gäbe es dann kleine Strophen
zu je drei Versen, im ganzen sechs, und das wäre mehr als
genug für ein Stück.*«

Solche Beispiele von verbaler und musikalischer Vorauspla-
nung, durch die die Form und der dramatische Tonfall festgelegt wurden, ließen sich zu Hunderten finden. In jedem Verzeichnis von Verdis Opern könnte man dem Namen jedes
Librettisten mit Fug und Recht ›und der Komponist‹ hinzufü-
gen. Die Musik begann sich schon während dieser vorberei-
tenden Arbeiten zu formen – auf erhaltenen Entwürfen von
Libretti befinden sich Notatskizzen mit Vorschlägen zur musikalischen Behandlung –, aber in der Regel machte sich Verdi
erst dann an die Niederschrift der Musik, wenn er ein vollstän-
diges Libretto vorliegen hatte, das mehr oder weniger der von
ihm gewünschten Form entsprach. Dann aber begann selbst-
verständlich der zweite Durchgang, in dem das Libretto überarbeitet wurde. Manchmal waren es nur Kleinigkeiten, wie
einfach die verbale Anpassung an eine treffende musikalische
Idee, und manchmal hatte es drastische Auswirkungen auf die
ganze Gestalt eines Aktes (Beispiele hierfür wurden bereits
anhand von *Il trovatore* genannt). Als Verdi während der Komposition von *Don Carlos* 1866 zur Arie der Eboli kam, lautete
der Entwurf des Librettos: »Que de larmes brûlent ma pau-
pière! O don fatal e détesté«; es war seine Idee, das Stück mit
der packenderen zweiten Phrase beginnen zu lassen. Die Pro-

Eine Seite aus der Entwurfspartitur (festgehalten sind die Gesangsstimme
und einzelne instrumentale Details) mit dem ursprünglich für Carlos
gedachten Monolog, der den 5. Akt eröffnen sollte und dem später hinzu-
gefügten Text, als Verdi die Musik für Elisabeth bestimmte. Der Entwurf
blieb unvollendet und Verdi hat später auf den Systemen 11-19 das
zunächst für die Viola d'amore, dann für die Violine bestimmte Solo der
Ballett-Musik skizziert.

ben zu dieser Oper waren bereits im Gange, als er sich entschloß, die Form des letzten Aktes dahingehend zu ändern,
indem er Elisabeths ausgedehnte Arie »Toi qui sus le néant«
hinzufügte, die in ihren mittleren Strophen einen Monolog
für Carlos verwertet, mit dem der Akt hätte ursprünglich beginnen sollen (siehe Abb. S. 243).

SIEBTES KAPITEL
KOMPOSITION UND STIL

Anläßlich des Vertragsentwurfs für die Oper *Ernani* bemerkte Verdi gegenüber seinem venezianischen Impresario, er könne die vollständige Partitur nicht zum angegebenen Datum abliefern, »weil ich die Instrumentation normalerweise während der Klavierproben mache und die Partitur nie vor der Hauptprobe ganz fertig ist«. Die Masse von Verdis Skizzen ruht, unzugänglich für die Wissenschaft, in Sant'Agata, einige haben aber ihren Weg in öffentliche Sammlungen gefunden, und die zum *Rigoletto* wurden 1941 als Faksimile veröffentlicht. Carlo Gatti, der das Archiv von Sant'Agata einsehen konnte, sprach von Zimmern voller Skizzen, bis hin zu ›Verlaufsentwürfen‹ der Opern ab *Luisa Miller*, die von *Les vêpres siciliennes* an immer ausführlicher wurden. Man kann die Vorgehensweise des reifen Verdi nachvollziehen: Ideen werden skizziert und ausgearbeitet (es ist fesselnd, zu untersuchen, wie das ›Maledizione‹-Motiv aus *Rigoletto*, der Dialog zwischen Rigoletto und Sparafucile und ›La donna è mobile‹ langsam Gestalt annehmen), denen die ›Verlaufsentwürfe‹ und schließlich die vollständige Partitur folgen. Aber zu diesem Zeitpunkt werden nur die Gesangsstimmen, der Baß und einige ungewöhnliche Instrumentationsdetails notiert. Von dieser skelettartigen, aber doch schon vollständigen Partitur wurden die Rollen der Sänger ausgeschrieben, und war dies einmal geschehen, konnten die Proben beginnen. In der Zwischenzeit ging die Niederschrift an Verdi zurück, der die Partitur vervollständigen mußte, und alle Änderungen, die er jetzt noch vornahm, wurden als Korrekturen in die Abschriften der Sänger übernommen. Erhaltenes Material von Erstaufführungen in den Archiven der Pariser Opéra zeigt diesen Prozeß ganz deutlich. Bevor man nicht Zugang zu mehr Skizzenmaterial erhält, bleibt die Arbeitsweise des frühen Verdi im Bereich der Vermutungen. Aber die Anhaltspunkte, die man sowohl aus seinen Äußerungen gewinnt, als auch in den Werken selbst fin-

det, deuten darauf hin, daß er seit jeher um Kontinuität und
eine klare dramatische Richtung bemüht war. Der vierte Akt
von *Ernani* (vgl. Kerman, 1973) zeigt die Ergebnisse solcher
Bemühungen um die Handlung, und seine Verachtung für
Opern, die lediglich aus einer Abfolge von Nummern bestanden, den ›Cavatina-Opern‹, hat Verdi oft genug zum Ausdruck
gebracht.

Eine Methode, Zusammenhag zu stiften, war der harmonische Bauplan. Aber über Verdis Sinn für übergreifende harmonische Strukturen herrscht Uneinigkeit. Weil die Skizze in
der einen Tonart stehen kann und die fertige Nummer in einer
anderen – oder weil 1867 das Andante des Schlußduetts von
Don Carlos in B-Dur und der Schluß der Oper in A-Dur steht,
wohingegen in der Überarbeitung von 1883 beidemal H-Dur
verwendet wird –, zogen einige den Schluß, daß ihm die Fest-
legung der Tonalität gleichgültig war, andere wiederum, daß
die Wechsel zwischen Skizze und Endfassung gerade die Bedeutung der Tonart zeigten. Auch praktische Überlegungen
spielten eine Rolle. Ebolis Schleierlied, ursprünglich in G-Dur
für einen Mezzosopran komponiert, wurde um einen Ganzton
höher nach A-Dur transponiert, als eine Sängerin mit einer
höheren Stimme für die Uraufführung ausgewählt wurde.
(Und findige harmonische Analysen können darlegen, daß sowohl G-Dur als auch A-Dur strukturell die ›richtige‹ Tonart
sind.) Verdis Klausel in verschiedenen Verträgen, daß ein
Theater, das irgendwelche Striche oder Transponierungen
vornahm, mit hohen Geldstrafen bedroht wurde, kann als Beweis dafür dienen, daß er durchaus ein Gefühl für Tonarten
und tonale Bezüge hatte. Zweifellos werden in *Macbeth*, *Il
trovatore* und in *Simon Boccanegra* Tonarten mit dramatischen
Ideen assoziiert, und die späteren Opern zeigen ein zuneh-
mendes Interesse an harmonischer Architektur. (Vgl. insbesondere zu *Nabucco*, Lawton, 1972; zu *Ernani*, Kerman, 1973; zu
La traviata, Chusid, 1972; und zu *Falstaff*, Sabbeth, 1972 – ein
Beispiel dafür, wie eine ›harmonisch-psycho-dramatische‹ Ar-
gumentation auf die Spitze getrieben werden kann.)

In beschränktem Rahmen, nämlich innerhalb einzelner

Nummern, vollzieht sich Verdis harmonische Bewegung in
einer Molltonart im allgemeinen zur Durparallele oder einer
verwandten Durtonart, was eine zunehmende emotionale Intensität mit sich führt; und in einer Durtonart zu terz-ver-
wandten Tonarten, indem die Tonika als Mediante der neuen
Zieltonart behandelt wird (Bsp. 1, aus dem Liebesduett von *Un*

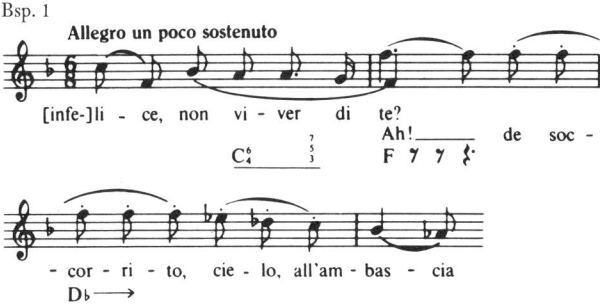

Bsp. 1

ballo in maschera), oder umgekehrt, oder dadurch, daß die Mediante isoliert und als Dominante der neuen Zieltonart behandelt wird. Dies sind ganz und gar übliche Vorgehensweisen der
Zeit, wie auch Verdis Vorliebe für verminderte Wechselak-
korde auf der 7. Stufe und chromatische Sequenzen – kurze
wiederholte Figuren, die soviele Stufen hinauf- oder hinun-
tergeschraubt werden, wie nötig sind, um zu der neuen Tonart
oder ihrer Dominante zu gelangen. Beispiel 1 zeigt einen charakteristischen Weg, wie Verdi nach Des-Dur, einer seiner
bevorzugten Tonarten, gelangt; *Il trovatore* liefert drei weitere
Beispiele. Das Terzett im ersten Akt, die scena des Baritons im
zweiten Akt und die Arie des Tenors (nicht seine Cabaletta)
enden alle in Des-Dur, obgleich keines der Stücke in dieser
Tonart beginnt. Im Terzett erreicht Luna Des-Dur über die
Mollparallele, indem er ein hohes F *tutta forza* anschlägt, dem
mehrere emphatische f-Moll-Phrasen vorausgehen. Die Arie
seiner Szene beginnt in B-Dur (»Il balen«); einer Kadenz in
dieser Tonart folgt eine chromatische Sequenz, die nach Es-
Dur mündet, der Dominante des in As-Dur stehenden kleinen

Chors, dessen Schlußgruppe dann als Dominante zu der in
Des-Dur stehenden Cabaletta (»Per me l'ora fatale«) wiederholt wird. Manricos » Ah, sì, ben mio« fängt in f-Moll an und
moduliert dann über Terzen nach As-Dur, F-Dur und dann
wieder zurück über As-Dur als Dominante zum Schlußteil, der
in Des-Dur steht.

Diese unkomplizierten und souverän bewerkstelligten Modulationen sind im Theater von durchschlagender Wirkung.
Aber bisweilen ist in den frühen Opern der ›Überraschungs-
effekt‹ der Mediantenmodulation so bewußt in Szene gesetzt,
daß er nicht mehr überrascht. Und auch noch in *Luisa Miller*
gibt es mühsame, schwerfällige harmonische Fortschreitungen,
die nichts anderes als die Suche nach etwas Neuem beweisen.
Verdis Entwicklung drängte zu immer eindringlicherer, einfa-
cherer Beherrschung der Mittel. In *Otello* wird die unstete
Chromatik zur Charakterisierung Iagos eingesetzt. Grund-
sätzlich aber bleibt die Terzenverwandtschaft vorherrschend.
Die Verwendung chromatischer Durchgangsnoten nimmt zu
und wird immer raffinierter. Das ›Kußmotiv‹ aus *Otello* dreht
sich um einen unvorbereiteten C–Dur-Dreiklang in Quart-
sextlage innerhalb eines stabilen E-Dur-Kontexts (Bsp. 2).

Bsp. 2

Weitere Beispiele in *Otello* sind »Ora e per sempre« (das in
As-Dur mündet, nachdem eine lange Kette von Dominantsept-
akkorden und verminderten Septakkorden nach f-Moll hinzu-
zielen schien) sowie das Duett»Sì, per ciel«. Otello beginnt
das Duett in A-Dur; seine Gesangslinie senkt sich zur Tiefen-
mediante, die als Tonika von Cis-Dur behandelt wird, und drei
Takte später steigt sie zur Höhenmediante in der neuen Tonart auf, die das Orchester mit F-Dur-Akkorden bestätigt.
Otello beendet seine Strophe in F-Dur, schließt aber selbst

mit einer Note auf der Mediante, dem A, das Iago und das
Orchester sofort in einer A-Dur-Kadenz weiterführen und
damit die Kette der Terzfortschreitungen abschließen. Iagos
Melodik übernimmt dann die Baßlinie, die Otello begleitet
hatte, die aber nun mit wirkungsvollen Quartsextakkorden auf
dem wiederkehrenden A ausharmonisiert wird. Der Quartsext-
akkord ist ein vorwärtstreibender Akkord, den Verdi mit Vorliebe für Ausrufe verwendete. Der Korrespondent der *Allgemeinen musikalischen Zeitung* (1840) vermerkte dies bereits in
Oberto; es gibt hierfür eindrucksvolle Beispiele in *Rigoletto* und
Falstaff (Beisp. 3).

Bsp. 3

Als Verdi 1843 in Venedig wissen ließ, daß er vor Beginn der
Proben keine »völlig fertige Partitur« abgeben würde, sondern
nur eine, die »*was die Komposition betrifft* fertig ist, und zwar
derart, um alle Gesangspartien und alle Chöre herauszuzie-
hen«, so machen die kursiv gedruckten Wörter seine Prioritä-
ten klar. Die Orchestrierung seiner ersten Opern war funktio-
nal. Die Gesangsstimme wird normalerweise zunächst von
Streichern begleitet. Die Melodik verstärkende Bläserstimmen
treten in dem Maße hinzu, wie der Gesang seinem Höhepunkt
zustrebt, und Bläserakkorde unterstützen alle Stellen, die harmonisch von Bedeutung sind. Wie Budden feststellte, sind
»die Bläserstimmen anfangs nebensächlich, später fügen

hauptsächlich Klarinetten und Fagotte Stützakkorde hinzu«. In kriegerischen oder sonstwie kraftvollen Sätzen kommt es vor, daß das Blech sowohl die Begleitfiguren als auch die Gesangslinie verdoppelt. Dieses Vorgehen ist durchweg anzutreffen. Aber in allen frühen Opern gibt es normalerweise eine Nummer, die aus den anderen durch Einzigartigkeit und Raffinesse in der Orchestrierung herausragt. Beispiele hierfür sind Zaccarias *preghiera* in *Nabucco* (sechs Solo-Celli, davon drei mit dem Bogen, drei *pizzicato* gespielt sowie Kontrabaß; Bsp. 4). Gisel-

Bsp. 4

das *preghiera* in *I lombardi* (acht Violinen, zwei Bratschen, Kontrabaß, Soloflöte und Klarinette) und Odabellas Romanze in *Attila* (Englischhorn, Flöte, Harfe, Cello und *pizzicato* gespielter Kontrabaß; Bsp. 5; während auf dem Wasser Mondlicht glitzert, singt Odabella von den dahineilenden Bildern der Wolken). Der Dolch-Monolog und die Schlafwandelszene in *Macbeth*, die Begegnung zwischen Rigoletto und Sparafucile (gedämpftes Cello und Kontrabaß dominieren eine Be-

gleitung von Holzbläsern und sparsam besetzten Streichern),
Gildas »Lassù in cielo« (Arpeggi- und Trillerfiguren der Flö-
ten sowie sechs Solostreicher über sanften Pizzicatoakkorden;
übrigens eine weitere erlesen ausgeführte Des-Dur-Stelle)
und Amelias Cavatina in *Simon Boccanegra* (Streicher und
Holzbläser zeichnen einen Sonnenaufgang über der bewegten
See) wären ebenfalls zu nennen. Solche Passagen stellen
immer weniger eine Ausnahme dar. Sie sind vielfach in *Don
Carlos* und noch häufiger in *Aida* zu finden; und die Partitur

des *Falstaff* wartet an nahezu jeder beliebigen Stelle mit einem solchen Beispiel auf. Die Feinheiten der Instrumentation stellen keine besonderen Effekte dar, sondern sind Teil des aus Musik gewobenen Dramas; die Instrumentierung wird nicht länger einer »was die Komposition betrifft« »fertigen Partitur« hinzugefügt.

Die Taufszene aus *I lombardi* und die Ouvertüre von *I masnadieri* enthalten kleine Concerto-Sätze für Geige bzw. für Cello. In den Ballettdivertissements der französischen Opern gibt es anspruchsvolle Instrumentalsoli. Bemerkenswerter – nicht wegen ihrer Neuartigkeit, denn diese Technik ist Verdis Vorgängern durchaus geläufig, sondern wegen ihrer Eloquenz – sind die Instrumentalsoli, die sich durch einige Gesangsszenen winden: das ergreifende Cello in Rigolettos »Miei signori, perdono« (wieder eine gefühlsgeladene Stelle in Des-Dur) und die Klarinette, die in *Luisa Miller* häufig vorkommt, in Violettas Szene nach dem Duett mit Germont und in Alvaros Romanze in *La forza del destino*.

Eine Analyse der Verdischen Melodik müßte mit den Konventionen seiner Zeit beginnen, mit den rhythmischen und melodischen Formeln, die im Metrum der zu vertonenden Verse vorgegeben waren. (Sie sind in Lippmanns ausführlicher Untersuchung »Der italienische Vers und der musikalische Rhythmus« *AnMc*, 1973–1975 aufgeführt.) Standardisierte Formen waren gleichermaßen vorgegeben – um die Formelhaftigkeit zu vermeiden, drängte Verdi gegenüber seinen Librettisten ständig auf neue, unregelmäßige, ja ausgefallene Metren und unregelmäßige Strophenformen. Er ermahnte sie zur Kürze und Unmittelbarkeit sowie dazu, nur das Notwendigste zu sagen und jedes Füllwort herauszustreichen, das lediglich wegen Vermaß und Rhythmus nötig war. Gegen Ende seiner Laufbahn empfahl er, das regelmäßige Versmaß überhaupt aufzugeben.

Im großen und ganzen hielt sich Verdi an die überkommene Arienform *AABA* oder, besonders wenn im Schlußteil ein Tonartenwechsel stattfindet, an *AABC*. Große Arien schließen mit einer Cabaletta aus zwei identischen Strophen, wovon die

zweite vom jeweiligen Sänger verziert und variiert werden
sollte. Große Duette sind dreiteilig, ein- und übergeleitet werden sie von Rezitativen: meist beginnen sie mit solistischen
Passagen, die oft auf die gleiche Musik gegensätzliche Gefühle
zum Ausdruck bringen; dann folgt in einem langsameren
Tempo und in einer anderen Tonart eine nachdenkliche
Passage, die in Terzen-, Sexten- oder Dezimenketten sowie
einer doppelten Kadenz endet; den Schluß macht immer ein
schneller Teil, in dem die Melodie zunächst nur von einer,
dann von der anderen Stimme und schließlich von beiden
Stimmen zusammen gesungen wird. Ensembles, vor allem Finali in den Mittelakten einer Oper, werden zugkräftig von
einer Einzelstimme eingeleitet (manchmal nach einer schnellen Introduktion); andere Solisten, dann der ganze Chor fallen
ein, und der Schlußteil steht in schnellem Tempo. Alle Vorgänger Verdis wichen von den Standardformen in bemerkenswerter Weise ab. Das trifft auch für Verdi zu. Es muß nur
darauf hingewiesen werden, was an seiner Vorgehensweise so
besonders individuell ist.

Konsequenter als Donizetti zog Verdi es in den Duetten vor,
den Sängern unterschiedliches Material zu geben. Wenn in *Il
trovatore* Manrico und Azucena, später dann Leonora und Graf
Luna, im Schlußteil ihrer Duette ihre Stimmen in Oktaven
zusammenführen, so ist dieser Effekt jedenfalls für Verdi
merkwürdig altmodisch. Das Duett zwischen Violetta und
Germont dagegen befreit die Standardform völlig von melodischen Konventionen, da jede Melodiezeile durch individuelle
Gefühle motiviert ist. Auf der anderen Seite kehrt das Schluß-
duett zwischen Violetta und Alfredo zum alten Muster zurück
(allerdings mit verkürztem ersten Teil), aber in diesem Duett
des erschütternden Wiederfindens ist es dramatisch gesehen
nicht unpassend, wenn die Liebenden die gleiche Melodie
singen. Eine Besonderheit Verdis, die oft hervorgehoben wird,
ist das ausgedehnte Duett für Sopran und Bariton, die Vater
und Tochter sind oder in einer ähnlichen Verbindung zueinan-
der stehen. Diese Kombination beflügelte ihn stets; das so oft
in Erwägung gezogene Duett zwischen Cordelia und Lear

darf zu den großartigsten Eventualitäten der Musik gerechnet
werden.

Verdis eigene Erweiterungen der Arienform, die mit seiner
zunehmenden Übung in der melodischen Erfindung zusammenhängen, sind schwer zu beschreiben, da zwei sich
widersprechende Kräfte am Werk zu sein scheinen. Einerseits
scheint die lange, nichtrepetitive, rhapsodische Periodik seiner
früheren Opern (in der Art Rossinis und Bellinis) auf eine
Melodik zu zielen, die in kleineren Einheiten organisiert ist
und sich plastisch formen läßt (Donizetti ist in dieser Beziehung ein Vorgänger). »La donna è mobile« ist ein einfaches
Beispiel, die Abfolge von »Sì, la stanchezza«, »Riposa, o
madre« und »Ai nostri monti« in der letzten Szene von *Il
trovatore* (Solopassagen in einem Finale von sich kunstvoll
überlappenden Duetten und Terzetten) ein weniger einfaches
Beispiel. »Urna fatale« (Carlos Arie in *La forza del destino*) und
»Celeste Aida« sind komplizierte Beispiele. Mit melodischen
Perioden dieser Art konnten größere und komplizierter entwickelte Strukturen gebildet werden. Aber die Analyse führt
zu so vielen unterschiedlichen Arienmustern, daß keine allgemeine Regel Bestand hat, außer der Beobachtung, daß Verdi in
zunehmendem Maße zu ternären Strukturen großen Umfangs
übergegangen ist, die sich deutlich von den kleingliedrigeren
AABA-Formen abheben.

Auf der anderen Seite steht Verdis Vorliebe für freie, dra-
matische Deklamation, die lediglich vom Fortschreiten des
Texts geformt wird. Vorläufer hierfür finden sich in Assurs
Halluzination in Rossinis *Semiramide* und in den langen melodischen Bögen in Bellinis Rezitativen. Aber es gibt in früheren
Opern nichts, was vergleichbar wäre mit Macbeths Dolch-
Monolog, dem zweiten Teil von Francesco Moors Vision des
Jüngsten Gerichts in *I masnadieri* oder Rigolettos »Pari
siamo«. Macbeths Monolog ist mit ›gran scena‹ überschrieben, Francescos mit ›sogno‹ (Traum) und Rigolettos mit
›scena‹. Und es gibt umfangreiche Beispiele eines lyrischen
Ergusses innerhalb von Rezitativen, wie Leonoras »Come
d'aurato sogno« vor ihrer ersten Arie in *Il trovatore* und Vio-

lettas »Amami, Alfredo«-Passagen, die mehr sind als nur lange
Accompagnati-Rezitative. Basevi bezeichnete diese Schreibweise als Verdis »dialektische« Manier. Wurde sie innerhalb
einer mehr oder weniger regulären ›Nummer‹ angewandt, so
konnte sie zu einer Arienform führen, für die es kein Vorbild
gab, wie zum Beispiel Stiffelios »Vidi dovunque gemere« aus
dem ersten Akt, wo jeder Einwurf des Soprans der Musik des
Tenors einen neuen Anschub gibt. Beispiele dieser Art findet
man häufig in Verdis Duetten. Aber in den Opern der dritten
Periode, von *Les vêpres siciliennes* bis *Don Carlos*, wird eine
solche unmittelbare lyrische Spontaneität immer mehr formalen Überlegungen untergeordnet. Mit *Aida* beginnt eine neue
Synthese, die sich in *Otello* und *Falstaff* vollendet.

Man hat einige erstaunlich große Ähnlichkeiten zwischen
Verdi und Donizetti festgestellt, nicht nur auf melodischem
Gebiet, sondern auch was Tonarten und Begleitung im Verhältnis zu ähnlichen dramatischen Situationen angeht (vgl.
auch Dean, 1972 und 1973/1974; Lippmann, 1975). Basevi sah den
größten Einfluß durch Donizetti in Verdis zweiter Periode. Er
bekommt Gewicht in *Macbeth* und erstreckt sich bis zu *La forza
del destino*; es wäre in der Tat merkwürdig gewesen, wenn
Verdi nicht danach getrachtet hätte, von dem ihm am ähnlich-
sten seiner älteren Kollegen etwas zu lernen. Und doch muß
man versuchen – auch wenn das oftmals schwerfällt –, zwischen Zufall, Gemeinplatz der Zeit, unbewußter Reminiszenz
und bewußter ›kreativer‹ Nachahmung zu unterscheiden. Die
in Betracht kommenden Einfälle sind bisweilen zu markant,
um nur als geläufige Formeln abgetan werden zu können.
Wenn Verdi sich erinnert hätte, daß Beispiel 6 in Donizettis

Bsp. 6

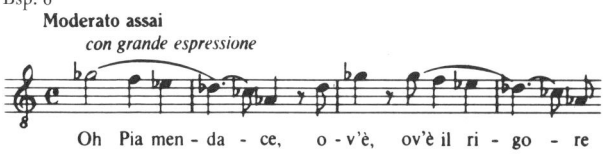

Moderato assai
con grande espressione

Oh Pia men - da - ce,   o - v'è,   ov'è il ri - go - re

Pia de' Tolomei vorkam, hätte er es dann gewagt, die Melodie
auf so deutlich hervorgehobene Weise in *La traviata* zu verwenden? Oder wollte er möglicherweise, fast im Sinne einer
Huldigung, demonstrieren, wieviel mehr man aus dem bei Donizetti zwar kraftvollen, aber doch vorübergehenden Augenblick machen könne?

Mit den männlichen Protagonisten von *Ernani* schuf Verdi
seine grundlegenden Stimmtypen: den starken Bariton, das
Zentrum der Energie, kräftig und bestimmt, dessen Tessitur
ungefähr einen Ton höher liegt als Donizettis *basso cantante*;
den leidenschaftlichen, lyrischen, tapferen, oft aber verzweifelten Tenor; den strengen, unbarmherzigen Baß, der (außer in
Ernani) sein Leid normalerweise nur in Monologen zum Ausdruck bringt. »*Ernani* ist die erste Oper, deren dramatische
Wucht und musikalische Anziehungskraft aus dem Aufeinan-
derprallen von Charakteren entsteht, die in stimmlichen Ar-
chetypen verkörpert sind« (Budden). Verdis Soprane besitzen
eine größere Variationsbreite. Giovanna d'Arco ist die erste,
die als individuelle Gestalt überzeugt, und nicht nur, in allem
was sie singt, sich als Primadonna darstellt. Von *Simon Boccanegra* bis *Aida* wird stets derselbe Soprantyp eingesetzt – eine
Stimme, die in der Lage sein muß, mit reinem, vollem, emp-
findsamem und doch kräftigem Ton zu singen sowie weitaus-
schwingende Bögen weich zu phrasieren. Verdis erste bedeutende Mezzorolle ist Azucena, ein Abkömmling der Fidès aus
Meyerbeers *Le prophète*. Eboli und Amneris, Rivalinnen der
Sopranistin und in ihrer dramatischen Kraft weibliche Gegen-
stücke zum Verdischen Bariton, waren spätere Entdeckungen,
wenngleich Lady Macbeth, eine Rolle, die nicht selten von
Mezzos gesungen wird, in gewisser Weise ihre Vorgängerin
ist. In seinen Briefen betonte Verdi immer wieder, daß ihm
eine lebendige, kraftvolle Deklamation des Textes durch den
Sänger und eine lebhafte Darstellung mehr bedeuteten, als
eine geschliffene Gesangstechnik. An Felice Varesi, den ersten
Macbeth, schrieb er: »Ich werde nie aufhören, Dir zu empfeh-
len, die Situation und die Worte gut zu studieren; die Musik
kommt von selbst«. Auf der anderen Seite prangerte er sehr

schnell technische Mängel an, und die Grammophonaufnah-
men von Sängern, die er bewunderte (Adelina Patti, Gemma
Bellincioni), oder für die er schrieb und mit denen er arbeitete
(Francesco Tamagno, Victor Maurel, Eduard de Reszke), zeigen ein hohes Maß an technischer Vollendung, gepaart mit
jenem Gespür für die Gestaltung der Figur, auf die es ihm
ankam. Es wurde bereits erwähnt, in welchem Maße die Anwesenheit oder Abwesenheit bestimmter Sänger in einem Ensemble die Stoffwahl seiner nächsten Oper bestimmen konnte.
Einzelne Sänger hatten auch bis zu einem gewissen Grad Einfluß auf die Musik, die er schrieb. Varesi erhielt verschiedene
Vertonungen einer Phrase aus Macbeth mit der Frage, welche
ihm am besten passen würde. Verdis Bewunderung für Fraschini läßt sich in einer langen Reihe von Tenorpartien ab-
lesen, die von Zamoro in *Alzira* (1845) bis zu Riccardo in *Un
ballo in maschera* (1859) und sogar bis zu Radamès (1871) reicht,
da Verdi gehofft hatte, Fraschini für die Premiere von *Aida* zu
gewinnen. Die Sopransoli im Requiem sind den stimmlichen
Fähigkeiten von Teresa Stolz, der ersten italienischen Elisabeth (*Don Carlos*) und Aida auf den Leib geschrieben. Die
Titelrolle von *Otello* (1887) rückt die Stentorstimme von Tamagno ins rechte Licht, mit dem Verdi anläßlich der Überarbeitungen von *Simon Boccanegra* (1881) und *Don Carlos* (1884)
bereits zusammengearbeitet hatte.

Die Komposition war erst mit der ersten Vorstellung einer
Oper abgeschlossen – und manchmal sogar erst danach. Verdi
überwachte persönlich die Uraufführung aller seiner Werke,
außer im Falle von *Il corsaro*, der Zweitfassung von *Macbeth*
und von *Aida*; allerdings stellte für ihn die Kairoer Uraufführung der *Aida* nur einen Probelauf dar und er betrachtete die
Aufführung an der Scala, die er überwachte, als die ›eigentliche‹ Premiere. Marianna Barbieri-Nini, die erste Lady Macbeth, hinterließ einen lebendigen Bericht über die »mehr als
hundertfünfzig Proben«, die Verdi für das Duett des ersten
Akts verlangte, sowie über die hunderteinundfünfzigste, auf
der er bestand, während er ein zur Generalprobe geladenes
Publikum warten ließ:

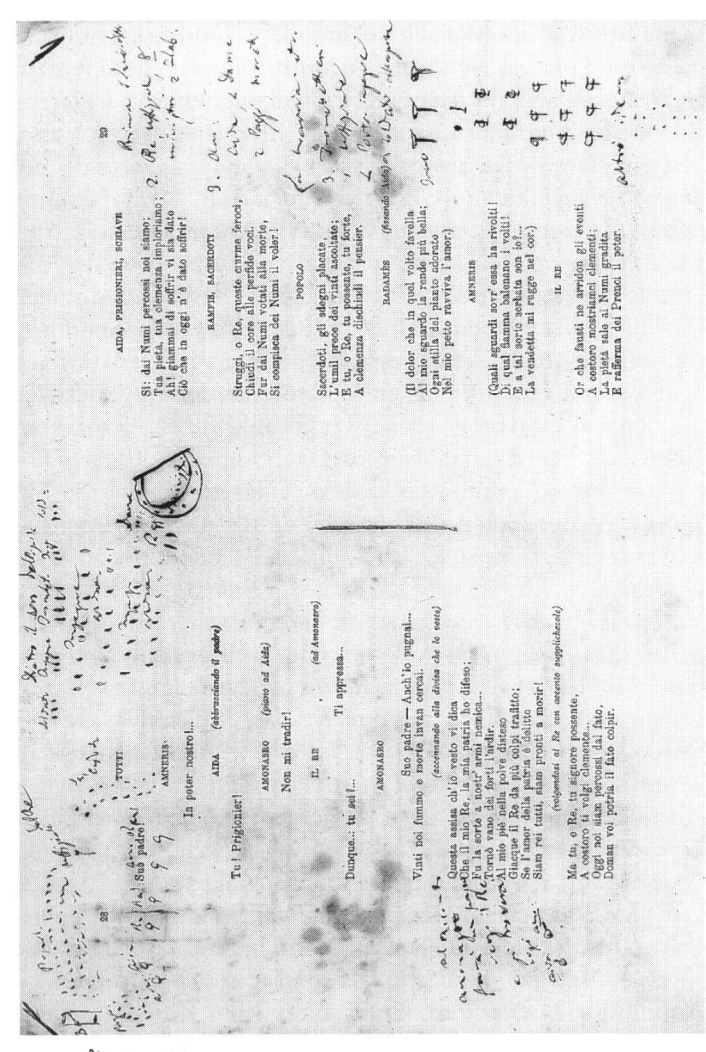

Das Libretto
von »Aida«,
2. Akt, 2. Szene
(Triumph-
szene), mit den
Notizen Verdis
für die szeni-
sche Darstel-
lung.

»*Ich kann mich noch an den finsteren Blick Varesis erinnern,
den er Verdi zuwarf, als er dem Maestro ins Foyer folgte. Mit
seiner Hand am Griff seines Schwerts schien er kurz davor,
Verdi zu ermorden, so wie er später König Duncan ermorden
würde. Aber sogar Varesi gab nach, und die
hundertundeinundfünfzigste Probe fand statt, während das
ungeduldige Publikum im Theater rebellierte.*«

Es gibt unzählige Beweise dafür, daß sich Verdi bei der Aufführung seiner Opern um das Bühnenbild genau so intensiv
kümmerte wie um den Gesang, das Spiel und die Darstellung,
und zwar in Form von detaillierten Beschreibungen, Bühnen-
plänen und Skizzen von seiner Hand sowie ärgerlichen Klagen,
wenn die Dinge nicht klappten. Schon bei der Komposition
besaß er eine Vorstellung davon, wie die musikalischen Wir-
kungen szenisch umgesetzt werden sollten. Über *Simon Boccanegra* schrieb er Anfang 1857 an Piave:

»*Arbeite sorgfältig an den Szenen. Die Angaben sind ziemlich
genau, trotzdem erlaube ich mir einige Bemerkungen. In der
ersten Szene muß der Fiesco-Palast, wenn er seitlich steht, gut
vom ganzen Publikum zu sehen sein, weil alle den Simone
sehen müssen, wenn er ins Haus eintritt, wenn er auf den
Balkon kommt und die kleine Laterne wegnimmt; ich glaube,
eine musikalische Wirkung erzielt zu haben, die ich durch die
Bühne nicht verlieren will.*«

Für das folgende Bild beschrieb er die Prospekte, die aufge-
hängt werden sollten, um die Strahlen des Monds auf dem
Meer zu spiegeln. In der letzten Szene sollte »man eine rei-
che, große Beleuchtung sehen, die weiten Raum einnimmt,
damit man die Lichter gut sehen kann, die allmählich eins nach
dem anderen ausgehen, bis beim Tode des Dogen alles in
tiefem Dunkel ist. Das ist… ein sehr wirkungsvoller Moment,
und es wäre ein Jammer, wenn das Bühnenbild nicht gut gemacht wäre.«. Für all seine Opern von *Les vêpres siciliennes* bis
zu *Otello* wurden Regiebücher (»Disposizione sceniche«) der

Uraufführungen veröffentlicht, die Verdi überwacht hatte. Dasjenige von *Les vêpres* sandte er nach Venedig mit der Maßgabe, daß es in allen Einzelheiten verbindlich sei. Diese Regiebücher enthalten Beschreibungen des Bühnenbilds, der Kostüme und Requisiten; den Ablauf sämtlicher Bühnenbewegungen (wobei die Gesten oftmals noch begründet wurden); Angaben über die technische Vorbereitung der Folgeszenen, damit die Umbauten rasch erfolgen konnten; Beleuchtungsstellungen; Bühnenpläne, die zeigen, wie die Bühne während des Ablaufs der einzelnen Szenen belegt ist; sowie Listen der benötigten Komparsen und Statisten, mit Anweisungen, wie sie gekleidet und eingesetzt werden müßten. Eine Oper nahm in Verdis Vorstellungen gleichzeitig textlich, musikalisch und visuell Gestalt an. Während seiner Arbeit am Libretto und dann an der Partitur nahmen die Vorstellungen immer deutlichere Konturen an, oft in Zusammenhang mit dem Timbre und der Persönlichkeit eines bestimmten Sängers und mit präzisen theatralischen Bildern vor seinem inneren Auge und Ohr.

Unser Überblick hat damit weit über Verdis ›zweite Periode‹ hinausgegriffen, aber hält man bei *La traviata* inne, so zeigt sich im Rückblick, daß die Trennungslinie zwischen ›erster‹ und ›zweiter‹ Periode verschwimmt. Der Übergang von der ›spektakulären‹ zur ›intimen‹ Oper bereitet sich schrittweise vor, wenngleich er erst mit *Luisa Miller* vollends vollzogen wird. In jeder von Verdis Opern gibt es Neuerungen, und nur wenige davon sind ohne Vorbild oder bleiben ohne Konsequenz; in der Tat stellt jedes seiner Stücke, wie einmal zu recht behauptet wurde, ein Werk des Übergangs dar. Sein Werk demonstriert eine stetig wachsende Beherrschung der Kompositionstechnik sowie die unmittelbare Anwendung dieser Technik auf neue wie alte, bereits erprobte Stoffe und Themen. *Macbeth* und *I masnadieri* bedeuteten für ihn eine größere literarische Herausforderung als je zuvor und inspirierten ihn zu bemerkenswerten Fortschritten in Form, expressiver Deklamation und in der Handhabung des Orchesters. *Jérusalem* brachte die direkte Erfahrung mit der Pariser Opéra; und die unmittelbar nachfolgenden Opern *Il corsaro* und *La battaglia di*

Legnano, zwei von Verdis bis dahin ›experimentellsten‹ Kompositionen, sind in ihrer sorgfältigen Ausarbeitung, ihrer Verwendung von ›thematischer Entwicklung‹ und ihrer Vermeidung der einfachen Wiederholung französisch beeinflußt.

Von früh an hatte Verdi Leitmotive benutzt (vgl. auch Kerman, 1968), die mit Lokalkolorit (der Marsch der Assyrer und der Israeliten in *Nabucco*), Gegenständen (Silvas Horn in *Ernani*) oder Personen (in *I due Foscari* gibt es musikalische Erkennungsmarken für Lucrezia und Jacopo Foscari sowie den Rat der Zehn) verknüpft sind. In späteren Opern sind Violettas Liebe zu Alfredo, Monterones Verfluchung und Otellos Kuß (Bsp. 2) bemerkenswerte Beispiele für wiederkehrende Motive. Ähnliche Situationen in unterschiedlichen Opern haben bisweilen zu musikalisch ähnlichen Entsprechungen geführt. Seit *Nabucco* veranlaßte ein sich zum Himmel erhebendes Gebet meist ein Flötensolo, das sich über die hohen Streicher erhebt. Wenn in *Luisa Miller* die unglückliche Luisa genötigt wird, an Rodolfo einen Brief zu schreiben, der ihn von ihrer Untreue überzeugen soll, spielt die Klarinette Beispiel 7*a*; und

Bsp. 7

wenn die unglückliche Violetta in *La traviata* sich an einen ähnlich verhaßten Brief macht, um Alfredo von ihrer Untreue zu überzeugen, so spielt die Klarinette Beispiel 7*b*. Ein in vielen Opern (und im ›Lacrimosa‹ des Requiems wiederkehrendes Motiv) ist die normalerweise synkopierte *lamento*-artige Figur (Beispiel 8), die das musikalische Gewebe wie ein

Bsp. 8

Schmerzensschrei durchdringt. Sie wird ausgiebig in mehreren Nummern des düsteren *Don Carlos* verwendet (das ver-
worfene Vorspiel dieser Oper begann mit zwanzig Takten, die
von dieser Figur dominiert wurden).

Der ›thematische Entwicklungsstil‹ der französisch beein-
flußten Opern *Il corsaro* und *La battaglia di Legnano* wurde in
der nachfolgenden *Luisa Miller* noch weiter geführt. Viele
Themen dieser Oper stammen, ob nun bewußt oder nicht, von
einem einzigen grundlegenden Einfall ab. Die Ouvertüre ist
monothematisch (Beispiel 9*a* zeigt das Thema). Beispiel 9*b*,
das den Schlußteil der *Introduzione* einleitet, scheint zunächst
nicht mehr als eine rein rhythmische Reminiszenz darzustellen. Aber in Beispiel 9*c*, das den dritten Akt eröffnet, werden
die Beispiele 9*a* und 9*b* in einer dreiertaktigen Transformie-
rung zusammengefaßt. Beispiel 9*d* stammt aus einem Klarinet-
tensolo während des Dialogs, der dem ersten Finale vorangeht; die Beispiele 9*e* und 9*f* sind die melodischen Gestalten,
auf denen das Finale basiert. Das sind nicht die einzigen, sondern nur die augenfälligsten Beispiele für die thematischen
Beziehungen in der Oper. In *Luisa Miller* und ihren Nachfol-
gern wurden die neuen musikalischen Ideen aus Frankreich
zur Bereicherung einer mehr traditionellen, an Donizetti erin-
nernden Opernform eingebracht. *Rigoletto*, der auf äußere
Wirkung bedachte *Il trovatore* und die ›intime‹ *Traviata* be-
zeichnen den großartigen Schlußpunkt all dessen, wonach
Verdi bis zu diesem Zeitpunkt gestrebt hatte.

Die herausragenden Opern des Jahrzehnts zwischen 1843
und 1853 sind diejenigen, die stets als solche anerkannt wurden:
die drei eben genannten sowie die früheren Werke *Nabucco*
und *Macbeth*. (Genau genommen beginnt der Erfolg von *La
traviata* erst mit der zweiten Inszenierung, die in leicht geän-
derter Fassung im Mai 1854 stattfand; die Premiere war nicht

Bsp. 9

besonders erfolgreich verlaufen, sodaß Verdi die Oper für vierzehn Monate zurückzog.) In *Nabucco* fing Verdis Genius zum ersten Mal richtig Feuer. In *Macbeth* reagierte er auf Shakespeare mit einer inspirierten Musik von seltener Kraft und Vielschichtigkeit. Von den übrigen frühen Opern wurde *Ernani* häufiger gespielt, und zwar immer dann, wenn eine kräftige, stimmgewaltige Besetzung zur Vefügung stand. Die verbleibenden Werke wurden nur hin und wieder ausgegraben – außer *Oberto, Un giorno di regno, Alzira, Il corsaro* und *Stiffelio*, die bis in die sechziger Jahre unseres Jahrhunderts nicht mehr zu hören waren. Alle besitzen ihren Reiz, alle sind sie ambitioniert, benötigen indes Fürsprecher von hohem künstlerischen Können, wenn man sie aufführt. Die populäre Trias aber ist geradezu ein Prüfstein für jeden Ausführenden und ein erster Höhepunkt in Verdis Laufbahn. Nach *La traviata* verließ er für längere Zeit Italien; das Tempo, in dem er bisher Opern geschrieben hatte, verlangsamte sich, und er strebte nach neuen Zielen.

ACHTES KAPITEL
LEBEN, 1843 — 1880

Verdis Leben in dem Jahrzehnt von 1843 bis 1853, seinen ›Galeerenjahren‹, liest sich wie ein Reisetagebuch – ein Fahrplan der Reisen, die er von seinem Mailänder Standort aus machte, um neue Opern auf die Bühne zu bringen oder örtliche Premieren zu überwachen. In Mailand hatte er Umgang mit den Intellektuellen seiner Zeit. Der Dichter Andrea Maffei und die Gräfin Clarina Maffei, die einen vielbesuchten Salon führte, waren unter seinen Freunden. (Die Maffeis hatten sich in Freundschaft getrennt und Verdi war Zeuge dieser Trennung.) Als sein Gefährte, Kopist und Schüler fungierte Emanuele Muzio (1825 bis 1890), ein Rotschopf aus Busseto, der, wie Verdi selbst, bei Provesi studiert hatte und von Barezzi aufgenommen, mit einem Stipendium nach Mailand zum Studieren geschickt und vom Konservatorium abgelehnt worden war. Wie Verdi, nahm auch er statt dessen Privatunterricht – in diesem Falle bei Verdi selbst. Muzios Briefe an Barezzi zeichnen ein lebhaftes, intimes Bild von Verdis Leben während dieser Reisejahre. Die ›Galeerenjahre‹ forderten schon bald ihren Tribut, sowohl körperlich – über viele Jahre hinweg plagten ihn Magen-, vor allem aber Halsbeschwerden – als auch psychisch. 1845 schrieb er: »Mein Geist ist verdüstert, stets verdüstert und ist bereit, diese Karriere zu beenden, die ich verabscheue. Und danach? Es ist nutzlos, sich selbst zu betrügen. Er wird immer verdüstert sein. Glück existiert nicht für mich.« Und weiter: »Ich warte darauf, daß die nächsten drei Jahre vorüber sind. Ich muß sechs Opern schreiben – und dann sage ich allem Lebwohl!« In diesem Jahr kaufte er den Palazzo Dordoni – jetzt Palazzo Orlandi – in Busseto.

Verdi verlangte für seine Arbeit einen immer höheren Preis. Für *Un giorno di regno* und *Nabucco*, seine ersten Auftragswerke, hatte er 4000 Lire erhalten, zuzüglich 2500 für den Verkauf der Partitur von *Nabucco* an Ricordi; für die Komposi-

tion und Inszenierung von *Ernani* und *I lombardi* in Venedig
erhielt er 12 000; für *Attila* und *Macbeth* jeweils 18 000. *I masnadieri* in London brachte ihm 20 000 Francs, wobei Franc und
Lira ungefähr gleichviel wert waren. Das Gehalt, das er forderte, um Hofkapellmeister zu werden und sechs Monate des
Jahres in England zu verbringen, belief sich auf 90 000 Francs
– 60 000 für eine neue Oper jährlich, 30 000 dafür, daß er alle
Vorstellungen am Theater dirigierte –, dazu ein Landhaus und
eine Kutsche; die Forderung wurde nicht angenommen. Paris
zahlte ihm für *Jérusalem* 5000 Francs, dazu *droits d'auteur* wie
für ein neu komponiertes Werk, und er verkaufte alle Rechte
dieser Oper, außer den englischen und französischen, an Ricordi für 8000, zuzüglich Tantiemen von 500 pro Produktion
während der ersten fünf und 200 während der nächsten fünf
Jahre. Ricordi teilte ihm mit, er habe die Oper damit auf dem
italienischen Markt konkurrenzunfähig gemacht, und die folgenden Verträge fielen moderater aus und gründeten auf der
normalerweise wohlberechtigten Hoffnung auf eine hohe Anzahl an Aufführungen und häufigen Wiederaufnahmen. 1847
zum Beispiel willigte Verdi in einem Vertragsentwurf mit Ricordi ein, daß er für seine nächste Oper 12 000 Lire für alle
gedruckten Arrangements der Partitur erhalten sollte, (wobei
eine erfolgreiche Oper zahlreiche Arrangements für unterschiedliche Besetzungen nach sich zog), 4000 für die erste
Aufführung, die er einstudieren würde und danach 400 pro
Produktion innerhalb der beiden folgenden Jahre, 300 innerhalb der nächsten drei und 200 innerhalb weiterer fünf Jahre;
nach zehn Jahren würde das Werk in Ricordis Besitz übergehen. Interessanterweise besteht Verdi darauf, daß die erste
Vorstellung in jedem führenden Theater Italiens stattfinden
könne »außer an der Scala« und daß die Scala niemals die
Erlaubnis erhalten solle, das Stück ohne seine außdrückliche
Billigung aufzuführen. (Er vergab den Mailändern nie das
schmähliche Fiasko von *Un giorno di regno* und wollte zwischen *Giovanna d'Arco* 1845 und der überarbeiteten Fassung
von *La forza del destino* 1869 nichts mit der Scala zu schaffen
haben.) Eine andere Klausel bedrohte jeden Strich, jede

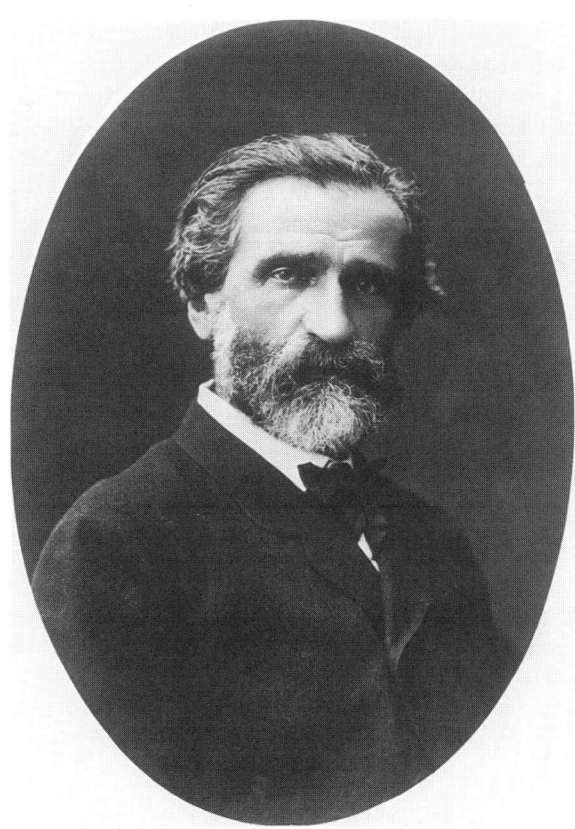

Giuseppe Verdi (Photographie, um 1875).

Transponierung und selbst die geringfügigste Änderung der Instrumentation mit 1000 Francs Strafe. (Später modifizierte Verdi diesen Punkt dahingehend, daß er nur für die größeren Häuser gelten solle; Ricordi sollte kleineren Häusern zwar mit der Strafe drohen, sie indes nicht anwenden.)

Verdi war hart gegen sich selbst und stellte harte Forderungen, doch 1847 trat ein mildernder Einfluß in sein Leben. Als er 1839 nach Mailand zurückkehrte, hatte die Fürsprache der Sopranistin Giuseppina Strepponi die Uraufführung von

Oberto gerettet. 1842 war sie die Abigaille des ersten *Nabucco*, hatte indes nur begrenzten Erfolg in der Rolle und wurde für die Wiederaufnahme der Oper im Herbst nicht mehr engagiert. Sie zog sich 1846 von der Bühne zurück und ließ sich in Paris als Gesangslehrerin nieder. Hier traf Verdi sie 1847 wieder, als er *Jérusalem* für die Opéra vorbereitete. Eine der >romantischsten< Entdeckungen der letzten Jahre machte Ursula Günther, die in einem Liebesduett aus *Jérusalem* einen >Dialog< zwischen Strepponi und Verdi ausmachte. In einer Passage des Autographs wechseln sich ihre Handschriften ab, und so kann man das folgende Gespräch lesen:

»*G.S: Ach! Die Hoffnung ist verbannt. Mein Ruhm ist dahin!*
Familie .. Vaterland ... alles habe ich verloren!
G.V.: Nein, ich bin Dir noch geblieben! Und es wird für
immer sein!
G.S.: Engel des Himmels! ... So werde ich in den Armen eines
Gatten sterben!
G.V.: Laß mich mit Dir sterben! Mein Tod wird...
G.S.: ... süß sein.
a due: *Mit Dir an meiner Seite wird der Tod süß sein!*«

Es sollte in der Tat ein ganzes Leben dauern. Verdi und Strepponi lebten in Paris bis August 1849 zusammen. 1848 kaufte er anläßlich einer Italienreise ein Haus mit Landgut in Sant' Agata, von wo seine Vorfahren stammten. Nach seiner Rückkehr nach Italien im darauffolgenden Jahr lebte er mit Strepponi erst in Busseto und dann in Sant'Agata zusammen. Anfangs lebten sie sehr zurückgezogen, und dennoch gab es in der Stadt Gerede. Barezzi, Verdis Schwiegervater, war unbesonnen genug, die Tatsache 1852 in einem Brief zu erwähnen, worauf er eine strenge Antwort erhielt:

»*Sie leben in einer Kleinstadt, die die schlechte Eigenschaft hat,*
daß man sich häufig in die Angelegenheiten anderer eindrängt
und alles mißbilligt, was den eigenen Anschauungen nicht
entspricht; ich habe die Gewohnheit, mich in die

*Angelegenheiten anderer nicht einzumischen, wenn man mich
nicht darum bittet, weil ich eben verlange, daß niemand sich in
die meinen mengt... was ist Schlimmes daran, wenn ich abseits
lebe, wenn ich es für gut halte, Leuten, die Titel haben, keine
Besuche zu machen?...*

*Ich habe nichts zu verbergen. In meinem Hause lebt eine
Dame – frei, unabhängig, die Einsamkeit liebend wie ich, mit
einem Vermögen, das sie vor jeder Notlage schützt. Weder ich
noch sie sind über unser Tun irgend jemand Rechenschaft
schuldig; aber andererseits, wer weiß, was für Beziehungen es
zwischen uns gibt? Was sind unsere Geschäfte, was unsere
Bindungen, was die Rechte, die ich über sie habe und sie über
mich? Wer weiß, ob sie meine Frau ist oder nicht? Und in
diesem Fall, wer weiß, was die besonderen Gründe, was die
Absichten sind, die Veröffentlichung zu verschweigen?...*

*Mit dieser langen Rede habe ich nichts anderes zu sagen
beabsichtigt, als daß ich meine Freiheit des Handelns verlange,
weil alle Menschen ein Recht darauf haben und weil sich meine
Natur dagegen auflehnt, wie andere zu handeln. Und Sie, der
Sie im Grunde so gütig, so gerecht sind und so viel Herz
haben, lassen Sie sich nicht beeinflussen und nehmen Sie die
Denkart einer Kleinstadt nicht an, die mich – man muß das
schon sagen! – seinerzeit nicht als ihren Organisten zu nehmen
geruhte und jetzt zu Unrecht und entgegen den Tatsachen über
meine Angelegenheiten klatscht. Das kann nicht so
weitergehen... Die Welt ist so groß und der Verlust von
zwanzig- oder dreißigtausend Francs wird mich nie hindern,
mir anderswo eine Heimat zu finden...«*

Verdis unversöhnliches Wesen kommt klar zum Vorschein.
Ferraris Berufung zum Organisten, damals im Jahre 1834,
wurmte ihn noch immer. Die Fehde mit Busseto ging weiter:
Verdi weigerte sich, Patron der Philharmonischen Gesellschaft
zu werden und machte große Schwierigkeiten, bevor er dem
neuen Stadttheater gestattete, seinen Namen zu tragen. Er
ärgerte sich über jeden Hinweis, daß die Stadt irgendeinen
Anspruch auf ihren berühmtesten Sohn haben könnte. 1865

erstellte er eine Liste mit Beschwerden über Busseto; unter anderem kann man da lesen: »Der alte Frignani [ein Arzt] versucht mit direkten Fragen herauszufinden, wie und aufgrund welcher Mittel meine Frau lebt, da das der Stadt nicht klar ist... Ich bin im höchsten Maße liberal, ohne rot zu sein. Ich respektiere die Freiheit der anderen und verlange, daß man die meine respektiert. Diese Stadt ist alles andere als liberal. Zuweilen tut sie, als wäre sie es, vielleicht aus Angst, doch ihre Tendenz ist klerikal«. Indes kam es mit Barezzi bald zur Versöhnung und ›Signor Antonio‹ schloß Giuseppina Strepponi als seine ›Quasi-Tochter‹ in sein Herz. Sie reiste mit Verdi als dessen Ehefrau, obgleich die beiden erst am 29. August 1859 in einer privaten Zeremonie in der Kirche von Collonges-sous-Salève in Savoyen heirateten. Bislang ließen sich keine überzeugenden Gründe für die lange Verzögerung finden, ebensowenig dafür, weshalb die Heirat dann so plötzlich stattfand. Aber es ist offensichtlich, daß sich Strepponi Verdis nicht wert erachtete. Sie hatte 1838 und 1841 zwei uneheliche Kinder zur Welt gebracht, wobei Walker (1962) den Tenor Napoleone Moriani als Vater annahm, De Angelis' Forschungen (1982) dagegen auf den Theateragenten Camillo Cirelli schließen lassen. Einige ihrer Briefe haben eine Ton, den Violetta gegenüber Alfredo hätte anschlagen können:

»O mein Verdi, ich bin Deiner nicht würdig, und die Liebe, die Du mir schenkst ist Wohltat, Balsam für ein, hinter dem Anschein der Fröhlichkeit, bisweilen sehr trauriges Herz. Liebe mich weiterhin, liebe mich auch noch nach dem Tode, so daß ich mit all Deiner Liebe und Deinen Gebeten vor die Göttliche Vorsehung treten kann, o mein Erlöser!«

Andere Briefe legen Zeugnis über den mäßigenden, stabilisierenden Einfluß ab, den sie in sein Leben brachte. Sie drängte ihn, nicht so hart gegen sich zu sein, weniger Aufträge anzunehmen, Opern zu seiner eigenen Befriedigung zu komponieren und erst dann darüber nachzudenken, wo er sie unterbringen könnte. 1853 schrieb sie:

»*Manchmal fürchte ich, die Liebe zum Geld kommt wieder über Dich und verurteilt Dich noch zu vielen Jahren Arbeit. Mein lieber Mago, da hättest Du sehr unrecht! Sieh einmal, wir haben ein gut Teil unseres Lebens hinter uns, und Du wärest ein kompletter Narr, wolltest Du, statt in Ruhe die Früchte Deiner künstlerischen Arbeit zu ernten, die Dir Ruhm und Ehren eingebracht hat, im Schweiß Deines Angesichts Geld zusammenscharren...*

Wir werden keine Kinder haben (weil vielleicht Gott mich für meine Sünden straft und macht, daß mir, eh' ich sterbe, keine legitimen Freuden vergönnt sind). Wenn Du also von mir keine Kinder hast, so hoffe ich doch, Du wirst mir den Schmerz nicht antun, von einer andern welche zu haben. Bist Du aber kinderlos, dann ist Dein Vermögen mehr als ausreichend für alle Deine Bedürfnisse und auch ein bißchen Luxus. Wir schwärmen für das Leben auf dem Lande, und auf dem Lande gibt man wenig aus und bekommt dafür viel.«

Dessen ungeachtet, verbrachte das Paar die ersten gemeinsamen Jahre größtenteils in und außerhalb von Paris, weit weg vom Klatsch von Busseto. Verdi hatte dort, wie schon erwähnt, vom Juli 1847 bis August 1849 gelebt, und viele Besuche folgten. Während eines dreimonatigen Aufenthalts 1852/1853 sah Verdi *La dame aux camélias*. Ein langer Aufenthalt von Oktober 1853 bis Januar 1857 (für *Les vêpres siciliennes*) wurde lediglich durch eine Rückkehr nach Italien an Weihnachten 1855 und im Frühjahr 1855/1856 unterbrochen. Verdi und Strepponi hielten sich erneut von März bis Juli 1863 in Paris auf (wo Verdi mit dem Gedanken spielte, Direktor des Théâtre-Italien zu werden und mit dem Orchester der Opéra eine stürmische Szene anläßlich der Wiederaufnahme von den *Vêpres* erlebte); dann von November 1865 bis März 1866, als das Libretto von *Don Carlos* entworfen wurde; und schließlich von Juli 1866 bis März 1867, als *Don Carlos* fertiggestellt und uraufgeführt wurde. Man kann deshalb sagen, daß sich Verdi erst 1857 in Sant'Agata niederließ.

Seine Rückkehr nach Italien war überschattet von der enttäuschenden Aufnahme von *Simon Boccanegra* und *Aroldo* (der Neufassung des *Stiffelio*) sowie im darauffolgenden Jahr durch die Ablehnung von *Un ballo in maschera* durch die neapolitanische Zensur. Verdi war schon insoweit einen Kompromiß eingegangen, als er Scribes Drama, das die Ermordung des Schwedenkönigs Gustav III. behandelt, im Pommern des 12. Jahrhunderts ansiedelte und den historischen Monarch in einen Phantasie-Herzog verwandelte. Die Zensur verlangte weitere Veränderungen, die Handlung und Personen ganz und gar unsinnig werden ließen, und obgleich die Proben bereits begonnen hatten, zog Verdi seine Oper zurück. Sie kam im darauffolgenden Jahr in Rom heraus, wobei die Szenerie auch dort ins koloniale Boston verlegt werden mußte, die Handlung und ihre Beweggründe jedoch mehr oder weniger unagetastet blieben. (Außerhalb Italiens wurde der *Ballo in maschera* manchmal, zum Beispiel 1861 bei seiner Premiere am Londoner Covent Garden, in einer neapolitanischen Umgebung gespielt, die dem Komponisten vielleicht zugesagt hätte. Edward Dents englische Fassung aus dem Jahre 1952 siedelte das Stück wieder in Stockholm an, und diesem Beispiel ist man seither immer häufiger gefolgt.) Verdi war zuvor schon öfter mit der politischen und kirchlichen Zensur zusammengeprallt. Dem Erzbischof von Mailand mißfiel, daß in *I lombardi* auf der Bühne ein Sakrament, eine Taufe, dargestellt wurde. In der Adaption von Hugos *Le roi s'amuse* als *Rigoletto* wurde aus dem französischen König Franz I. ein anonymer Herzog. In der ersten Aufführung von *Stiffelio* wurden die entscheidenden Worte »Ministro, confessatemi« in die bedeutungslosen »Rodolfo, ascoltatemi« geändert. Im päpstlichen Rom wurden aus den Hexen in *Macbeth* Zigeunerinnen, die Banquo als aus einem »anderen Land« und nicht als aus »einer anderen Welt« kommend bezeichnete. Im noch nicht vereinigten Italien verlegte man die Handlung von *Les vêpres siciliennes* nach Lissabon, und so feurige Wörter wie ›liberté‹ wurden in der italienischen Übersetzung unterdrückt. Aber die Verweigerung, *Un ballo in maschera* freizugeben, sowie die Unverschämtheit der Einwände brachten das Faß zum Überlaufen.

Die Zensur war zwar nicht der einzige, aber doch einer der Gründe, weshalb Verdi danach nie wieder den Auftrag eines italienischen Opernhauses annahm.

1861 überzeugte Cavour (der Ministerpräsident des vereinigten Italien) Verdi davon, Abgeordneter für San Donnino im neugebildeten italienischen Parlament zu werden. Er nahm seinen Sitz in der Abgeordnetenkammer im Februar ein. Aber Cavour starb im Juni 1861, und nach den Worten Giuseppinas »weinte Verdi wie beim Tod seiner Mutter. ... Er kannte diesen außerordentlichen, faszinierenden, wunderbaren Mann sehr gut, diesen Staatsmann, der sich (ein einmaliges Privileg) inmitten von Diplomatie und Politik ein Herz bewahrt hatte.« Der Tenor der politischen Kommentare, die in Verdis Korrespondenz gelegentlich auftauchen, könnte geradezu mit Posas leidenschaftlichem Plädoyer für Toleranz, Gedankenfreiheit und Humanität gegenüber Philipp II. in *Don Carlos* zusammengefaßt werden. Eigenschaften des Herzens waren für ihn wichtiger als solche des Kopfes. Verdi teilte schließlich die allgemeine Desillusionierung über das neue Königreich, zu dem der einstmals heroische Idealismus des Risorgimento geführt hatte. Als die Einigung 1870 durch die Eingliederung des Kirchenstaats vollends erreicht war, schrieb er an Clarina Maffei: »Die Geschichte in Rom ist eine große Sache, aber sie läßt mich kalt ... weil für mich Parlament und das Kardinalskollegium, Pressefreiheit und Inquisition, das Bürgerliche Gesetzbuch und der Syllabus ... der *Papst* und *König von Italien* nicht zu vereinen sind – ich kann sie nicht einmal in diesem Brief zusammensehen.« Rom war in der Tat der Preis des neutralen Italien gewesen, das Frankreich im Krieg zwischen Franzosen und Preußen im Stich gelassen hatte: »Es ist wahr, ...die Anmaßung der Franzosen war und ist trotz all ihres Unglücks unerträglich. Aber schließlich hat Frankreich der heutigen Welt die Freiheit und die Kultur gegeben«, wohingegen die Deutschen »von maßlosem Stolz, hart, unduldsam gegen alles sind ... Menschen mit Kopf, aber ohne Herz; eine starke, aber nicht gesittete Rasse ... Jedenfalls hätte ich dieser Trägheit, deretwegen man uns eines Tages verachten wird, vorgezogen, mit den Franzosen als Besiegte einen Frieden zu unterschreiben.«

Nach Cavours Tod erschien Verdi nur noch selten in der Turiner Abgeordnetenkammer, gleichwohl gab er sein Mandat erst 1865 zurück. Anfang des Jahres 1861 nahm er einen Kompositionsauftrag für eine Oper an: *La forza del destino* für St. Petersburg. Giuseppina wollte unbedingt nach Rußland, in Sant'Agata hatte man teure Umbauten vorgenommen und einen Neubau errichtet, und das angebotene Honorar war stattlich: 60 000 Francs allein für die russischen Rechte, dazu alle Unkosten. Im Dezember traf Verdi in St. Petersburg ein, aber aufgrund von Erkrankungen im Ensemble wurde die Aufführung verschoben. Nach zweimonatigem Aufenthalt in Paris, besuchte er im April 1862 London als Vertreter Italiens bei der Weltausstellung, für die er seinen *Inno delle nazioni* auf einen Text von Arrigo Boito komponierte. Die Auftraggeber lehnten das Stück aufgrund der zu geringen Probenzeit ab; es wurde an Her majesty's Theatre am 24. Mai gegeben. In diesem Sommer instrumentierte er in Sant'Agata *La forza del destino* und brachte die Oper im November in St. Petersburg heraus. 1864 wurde er als Nachfolger für den verstorbenen Meyerbeer in die Académie des Beaux Arts gewählt. Von 1865 bis 1867 beschäftigte er sich mit *Don Carlos*, von 1870 bis 1871 mit der von der Kairoer Oper in Auftrag gegebenen *Aida*. Er war überzeugt, mit diesen drei Opern *La forza del destino*, *Don Carlos* und *Aida* etwas neues geschaffen zu haben. Er nannte sie »Opern, die aus Ideen bestehen« gegenüber »Opern, die aus Duetten, Kavatinen, etc. bestehen«. Er beaufsichtigte die italienische Premiere von *Aida* 1872 an der Scala und reiste im November desselben Jahres nach Neapel, wo er *Don Carlos* und *Aida* dirigierte, in der Hoffnung, es sei eine »genaue Wiedergabe, die all jene Reformen verkörpert, die die moderne Kunst verlangt«. Die Protagonistin dieser Vorstellungen, wie auch in der *Aida* an der Scala und später der Sopranpartie im *Requiem*, war Teresa Stolz. Aufgrund unzulänglicher Beweise wurde sowohl beteuert als auch bestritten, daß sie und Verdi ein Liebesverhältnis begannen; sicher ist lediglich, daß

Giuseppina Strepponi zwischen 1872 und 1876 Verdi gelegentlich die Aufmerksamkeit übelnahm, die er der Sopranistin an-
gedeihen ließ, so daß es 1876 zu einer Krise kam, die kurz
darauf beigelegt wurde, da beide Frauen vernünftig und großzügig genug waren.

Die Aufführungen in Neapel erreichten nicht das von Verdi
erhoffte Niveau. Er war berühmt, er war reich, er war gefeiert,
aber er war nicht zufrieden. Auf der einen Seite interessierte
sich die Masse des großen Opernpublikums, wie stets, mehr
für Melodien und Sänger als für »moderne Kunst«. Auf der
anderen Seite war in den Augen einer neuen Generation sein
Werk alles andere denn »moderne Kunst«; diese wurde durch
Wagner vertreten. Verdi beklagte sich 1873 Tito Ricordi gegenüber über »blöde Kritiken und noch viel blödere Lobhu-
deleien; keine einzige Idee von künstlerischem Niveau; nicht
einer, der meine Absichten hätte begreifen wollen…« Kaum
war Verdi 1863 zurückgekehrt, als Arrigo Boito, der eine herausragende Stellung in der neuen Mailänder Intellektuellen-
schicht innehatte, seine Ode *All'arte italiana* veröffentlichte, in
der er seiner Hoffnung Ausdruck verlieh, daß die italienische
Musik, die seit »den heiligen Tagen Pergolesis und Marcellos«
so heruntergekommen war, von einer neuen Komponistenge-
neration gereinigt würde: »Vielleicht ist der Mann bereits geboren, der eine keusche, reine Kunst auf jenen Altar erheben
wird, der nun beschmutzt ist wie die Wand eines Bordells.«
Verständlicherweise sah Verdi, der führende italienische Komponist, hierin eine persönliche Beleidigung. Über Jahre hinweg nagte es an ihm. Ein Ausbruch gegenüber Giulio Ricordi
aus dem Jahr 1875 ist typisch:

*»Ihr sprecht mir von erzielten Erfolgen!!!!!!!! Von welchen?
… Ich werde sie Euch nennen. Nach 25 Jahren, die ich für die
Scala nicht vorhanden war, habe ich nach dem ersten Akt von*
La forza del destino *ein Pfeifkonzert erzielt. Nach der* Aida
endloses Geschwafel: Daß ich nicht mehr der Verdi des Ballo
wäre (jenes Ballo, *der beim ersten Mal in der Scala
ausgepfiffen wurde); … daß ich nicht für die Sänger zu*

schreiben verstanden *hätte;... daß ich ein Wagner-Imitator sei!!! Ein schöner Erfolg nach 35jähriger Karriere als Imitator zu enden!!!....*

Ich kann Euren Satz: »Die völlige Rettung des Theaters und der Kunst liegt bei Ihnen« *nur als Scherz auffassen!! Oh nein:...ich werde das wiederholen, was Boito ... sagte:* »Und vielleicht ist der schon geboren, der den Altar säubern wird«. *Amen.«*

Und drei Jahre später an Clarina Maffei:

»*Warum um alles in der Welt sollte ich Musik schreiben? Was habe ich davon? ... Man würde mir nur überall sagen, daß ich* nicht wüßte, wie man schreibt, *daß ich ein* Imitator Wagners *geworden wäre. Eine schöne Art Ruhm! Nach einer fast vierzigjährigen Karriere als ein* Imitator *zu enden!«*

1868 schlug Verdi vor, daß man an den Jahrestag von Rossinis Tod mit einem gemeinsamen Requiem gedenken sollte, zu dem einige der führenden Komponisten Italiens Teile beisteuern sollten. Die Partitur, zu der Verdi das ›Libera me‹ beitrug, war im darauffolgenden Jahr fertig, aus verschiedenen Gründen fand die Aufführung indes nicht statt. 1873, als die Proben zu *Aida* in Neapel durch eine Erkrankung von Teresa Stolz unterbrochen werden mußte, komponierte Verdi ein Streichquartett – zu seinem eigenen Vergnügen, wie er sagte, drei Jahre später genehmigte er jedoch dessen Veröffentlichung. Noch im selben Jahr starb in Mailand Alessandro Manzoni, der Autor von *I promessi sposi,* einer der wenigen Menschen, die Verdi verehrte, und anläßlich des Jahrestags seines Todes komponierte Verdi das ›Manzoni‹-Requiem, wobei er das ›Libera me‹ des Requiems für Rossini verwendete. Die Erstaufführung fand im Mai 1874 in der Kirche San Marco in Mailand statt und wurde danach an der Scala wiederholt. Manzoni war gläubiger Katholik, wohingegen Verdi ungläubig war und eine ganze Litanei an Antagonismen gegenüber der Kirche gesammelt hatte. Er bestand darauf, daß sein religiöser

Glauben oder Unglauben niemanden etwas anginge außer ihn selbst. Da es aber Versuche gab, ihn in seinen späteren Jahren um jeden Preis für den Katholizismus zu vereinnahmen, und, um diesen Anspruch zu untermauern, sogar Briefe gefälscht wurden (vgl. Walker, 1958 bis 1960), lohnt es, einen Blick auf diese Zeugnisse zu werfen. Verdi selbst erzählte gern, wie er als Meßbub einmal nachlässig war und vom Priester einen Tritt erhielt, worauf er ihm den derben Fluch nachrief: »Dio t'manda na sajetta«(»Gott soll Dich mit dem Blitz treffen«). (1969 veröffentlichte Matz ein makabres Nachspiel zu der Geschichte: einige Jahre später wurde der Priester vom Blitz getroffen und getötet; und mit ihm zwei Mitglieder des Chores auf der Orgelempore, wo auch Verdi gewesen wäre, wäre er rechtzeitig zum Gottesdienst erschienen.) 1834 war er der Kandidat der ›fortschrittlichen‹ weltlichen Seite in Busseto, wohingegen die kirchliche Seite Ferrari unterstützte. 1865 (dem Jahr, in dem der Papst seinen zutiefst reaktionären »Syllabus der Zeitirrtümer« verkündete), fügte Verdi dem *Don Carlos*-Szenarium eigenhändig die Auseinandersetzung zwischen Philipp und dem Großinquisitor hinzu, »der äußerst alt und blind sein sollte (aus Gründen, die ich nicht zu Papier bringen möchte)«. Die Grausamkeit der Kirche, die in dieser Oper so detailliert vorgeführt wird, das genußvolle Fluchen der Mönche in *La forza del destino* und Amneris' Ausbruch gegenüber den Priestern in *Aida* (»Und sie nennen sich Diener des Himmels! ... Böse Rasse, ein Fluch über Euch!«) – all diese erregten Äußerungen scheinen mit Verdis eigenen Gefühlen ebenso befrachtet zu sein wie mit denen der Figuren auf der Bühne. Aber es gibt auch eindeutigere Beweise, wie Giuseppinas Bemerkungen in einem Brief an Clarina Maffei aus dem Jahr 1872:

»Verdi ist mit seiner Grotte und mit seinem Garten beschäftigt. Es geht ihm sehr gut, und er ist besten Mutes. Glücklicher Mann! Und möge Gott ihn noch für viele lange Jahre so glücklich erhalten! Es gibt tugendhafte Naturen, die an Gott glauben müssen; andere, ebenso vollkomene, sind so glücklich,

Verdi, sitzend, im Garten von Sant'Agata (von links nach rechts: Giulio Ricordi?, der Maler Metlicovitz und Giuseppina Strepponi).

an nichts zu glauben und befolgen einfach jeden Grundsatz strenger Moral genauestens. Manzoni und Verdi!«

Giuseppina selbst war nicht streng gläubig. Aus ihren Notizbüchern erfahren wir, daß sie an »Gott, die erste, unbekannte, einzigartige, allmächtige Quelle aller Schöpfung glaubte« und

»eine gewisse, fast kindliche Anhänglichkeit an die Religion habe, in der ich geboren wurde – die aber auf die Lehre Christi zurückgeht. Ich würde sie nicht wechseln, da ich Abfall in der Religion ablehne, in der Politik, überall«. Dennoch glaubte sie, daß eine »einst überzeugte, erhabene« Priesterschaft »verweltlicht ... korrupt, verschlagen, käuflich« wurde. Es sollte hinzugefügt werden, daß einzelne Priester, Männer von freiem, großzügigem und liberalem Geist, von Verdis allgemeiner Mißbilligung der *empia razza* ausgenommen waren. Das letzte Worte soll dem Mann gehören, der Verdi in seinen späteren Jahren am besten kannte. 1910 schrieb Boito an Camille Bellaigue:

»Heute ist der Tag unter den Tagen des Jahres, den er am meisten liebte. Der Weihnachtsabend erinnerte ihn an die frommen Wunder der Kindheit, den Zauber des Glaubens, der wirklich nur himmlisch ist, wenn er an den blinden Glauben, an das Wunder reicht. Diesen blinden Glauben hatte er leider früh verloren wie wir alle, aber er vermißte ihn während seines ganzen Lebens vielleicht schmerzlicher als wir. Er hat ein Beispiel christlichen Glaubens durch die ergreifende Schönheit seiner religiösen Werke gegeben, durch die Befolgung der Riten (Du mußt Dich an seinen schönen gesenkten Kopf in der Kapelle von Sant'Agata erinnern), durch seine glanzvolle Huldigung an Manzoni, durch die in seinem Testament gefundene Bestimmung für sein Begräbnis: ein Priester, eine Kerze, ein Kreuz. *Er wußte, daß der Glaube die Stütze des Herzens ist. Dem Arbeiter auf dem Felde, den Bedürftigen, die ihn umgaben, stellte er sich selber zum Beispiel, ohne Prahlerei, demütig, streng, um ihrem Gewissen nützlich zu sein.*

Und hier muß die Untersuchung innehalten; darüber hinauszugehen würde mich weit in die Windungen psychologischer Forschung führen, bei der seine große Persönlichkeit nichts zu verlieren hätte, bei der ich aber trotzdem fürchten müßte, vom Wege abzukommen. Im idealen, moralischen und sozialen Sinn war er ein großer Christ, aber man muß sich sehr wohl hüten, ihn in politischer und im strengen Sinn des Wortes theologischer Hinsicht als Katholik hinzustellen; nichts stünde in größerem Widerspruch zur Wahrheit.«

1874 wurde Verdi die Ehre zuteil, zum Mitglied des italienischen Senats ernannt zu werden; er spielte in den Beratungen keine aktive Rolle. 1875 leitete er eine triumphale ›Tournee‹ des Manzoni-Requiems nach Paris, London und Wien. 1877 dirigierte er es mit großem Erfolg beim Niederrheinischen Musikfest in Köln. 1880 kam der ungeheure Erfolg der *Aida* unter seiner Leitung an der Pariser Opéra. Danach führte er ein sehr zurückgezogenes Leben, verbrachte die Sommer in Sant'Agata und die Winter in Genua, wo er seit 1867 eine Wohnung besaß. Er beklagte den wachsenden Einfluß deutscher Ideen auf die italienische Musik: »Ehre die alten italienischen Meister« ist ein stets wiederkehrender Satz in seinen Äußerungen dieser Jahre. Sein eigenes schöpferisches Leben schien mit dem Requiem 1874 beendet zu sein.

NEUNTES KAPITEL
DIE GROSSEN OPERN

Die Pariser Opéra (oder Académie Royale de musique), für
die Rossini und Donizetti ihre letzten großen Werke geschrieben hatten, war ein Magnet für jeden ernsthaften itali-
nischen Komponisten. Sie verfügte über ein festes, besoldetes
Ensemble und einen großen Berufschor und ein Berufsorche-
ster. Sie bot Probenzeiten und Produktionsbudgets an, von
denen man in Italien nicht einmal träumen konnte. Die Spielzeit war lange und eine erfolgreiche Oper konnte sich vieler
Vorstellungen sicher sein. Außerdem bezahlte sie ihre Komponisten stattlich. Negativ machte sich bemerkbar, daß sie bü-
rokratisch geleitet wurde (in der Tat unterstand sie der Regierung), was in mancherlei Hinsicht zwar sehr effektiv, aber für
einen Komponisten auch wieder lästig sein konnte, der erwartete, daß seine Interpreten von einem gewissen Sinn für das
künstlerisches Abenteuer beflügelt würden. Intrigen blühen
überall in der Opernwelt, aber die Pariser Virtuosen waren
wahrscheinlich launischer, eingebildeter und unkooperativer
als anderswo.

Verdi, der so lange in Paris gelebt und *I lombardi* unter dem
Titel *Jérusalem* für die Pariser Opéra eingerichtet hatte, wußte
darüber sehr gut Bescheid. Er war zugleich von jener Bühne
angezogen und abgestoßen, die er in gereizter Stimmung als
»la grande boutique« bezeichnete. Ihre unvergleichlichen
Ressourcen für die Uraufführung einer großen Oper zu nutzen, wie es im Durcheinander des italienischen Opernlebens
nicht möglich war, war eine Herausforderung, die ihn lange
beschäftigte. 1850, noch bevor seine italienische Periode mit
Rigoletto, *Il trovatore* und *La traviata* beendet war, verhandelte
er bereits über eine *grand opéra*, die 1855, dem Jahr der Weltausstellung, an der Opéra herauskommen sollte. Er bestand auf
Eugène Scribe, Meyerbeers regelmäßigem Mitarbeiter, als Librettisten. Zuerst versuchte Scribe, ihn mit zwei Stücken ab-
zuspeißen, *Les circassiens* und *Vlaska*, die Meyerbeer abgelehnt

hatte. Verdi sandte sie zurück: »Bevor ich ausdrücklich für die Opéra schreibe, möchte ich – das heißt, muß ich – einen großartigen, leidenschaftlichen und originellen Stoff haben. Vor meinem geistigen Auge sehe ich beständig diese vielen, vielen herrlichen Szenen, die man in Ihren Libretti finden kann – unter anderem die Krönungsszene aus *Le prophète*«. Die Zeit wurde knapp, sodaß er damit einverstanden war, einen Scribe-Text in Angriff zu nehmen, den Donizetti nicht fertig komponiert hatte – *Le duc d'Albe*, der nun für Verdi zu *Les vêpres siciliennes* erweitert und umgearbeitet wurde. (Verdi behauptete später, er habe zu dieser Zeit nicht gewußt, daß man ihm Ware aus zweiter Hand anbot, aber seine Korespondenz des Jahres 1853 zeigt, daß er sich in der Erinnerung irrte.) Er akzeptierte *Les vêpres siciliennes* in Ermangelung eines besseren Textbuches. Die theatralischen Möglichkeiten, die das Stück eröffnet, sind nicht groß, selbst wenn es zahlreiche kontrastierende Chorszenen in der Art Meyerbeers gibt. Wie üblich überarbeitete Verdi das Libretto, vor allem an der Form des vierten und fünften Aktes nahm er drastische strukturelle Veränderungen vor. Aber der erhoffte Erfolg blieb aus. *Les vêpres* fehlt der ungestüme Impetus seiner früheren Stücke, obgleich in den einzelnen Nummern eine neuartige Sorgfalt für den Aufbau des Ganzen sowie eine neue Beherrschung von chorischen Massenszenen und des Instrumentalaufgebots zum Vorschein kommt. Nach *Les vêpres* nahm sich Verdi erneut den erfolglosen *Stiffelio* vor und arbeitete ihn zu *Aroldo* um, für den er sich im mittelalterlichen Gewand eine größere Verbreitung erhoffte, außerdem komponierte er den letzten Akt neu. Dann nahm er *Simon Boccanegra* in Angriff, eine Oper, die insbesondere in ihrer früheren, nicht überarbeiteten Form (1857) ein italienisches *melodramma* mit Merkmalen der *grand opéra* ist, ein Nachfolger von *I due foscari*, mit üppigerem Pinsel und volleren, reicheren und subtileren Farben gezeichnet, deren Anwendung er inzwischen gelernt hatte. In den Opern von Scribe und Meyerbeer – so ließe sich sagen – agieren Figuren aus Pappe, die sowohl in politische Aktionen als auch in leidenschaftliche persönliche Konflikte verstrickt sind; Verdis Ziel war es, aus der Pappe Fleisch und Blut werden zu lassen. In *Les vêpres* ist ihm das nicht ganz gelungen; in der Figur des Boccanegra hingegen – dem Liebhaber, Volkstribun und zärtlichem Vater – gelang es ihm, obgleich er und Piave nicht in der Lage waren, das Drama, das Boito und er später mit einem wackeligen Tisch verglichen, in eine überzeugende Form zu bringen. In seiner nächsten Oper wandte Verdi sich wieder einem begrenzteren Thema zu: *Un ballo in maschera* (1859) ist eine *grand opéra* (der 1833 entstandene *Gustave III* von Scribe und Auber, der bis 1859 im Repertoire der Opéra war), die von einem Italiener für Italien verdichtet und neu komponiert wurde. Der szenische Prunk des französischen Originals – so gab es im ersten Akt eine gespielte Probe des vom König selbst komponierten Balletts *Gustaf Wasa*, und im letzten Akt ein weiteres Ballett – wurde herausgenommen. Der Rest ist überwiegend eine Übersetzung des Scribschen Textes. In Verdis Vertonung geht das Ganze rasch voran. *Un ballo* ist das früheste seiner Stücke, das normalerweise ungekürzt gespielt wird, eine Auszeichnung, die es lediglich mit *Aida* und *Falstaff* teilt (wohingegen *Otello* in den Ensembles des zweiten und dritten Aktes oftmals unter verstümmelnden Strichen zu leiden hat). Ensembles und Solonummern wechseln sich ab, und *Un ballo* ist die einzige unter Verdis Opern, die lediglich ein Duett enthält. Die Formen sind streng gezügelt – so, als würde Verdi bewußt einen neuen Weg des Umgangs mit den Bestandteilen der *grand opéra* erproben und dabei Aubers großangelegtem, gemächlichen Plan entgegenwirken und sich auf der ›italienischen‹ Seite seines letztendlichen Ziels verschanzen. Dieses Ziel war eine Oper in den Ausmaßen Meyerbeers, gleichwohl eine Oper, in der die gewaltigen Tableaus nicht mehr der bloßen Dekoration dienen, sondern wesentlicher Bestandteil des Dramas sind, in dem die musikalische und theatralische Dramaturgie straff bleibt und die handelnden Personen weiterhin so glühend, leidenschaftlich und persönlich singen wie in *Il trovatore*. Der Vorläufer Oscars, des Pagen aus *Un ballo*, ist Urbain aus *Les Huguenots*, die Verschwörer erinnern an diejenigen aus Meyerbeers Oper, und Ulrica schlägt den Ton der Fidès aus *Le prophète* an. Aber sowohl Riccardo als auch Renato singen melodische Phrasen, die an Donizetti erinnern. Das Ganze ergibt eine vollständige Synthese im Stil Verdis. Es ist dies die am besten gebaute Oper seiner dritten Periode und die einzige, die keiner späteren Überarbeitung bedurfte.

Dagegen ist *La forza del destino*, die 1862 als nächstes Werk folgt, so buntgescheckt wie nur möglich. *La forza* dreht sich um ein Motiv, oder besser gesagt, um zwei zusammenhängende Motive: nämlich um das Dilemma eines Helden, der sich aufgrund einer Kette von Mißgeschicken gezwungen sieht, eben jene Handlungen zu begehen, gegen die sein edles Wesen rebelliert; sowie um die eitle Hoffnung, durch den Rückzug von der Welt in ein Kloster daselbst Frieden finden zu können. Das erste Motiv steht für jene Anziehungskraft, die zerrissene Charaktere, die sich zwangsweise in Ausnahmesituationen befinden, seit jeher auf Verdi ausübten. Und es ist wohl nicht zu weit hergeholt, im zweiten Motiv (das in *Don Carlos* ganz ausdrücklich wieder aufgegriffen wird) eine Widerspiegelung von Verdis eigener Haltung zu sehen: nach einigen Jahren des Rückzugs holte ihn die geschäftige Welt zurück. Der finanzielle und touristische Anreiz, weswegen er den Auftrag für *Forza* annahm, wurde bereits erwähnt, aber der eigentliche Grund lag sicherlich in dem wiederkehrenden Drang, eine wirklich erfolgreiche >große< Oper zu schreiben.

Das intime Drama um Donna Leonora, Don Alvaro und Don Carlos spielt vor dem mit prallem Leben erfüllten Hintergrund von Krieg und Klosterleben in zwei Ländern. Die Marketenderin Preziosilla und der redselige Mönch Melitone ragen aus einer Schar >gewöhnlicher Menschen< heraus, unter denen sich die Tragödie des mit sich selbst beschäftigten Trios abspielt. Der Chor hat bedeutende Aufgaben und tritt in jeder Szene mit Ausnahme der ersten auf. Verdis Musik besitzt Schwung, Glanz und Kraft. Das St. Petersburger Publikum war verblüfft; ein Kritiker schrieb ganz richtig: »Anstelle einer leichten Oper in der gewöhnlichen italienischen Manier, präsentierte uns der Komponist des *Rigoletto* bei dieser Gelegen-

heit ein Werk, das den Kompositionen Meyerbeers und Halévys nahe kommt«. Verdi beklagte sich später über eine italienische Aufführung, daß die einzelnen Sänger zwar wunderbar
gewesen, die Soli und Duette herrlich ausgeführt worden
seien – aber nicht so »die abwechslungsreichen, prallen Szenen, die die halbe Oper füllen und das wirkliche *dramma musicale* darstellen«. Das war 1869; in diesem Jahr begann der lange
Briefwechsel mit seinem neapolitanischen Freund Cesare De
Sanctis, in dem er bewußt seine bereits erwähnte Überzeugung formulierte, mit *La forza del destino, Don Carlos* und,
später, *Aida* habe er Opern einer neuen Art komponiert, »moderne Opern«, die aus Ideen und nicht aus Nummern bestehen. Sie sollten – schrieb er weiter – nur von einem Ensem-
bletheater aufgeführt werden, mit einer »höheren Intelli-
genz« an der Spitze, die die Verantwortung für alle
Einzelheiten des Bühnenbilds, der Inszenierung und der musikalischen Interpretation tragen sollte. Er hatte Wagners
theoretische Schriften gelesen und stimmte mit vielen der
darin enthaltenen Ideen überein. In *La forza* macht das Schicksal Überstunden und bringt die Figuren auf höchst unwahr-
scheinliche Weise zusammen. Solchen Zufällen hatte Verdi
seit *I lombardi* nicht mehr getraut. Die Heldin und der Held
werden in der ersten Szene getrennt und sehen sich erst in der
letzten wieder. Verdi komplizierte die wirre Geschichte noch,
indem er eine Szene aus *Wallensteins Lager* von Schiller einbaute, die er seit Jahren bereits hatte vertonen wollen. Paris
hatte er 1866 eine französische *Forza* versprochen, aber er war
ratlos, wie er in das Stück Ordnung hineinbekommen sollte
und legte die Partitur beiseite. Viele machten Verbesserungs-
vorschläge; zuletzt wurde der von Ghislanzoni angenommen,
der für einen Schluß im Geiste Manzonis plädierte, was dem
ganzen den Anschein christlicher Ergebenheit verlieh. So gelangte eine einigermaßen geordnete *Forza* 1869 an der Scala
zur Aufführung. Die neue Partitur begann mit einer Ouvertüre; dem Tenor wurde seine Cabaletta im dritten Akt genommen, außerdem beging er nicht mehr vor den versammelten
Mönchen einen herausfordernden Selbstmord.

Aber noch vor der Revision von *La forza* mußte *Macbeth* 1865 für das Pariser Théâtre-Lyrique überarbeitet werden, dann wartete bereits *Don Carlos*, der von der Opéra als Höhepunkt anläßlich der Weltausstellung 1867 in Auftrag gegeben worden war. Verdi nahm aus *Macbeth* zwei Cabaletten heraus und fügte die Arie »La luce langue« für die Lady Macbeth hinzu, außerdem das Hexenballett und das Duettino »Ora di morte«. Anfang und Schluß des vierten Aktes wurden umgeschrieben sowie, unter anderem, auch die Geisterszene der drei Erscheinugnen. Der überarbeitete *Macbeth* ist, in Verdis Worten, ein »Mosaik«, das bis in die Mitte des 20. Jahrhunderts nicht die Beliebtheit der *Forza* erlangte. Die Musik ist vortrefflich; erhalten geblieben sind die großartigen Stellen der Urfassung: der Dolch-Monolog, das Finale des zweiten Aktes (in der Art des frühen Verdi, aber bis hin zum Finale des dritten Aktes des *Otello* das gelungenste all jener Concertati im langsamen Vierviertel- und Sechsachteltakt) sowie die Schlafwandelszene. Aber sie haben nicht mehr diese herausragende Stellung: »Die Skyline hat sich sozusagen verändert« (Budden).

Man hatte Verdi bereits 1850, während der Verhandlungen zu *Les vêpres siciliennes*, Schillers *Don Carlos* als Sujet für die Opéra vorgeschlagen. Es wurde ihm erneut 1865 als Szenarium von Joseph Méry und Camille Du Locle vorgelegt. Verdi akzeptierte es (nachdem er unter anderem einen *König Lear* abgelehnt hatte, weil er für seinen Geschmack zu wenig spektakulär und außerdem schwer zu besetzen war) – unter der Bedingung, daß noch ein Duett für Philipp und Posa, ein weiteres für Philipp und den Großinquisitor und mehr Schaueffekte (»etwas wie die Schlittschuhläufer-Szene oder die Szene in der Kirche in *Le prophète*«) hinzukämen. Seine Forderungen wurden erfüllt; die Tableaus wurden im dritten Akt in Form des Autodafés bzw. in Form eines Chorfinales eingefügt, in dem die Inquisitoren lautstark ihre Verwünschungen herausschleudern. Verdi ging nach Paris und überwachte die erste Niederschrift des Librettos; während er dann in Sant'Agata das Werk komponierte, erbat er sich von Du Locle die üblichen umfangreichen Änderungen.

Schillers Schauspiel vertrat Überzeugungen, die dem Komponisten teuer waren: Liebe zur persönlichen und nationalen Freiheit, Haß auf die politische und kirchliche Tyrannei. Es erhielt ›menschliche‹ Wärme durch fünf interessante und unterschiedliche Charaktere, die sich in einem von Kirche und Staat gewobenem Netz verstricken und deren Entscheidungen nicht nur sie selbst, sondern auch das Schicksal dreier Nationen betreffen. Öffentliches und privates Schicksal durchdringen sich, und der Held ist der gemeinsame Nenner dreier emotionaler Dreiecke: Elisabeth und Eboli lieben Carlos; Philipp und Carlos lieben Elisabeth; und beide lieben Posa. Das Herz der Oper aber ist, wie Verdi einmal sagte, der öffentliche Aufruhr der Autodafé-Szene, und sie blieb als einzige unverändert, als er das Werk 16 Jahre später überarbeitete.

Don Carlos war in riesigen Ausmaßen angelegt. Während der Proben erwies es sich als so lang, daß große Teile, darunter ganze Nummern, vor der Premiere gestrichen wurden. Sie blieben unveröffentlicht und bis zu ihrer Entdeckung 1970 unbekannt, da sie in den Noten, die für die Uraufführung verwendet wurden, ausgestrichen, zusammengeheftet, -geklebt oder -geklammert waren. Verdi war mit der Pariser Aufführung nicht zufrieden, auf die so viel Zeit und Unsummen Geldes verschwendet worden waren; der Vergleich mit den temperamentvolleren und feurigeren Aufführungen in Italien, wo nur wenige Probenwochen zur Verfügung standen, fiel für Paris ungünstig aus. Selbst der 1867 veröffentlichte *Don Carlos* war noch eine sehr lange Oper. Der Komponist versuchte vergebens durchzusetzen, daß sie ungestrichen gespielt würde – sie sei »notwendigerweise so lang«, sagte er, und mit ihr habe er »beschlossen, unser Theater zu verändern«. Schließlich machte er sich 1882 selbst daran, das Stück zu kürzen. Doch diese Überarbeitung, die im Geiste einer ›Anti-*grand-opéra*‹ durchgeführt wurde, gehört bereits der Zeit der letzten Vorbereitungen für *Otello* an.

Der Suez-Kanal wurde im November 1869 eingeweiht, einige Tage zuvor war das neue Opernhaus in Kairo mit *Rigoletto* eröffnet worden. Man bat Verdi, für die kommende Spielzeit eine Oper zu komponieren, für die er seine eigenen Bedingungen stellen könnte. Immer wieder sagte er ›nein‹, dann, als man ihm im Mai 1870 einen dreiundzwanzig Seiten langen gedruckten Entwurf des *Aida*-Stoffes schickte, ›vielleicht‹, denn er fand ihn »gut gemacht, hervorragend für die Inszenierung, und es gibt zwei, drei gewiß sehr schöne, wenn auch nicht gänzlich neue Situationen darin.« Er sagte ›ja‹, als man seine Bedingungen akzeptierte. In der Tat war die Gage stattlich (150 000 Francs allein für die ägyptischen Rechte), aber er gehörte nicht zu den Menschen, die einen Auftrag allein wegen des Geldes annahmen; eine gewisse innere Notwendigkeit mußte hinzukommen. Als ihn der Kairoer Auftrag ereilte, spielte er mit einer ganz anderen Idee, nämlich mit einem Stück für die Opéra-Comique über einen Stoff, der »ein wenig« *comique* sein sollte. Mehrere Stücke wurden in Betracht gezogen, aber kein geeigneter Stoff ließ sich finden. Statt dessen entschloß sich Verdi noch einmal zu einer großen Oper. Du Locle kam nach Sant'Agata, und gemeinsam mit Verdi arbeitete er das Szenarium in ein Libretto in französischer Prosa um. Antonio Ghislanzoni sollte das ganze in italienische Verse bringen, was er nach genauen Anweisungen dann auch tat.

Der Vertrag wurde im Juni 1870 unterzeichnet; Anfang November teilte der Komponist mit, seine Partitur sei fast soweit fertig, daß er sie abliefern könne. Tatsächlich überarbeitete er sie noch einmal beinahe zehn Monate lang; Paris, wo die Ausstattung vorbereitet wurde, war belagert, und man mußte die Premiere um ein Jahr verschieben. Verdi war nicht anwesend, überwachte aber die italienische Erstaufführung in der Scala sieben Wochen später (Februar 1872) und eine weitere Produktion im Mai in Parma. Wie bereits erwähnt, dirigierte er 1873 eine Aufführung in Neapel und 1880 eine wichtige Aufführung an der Opéra. Damit war die Oper im internationalen Repertoire fest etabliert und ist es bis heute geblieben.

Aida ist das Ergebnis praktischer Lektionen, die Verdi an ihren sperrigen und ambitionierten Vorgängern *La forza del destino* und *Don Carlos* gelernt hatte. Die Situationen sind, wie

Verdi feststellte, »nicht gänzlich neu«. Die Personen sind im Grunde sogar Stereotypen, wie sie die Bretter der Opernbühnen seit der Zeit Metastasios bevölkerten, und es gibt nur vier Hauptrollen. Die Handlung ist straff und leicht verständlich. Sie bietet Gelegenheit zu szenischen Tableaus in Meyerbeer'schem Ausmaß; die ›Schauszenen‹ – Radames' Ernennung zum Heerführer im Tempel, Amneris' Gemächer, in denen sie für die Siegesfeier geschmückt wird, der Triumphmarsch – sind konventionell, betreffen aber die Hauptfiguren unmittelbar. Fast alle Vorgänge entwickeln sich aus den geschlossenen Formen der traditionellen Oper, die indessen großzügig und souverän gehandhabt werden. Dramatische Reichweite und psychologisches Anliegen zielen in *Aida* nicht so hoch wie in den vorangegangenen Opern, werden aber sicherer beherrscht, und im Orchester und auf der Bühne erklingt so kraftvolle und schöne Musik, daß nur wenige deren Großartigkeit leugnen. *Aida* stellt letzten Endes Verdis persönliche Verwandlung der *grand opéra* dar.

In gewisser Hinsicht kann das Requiem als ein Nebenprodukt dieser Periode angesehen werden. Hans von Bülows spöttische Bemerkung über Verdis »neueste Oper im Kirchengewande« wird oft gedankenlos übernommen, liegt allerdings nicht völlig daneben. Musikalisch hat die Partitur viel mit Stellen wie »La vergine degli angeli« aus *La forza del destino*, dem Finale des dritten Aktes aus *Don Carlos* und den Tempelchören aus *Aida* zu tun. Das ›Lacrimosa‹ ist eine üppigere, ausgeführtere und geläutertere Überarbeitung des Duetts für Carlos und Philipp, das in *Don Carlos* noch vor der Uraufführung gestrichen wurde. Giuseppina Strepponis bekannte ›Verteidigung‹ des Stils widerspricht nicht wirklich Bülows Anklage:

»Sie reden viel über den mehr oder weniger religiösen Geist Mozart's, Cherubini's, etc. Ich sage, daß ein Mann wie Verdi wie Verdi schreiben muß – das heißt dem entsprechen wie er den Text empfindet und versteht. … Der religiöse Geist und die Art, wie er zum Ausdruck kommt, muß den Stempel seiner

Giuseppe Verdi (Photographie).

Zeit tragen und die Individualität seines Autors. Ich hätte, um es einmal so zu sagen, eine Messe von Verdi abgelehnt, wäre sie nach der Art von A, B oder C geschrieben.«

Verdis neue Beherrschung großer Sätze, also dessen, was ungenau als ›sinfonische Entwicklung‹ bezeichnet wird, und eines vollen, sehr mächtigen Chor- und Orchesterklangs, konnte sich hier, ungebändigt von theatralischen oder szenischen Erfordernissen, entfalten. In der Tat konfrontierte ihn die Totenmesse mit einem der dramatischsten Texte und mit einigen der dramatischsten Situationen, die er jemals vertont hatte, und er reagierte darauf mit hoher rhythmischer, klanglicher und struktureller Eingebung. Einige der Einfälle, Vorgehensweisen und Motive zollen Rossini ausdrücklich Tribut und evozieren das *Stabat mater* des älteren Komponisten. Das Requiem stellt gleichzeitig ein Denkmal für den italienischen Genius dar, wie Verdi ihn in Rossini und Manzoni verkörpert sah, eine Bestätigung seines Glaubens an eine italienische Musik, in der das Orchester von großer Bedeutung ist, das gesungene Wort aber alles überragt, nicht zuletzt den Höhepunkt all jener teils zärtlichen, teils furchterregenden Szenen, in denen er danach strebte, seine Vorstellung von der leidenden, flehenden Menschheit auszudrücken.

ZEHNTES KAPITEL
LETZTE WERKE, LETZTE JAHRE

Nach dem Requiem trat für lange Zeit Stille ein. Aber als
Verdi, Teresa Stolz und die Mezzosopranistin Maria Waldmann im Juni 1879 in Mailand anläßlich einer Wohltätigkeits-
veranstaltung aus ihrer Zurückgezogenheit heraustraten,
lenkte Giulio Ricordi während eines Abendessens das Gespräch geschickt auf Shakespeare, Boito und *Othello*, wobei er
in den Augen des Komponisten den Schimmer eines Interesses wahrnahm. Im November erhielt Verdi das Libretto von
Boitos *Otello*. Zwar berichtet Giuseppina enttäuscht, er habe es
neben Sommas Libretto des *Re Lear* ins Regal gestellt, und
doch zeigen Briefe des Jahres 1880, daß in Verdis Vorstellung
eine Oper Form anzunehmen begann. Zuerst aber nahmen er
und Boito die Überarbeitung von *Simon Boccanegra* in Angriff.
Vielleicht testete er unbewußt die Möglichkeit einer intensi-
veren Zusammenarbeit mit dem Dichter, und in der großartigen neuen Ratsszene sowie in den neuen, schon an Iago gemahnenden Rezitativen des schurkischen Paolo vielleicht auch,
ob er den Herausforderungen eines *Otello* gewachsen wäre.
Die Neufassung von *Boccanegra* kam 1881 an der Scala heraus,
mit dem Tenor Francesco Tamagno und dem Bariton Victor
Maurel, den späteren Darstellern von Otello und Iago.
1882 ging Verdi daran, *Don Carlos* zu überarbeiten und zu
kürzen, wobei er jetzt mit Du Locle, seinem ursprünglichen
Librettisten, auf französisch arbeitete. (Wegen eines Rechts-
streits über die Finanzen sprach, ja korrespondierte Verdi nicht
einmal mehr mit seinem Mitarbeiter; die Korrespondenz ging
über einen Mittelsmann, Charles Nuitter, dem Archivar der
Opéra, der die Dokumente bestens aufbewahrte). Eine Aufführung der Oper in Wien war schon lange im Gespräch gewesen; die Vorstellungen in Wien endeten früh, und wenn es
schon zu Amputationen kommen sollte, so ziehe er es vor,
sagte Verdi, das Messer selbst anzusetzen. Aber es war nicht
nur eine Frage der Kürzungen. Verdi achtete besonders auf

jene Passagen, in denen die Motivation der Handlung verdunkelt bzw. die musikalischen Formen durch Kürzungen verdorben waren, die 1867 noch vor der Uraufführung erfolgten. Seine Absicht war es, die Handlung wieder näher an Schillers Drama heranzurücken. Der erste Akt wurde amputiert, lediglich die Arie des Tenors bekam in der neuen Eröffnungsszene einen Platz. Er überarbeitete das zentrale Duett zwischen Philipp und Posa, mit dem er nie wirklich zufrieden gewesen war. (Für die Aufführung in Neapel 1872 hatte er bereits nach einer Zwischenlösung für diese entscheidende Szene gesucht.) Aus dem Duett Carlos-Posa »nahm er alles weg, das rein musikalisch ist und behielt nur, was für die Handlung notwendig ist«, und er verfuhr gleichermaßen, als er das Quartett des ursprünglichen vierten Aktes raffte.

>*In einer gesprochenen Tragödie ... macht es nichts, wenn ein Wort oder ein Satz zuviel ist, um das Metrum zu füllen, oder einen Reim herzustellen. Nicht so in der Musik ... da tötet ein Wort oder ein Satz zu viel in einem dramatischen Augenblick alles. ... Ich glaube, daß man in der modernen Musik für eine Oper ungereimte Verse verwenden sollte.«*

Verdi beschloß, das »dumme Cantabile« im vierten Akt zu streichen, in dem Elisabeth auf Philipps Vorwürfe antwortet, und wollte

>*an diese Stelle etwas deklamatorisches setzen, etwas energisches. ... Die Darstellerin hätte die Möglichkeit zu einem grellen Ausbruch [una strillacciata], der zwar weder poetisch noch musikalisch gesehen schön, dafür aber theatralisch wäre. Und ich muß Ihnen wohl kaum sagen, mein lieber Nuitter, daß man Theater machen muß, wenn man für das Theater schreibt.«*

Der Schlußchor wurde gestrichen. Der Aufstand am Ende des vorhergehenden Aktes wurde als kurze, schon den Otello vorwegnehmende Passage neu komponiert: »Diese ewigen geballten Massen liegen mir auf dem Magen«.

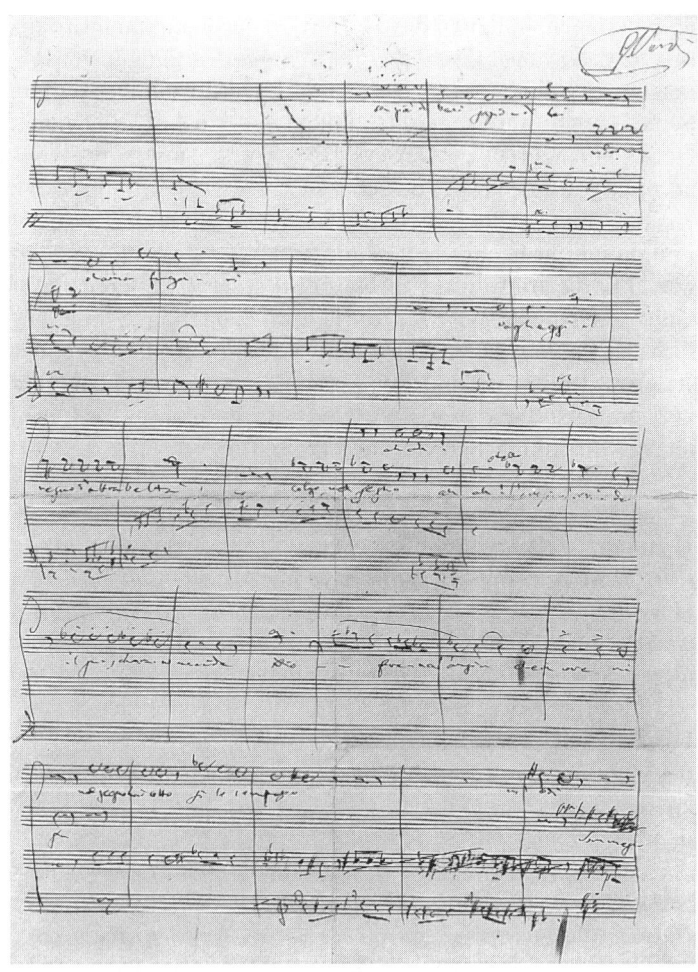

*Autographer Entwurf des Terzetts Cassio/Jago/Otello aus dem
3. Akt von Verdis »Otello« (Uraufführung: 5. Februar 1887 in
Mailand).*

Diese neuen Grundsätze – die zugleich alt sind, denn vor
den *grand opéras* hatte Verdi Kürze zu seinen größten theatra-

lischen Tugenden gezählt – weisen deutlich genug auf *Otello*
hin. Die überarbeitete Version von *Don Carlos* erinnert in
vielem an ein Flickwerk, das teils im geschwinden, straffen,
scharfgeschnittenen Stil der Zeit geschrieben ist, die *Otello*
vorausgeht, teils mit langem Atem in der lyrisch gedehnten,
breiten Manier der Urfassung, wofür Posas Ballade aus dem
zweiten Akt und seine Todesszene bemerkenswerte Beispiele
sind. Die Erstaufführung fand nicht in Wien, sondern 1884 an
der Scala in einer italienischen Übersetzung statt. Tamagno
sang die Titelpartie. 1886 entstand mit Verdis Erlaubnis eine
Partitur, die den ersten Akt in der Urfassung (1867) und die
anderen vier Akte in der überarbeiteten Version in einer Ausgabe kombinierte.

Während dieser Überarbeitungen früherer Stücke geriet
Otello nicht in Vergessenheit, und Verdi kam bald nach der
Premiere des revidierten *Don Carlos* mit Eifer darauf zurück.
Hauptsächlich entstand die Oper in drei Phasen: im März 1884,
von Dezember 1884 bis April 1885 und von September bis Anfang Oktober 1885. Ursache für die erste Unterbrechung war
die fälschliche Übermittlung einer Äußerung Boitos, der, wie
Verdi es verstand, die Oper am liebsten selber komponieren
würde. Verdi bot sofort an, das Libretto zurückzugeben, und
es brauchte Boitos ganzen Takt und Geschicklichkeit, um ihn
davon zu überzeugen, daß »Sie allein den *Otello* komponieren
können«. Die Zusammenarbeit war erneut besiegelt, als Boito
dem Komponisten eine neue Version von Iagos Credo sandte,
die nicht mehr in regelmäßigen Versen, sondern »in einem
gebrochenen und unsymmetrischen Metrum« geschrieben
war, und Verdi enthusiastisch erwiderte, es sei »höchst macht-
voll und in jeder Hinsicht im Geiste Shakespeares«. Die
zweite Unterbrechung begründete Verdi mit einer sommer-
lichen Kur, der Hitze und »meiner unvorstellbaren Faulheit«.
Die Orchestrierung und eine letzte Durchsicht nahmen ihn
nochmals ein Jahr lang immer wieder in Anspruch. Die Uraufführung des *Otello* fand im Februar 1887 in der Scala statt.

Die Oper enthält vieles, was in den Opern aus Verdis Jugendzeit zur Standardform gehörte: eine *introduzione*, in der

das Solo des Helden von Chören eingerahmt ist, ein Trinklied, ein Quartett der widerstreitenden Gefühle, ein Duett-Finale des zweiten Akts (wie in *Rigoletto)*, eine große Ensembleszene im Vierviertel- bzw. Zwölfachteltakt im Finale des dritten Aktes, eine *preghiera* für die Heldin im letzten Akt, eine Todesszene im Finale für den Helden. Und doch ist nichts von alledem nur konventionell. Die Partitur ist sichtlich in Nummern unterteilt, aber innerhalb jeder Nummer sind freie Deklamation und formale Muster kunstvoller in Einklang gebracht, als jemals zuvor. Die Gesangslinien demonstrieren in höchster Vollendung, wie Verdis Genie mit dem Bogen einer Phrase eine Figur beschreiben konnte. Subtile Durchgangsharmonien geben einzelnen Wörtern einen individuellen Tonfall, während auf breiterer Ebene harmonische Strukturen das musikalische Gefüge bestimmen und dessen Bau unterstützen. Die Orchestrierung ist zwar kühn, und doch bleibt sie unaufdringlich. Ihre Feinsinnigkeit, die unkonventionellen kammermusikalischen Kombinationen, die hervorstechenden Solopassagen, das rasche, unvermittelte Auflodern – all dies kommt bereits in Verdis früheren Partituren vor, in *Otello* aber begegnen wir einem neuen Gefühl ungetrübter, souveräner Meisterschaft. Während der Komposition von *Aida* war Verdi unsicher gewesen, wie einige seiner unkonventionelleren Einfälle für die Streicher klingen würden und wartete besorgt auf die Berichte des Dirigenten aus Kairo. In *Otello* profitiert der ungewohnt üppige, abwechslungsreiche und kunstvolle Streichersatz, der einen Großteil des Dialogs stützt, von dem, was Verdi in *Aida* gelernt hatte. Vielerlei floß in die Entstehung der Oper ein. Obgleich Verdi über den Vorwurf des ›Wagnerianismus‹ empört war, so steht doch eine Phrase Desdemonas im Liebesduett (»Poi mi guidavi ai fulgidi deserti«) in rhythmisch enger Beziehung zu Elsas Passage im Liebesduett aus *Lohengrin*, die mit den Worten »Fühl ich zu dir so süß mein Herz entbrennen« beginnt. (Verdi besaß einen Klavierauszug des *Lohengrin*; außerdem hat er diese Oper 1871 in Bologna, den *Tannhäuser* 1875 in Wien gehört – wo er gestand: »Ich bin eingenickt, aber die Deutschen auch«.) Verdis Ohren waren

für alles offen, was ihnen begegnete. Bei Rossini, Donizetti
und Mercadante, bei Meyerbeer, Berlioz und Wagner (dessen
allgemeinem Einfluß er zwangsläufig ausgesetzt war, selbst
wenn er die »Langsamkeit und Schwerfälligkeit« beklagte)
fand er Dinge, die er sich zeigen machen konnte. *Otello* ist das
Ergebnis von Verdis lebenslangem Lernen durch Versuch und
Anstrengung, seinem Ringen, Experimentieren, Verwerfen
und Verfeinern, wie man den Vorstellungen über das musikalische Drama, die ihn von Anfang an begleiteten, die beste musikalische Form geben könnte. *Otello* krönt seine Karriere als
Tragiker der Oper.

Noch stand *Falstaff* bevor. Im Juni 1889, zwei Jahre nach der
Uraufführung des *Otello*, sandte Boito Verdi einen Entwurf
des *Falstaff*-Textbuches, und der erwiderte sofort begeistert.
Einen Tag später entschuldigte er sich mit seinem hohen Alter
und der Möglichkeit, die Aufgabe vielleicht nicht vollenden zu
können, aber Boito wischte solche Einwände beiseite. Innerhalb weniger Tage stimmte Verdi zu, den *Falstaff* zu komponieren und verlangte lediglich, daß diese Tatsache bis zur Vollendung des Werkes als »tiefstes *Geheimnis* zu bewahren« sei.
Er komponierte die Musik in schnellen, hektisch auftretenden
Ausbrüchen und in äußerster Hochstimmung. Die Uraufführung fand im Februar 1893 in der Scala statt.

Verdi verlangte nur wenige Änderungen des Librettos.
Boito, der Shakespeares Komödie *Die lustigen Weiber von
Windsor* mit Teilen aus *Heinrich IV*. geschickt und elegant zu
einer straffen Handlung konzentrierte, hatte einen Text gelie-
fert, der offenbar »direkt in die Musik zu fließen« schien. Der
Librettist kommentierte seine Einfälle auf hilfreiche Art, zum
Beispiel:

*»Dieses Liebesspiel zwischen Nannetta und Fentone muß in sehr
häufigen Sprüngen erscheinen; in allen ihren Szenen schnäbeln
sie in Winkeln verborgen, schlau, verwegen, ohne sich
entdecken zu lassen, mit frischen kleinen Phrasen und kurzen
winzigen, sehr schnellen und verschmitzten Dialogen von
Anfang bis Ende der Komödie; es wird die heiterste Liebe sein,*

Verdi und Arrigo Boito in Sant'Agata.

eine stets gestörte und unterbrochene, und stets bereit, wieder neu zu beginnen.«

An Camille Bellaigue schrieb Boito kurz nach der Premiere:

»Sie sagen: ›Hier haben wir das wahre, lyrische, moderne, südliche Drama (oder Lustspiel).‹ Aber was Sie sich nicht vorstellen können, das ist die übergroße geistige Freude, die dieses lyrische, südliche Lustspiel auf der Bühen hervorruft. Das ist ein wahres Überströmen von Anmut, Kraft und Heiterkeit. Shakespeares sprudelnde Farce wird hier durch das Wunder der Töne auf ihren frischen toskanischen Ursprung des Ser Giovanni Fiorentino *zurückgeführt.«*

Bis zu einem gewissen Grad beglückwünschte Boito sich selbst. Seine Handlung stammt von Shakespeare, aber seine Sprache orientiert sich bewußt an Boccaccio und enthält viele Wörter, die schon im 16. Jahrhundert einem Leser des *Decamerone* hätten erläutert werden müssen. Der Refrain »Bocca baciata« der Liebenden ist ein direktes Zitat aus diesem Buch (wo er in einem völlig anderen Kontext auftaucht). Einige italienische Kritiker bedauerten die entschieden ›literarische‹ Eigenschaft von Boitos Versen, sowohl in *Otello* als auch in *Falstaff*, aber keiner bezweifelte seine dramatisch-strukturelle Begabung oder seine Fähigkeit, Verdi zu inspirieren.

In dieser letzten Oper triumphiert die junge Liebe, aber das hohe Alter triumphiert gleichfalls. Viele Stärken Verdis – seine lebenslange Verehrung für Shakespeare, sein Mißtrauen gegenüber den Launen des Publikums, seine große Menschenliebe, sein Zartgefühl gegenüber jungen Liebenden, sein Respekt vor der Tüchtigkeit, seine Professionalität, sein Theaterinstinkt, und die nun nicht länger bittere sondern freudige Bejahung, daß junge Menschen herangewachsen sind, die auf der Bühne den Mittelpunkt einnehmen – sie alle und noch weit mehr scheinen hier zum Ausdruck zu kommen. Musikalisch handelt es sich um das komische Gegenstück zu dem neuen bündigen Stil des *Otello*. Wenig in seinen früheren

»L'illustrazione italiana«: Titelbild des Sonderheftes »Verdi e il Falstaff« (1893).

Opern ließ eine solche Ausgelassenheit erahnen (und doch ist das eine oder andere zu nennen; hohe Komik bei Melitone, Lebensfreude in den Balletteinlagen der Pariser Partituren, schäumende Melodik und Rhythmik in Stücken wie dem Bolero der Hélène in *Les vêpres siciliennes*). Die neue Orchesterfinesse kennt so übersprudelnde Scherze, wie daß Celli und Piccoloflöten im Abstand von vier Oktaven die Worte des Ritters »Se Falstaff s'assottiglia« aus der ersten Szene begleiten. Nur eine einzige Solonummer, Nannettas Elfenlied im letzten Akt, folgt einer festen Form – es ist mit Absicht ein ›Lied innerhalb der Oper‹. Die Situation ist realistisch: Nannetta, begleitet von einem Chor von Mädchen aus Windsor, gibt vor, die Elfenkönigin zu sein. Aber die Subtilität von Verdis Orchestrierung transfiguriert die Episode, und für einige Zeit scheint man in die übernatürliche Welt des *Sommernachtstraums* versetzt zu sein. (Der letzten Szene des *Falstaff* liegt vieles aus diesem Stück mit seiner poetischen Verzauberung, seiner deftigen Komik und den schließlich gelösten Liebeswirren zugrunde.) Fentons Sonnett vom Anfang der Szene beginnt zwar in regelmäßigen rhythmischen Mustern, schwingt sich aber schon bald so frei auf wie der »canto estasiato«, von dem er singt. *Falstaff* ist in geschmeidiger und feingewirkter Weise mittels rhythmischer und melodischer Motive strukturiert – dieses Wort ist für eine so quecksilbrige Komposition reichlich ungeschmeidig und doch kann eine Strukturierung nachgezeichnet werden –, die oft durch Ostinatos erweitert werden und ihr ›Gastrecht‹ dennoch nie ausreizen, sondern stets bereit sind, in orchestrales und vokales Gelächter auszubrechen; außerdem kehren bedeutungsvolle Themen immer wieder. Unter den frei deklamierten Monologen kann man ein sicheres Formempfinden wahrnehmen. Zum Beispiel greift die letzte Phrase von Fords »E sogno?« im zweiten Akt sein »Due rami enormi crescon« vom Beginn des Stücks wieder auf. Als er zur Schlußkadenz kommt, greifen Holzbläser und Streicher sein »E poi diranno« aus dem Mittelteil auf, das zuvor nicht wiederholt wurde, während das Blech die Triolenfigur von »Dalle due alle tre« hämmert (die Stunde von Falstaffs Stelldichein

mit Mrs. Ford), die in seinen Ohren brennt, seit Falstaff sie
zuerst erwähnte. Oft hat man in *Falstaff* das Gefühl, daß Rezitativ, ob lyrisch oder deklamatorisch, und Arie eins werden.
Die Gesangslinie bewegt sich frei in Reaktion zum Text, aber
immer wieder lugt die alte, reguläre Form hervor.

Zu den Glanzpunkten von *Falstaff* gehört seine melodische
Fülle. In ›Arien‹ von wenigen Sekunden gelang es Verdi, die
Essenz dessen auszudrücken, wofür andere Komponisten Seiten brauchten. Die acht Takte Falstaffs im ersten Akt, »So che
se andiam, la notte« formen in sich eine kleine *buffa*-Arie,
dann geht die Musik zu etwas anderem über (später dann plät-
schern die ersten Noten, wie bereits erwähnt, in der Verklei-
nerung durch Celli und Piccoloflöten). Die Abfolge der melodischen Phrasen setzt sich Episode für Episode fort – als sei
das ganze ein Monolog Falstaffs mit kurzen Einwürfen von
Bardolfo und Pistola – bis zum Ende der Szene, als handle es
sich um eine durchgehende Nummer. Wenn Alice Ford Falstaffs Brief liest – »Come una stella« – und die anderen Frauen
einstimmen, so ist das gleichzeitig die Parodie einer hochro-
mantischen Arie und eine zauberhafte Melodie an sich. Alice
gleicht einer von Verdis früheren großen Heroinen – einer
Elvira, Hélène oder Leonora –, die sich nun in Situationen
befinden, die lediglich auf Witz und Gelächter zielen, nicht
auf Leidenschaft oder Verzweiflung. Ihre ›Briefarie‹, wie so
vieles andere in *Falstaff*, löst sich rasch in eine Kaskade der
Heiterkeit auf. Eine zweite, durch eine Cabaletta komplet-
tierte Arie Alices, ist in die erste Szene des dritten Akts ver-
woben. Am Ende der Oper fallen dann alle in eine überschäumende Fuge ein.

Nach *Falstaff* schlug Boito Verdi *Antonius und Cleopatra* vor
und er arbeitete ein wenig an *Re Lear*. Aber der Komponist war
achtzig Jahre alt und, in Giuseppinas Worten, »zu alt, zu
müde«. Seine letzte Musik für das Theater war eine kurze,
treffliche Ballettsequenz für *Otello* anläßlich der Première der
Oper in Paris 1894. Bereits 1880 hatte er zwei kurze geistliche
Stücke komponiert, ein *Ave Maria* und ein *Pater noster*. 1889
entwarf er zu seinem eigenen Vergnügen ein *Ave Maria*, das

Verdi an seinem Schreibtisch im Grand Hotel, Mailand 1900.

auf einer »enigmatischen Tonleiter« beruhte und als Rätsel in der *Gazzetta musicale* abgedruckt wurde. Hinzu kamen später noch ein *Laudi alla Vergine Maria* (enstanden zwischen *Otello* und *Falstaff*) sowie ein *Stabat mater* und ein *Te Deum* (1895-1897), die gemeinsam als *Quattro pezzi sacri* 1898 herausgegeben wurden. Das *Ave Maria* für vierstimmigen Chor a-cappella ist unbedeutend, eine Kuriosität, und Verdi wollte es nicht aufgeführt wissen. Die anderen drei sind prachtvoll. Das chorische *Laudi* für zwei Soprane und zwei Alti ohne Begleitung ist eine ruhige, zarte Komposition. Das *Stabat mater* für gemischten Chor und Orchester enthält auf engem Raum die Essenz einer Passion (sowohl was die dramatische Schilderung als auch die meditative Versenkung angeht), ein ›Dies irae‹, ein ›Libera me‹ und ein ›In paradisum‹. Das *Te Deum* für doppelten Chor und Orchester ist harmonisch kühn und höchst dramatisch. Diese Stücke bilden kein unwürdiges Ende von Verdis Laufbahn. Er schätze sie hoch ein, machte detaillierte Angaben für ihre Erstaufführung (Paris 1898) und wünschte, daß ihm die Partitur des *Te Deum* mit ins Grab gelegt würde. Aber als sein letztes und größtes Werk betrachtete er die Casa di Riposo per Musicisti, ein Heim für alte Musiker, das in Mailand auf seine Kosten und nach den Entwürfen des Architekten Camillo Boito, dem Bruder des Librettisten, entstand.

Nacheinander waren seine Freunde und früheren Kollegen gestorben: Piave 1876, Solera 1878, Léon Escudier, sein französischer Verleger, 1881, Maffei 1885, Clarina Maffei im Jahr darauf, Muzio 1890. 1894 waren er und Giuseppina anläßlich der französischen Premiere von *Falstaff* an der Opéra-Comique und von *Otello* in der Opéra das letzte Mal in Paris. Im November 1897 starb Giuseppina in Sant'Agata. Teresa Stolz, Boito, Giulio Ricordi und dessen Frau begaben sich sofort dorthin und standen dem Komponisten bei. In derselben Gesellschaft verbrachte er Weihnachten 1900 in seiner Suite des Grand Hotel in Mailand. Am 21. Januar erlitt er dort einen Schlaganfall, sechs Tage später starb er. Sein Testament legte ein Begräbnis ohne große Zeremonie zusammen mit seiner Frau in der Casa di Riposo fest, wofür jedoch eine besondere Genehmigung erforderlich war. Zuerst wurde Verdi in aller Stille im städtischen Friedhof beigesetzt, aber als die sterblichen Überreste von ihm und Giuseppina am 28. Februar 1901 in die Casa di Riposo überführt wurden, war die Trauer in der Stadt und in ganz Italien groß.

ELFTES KAPITEL
NACHRUHM

Als Alfred Noyes in einem Gedicht schrieb, »die Musik ist nur Verdi« – er meinte eine Melodie aus dem *Trovatore*, die von einer Drehorgel gespielt wurde –, da war dieses ›nur‹ der ehrliche Reflex der ernsthaften Kritiker zu Anfang dieses Jahrhunderts. Obgleich das Publikum in der ganzen Welt *Rigoletto*, *Il trovatore* und *La traviata* in sein Herz geschlossen hatte, wurden doch lediglich *Otello* und *Falstaff* und, mit gewissen Abstrichen, *Aida* und das *Requiem* einer ernsthaften musikalischen Beschäftigung für wert erachtet. Giannandrea Mazzucatos Artikel in der Erstausgabe des *Grove* 1889 ist zwar wohlwollender als die meisten Kritiker, aber selbst in Italien stuften später Musiker, die unter dem Einfluß Alfredo Casellas aufgewachsen waren, Verdi nicht besonders hoch ein. Die ›Verdi-Renaissance‹ und die Bereitschaft, ihn in einem Atemzug mit Wagner zu nennen, nahm ihren Anfang im Deutschland der zwanziger und dreißiger Jahre mit den Büchern Werfels, Bekkers und Gerigks und Aufführungen der damals weniger bekannten Opern. In England veröffentlichten Bonavia und Toye in den frühen dreißiger Jahren bemerkenswerte Arbeiten. Und doch erklärte Ernest Newman 1933, als Beecham an Covent Garden *Don Carlos* wiederaufführte, daß das meiste an der Musik schlecht sei, Verdi von einem Werk zum anderen die gleichen erbärmlichen Formeln wiederhole, und unfähig sei, ein wachsendes Verständnis der menschlichen Natur zu entwickeln. Seit 1945 wurden alle Opern Verdis in England und Italien wiederaufgeführt, und Rudolf Bing machte in New York Verdi während seiner Zeit als Direktor der Metroplitan Opera zum Eckpfeiler seines Repertoires. In vorangegangenen Jahrzehnten hatte man dort bereits *Luisa Miller*, *Simon Boccanegra*, *Un ballo in maschera* und *La forza del destino* öfter gespielt als an allen anderen großen Häusern außerhalb Italiens; Bing führte sie alle in Neuproduktionen auf, darüber hinaus auch *Ernani*, *Don Carlos*, *Otello* und *Falstaff* und fügte dem

Repertoire *Nabucco* und *Macbeth* hinzu. Diese Aufführungen führten zu einer wissenschaftlichen Neueinschätzung und belebten auch den allgemeinen Enthusiasmus für Verdi. In den siebziger und achtziger Jahren beherrschten Verdis Opern das internationale Repertoire entschiedener als jemals zuvor.

Die Veröffentlichung der *Copialettere* 1913 und einiger Briefwechsel in den dreißiger Jahren waren biographische Meilensteine. Lebensbeschreibungen von Gatti (1931), Abbiati (1959) und Walker (1962) brachten eine Menge neues Material ans Licht, aber vieles blieb ungesichtet. Mit der 1959 erfolgten Gründung des Istituto di Studi Verdiani in Parma entstand ein umfassendes Archiv, wo die umfangreiche Korrespondenz des Komponisten sowie andere Dokumente, die niemals systematisch veröffentlicht oder katalogisiert worden waren, ediert oder in Fotokopien zugänglich gemacht werden. Die *Bollettini*, *Quaderni* und *Atti* des Instituts und der Gedankenaustausch der vom Institut veranstalteten internationalen Kongresse gab den biographischen, bibliographischen und kritischen Studien neuen Auftrieb und größere Genauigkeit. Buddens dreibändige Studie über die Opern und Chusids *Catalog* waren die ersten wichtigen Früchte des neuen Ansatzes. Als Antwort auf die wachsende Verdi-Begeisterung, sowohl des akademischen als auch des normalen Publikums, wurde 1976 das American Institute for Verdi Studies gegründet; sein Archiv in der Bobst Library of New York ist sogar reicher bestückt als das Institut in Parma. Die achtziger Jahre haben der Verdi-Forschung weiteren Auftrieb gegeben. Seit 1983 erscheint in Zusammenarbeit der University of Chicago Press und des Ricordi Verlags eine kritsiche Gesamtausgabe aller Werke, von der inzwischen 6 Bände vorliegen. Nach wie vor dringlich ist eine Veröffentlichung der ungedruckten Briefe und der Skizzen und Entwürfe; den Anfang haben hier der Briefwechsel mit Boito (1978) und der mit dem Ricordi Verlag (1981 bzw. 1988) sowie der Entstehungsgeschichte der »Messa per Rossini« (1988) gemacht. Die für 1993 angekündigte Veröffentlichung des großen Buches von Mary Jane Phillips Matz wird auch die biographischen Erkenntnisse über Verdi auf eine neue Basis stellen.

WERKVERZEICHNIS

Ausgabe: *The Works of Giuseppe Verdi*, Hrsg. P. Gossett und andere (Chicago und Mailand, 1983 –) [V]

Titel	Genre, Akte	Libretto	Uraufführung; Anmerkungen	V; Autograph	Register
Oberto, conte di San Bonifacio	dramma, 2	T. Solera, nach A. Piazzas Libretto *Rocester*	Mailand, Scala, 17. Nov. 1839	*I–Mr*	218f, 226, 236, 238, 249, 264, 268
Un giorno di regno [Il finto Stanislao]	melodramma giocoso, 2	F. Romani, [?überarb. durch Solera], auf Romanis Libretto für A. Gyrowetz? Il finto Stanislao (1818), nach A.V. Pineu-Duval: *Le faux Stanislas* (Schauspiel, 1808)	Mailand, Scala, 5. Sept. 1840	*Mr*	218, 226, 264ff.
Nabucodonosor [Nabucco]	dramma lirico, 4 Teile	Solera, nach A. Anicet-Bourgeois und F. Cornu: *Nabucodonosor* (Schauspiel, 1836) und A. Cortesi: *Nabucodonosor* (Ballett, 1838)	Mailand, Scala, 9. März 1842; alternativer Titel erstmals 1845 verwendet	l/iii; *Mr*	219–223, 226, 231, 235, 246, 250, 261ff., 265, 268, 306
I Lombardi alla prima crociata	dramma lirico, 4	Solera, nach T. Grossi (Gedicht, 1826)	Mailand, Scala, 11. Febr. 1843	*Mr*	220f., 223, 226, 250, 252, 266, 272, 281, 285
Ernani	dramma lirico, 4 Teile	F.M. Piave, nach V. Hugo: *Hernani* (Schauspiel, 1830)	Venedig, Fenice, 9. März 1844	l/v; *Mr*	223, 228–231, 234, 237, 245f., 256, 261, 263, 266, 305
I due Foscari	tragedia lirica, 3	Piave, nach Byron: *The Two Foscari* (Schauspiel, 1821)	Rom, Argentina, 3. Nov. 1844	*Mr*	223, 230, 235, 261, 282
Giovanna d'Arco	dramma lirico, Prolog, 3	Solera, teilweise nach F. von Schiller: *Die Jungfrau von Orleans* (Schauspiel, 1801)	Mailand, Scala, 15. Febr. 1845	*Mr*	223, 232, 256, 266

Titel	Genre, Akte	Libretto	Uraufführung; Anmerkungen	V; Autograph	Register
Alzira	tragedia lirica, Prolog, 2	S. Cammarano, nach Voltaire: *Alzire, ou Les Américains* (Schauspiel, 1736)	Neapel, S. Carlo, 12. Aug. 1845	*Mr*	223, 233, 257, 264
Attila	dramma lirico, Prolog, 3	Solera [und Piave], nach Z. Werner: *Attila, König der Hunnen* (Schauspiel, 1808)	Venedig, Fenice, 17. März 1846	*Gb-Lbl*	221, 223, 250f., 266
Macbeth	opera, 4	[Piave und A. Maffei], nach W. Shakespeare (Schauspiel, 1605–1606)	Florenz, Pergola, 14. März 1847	*I–Mr*	222f., 229, 232, 246, 250, 254–257, 259f., 262f., 266, 272, 286
überarb. Version	opéra, 4	Piave, von dem Libretto von 1847; franz. Übersetzung von C. Nuitter und A. Beaumont	Paris, Lyrique, 21. April 1865	*F–Pn* (Teil-Autograph)	257, 286, 306
I masnadieri	melodramma, 4 Teile	[Maffei], nach Schiller: *Die Räuber* (Schauspiel, 1781)	London, Her Majesty's, 22. Juli 1847	*I–Mr*	223, 229, 232, 252, 254, 260, 266
Jérusalem	opéra, 4	A. Royer und G. Vaëz, auf Soleras Libretto von 1843 *I Lombardi alla prima crociata*	Paris, Opéra, 26. Nov. 1847	*F–Pn*	223, 260, 266, 268, 281
Il corsair	opéra, 3	Piave, nach Byron: *The Corsair* (Gedicht, 1814)	Triest, Grande, 25. Okt. 1848	*I–Mr*	223, 257, 260, 262, 264
La battaglia di Legnano	tragedia lirica, 4	Cammarano, nach J. Méry: *La bataille de Toulouse* (Schauspiel, 1828)	Rom, Argentina, 27. Jan. 1849	*Mr*	221, 223, 225ff., 260ff.
Luisa Miller	melodramma tragico, 3	Cammarano, nach Schiller: *Kabale und Liebe* (Schauspiel, 1784)	Neapel, S. Carlo, 8. Dez. 1849	i/xv, *Mr*	223, 225, 233, 238, 245, 248, 252, 260–263, 305

Titel	Genre, Akte	Libretto	Uraufführung; Anmerkungen	V; Autograph	Register
La forza del destino	opera, 4	Piave, nach A. de Saavedra, Herzog von Rivas: *Don Alvaro, o La fuerza del sino* (Schauspiel, 1835), mit einer Szene aus Schillers *Wallensteins Lager* (Schauspiel, 1799), übers. von Maffei	St. Petersburg, Kaiserl. Oper, 10. Nov. 1862	*Mr*	223, 225, 229f., 252, 254f., 274, 277, 284 ff., 288 f., 301, 305
überarb. Fassung	opera, 4	Piave [überarb. A. Ghislanzoni], auf sein Libretto von 1862	Mailand, Scala, 27. Febr. 1869	*Mr*	238, 266, 285 f.
Don Carlos	opéra, 5	Méry und C. Du Locle, nach Schillers dramatischem Gedicht (1787)	Paris, Opéra, 11. März 1867	*F-Pn*	223, 225, 231, 237, 240–246, 251, 255, 257, 262, 271, 273 f., 277, 284–289, 305
überarb. Fassung, Don Carlo	opera, 4	[überarb. Du Locle] auf Mérys und Du Locles Libretto von 1867; ital. Übers. von A. de Lauzières und A. Zanardini	Mailand, Scala, 10. Jan. 1884	*I-Mr*	225, 240, 257, 287, 292 f., 295
Aida	opera, 4	Ghislanzoni, nach A. Mariettes Szenarium	Kairo, Oper, 24. Dez. 1871	*Mr*	222 f., 225, 231, 235, 237, 240 ff., 251, 255–258, 274, 276 f., 280, 283, 285, 288 f., 296, 305
Otello	dramma lirico, 4	Boito, nach Shakespeare: *Othello, or the Moor of Venice* (Schauspiel, 1605–1605)	Mailand, Scala, 5. Febr. 1887	*Mr*	225, 238, 248 f., 255, 257, 259, 261, 283, 286 f., 292–297, 299, 302 ff.

| Falstaff | commedia lirica, 3 | Boito, nach Shakepeaare: *The Merry Wives of Windsor* (Schauspiel, 1600–1601) und *King Henry IV* (Schauspiel, 1597–1598) | Mailand, Scala, 9. Februar 1893 | *Mr* | 225, 238, 246, 249, 252, 255, 283, 297, 299–305 |

Zu den alternativen oder nachkomponierten Nummern in *Oberto, Nabucco, I lombardi, Ernani, I due Foscari, Giovanna d'Arco* und *Attila,* vgl. D. Lawton und D. Rosen: ›Verdi's non-definitive Revisions: the Early Operas‹, *III. congresso internazionale di studi verdiani: Mailand 1972,* 189–237. Vier alternative Arien veröffentl. in: *Inediti per tenore* (Mailand, 1978).

CHORWERKE

Inno popolare (Suona la tromba) (G. Mameli), TTB, Klavier, 1848 (1848)

Inno delle nazioni (A. Boito), Solost., gemischter Chor, Orch., 1862, London, Her Majesty's, 24. Mai 1862, Klavierauszug (1862)

Libera me, S, gemischter Chor, Orch., 1868–1869 [aus der Gemeinschaftsarbeit Requiem per Rossini; eingebaut in Messa da Requiem, 1874]

Messa da Requiem, S, A, T, B, gemischter Chor, Orch., 1874, Mailand, S. Marco, 22. Mai 1874, Klavierauszug (1874); mit neuer Vertonung des Liber scriptus, 1875, London, Albert Hall, Mai 1875, Klavierauszug (1875), Partitur gedr. (c1877), veröffentl. (1913), Autograph [mit beiden Vertonungen des Liber scriptus] *I–M,* Faks. (1941); V: 3/ii.

Pater noster (Dante zugeschrieben), SSATB, 1880, (1880), *Mr*

Quattro pezzi sacri, gemeins. in Klavierauszug veröffentl. (1898), Partitur (London, 1973) – umfaßt:

Ave maria (Scala enigmatica armonizzata a quattro voci miste), SATB, Originalfass., 1889, Parma, 1895, 8 Takte in *Gazzetta musicale di Milano,* l (1895), 454; überarb. Fassung (1898)

Laudi alla Vergine Maria (Dante: Paradiso, xxxiii), S, S, A, A, c1890, Paris, 7. April 1898 (1898)

Te Deum, SATB, SATB, Orch., 1895–1896, 7. April 1898, Partitur gedr. (1898), veröffentl. (Leipzig, c1935)

Stabat mater, SATB, Orch., 1896–1897, Paris, 7. April 1898, Partitur gedr. (1898), veröffentl. (Leipzig, c1935)

LIEDER UND TERZETTE

(für eine Stimme und Klavier, falls nicht anders vermerkt)

Ausgabe: G.Verdi: *Composizioni da camera per canto e pianoforte* (Mailand, 1935), [CC]

Brindisi (Maffei), 1. Fassung, ?1835 (1935), CC, *Mr*

6 romanze (1838), CC, *Mr*: Non t'accostare all'urna (J. Vittorelli), More, Elisa, lo stanco poeta (T. Bianchi), In solitaria stanza (Vittorelli), Nell'orror di notte oscura (C. Angiolini), Perduta ho la pace (Goethe, übers. von L. Balestra), Deh, pietoso, oh Addolorata (Goethe, übers. von L. Balestra)

Notturno (Guarda che bianca luna) (Vitorelli), S, T, B, obligate Flöte, Klavier (1839), *Ms*

L'esule (Solera) (1839), CC, *Mr*

La seduzione (Balestra) (1839), CC, *Mr*

Chi i bei di m'adduce ancora (Goethe, übers. ?Balestra), 1842, veröffentl. in *MR*, ix (1948), 13

Il tramonto (Maffei) 1. Fassung, 1845, *US-NYpm*

6 romanze (1845), CC, *Mr*; Il tramonto (Maffei) [2. Fassung], La zingara (S.M. Maggioni), Ad una stella (Maffei), Lo spazzacamino (F. Romani), Il mistero (Romani), Brindisi (Maffei) [2. Fassung]

Il poveretto (Maggioni) (1847), CC

L'abandonnée (M.L. E[?scudier]) (1849)

Barcarola (Piave), 1850, Faks. in G. Stefani: *Verdi e Trieste* (Triest, 1951)

La preghiera del poeta (N. Sole), ?1858, veröffentl. in *RMI*, xiv (1941), 230

Il brigidino (F. dall'Ongaro), 1863, Faks. in *Scenario*, x/2 (1941)

Stornello (anonym) (1869), CC

Cupo è il sepolcro mutolo, 1873, *Ms*

Pietà, Signor (Boito) (1894)

ANDERE VOKALWERKE

Io la vidi (aus C. Bassi: Il solitario ed Eloisa), Arie, T, [T], Orch., ?1832–1835, *US-NYpm*, Faks. 3 Seiten [von 24] in *Verdiana*, vi (1951), 14ff, in Abbiati: *Verdi*, i (1959), gegenüber Seite 160 und in M. Chusid: *A. Catalog of Verdi's Operas* (Hackensack, 1974), 19, veröffentl. in *Inediti per tenore* (Mailand, 1978)

Tantum ergo, T, Orch., c1865, *Ms*, hrsg. in *Inediti per tenore* (Mailand, 1978)

Ave Maria (Dante), S, Streicher, 1880 Bearb., darunter für Stimme und Klavier (1880), *Mr*

INSTRUMENTALWERKE

Romanza senza parole, Klavier (1865)

Wälzer, Klavier, Faks. in *Discoteca*, iv/30 (1963), 19

Streichquartett, e, 1873 (1876), *Nc*

BIBLIOGRAPHIE

Bibliographien

L. Torri: ›Saggio di bibliografia verdiana‹, *RMI*, viii (1901), 379

C. Vanbianchi: *Nel I° centenario di Giuseppe Verdi, 1813–1913: saggio di bibliografia verdiana* (Mailand, 1913)

C. Hopkinson: ›Bibliographical Problems concerned with Verdi and his Publishers‹, *I° congresso internazionale di studi verdiani: Venezia 1966*, 431

D. Lawton: ›Per una bibliografia ragionata verdiana‹, *I° congresso internazionale di studi verdiani: Venezia 1966*, 437

M. Pavarani: ›Per una bibliografia e documentazione verdiana‹, *I° congresso internazionale di studi verdiani: Venezia 1966*, 466

O. Strunk: ›Verdiana alla Biblioteca del Congresso‹, *I° congresso internazionale di studi verdiani: Venezia 1966*, 453; engl. Original in *Essays on Music in the Western World* (New York, 1974), 192

G. Tintori: ›Bibliografia verdiana in Russia‹, *I° congresso internazionale di studi verdiani: Venezia 1966*, 458

D. Kämpfer: ›Das deutsche Verdi-Schrifttum: Hauptlinien der Interpretation‹, *AnMc*, Nr. 11 (1972), 185

M. Mila: *La giovinezza di Verdi* (Turin, 1974), 501ff

Newsletter of the American Institute for Verdi Studies (1976-); ab Nr. 3 (1977) als *Verdi Newsletter* [enth. detailliertes Verzeichnis der Publikationen, 1975-]

E. Surian: ›Lo stato attuale degli studi verdiani: appunti e bibliografia ragionata‹, *RIM*, xii (1977), 305

A. Porter: ›A Select Bibliography‹, *The Verdi Companion*, Hrsg. W. Weaver und M. Chusid (New York, 1979; London, 1980), 239–254

M. Conati: ›Bibliografia verdiana‹, *Studi verdiani* (1982-) [jeder Band enthält ein ausführliches Verzeichnis der Veröffentlichungen, die folgende Jahre umfassen: i (1977–1979), ii (1980–1982), iii (1983–1984), iv (1985–1986), v (1987–1988), vi (1988–1989)]

-: ›Fonti verdiane: i giornali dell'ottocento‹, *Nouve prospettive nella ricerca verdiana: convegno internazionale in occasione della prima del ›Rigoletto‹ in edizione critica: Vienna 1983*, 130–137

Verzeichnisse

D. Lawton und D. Rosen: ›Verdi's Non-Definive Revisions: the Early Operas‹, *III° congresso internazionale di studi verdiani: Milano 1972*‹, 189–237

C. Hopkinson: *A Bibliography of the Works of Giuseppe Verdi*, 1813–1901, i (New York, 1973) [Vokal- und Instrumentalwerke, auasgenommen Opern]; ii (New York, 1978) [Opern]

M. Chusid: *A Catalog of Verdi's Operas* (Hackensack, NJ, 1974)

M. Chusid, J. Nadás und L. Jensen: ›The Verdi Archive at New York University: Part I‹ [katalogisiertes und unkatalogisiertes Material in der Sammlung], *Verdi Newsletter*, Nr. 7 (1979) [ganze Nummer]

M. Chusid, L. Jensen und D. Day: ›The Verdi Archive at New York University: Part II‹ (A list of Verdi's Music, Librettos, Production Materials, Nineteenth-Century Italian Periodicals, and other Research Materials)‹, *Verdi Newsletter*, Nr. 9–10 (1981–1982) [ganze Nummer]

S. Casale: *A Catalogue of Letters from Verdi and Giuseppina Strepponi Verdi to the Escudiers* (thesis, New York Univ., 1983)

M. A. Bacherini Bartoli: ›Aggiunte, integrazioni e rettifiche alla *Bibliography of the Works of Giuseppe Verdi* di Cecil Hopkinson: edizioni verdiane nella Biblioteca nazionale centrale di Firenze‹, *Studi verdiani*, iv (1986–1987), 110–135

L. B. Fairtile: ›The Verdi Archive at New York University: a List of Verdi's Music‹, *Verdi newsletter*, Nr. 17–18 (1989–1990) [ganze Nummer; enth. mehr Einzelheiten bezüglich der Quellen und der Musik als in Nr. 9–10]

Ikonographien

G. Monaldi: *Saggio d'iconografia verdiana* (Bergamo, o. J.)

G. Bocca: ›Verdi e la caricatura‹, *RMI*, viii (1901), 326–359

H. Schultz: *Giuseppe Verdi 1813–1901: sein Leben in Bildern* (Leipzig, 1938)

C. Gatti: *Verdi nelle immagini* (Mailand, 1941) [enth.. Skizzen, S. 64 ff, 184, 186 f]

F. Walker: ›Vincenzo Gemito and his Bust of Verdi‹, *ML*, xxx (1949), 44

H. Kuehner: *Giuseppe Verdi in Selbstzeugnissen und Bilddokumenten* (Reinbek bei Hamburg, 1961)

R. Petzold: *Giuseppe Verdi 1813–1901: sein Leben in Bildern* (Leipzig, 1961)

M. T. Muraro: ›Le scenografie delle cinque »prime assolute« di Verdi alla Fenice di Venezia‹, *I° congresso di studi verdiani: Venezia* 1966, 328

M. Chusid und andere: ›The Verdi Archive at New York University‹, *Verdi Newsletter*, Nr. 7 (1979)

W. Weaver: *Verdi: a Documentary Study* (London, 1977; dt. Übers. Berlin [-Ost] 1980)

Con Verdi a Casa Barezzi [Photos und Aufsätze] (Busseto, 1985)

Giuseppe Verdi: vicende, problemi e mito di un artista e del suo tempo (Colorno, 1985) [Ausstellungskatalog; enth. Aufsätze von P. Petrobelli, G. Marchesi, M. Conati, G. Gussini, F. Benedetti und M. Dall' Acqua, E. Baker]

Verdi: album per un maestro, Hrsg. Istituto nazionale di studi verdiani (Florenz, 1991)

Briefe und Dokumente

I. Pizzi: *Ricordi verdiani inediti* (Turin, 1901)

A. Pascolato: *Re Lear e Ballo in maschera: lettere di Giuseppe Verdi* (Città di Castello, 1902)

T. Costantini: *Sei lettere di Verdi a Giovanni Bottesini* (Triest, 1908)

G. Cesari und A. Luzio: *I copialettere di Giuseppe Verdi* (Mailand, 1913/R1973; engl. Übersetzung gekürzt, 1971, als *Letters of Giuseppe Verdi*, Hrsg. C. Osborne)

J. G. Prod'homme: ›Unpublished Letters from Verdi to Camille du Locle‹, *MQ*, vii (1921), 73–103; franz. Original, *ReM*, x (1928–1929), Nr. 5, S. 97; Nr. 7, S. 25

–: Verdi's Letters to Léon Escudier‹, *ML*, iv (1923), 62, 184, 375; franz. Übers., *Bulletin de la société Union musicologique*, v (1925), 7; ital. Original, *RMI*, xxxv (1928), 1, 171, 519–52

A. Damerini: ›Sei lettere inedite di Verdi a G. C. Ferrarini‹, *Il pianoforte* (1926), Aug.-Sept.

A. Della Corte: ›Lettere a Maria Waldmann‹, *Il pianoforte* (1926), Febr.

F. Werfel und P. Stefan: *Giuseppe Verdi: Briefe* (Wien, 1926; engl. Übersetzung, erweitert, 1942 als *Verdi: the Man in his Letters*)

A. Luzio: ›Il carteggio di Giuseppe Verdi con la contessa Maffei‹, *Profili biografici e bozzetti storici*, ii (Mailand, 1927), 505–562

G. Morazzoni: *Verdi: lettere inedite* (Mailand, 1929)

A. Alberti: *Verdi intimo: carteggio di Giuseppe Verdi con il conte Opprandino Arrivabene (*1861–1886) (Verona, 1931)

L. A. Garibaldi: *Giuseppe Verdi nelle lettere di Emanuele Muzio ad Antonio Barezzi* (Mailand, 1931)

R. De Rensis: *Franco Faccio e Verdi: carteggio e documenti inediti* (Mailand, 1934)

A. Luzio: *Carteggi verdiani*, i–ii (Rom, 1935), iii–iv (Rom, 1947)

C. Bongiovanni: *Dal carteggio inedito Verdi-Vigna* (Rom, 1941)

A. Oberdorfer: *Giuseppe Verdi: autobiografia dalle lettere* (Verona, 1941 [unter dem Pseudonym C. Graziani und zensiert]; vollst., Mailand, 2/1951; überarb., erweitert M. Conati, 3/1981)

F. Walker: >Verdi and Franceso Florimo: some Unpublished Letters<, *ML*, xxvi (1945), 201

–: >Four Unpublished Verdi Letters<, *ML*, xxix (1948), 44

>Cinque lettere verdiane<, *RaM*, xxi (1951), 256

F. Schlitzer: >Inediti verdiani nella collezione dell'Accademia musicale chigiana<, *Giuseppe Verdi*, Chigiana, viii (1951), 30; separat veröffentl., erweitert als *Inediti verdiani nell'archivio dell Accademia chigiana* (Siena, 1953)

F. Walker: >Verdi and Vienna: with some Unpublished Letters<, *MT*, xcii (1951), 403, 451

–: >Verdian Forgeries<, *MR*, xix (1958), 273; xx (1959), 28; ital. Übers: *RaM*, xxx (1969), 338

J. W. Klein: >Verdian Forgeries: a Summing-up<, *MR*, xx (1959), 244

T. Jauner: *Fünf Jahre Wiener Operntheater, 1875–1880: Franz Jauner und seine Zeit* (Wien, 1963)

Giuseppe Verdi: *Briefe zu seinem Schaffen*. Ausgew. u. übers. von O. Büthe und A. Lück-Bochat (Frankfurt/M., 1963)

E. Zanetti: >La corrispondenza di Verdi conservata a S. Cecilia<, *Verdi: Bollettino dell'Istituto di studi verdiani*, iii (1969–1973), 1131

U. Günther: >Documents inconnus concernant les relations de Verdi avec l'Opéra de Paris<, *3° congresso internazionale di studi verdiani: Milano 1972*, 564

M. Conati: >Saggio di critiche e cronache verdiane dalla *Allgemeine musikalische Zeitung* di Lipsia (1840–1848)<, *Il melodramma italiano dell'ottocento: studi e ricerche per Massimo Mila* (Turin, 1977), 13–43

W. Weaver: *Verdi: a Documentary Study* (London, 1977; dt. Übers. Berlin [-Ost], 1980)

M. Medici und M. Conati, Hrsg.: *Carteggio Verdi-Boito* (Parma, 1978; dt. Übers. u. hrsg. v. H. Busch, Berlin [-Ost] u. Frankfurt/M., 1986)

G. Marchesi: *Verdi, merli e cucù: cronache bussetane fra il 1819 e il 1839* (Busseto, 1979)

Giuseppe Verdi: *Briefe*, Hrsg. u. übers. von Hans Busch (Frankfurt/M. 1979)

Verdi aus der Nähe. Ein Lebensbild in Dokumenten, zusammengestellt u. übers. von F. Wallner-Basté (Zürich 1979)

M. Conati: *Interviste e incontroviste con Verdi* (Mailand, 1980; engl. Übers. London, 1984)

F. Cella und P. Petrobelli: *Giuseppe Verdi – Giulio Ricordi: corrispondenza e immagini* 1881-1890 (Mailand, 1981)

Giuseppe Verdi: *Briefe.* Hrsg. von W. Otto (Berlin [-Ost] und Kassel, 1983)

E. Baker: ›Lettere di Giuseppe Verdi a Francesco Maria Piave, 1843-1865: documenti della Frederick R. Koch Foundation Collection e della Mary Flagler Collection presso la Pierpont Morgan Library di New York‹, *Studi verdiani,* iv (1986-1987), 136-66

C. M. Mossa: ›Le lettere di Emanuele Muzio alla Casa Ricordi‹, ibid, 167-201

P. Petrobelli, M. Di Gregorio Casati und C. M. Mossa, Hrsg.: *Carteggio Verdi-Ricordi* 1880-1881 (Parma, 1988)

L. Jensen: *Giuseppe Verdi and Giovanni Ricordi, with Notes on Francesco Lucca: from ›Oberto‹ to ›La traviata‹* (New York, 1989)

Publikationen des Istituto di Studi Verdiani in Parma

Verdi: Bollettino dell'Istituto di studi verdiani, i (1960) [hauptsächlich über *Un ballo in maschera*]

Verdi: Bollettino dell'Istituto di studi verdiani, ii (1961-1966) [hauptsächlich über *La forza del destino*]

Verdi: Bollettino dell'Istituto di studi verdiani, iii (1969-1973) [hauptsächlich über *Rigoletto*]

[*Atti del*] *1° congresso internazionale di studi verdiani: Venezia 1966* (1969)

[*Atti del*] *2° congresso internazionale di studi verdiani: Verona 1969* (1971)

[*Atti del*] *3° congresso internazionale di studi verdiani: Milano 1972* (1974)

Studi verdiani (1982-)

Ernani: ieri e oggi: Modena 1984 Bollettino dell'Istituto di studi verdiani, Nr. 10 (1987; engl. Übers. 1989)]

Nuove prospetive nella ricerca verdiana: atti del convegno internazionale in occasione della prima del ›Rigoletto‹ in edizione critica: Vienna 1983 (Parma und Mailand, 1987)

Quaderni dell'Istituto di studi verdiani, i: *Il corsaro* (1963); ii: *Gerusalemme* (1963); iii Stiffelio *(1968); iv: Genesi dell'Aida (*1971); v: *Messa per Rossini: la storia, il testo, la musica* (1988; dt. Übers. u. d. T. Messa per Rossini. Geschichte, Quellen. Musik*: Internationale Bachakademie Stuttgart,* 1988)

Besondere Zeitschriftennummern

(*Titel der Artikel in M. Mila: *La giovinezza di Verdi* (Turin, 1974), 514)
*Gazzetta musicale di Milano, *Ivi* (1901), März
Natura ed arte (1901)
RMI, viii/2 (1901)
Die Musik, xiii (1913-1914) [enth. Artikel von A. Weissmann, E. Istel,
    R. Specht]
Nouva antologia, clxvii (16. Okt. 1913)
Aurea Parma, xxv (1941), Jan.-Febr.
Illustrazione italiana (26. Jan. 1941)
La regione Emilia-Romagna (1950), Nr. 9-12
ZfM, Jg. 112 (1951), Jan.
Das Musikleben, iv (1951), Febr.
Il diaposon (1951), Febr.
Melos, xviii (1951), Febr.
Opera, ii/2 (1951)
La fiera letteraria (22. April 1951)
RaM, xxi (1951), Juli
Verdiana: bollettino di notizie (1950-1951) [12 Ausgaben]
HMYB, vii (1952), 494
High Fidelity, xiii (1963), Okt. [enth. Artikel von A. Moravia, W. Wea-
    ver und über frühe New Yorker Produktionen]
19th Century Music, ii/2 (1978-1979)
OQ, v/2-3 (1987) [enth. Artikel von H. Busch, W. Ducloux, M. Chusid,
    J. Ardoin, G. Martin, M. Valente und R. Parker]

Biographie, Leben und Werk

G. Demaldè: *Cenni biografici* (HS, Archiv des Monte di Pietà, Busseto,
    c1853), veröffentl. in *Newsletter of the American Institute for Verdi
    Studies*, Nr. 1-2- (1976), *Verdi Newsletter*, Nr. 3 (1977)
H. Cavalli: *José Verdi* (Madrid, 1867)
M. Lessona: >Parma: Giuseppe Verdi<, *Volere è potere* (Mailand, 1869),
    287
G. Monaldi: *Verdi e le sue opere* (Florenz, 1878)
A. Pougin: *Giuseppe Verdi: vita aneddotica* (Mailand, 1881 [übers. und
    mit Anmerkungen versehen von Folchetto (Pseud. von J. Caponi)
    aus biographischen Artikeln in *Le ménestrel*, 1878]; franz. Orig. mit
    Caponis Zusätzen, 1886; engl. Übers. 1887)
G. Monaldi: *Verdi* (Turin, 1899, 4/1951)

F. Werfel: *Verdi: Roman der Oper* (Berlin, 1925/*R*1972, überarb. 2/1930; [Roman]

F. Bonavia: *Verdi* (London, 1930)

C. Gatti: *Verdi* (Mailand, 1931, 2/1951; engl. Übers. 1955 als *Verdi: the Man and his Music*)

F. Toye: *Giuseppe Verdi: his Life and Works* (London, 1931)

H. Gerigk: *Giuseppe Verdi* (Potsdam, 1932)

D. Hussey: *Verdi* (London, 1940, 5/1973)

G. Cenzato: *Itinerari verdiani* (Parma, 1949, 2/1955)

M. Mila: *Giuseppe Verdi* (Bari, 1958)

F. Abbiati: *Giuseppe Verdi* (Mailand, 1959)

F. Walker: *The Man Verdi* (London, 1962; *R* m. Einl. von Ph. Gossett, Chicago, 1982)

G. Martin: *Verdi. His Music, Life and Times* (New York, 1963, überarb. 2/1964; *R* New York, 1979)

M.J. Matz: ›The Verdi Family of Sant'Agata and Roncole: Legend and Truth‹, *I° congresso internazionale di studi verdiani: Venezia* 1966, 216

–: ›Verdi: the Roots of the Tree‹, *Verdi: Bollettino dell'Istituto di studi verdiani*, iii (1969–1973), 333–364

W. Weaver: ›Verdi the Playgoer‹, *Musical Newsletter*, vi/1 (1976), 3

P. Southwell-Sander: *Verdi, his Life and Times* (Tunbridge Wells, 1978)

G. Marchesi: *Verdi* (Mailand, 1979)

W. Weaver und M. Chusid, Hrsg.: *The Verdi Companion* (New York, 1979; London, 1980)

D. Kimbell: *Verdi in the Age of Italian Romanticism* (Cambridge, 1981)

M. De Angelis: *Le carte dell'impresario: melodramma e costume teatrale nell'ottocento* (Florenz, 1982)

W. Markgraf: *Giuseppe Verdi: Leben und Werk* (Leipzig, 1982)

R. Parker: ›Verdi and the *Gazzetta privilegiata di Milano*‹, *RMARC*, Nr. 18 (1982), 51–65

J. Rosselli: ›Verdi e la storia della retribuzione del compositore italiano‹, *Studi verdiani*, ii (1983), 11–28

R. Parker: ›»Classical« Music in Milan during Verdi's Formating Years‹, *Studi musicali*, xiii (1984), 259–274

J. Rosselli: *The Opera Industry in Italy from Cimarosa to Verdi: the Role of the Impresario* (Cambridge, 1984; erw. ital. Übersetzung als *L'impresario d'opera: arte e affari nel teatro musicale italiano dell'ottocento*, 1985)

J. Budden: *Verdi* (London, 1985; dt. Übers. Stuttgart, 1987)

C. Osborne: *Verdi: a Life in the Theatre* (New York, 1987)

G. Martin: *Aspects of Verdi* (New York, 1988)

R. Parker: *Studies in Early Verdi 1832–1844: New Information and Perspectives on the Milanese Musical Milieu and the Operas from* ›Oberto‹ *to* ›Ernani‹ (New York, 1989)

–: ›Verdi, Giuseppe‹, *The New Grove Dictionary of Opera*, iv (London, 1992), 932–953.

M.J. Phillips-Matz: *Verdi. A Biography* (Oxford, 1993)

Untersuchungen über einzelne Orte

F. Resasco: *Verdi a Genova* (Genua, 1901)

G.M. Ciampelli: *Le opere verdiane al Teatro alla Scala* (1839–1929) (Mailand, 1929)

Verdi e Roma (Rom, 1951)

La passione verdiana di Trieste (*Triest*, 1951)

G. Steffani: *Verdi e Trieste* (Triest, 1951)

Verdi e la Fenice (Venedig, 1951)

Verdi e Firenze (Florenz, 1951)

P.P. Várnai: ›Verdi in Hungary‹, *Verdi: Bollettino dell'Istituto di studi verdiani*, ii (1961–1966), 949–1029, 1429–1503; iii (1969–1973), 246–332, 718–789, 1038–1130, 1409–1484

M. Labroca: ›Verdi e Venezia‹, *I° congresso internazionale di studi verdiani: Venezia 1966*, 367

R. Massarani: ›Giuseppe Verdi a Rio de Janeiro‹, *I° congresso internazionale di studi verdiani: Venezia 1966*, 383

G. Gualerzi und C.M. Roscioni: ›Il Verdi »minore« dal 1945 al 1971, Programmbuch des La Fenice (Venedig, 1970–1971), 335 [Liste der Aufführungen in Italien]

M. Chusid: ›Casts for the Verdi Premières in the U.S. (1847–1976)‹, *Newsletter of the American Institute for Verdi Studies*, Nr. 2 (1976); *Verdi Newsletter*, Nr. 3 (1977)

–: ›Casts for the Verdi Premières in London (1845–1977)‹, *Verdi Newsletter*, Nr. 5 (1978); Nr. 6 (1979)

D.L. Hixon: *Verdi in San Francisco, 1851–1899*, ([Irvine, Calif.], 1981)

K. Hortschansky: ›Die Herausbildung eines deutschsprachigen Verdi-Repertoires im 19. Jahrhundert und die zeitgenössische Kritik‹, *AnMc*, Nr. 11 (1972), 140–184

G. Marchesi: *Giuseppe Verdi e il Conservatorio di Parma* (1836–1901) (Parma, 1976)

M. Conati: ›Saggio di critiche e cronache verdiane dalla *Allgemeine musikalische Zeitung* di Lipsia (1840–1848)‹, *Il melodramma italiano dell'ottocento: studi e ricerche per Massimo Mila* (Turin, 1977), 13–43

U. Dauth: *Verdis Opern im Spiegel der Wiener Presse von 1843 bis 1859: ein Beitrag zur Rezeptionsgeschichte* (München, 1981)

M. Conati: *La bottega della musica: Verdi e la Fenice* (Mailand, 1983)

L. Sartoris: *Verdi a Genova, 1841–1901* (Genua, 1983)

M. Conati: ›Verdi per Napoli‹, *Il Teatro di San Carlo 1737–1987*, Hrsg. B. Cagli und A. Ziino (Neapel, 1987), iii, 179–223

T. Kaufmann: *Verdi and his Major Contemporaries: a Selected Chronology of Performances with Casts* (New York, 1990), 263–564

Untersuchungen zu den Libretetti

M. Lavagetto: *Quei più modesti romanzi: Il Libretto nel melodramma di Verdi: tecniche costruttive, funzioni, poetica, di un genere letterario minore* (Mailand, 1979)

F. Portinari: *Pari siamo! Io la lingua, egli ha il pugnale: storia del melodramma ottocentesco attraverso i suoi libretti* (Turin, 1981)

J.N. Black: ›The Libretto of *La creazione del mondo*, Milan – April 1834: a Note‹, *Studi verdiani*, ii (1983), 147–149

–: *The Italian Romantic Libretto: a Study of Salvadore Cammarano* (Edinburgh, 1984)

D. Goldin: *La vera fenice: librettisti e libretti tra sette e ottocento* (Turin, 1985)

M. Girardi: ›Verdi e Boito: due artisti fra tradizione e rinnovamento‹, *Arrigo Boito musicisti e letterato*, Hrsg. G. Tintori (Mailand, 1986), 97–106

Untersuchungen zur Musik

A. Basevi: *Studio sulle opere di Giuseppe Verdi* (Florenz, 1859)

H.F. Chorley: *Thirty Years' Musical Recollections* (London, 1862, 2/1926), 182 ff

E. Hanslick: *Die moderne Oper*, i (Berlin, 1875/R1971), 217–255

F. Filippi: *Musica e musicisti: critiche, biografie ed escursioni* (Mailand, 1876)

G.B. Shaw: ›A Word More about Verdi‹, *Anglo-Saxon Review* (1901), März; Neuabdr. in *Shaw's Music. The complete musical criticism in three volumes*, iii (London, 1981), 570–583

A. Soffredini: *Le opere di Verdi: studio critico analitico* (Mailand, 1901)

L. Torchi: ›L'opera di Giuseppe Verdi e i suoi caratteri principali‹, *RMI*, viii (1901), 279–335

D. Alaleona: >L'evoluzione della partitura verdiana<, *Nuova antologia*, clxvii (1913), 521

G. Roncaglia: *Giuseppe Verdi: l'ascensione dell'arte sua* (Neapel, 1914)

M. Mila: *Il melodramma di Verdi* (Bari, 1933/R1960)

P. Bekker: *Wandlungen der Oper* (Leipzig, 1934)

J. Loschelder: *Das Todesproblem in Verdis Opernschaffen* (Köln und Stuttgart, 1938)

G. Roncaglia: *L'ascensione creatrice di Giuseppe Verdi* (Florenz, 1940) *Verdi: studi e memorie* (Rom, 1941)

G. Roncaglia: >Il »tema-cardine« nell'opera di Giuseppe Verdi<, *RMI*, xlvii (1943), 220

A. Della Corte: *Le sei più belle opere di Giuseppe Verdi: Rigoletto, Il trovatore, La traviata, Aida, Otello, Falstaff* (Mailand, 1946; einzeln veröffentlicht, 1923–43)

M. Mila: >Verdi e Hanslick<, *RaM*, xxi (1951), 212

I. Pizzetti: >Contrappunto ed armonia nell'opera di Verdi<, *RaM*, xxi (1951), 189

U. Rolandi: *Il libretto per musica attraverso i tempi* (Rom, 1951), 126

R. Vlad: >Anticipazioni nel linguaggio armonico verdiano<, *RaM*, xxi (1951), 237

G. Roncaglia: >Il cammino e l'insegnamento di Giuseppe Verdi<, *RMI*, liv (1952), 114

A. Porter: >Verdi and Schiller<, *Opera Annual*, Nr. 3, Hrsg. H. Rosenthal (London, 1956), 52

F.I. Travis: *Verdi's Orchestration* (Zürich, 1956)

G. Roncaglia: *Galleria verdiana: studi e figure* (Mailand, 1959)

W.A. Herrmann jr.: *Religion in the Operas of Giuseppe Verdi* (Diss., Columbia Univ., 1963)

L. Dallapiccola: >Parole e musica nel melodramma<, *Quaderni della Rassegna musicale*, ii (1965), 117; dt. Übersetzung als >Worte und Musik im Melodramma<, *Musik-Konzepte 10: Giuseppe Verdi* (München, 1979), 3–26

M. Chusid: >The Organization of Scenes with Arias: Verdi's Cavatinas and Romanzas<, *I° congresso internazionale di studi verdiani: Venezia 1966*, 59

F. Lippmann: >Verdi e Bellini<, *I° congresso internazionale di studi verdiani: Venezia 1966*, 184; deutsche Fassung in *Beiträge zur Geschichte der Oper*, Hrsg. H. Becker (Regensburg, 1969), 77

J. Kovács: >Zum Spätstil Verdis<, *I° congresso internazionale di studi verdiani: Venezia 1966*, 132

P.P. Várnai: >Contibuto per uno studio della tipizzazione negativa nelle opere verdiane: personaggi e situazioni<, *I° congresso internazionale di studi verdiani: Venezia 1966*, 268

P. Pinagli: *Romanticismo di Verdi* (Florenz, 1967)

L. K. Gerhartz: *Die Auseinandersetzungen des jungen Giuseppe Verdi mit dem literarischen Drama: ein Beitrag zur szenischen Strukturbestimmung der Oper*, Berliner Studien zur Musikwissenschaft, *xv (Berlin,* 1968)

S. Hughes: *Famous Verdi Operas* (London, 1968)

J. Kerman: ›Verdi's Use of Recurring Themes‹, *Studies in Music History: Essays for Oliver Strunk* (Princeton, 1968), 495

M. Mila: ›L'unità stilistica nell'opera di Verdi‹, *NRMI*, ii (1968), 62

A. A. Abert: ›Über Textentwürfe Verdis‹, *Beiträge zur Geschichte der Oper*, Hrsg. H. Becker (Regensburg, 1969), 131

Colloquium Verdi-Wagner: Rom 1969 [*AnMc*, Nr. 11 (1972)]

C. Osborne: *The Complete Operas of Verdi* [London, 1969]

G. Baldini: *Abitare la battaglia: la storia di Giuseppe Verdi* (Mailand, 1970; engl. Übersetzung 1980 als *The Story of Giuseppe Verdi:* ›*Oberto*‹ *to* ›*Un ballo in maschera*‹)

P. Petrobelli: ›Osservazioni sul processo compositivo in Verdi‹, *AcM*, xliii (1971), 125 [enth. Skizzen]

A. A. Abert: ›Leidenschaftsausbrüche zwischen Rezitativ und Arie‹, *3° congresso internazionale di studi verdiani: Milano 1972*, 56

C. Casini: ›L'analogo sintattico: sul recitativo del primo Verdi‹, *Spettatore musicale*, vii/4 (1972), 38

W. Dean: ›Some Echoes of Donizetti in Verdi's Operas‹, *3° congresso internazionale di studi verdiani: Milano 1972*, 122

F. Noske: ›Verdi and the Musical Figure of Death‹, *3° congresso internazionale di studi verdiani: Milano 1972*, 349–386; neu abgedr. in F. Noske: *The Signifier and the Signified* (Den Haag, 1977), 171–214

J. Budden: *The Operas of Verdi*, i: *From Oberto to Rigoletto* (London, 1973); ii: *From Il trovatore to La forza del destino* (London, 1978); iii: *From Don Carlos to Falstaff* (London, 1981)

D. Lawton: *Tonality and Drama in Verdi's Early Operas* (Diss., Univ. of California, Berkeley, 1973)

F. Noske: ›Ritual Scenes in Verdi's Operas‹, *ML*, liv (1973), 415; neu abgedr. in F. Noske: *The Signifier and the Signified. Studies in the Operas of Mozart and Verdi* (Den Haag, 1977), 241–278

F. Lippmann: ›Der italienische Vers und der musikalische Rhythmus: zum Verhältnis von Vers und Musik in der italienischen Oper des 19. Jahrhunderts, mit einem Rückblick auf die 2. Hälfte des 18. Jahrhunderts‹, *AnMc*, Nr. 12 (1973), 253–369; Nr. 14 (1974), 324–410; Nr. 15 (1975), 298–333

W. Dean: ›Donizetti's Serious Operas‹, *PRMA*, c, (1973–1964), 123

M. Mila: *La giovinezza di Verdi* (Turin, 1974)

F. Lippmann: ›Verdi und Donizetti‹, *Opernstudien: Anna Amalia Abert zum 65. Geburtstag* (Tutzing, 1975), 153

V. Godefroy: *The Dramatic Genius of Verdi: Studies of Selected Operas*, i: ›*Nabucco*‹ to ›*La traviata*‹ (London, 1975); ii: ›*I vespri siciliani*‹ to ›*Falstaff*‹ (London, 1977)

F. Noske: *The Signifier and the Signified: Studies in the Operas of Mozart and Verdi* (Den Haag, 1977)

Dieter Schnebel: ›Die schwierige Wahrheit des Lebens – zu Verdis musikalischem Realismus‹, *Musik-Konzepte 10: Giuseppe Verdi* (München, 1979), 51–111

P. Ross: *Studien zum Verhältnis von Libretto und Komposition in den Opern Verdis* (Diss., Univ. Bern, 1980)

G. Tomlinson: ›Verdi after Budden‹, *19th Century Music*, v (1981–1982), 170

P. Weiss: ›Verdi and the Fusion of Genres‹, *JAMS*, xxxv (1982), 138

J. Budden: ›Problems of Analysis in Verdi's Works‹, *Nuove prospettive nella ricerca verdiana: convegno internazionale in occasione della prima del* ›*Rigoletto*‹ *in edizione critica: Vienna* 1983, 125–129

S. Balthazar: *Evolving Conventions in Italian Serious Opera: Scene Structure in the Works of Rossini, Bellini, Donizetti, and Verdi, 1810 to 1850* (Diss., Univ. of Pennsylvania, 1985)

P. Weiss: ›»Sacred Bronzes«: paralipomena to an Essay by Dallapiccola‹, *19th Century Music*, ix (1985), 42–49

M. Beghelli: *Atti performativi nella drammaturgia verdiana* (Diss., Univ. Bologna, 1986)

A. Roccatagliati: *Drammaturgia romantica verdiana:* ›*Luisa Miller*‹, ›*Stiffelio*‹ *e* ›*Rigoletto*‹ (Diss., Univ. Bologna, 1986)

M. Baroni: ›Le formule d'accompagnamento nel teatro del primo Verdi‹, *Studi verdiani*, iv (1986–1987), 18–64

G. Tomlinson: ›Italian Romanticism and Italian Opera: an Essay in their Affinities‹, *19th Century Music*, x (1986–1987), 43–60

M. Beghelli: ›Per un nuovo approccio al teatro musicale: l'atto performativo come luogo dell'imitazione gestuale nella drammaturgia verdiana‹, *Italica*, lxiv (1987), 632–653

H. S. Powers: ›»La solita forma« and »The Uses of Convention«‹, *AcM*, lix (1987), 65–90 [auch in *Nuove prospettive nella ricerca verdiana: Vienna* 1983, 74–109]

D. Rosen: ›How Verdi Operas Begin: an Introduction to the Introduzioni‹, *Tornando a* ›*Stiffelio*‹: *popolarità, rifacimento, messinscena, effettismo e altre* ›*cure*‹ *nella drammaturgia del Verdi romantico*, Hrsg. G. Morelli (Florenz, 1987), 203–221; Neuabdr. in *Verdi Newsletter*, Nr. 16 (1988), 3–18

S. Balthazar: ›Rossini and the Development of the Mid-Century Lyric Form‹, *JAMS*, xli (1988), 102–125

M. Engelhardt: *Die Chöre in den frühen Opern Giuseppe Verdis* (Tutzing, 1988)

E. Lendvai: *Verdi and Wagner* (Budapest, 1988)

R. Parker: ›On Reading Nineteenth Century Opera: Verdi through the Looking-Glass‹, *Reading Opera*, Hrsg. A. Groos und R. Parker (Princeton, 1988), 288–305

G. Tomlinson: ›Opera and *Drame*: Hugo, Donizetti, and Verdi‹, *Music and Drama*, Studies in the History of Music, ii (New York, 1988), 171–192

W. Osthoff: ›Dante beim späten Verdi‹, *Studi verdiani*, v (1988–1989), 35–64

C. Abbate und R. Parker, Hrsg.: *Analyzing Opera: Verdi and Wagner* (Berkeley, 1989)

S. Balthazar: ›The *Primo Ottocento* Duet and the Transforming of Rossinian Code‹, *JM*, vii (1989), 471–97

G. de Van: *Théâtre et musique dans les opéras de Giuseppe Verdi* (Diss., Univ. Paris, 1989)

M. Girardi: ›Per un inventario della musica in scena nel teatro verdiano‹, *Studi verdiani*, vi (1990), 99–145

P. Gossett: ›Becoming a Citizen: the Chorus in *Risorgimento* Opera‹, *COJ, ii (*1990), 41–64

G. de Van: ›Musique et narration dans les opéras de Verdi‹, *Studi verdiani*, vi (1990), 18–54

M. Engelhardt: *Verdi und andere: ›Un giorno di regno‹, ›Ernani‹, ›Attila‹, ›Il corsaro‹ in Mehrfachvertonungen* (Parma, 1992)

A. Gerhard: *Die Verstädterung der Oper* (Stuttgart, 1992)

Textkritik

D. Vaughan: ›Discordanze tra gli autografi verdiani e la loro stampa‹, *La Scala* (1958), Nr. 104, S. 11, 71

G. Gavazzeni: ›Problemi di traduzione dinamico-fraseologica e critica testuale, in Verdi e Puccini‹, *RaM*, xxix (1959), 27, 106; Neuabdr. mit engl. Übersetz. (Mailand, 1961) [s. auch D. Vaughan und G. Gavazzeni, *RaM*, xxx (1960), 60; *Musica d'oggi*, iv (1961), 65–68]

D. Vaughan: ›Meeting Verdi on his Own Ground‹, *Verdi: Bollettino dell'Istituto di studi verdiani*, i (1960), S. lvii

–: ›The Inner Language of Verdi's Manuscripts‹, *Musicology*, v (1979), 67–153; gekürzt, ›Markings and Meanings in Verdi‹, *World of Opera*, i/l (1978–1979), 43

Nuove prospettive nella ricerca verdiana: convegno internazionale in occasione della prima del ›Rigoletto‹ in edizione critica: Vienna 1983 [enth. Aufsätze von P. Gossett, D. Lawton, C. Gallico, U. Günther und M. Chusid]

D. Lawton: ›Why Bother with the New Verdi Edition?‹, *OQ* ii/4 (1984–1985), 43–54

J. A. Hepokoski: ›Compositional Emendations in Verdi's Autograph Scores: *Il trovatore, Un ballo in maschera,* and *Aida*‹, *Studi verdiani,* iv (1986–1987), 87–109

P. Gossett: ›Censorship and Self-Censorship: Problems in Editing the Operas of Giuseppe Verdi‹, *Essays in Musicology: a Tribute to Alvin Johnson* (Philadelphia, 1990), 247–257

Aufführungspraxis und Inszenierung

Disposizioni sceniche (zeitgenössische Regiebücher) gibt es für folgende Opern: *Les vêpres siciliennes* (1856, Paris); *Giovanna di Guzman* [ital. Fassung von *Les vêpres siciliennes* (?1856, Mailand); *Le trouvère* [franz. Fassung von *Il trovatore*] (?1857, Paris); *Un ballo in maschera* (1859, Mailand); *La forza del destino* (?1863, Mailand); *Don Carlos* (1867, Mailand, 3/1886); *Aida* (1873, Mailand); *Simon Boccanegra* (1883, Mailand); *Otello* (1888, Mailand) [Photokopien erhältlich im Istituto nazionale di studi verdiani, Parma]

M. T. Muraro: ›Le scenografie delle cinque »prime assulte« di Verdi alla Fenice di Venezia‹, *I° congresso internazionale di studi verdiani: Venezia 1966*, 328–334

D. Rosen: ›The Staging of Verdi's Operas: an Introduction to the Ricordi *Disposizione sceniche*‹, *IMSCR,* xii: *Berkeley 1977,* 444–453

R. H. Cohen [mit S. l'Ecuyer Lacroix und J. Léveillé): *Les gravures musicales dans* ›*L'Illustration*‹, 1843–1899 (Québec, 1982–1983)

W. Crutchfield: ›Vocal Ornamentation in Verdi: the Phonographic Evidence‹, *19th Century Music,* vii (1983–1984), 3–54

R. H. Cohen: ›A Survey of French Sources for the Staging of Verdi's Operas: »Livrets de mise en scène«, Annotated Scores and Annotated Libretti in two Parisian Collections‹, *Studi verdiani,* iii (1985), 11–44

G. W. Harwood: ›Verdi's Reform of the Italian Opera Orchestra‹, *19th Century Music,* x (1986–1987), 108–134

R. Meucci: ›Il cimbasso e gli strumenti affini nell'ottocento italiano‹, *Studi verdiani,* v (1988–1989), 109–162

N. Cipriani und M. Stefanoni: *Verdi dal vivo: antologia di edizioni discografiche* (Parma, 1989)

M. Chusid: ›A Letter by the Composer about *Giovanna d'Arco* and some Remarks on the Division of Musical Direction in Verdi's Day', *Performance Practice Review,* iii (1990), 7–57

F. Hajtas: *Studien zur frühen Verdi-Interpretation. Schalldokumente bis 1926* (Frankfurt/M. u.a., 1990)

H.R. Cohen, Hrsg.: *The Original Staging Manuals for Twelve Parisian Operatic Premières/Douze livrets de mise en scène lyrique datant des créations parisiennes* (Stuyvesant, NY, 1992) [enth. Regiebücher für *Le trouvère* und *Les vêpres siciliennes*]

L. Jensen: ›The Emergence of the Modern Conductor in 19th Century Italian Opera‹, *Performance Practice Review*, iv (1991), 34–63

Einzelne Werke

Oberto

C. Sartori: ›*Rocester*, la prima opera di Verdi‹, *RMI*, xliii (1939), 97–104

M. Conati: ›L'*Oberto, conte di San Bonifacio* in due recensioni straniere poco note e in una lettera inedita di Verdi‹, *I° congresso internazionale di studi verdiani: Venezia 1966*, 67–92

D.R.B. Kimbell: ›Poi ... diventò l'*Oberto*‹, ML, *lii* (1971), 1–7

P.D. Giovanelli: ›La storia e la favola dell'*Oberto*‹, *Studi verdiani, iii* (1985), 29–37

L. Jensen: ›The Early Publication History of *Oberto*: an Eye Toward Nabucco‹, *Verdi Newsletter*, Nr. 13 (1985), 6–20

R. Parker: ›The Autograph Score of Oberto, conte di San Bonifacio‹, *Studies in Early Verdi (1832–1844)* (New York, 1989), 63–82

Un giorno di regno

R. Parker: ›*Un giorno di regno*: from Romani's Libretto to Verdi's Opera‹, *Studi verdiani*, ii (1983), 38–58

M. Engelhardt: ›Nuovi dati sulla nascita dell'opera giovanile di Verdi *Un giorno di regno*‹, *Studi verdiani*, iv (1986–1987), 11–17

Nabucco

P. Petrobelli: ›Nabucco‹, *Conferenze 1966–1967: Associazione Amici della Scala*, 17–47

D. Lawton: ›Analytical Observations on the *Nabucco* Revisions‹, *3° congresso internazionale di studi verdiani: Milano 1972*, 208

R. Parker: ›The Critical Edition of *Nabucco*‹, OQ, v (1987), 91–98

I Lombardi

›Gerusalemme‹, *Quaderni dell'Istituto di studi verdiani,* ii (1963) [gesamtes Heft]

D.R.B. Kimbell: ›Verdi's First Rifacimento: *I Lombardi and Jérusalem‹, ML,* lx (1969), 1–36

Ernani

L.K. Gerhartz: *Die Auseinandersetzungen des jungen Giuseppe Verdi mit dem literarischen Drama: ein Beitrag zur szenischen Strukturbestimmung der Oper* (Berlin, 1968), 30–82, 453–454

J. Kerman: ›Notes on an Early Verdi Opera‹, *Soundings,* iii (1973), 56–65

G. Paduano: ›Turbamenti del triangolo: il sistema delle autorità e delle tenerezze nell‹ *Ernani,* in G. Paduano: *Noi facemmo ambedue un sogno strano: il disagio amoroso sulla scena dell'opera europea* (Palermo, 1982), 22–59

R. Parker: ›Levels of Motivic Definition in Verdi's *Ernani‹, 19th Century Music,* vi (1982–1983), 141–150

Ernani: ieri e oggi: Modena 1984 [Bollettino dell'Istituto di studi verdiani, Nr. 10 (1987; engl. Übers. 1989)]

M. Spada: ›*Ernani* e la censura napoletana‹, *Studi verdiani,* v (1988–1989), 11–34

P. Gossett: ›The Composition of *Ernani‹, Analyzing Opera: Verdi and Wagner,* Hrsg. C. Abbate und R. Parker (Berkeley, 1989), 27–55

I due Foscari

C. Simone: ›Per la cabaletta de *I due Foscari‹, Nuova antologia,* ccclxxv (1934), 327–334

G. Biddlecombe: ›The Revisions of »No, non morrai, che i perfidi«: Verdi's Compositional Process in *I due Foscari‹, Studi verdiani,* ii (1983), 59–77

Alzira

M. Mila: ›Verdi minore: lettura dell'*Alzira‹, RIM,* i (1966), 246–267

P. Petrobelli: ›Pensieri per *Alzira‹, Nuove prospettive nella ricerca verdiana: convegno internazionale in occasione della prima del ›Rigoletto‹ in edizione critica: Vienna* 1983, 110–124

Attila

M. Noiray und R. Parker: ›La composition d'*Attila*: étude de quelques variantes‹, *RdM*, lxii (1976), 104–124

M. Mila: ›Lettura dell'*Attila* di Verdi‹, *NRMI*, xvii (1983), 247–276

Macbeth

G.C. Varesi: ›L'interpretazione del *Macbeth*‹, *Nuova antologia*, cclxxxi (1932), 433–440

L.K. Gerhartz: *Die Auseinandersetzung des jungen Giuseppe Verdi mit dem literarischen Drama: ein Beitrag zur szenischen Strukturbestimmung der Oper*, Berliner Studien zur Musikwissenschaft, xv (Berlin, 1968), 82–193, 465 ff

W. Osthoff: ›Die beiden Fassungen von Verdis *Macbeth*‹, *AMw*, xxix (1972), 17–44

D. Kimbell: ›The Young Verdi and Shakespeare‹, *PRMA*, ci (1974–1975), 59

G. Badacsonyi: ›Verdi's Two *Macbeths*', *Opera*, xxvii (1976), 108

F. Noske: ›Schiller e la genesi del *Macbeth* verdiano‹, *NRMI*, x (1976), 196–203

F. Degrada: ›Lettura del *Macbeth* di Verdi‹, *Studi musicali*, vi (1977), 207–267

D. Goldin: ›Il *Macbeth* verdiano: genesi e linguaggio di un libretto‹, *AnMc*, Nr. 19 (1979), 336–372

M. Conati: ›Aspetti della messinscena del *Macbeth* di Verdi‹, *NRMI*, xv (1981), 374–404

M. Rinaldi: ›Il »Macbeth« di Verdi: un'opera »più difficile delle altre«‹, *Studi musicali*, x (1982), 293–331

D. Rosen und A. Porter, Hrsg.: *Verdi's ›Macbeth‹: a Sourcebook* (New York, 1984)

M. Chusid und T. Kaufmann: ›More about the Performance History of *Macbeth*‹, *Verdi Newsletter*, Nr. 13 (1985), 38–41

N. John, Hrsg.: *Macbeth* (London, 1990) [ENO opera guide]

Il corsaro

›Il corsaro‹, *Quaderni dell'Istituto di studi verdiani*, i (1963)

G. Barblan: ›La lunga quarantena de Il Corsaro‹, Programmbuch des La Fenice (Venedig, 1970–1971), 291

R. Celletti: ›*Il Corsaro* e la vocalità di Verdi dall'*Oberto* ai *Vespri*‹, Programmbuch des La Fenice (Venedig, 1971–1972), 321

M. Mila: >Lettura del *Corsaro* di Verdi<, *NRMI*, v (1971), 40–73

S. Town: >Observations on a Cabaletta from Verdi's *Il corsaro*<, *CMc*, Nr. 32 (1981), 59–75

D. Lawton: >The Corsair Reaches Port<, *ON*, xlvi/20 (1981–1982), 16, 18, 42

La battaglia di Legnano

J. Budden: >*La battaglia di Legnano*: its Unique Character, with Special Reference to the Finale of Act I<, *3° congresso internazionale di studi verdiani: Milano 1972*, 71–80

F. Noske: >Verdi und die Belagerung von Haarlem<, *Convivium amicorum: Festschrift Wolfgang Boetticher* (Berlin, 1974), 236

Luisa Miller

L. K. Gerhartz: *Die Auseinandersetzungen des jungen Giuseppe Verdi mit dem literarischen Drama: ein Beitrag zur szenischen Strukturbestimmung der Oper*, Berliner Studien zur Musikwissenschaft, xv (Berlin, 1968), 193–270, 475 ff

Stiffelio

V. Levi: >*Stiffelio* e il suo rifacimento (*Aroldo*)<, *1° congresso internazionale di studi verdiani: Venezia 1966*, 172

>Stiffelio<, *Quaderni dell'Istituto di studi verdiani*, iii (1968)

G. Morelli, Hrsg.: *Tornando a* >*Stiffelio*<: *popolarità, rifacimento, messinscena, effettismo e altre* >*cure*< *nella drammaturgia del Verdi romantico*> (Florenz, 1987)

Rigoletto

C. Gatti: Einleitung zu *L'abbozzo del Rigoletto di Giuseppe Verdi* (Mailand, 1941) [Skizzen]

P. Petrobelli: >Verdi e il *Don Giovanni*: osservazioni sulla scena iniziale del *Rigoletto*<, *1° congresso internazionale di studi verdiani: Venezia 1966*, 232–246

C. Gallico: >Ricognizione di *Rigoletto*<, *NRMI*, iii (1969), 855–901

Verdi: Bollettino dell'Istituto di studi verdiani, iii/7–9 (1969–1982)

M. Chusid: >Rigoletto and Monterone. A Study in Musical Dramaturgy<, *IMSCR*, xi *Copenhagen 1972*, 325

M. Lavagetto: *Un caso di censura: il ›Rigoletto‹* (Mailand, 1979)

N. John, Hrsg.: *Rigoletto*, [English National] Opera Guide, Nr. 15 (London, 1982)

A. Csampai und D. Holland, Hrsg.: *Giuseppe Verdi. Rigoletto. Texte, Materialien, Kommentare* (Reinbek bei Hamburg, 1982)

M. Conati: ›*Rigoletto*‹ *di Giuseppe Verdi: guida all'opera* (Mailand, 1983)

W. Osthoff: ›Verdis musikalische Vorstellung in der Szene III, 4 des *Rigoletto*‹, *Nuove prospettive nella ricerca verdiana: convegno internazionale in occasione della prima del ›Rigoletto‹ in edizione critica: Vienna* 1983, 57–73

C. Danuser: *Studien zu den Skizzen von Verdis ›Rigoletto‹ (Diss., Univ. Bern,* 1985)

S. Döhring: ›Le roi s'amuse – Rigoletto: vom »drame« zum »melodramma«, *Oper als Text: romanistische Beiträge zur Libretto-Forschung,* Hrsg. A. Gier (Heidelberg, 1986), 239–247

U. Günther: ›*Rigoletto* à Paris‹, *L'Opera tra Venezia e Parigi,* Hrsg. M. T. Muraro (Florenz, 1988), 269–314

M. Chusid: ›The Tonality of *Rigoletto*‹, *Analyzing Opera: Verdi and Wagner,* Hrsg. C. Abbate und R. Parker (Berkeley, CA, 1989), 241–261

J. M. Fischer: ›Warum heißt Rigoletto Rigoletto?‹, in: J. M. Fischer, *Oper – das unmögliche Kunstwerk* (Anif/Salzburg, 1991), 68–72

Il trovatore

P. Petrobelli: ›Per un'esegesi della struttura drammatica del *Trovatore*‹, *III° congresso internazionale di studi verdiani: Milano* 1972, 387–400; Neuabdr. als ›Towards an Explanation of the Dramatic Structure of *Il trovatore*‹, *Music Analysis,* i (1982), 129–140

D. Rosen: ›*Le trouvère*: Comparing Verdi's French Version with his Original‹, *Opera News,* xli/22 (1977), 16

W. Drabkin: ›Characters, Key Relations and Tonal Structure in *Il trovatore*‹, *Music Analysis,* i (1982), 143–153

R. Parker: ›The Dramatic Structure of *Il trovatore*‹, *Music Analysis,* i (1982), 155–167

J. Black: ›Salvadore Cammarano's Programma for *Il trovatore* and the Problems of the Finale‹, *Studi verdiani,* ii (1983), 78–107

N. John, Hrsg.: *Il trovatore* (London, 1983) [English National Opera Guide]

D. Lawton: ›*Le trouvère*: Verdi's Revision of *Il trovatore* for Paris‹, *Studi verdiani,* iii (1985), 79–119

J. Greenwood: ›Musical and Dramatic Motion in Verdi's *Il trovatore*‹, *JbO,* ii (1986), 59–73

J. Rosenberg: ›A Sketch Fragment for *Il trovatore*‹, *Verdi Newsletter*,
Nr. 14 (1986), 29–35

A. Csampai und D. Holland, Hrsg.: *Giuseppe Verdi. Der Troubadour.*
Texte, Materialien, Kommentare (Reinbek bei Hamburg, 1986)

M. Chusid und T. Kaufmann: ›The First Three Years of *Trovatore*‹,
Verdi Newsletter, Nr. 15 (1987), 30–49

La traviata

F. Merkling, Hrsg.: *The Opera News Book of* ›*Traviata*‹ (New York,
c1967)

M. Chusid: ›Drama and the Key of F major in *La traviata*‹, *3° congresso*
internazionale di studi verdiani: Milano 1972, 89–121

C. und M. J. Matz: ›Verdi's Revenge‹, *High Fidelity* (1972), März, 62

J. Budden: ›The Two *Traviatas*‹, *PRMA*, xcix (1972–1973), 43–66

D. Rosen: ›Virtue Restored‹, *Opera News*, xlii/9 (1977–1978), 36; Neuabdr. in *About the House*, vi (1981), 40

H. Stuppner: ›La Traviata oder: die sinnliche Aufdringlichkeit von
Musik‹, *Musik-Konzepte 10: Giuseppe Verdi* (München, 1979), 38–45

N. John, Hrsg.: *La traviata*, English National Opera Guide, Nr. 5
(London, 1981)

F. Della Seta: ›Il tempo della festa: su due scene della *Traviata* e su
altri luoghi verdiani‹, *Studi verdiani*, ii (1983), 108–146

A. Csampai und D. Holland, Hrsg.: *Giuseppe Verdi. La Traviata. Texte,*
Materialien, Kommentare (Reinbek bei Hamburg, 1983)

C. Dahlhaus: ›Realismus in der Opera Seria‹, in C. Dahlhaus: *Musika-*
lischer Realismus: Zur Musikgeschichte des 19. Jahrhunderts (München
1982), 45–51

J. A. Hepokoski: ›Genre and Content in mid–century Verdi: »Addio,
del passato« (*La traviata*, Act III)‹, *COJ*, i (1989), 249–276

Les vêpres siciliennes

P. Bonnefon: ›Les métamorphoses d'un opéra: lettres inédites d'Eugène Scribe‹, *Revue des deux mondes*, xli (1917), 877–899

J. Budden: ›Varianti nei *Vespri siciliani*, *NRMI*, vi (1972), 155

M. Mila, R. Celletti und G. Gualerzi: *Opera: collana di guide musicali*, 1.
Reihe, i (Turin, 1973) [Aufsätze mit franz./ital. Libretto]

A. Porter: ›*Les vêpres siciliennes*: New Letters from Verdi to Scribe‹,
19th Century Music, ii (1978–1979), 95–109

R. Vlad: ›Unità strutturale dei *Vespri siciliani*‹, *Il melodramma italiano*
dell'ottocento: studi e ricerche per Massimo Mila (Turin, 1977), 45–90

F. Noske: ›Melodia e struttura in *Les vêpres siciliennes* di Verdi‹, *Ricerche musicali*, iv (1980), 3–8

J. Budden: ›Verdi and Meyerbeer in Relation to *Les Vêpres siciliennes*‹, *Studi verdiani*, i (1982), 11–20

M. Conati: ›Ballabili nei *Vespri*: con alcune osservazioni su Verdi e la musica popolare‹, *Studi verdiani*, i (1982), 21–46

A. Gerhard: ›»Ce cinquième acte sans intérêt«: preoccupazioni di Scribe e di Verdi per la drammaturgia de *Les vêpres siciliennes*‹, *Studi verdiani*, iv (1986–1987), 65–68

–: *Die Verstädterung der Oper. Paris und das Musiktheater des 19. Jahrhunderts* (Stuttgart, 1992), 303–342

Simon Boccanegra

F. Walker: ›Verdi, Giuseppe Montanelli and the libretto of *Simon Boccanegra*‹, *Verdi: Bollettino dell'Istituto di studi verdiani*, i (1960), 1373–90

W. Osthoff: ›Die beiden *Boccanegra*-Fassungen und der Beginn von Verdis Spätwerk‹, *AnMc*, Nr. 1 (1963), 70–89

F. Noske: *The Signifier and the Signified. Studies in the Operas of Mozart and Verdi* (Den Haag, 1977), 215–240, 335–413

L. K. Gerhartz: ›Spiele, die Träumen von Menschen nachhängen… Das Dramatische Vokabular des Verdischen Operntyps, entschlüsselt am Prolog des Simon Boccanegra‹, *Musik-Konzepte 10: Giuseppe Verdi* (München, 1979), 27–37

E. T. Cone: ›On the Road to *Otello*: Tonality and Structure in *Simon Boccanegra*‹, *Studi verdiani*, i (1982), 72–98

J. Kerman: ›Lyric Form and Flexibility in *Simon Boccanegra*‹, ibid., 47–62

P. P. Várnai: ›Paolo Albiani: il cammino di personaggio‹, ibid., 63–71

M. Conati: *Il ›Simon Boccangegra‹ di Verdi a Reggio Emilia (1857): Storia documentata: alcune varianti alla prima edizione dell'opera* (Reggio Emilia, 1984)

D. Goldin: ›Il *Simon Boccanegra* da Piave a Boito e la drammaturgia verdiana‹, in D. Goldin: *La vera fenice: librettisti e libretti tra sette e ottocento* (Turin, 1985), 283–334

N. John, Hrsg.: *Simon Boccanegra* (London, 1985) [English National Opera Guide]

D. Puccini: ›Il *Simon Boccanegra* di Antonio García Gutiérrez e l'opera di Giuseppe Verdi‹, *Studi verdiani*, iii (1985), 120–130

H. Busch: *Verdi's ›Otello‹ and ›Simon Boccanegra‹ (revised version) in Letters and Documents* (Oxford, 1988)

A. Sopart: *Giuseppe Verdis ›Simon Boccanegra‹ (1857 und 1881): eine musikalisch-dramaturgische Analyse*, *AnMc*, Nr. 26 (1988)

H. Powers: >*Simon Boccanegra*< I. 10–12: a Generic-Genetic Analysis of the Council Chamber Scene<, *19th Century Music,* xiii (1989–1990), 101–128

M. Conati/N. Grilli: *Simon Boccanegra di Verdi* (Mailand, 1993) [ent. die *disposizione sceniche* 1857 bzw. 1882]

Aroldo

V. Levi: >*Stiffelio* e il suo rifacimento (*Aroldo*)<, *I° congresso internazionale di studi verdiani: Venezia* 1966, 172

Un ballo in maschera

A. Pascolato: *Rè Lear e Ballo in maschera: lettere di Giuseppe Verdi* (Città di Castello, 1902)

Verdi: Bollettino dell'Istituto di studi verdiani, i (1960)

G. Salvetti und R. Celletti: *Opera: collana di guide musicali,* I. Reihe, ii (Turin, 1973) [Aufsätze mit Libretto]

S. Levarie: >Key Relations in Verdi's *Un ballo in maschera*<, *19th Century Music, ii* (1978–1979), 143–147; s. auch J. Kerman, >Viewpoint< ibid. 1186–191 und G. A. Marco und S. Levarie >On Key Relationships in Opera<, ibid., iii (1979–1980), 83–89

S. Levarie: >A Pitch Cell in Verdi's *Un ballo in maschera*<, *Journal of Musicological Research,* iii (1981), 399–409

R. Parker und M. Brown: >Motivic and Tonal Interaction in Verdi's *Un ballo in maschera*<, *JAMS,* xxxvi (1983), 243–265

P. Ross: >Amelias Auftrittsarie im *Maskenball*: Verdis Vertonung im dramturgisch-textlichen Zusammenhang<, *AMw,* xl (1983), 126–145

N. John, Hrsg.: *Un ballo in maschera* (London, 1990) [English National Opera Guide]

A. Gerhard: *Die Verstädterung der Oper. Paris und das Musiktheater des 19. Jahrhunderts* (Stuttgart, 1992), 363–409

La forza del destino

Verdi: Bollettino dell'Istituto di studi verdiani, ii/4–6 (1961–1966)

E. Rescigno: *La forza del destino di Verdi* (Mailand, 1981)

N. John, Hrsg.: *The Force of Destiny* (London, 1983) [English National Opera Guide]

J. Nadás: >New Light on Pre-1869 Revisions of *La forza del destino*<, *Verdi newsletter,* Nr. 15 (1987), 7–29

W. C. Holmes: >The earliest revisions of *La forza del destino*<, *Studi verdiani,* vi (1990), 55–98

Don Carlos

E. Fabrini: *Il Don Carlos del Maestro Verdi* (Florenz, 1869)
2° congresso internazionale di studi verdiani: Verona 1969

A. Porter: ›A Sketch for *Don Carlos*‹, *MT*, cxi (1970), 882–5

–: ›The Making of *Don Carlos*‹, *PRMA*, xcviii (1971–1972), 73–88

U. Günther: ›La genèse de *Don Carlos*‹, *RdM*, lviii (1972), 16–64; lx (1974), 87–158

–: ›Zur Entstehung der zweiten französischen Fassung von Verdis *Don Carlos*‹, *IMSCR*, xi *Copenhagen 1972*, 396–402

A. Porter: ›A Note on Princess Eboli‹, *MT*, cxiii (1972), 750

U. Günther: Vorwort zum Klavierauszug der vollständigen Ausgabe, i (Mailand, 1974, 2/1980), v–xxxiii (dt./ital.)

U. Günther und G. Carrara Verdi: ›Der Briefwechsel Verdi-Nuitter-Du Locle zur Revision des *Don Carlos*‹, *AnMc*, Nr. 14 (1974), 1–31; Nr. 15 (1975), 334–401

A. Porter: ›Preamble to a New *Don Carlos*‹, *Opera*, xxv (1974), 665–673

M. Clémeur: ›Eine neu entdeckte Quelle für das Libretto von Verdis *Don Carlos*‹, *Melos/NZM*, iii (1977), 496–499

F. Noske: ›Don Carlos: The Signifier and the Signified‹, in: F. Noske, *The Signifier and the Signified. Studies in the Operas of Mozart and Verdi* (Den Haag, 1977), 294–308

A. Porter: ›Observations on *Don Carlos*‹, *World of the Opera*, i/3 (1978–1979), 1

F. Degrada: ›*Don Carlos*: il teatro musicale e la funzione critica‹, in F. Degrada, Hrsg.: *Il palazzo incantato: studi sulla tradizione del melodramma dal Barocco al Romanticismo*, ii (Fiesole, 1979), 143–154

G. Paduano: ›Noi facemmo ambedue un sogno strano‹, in G. Paduano: *Noi facemmo ambedue un sogno strano: il disagio amoroso sulla scena dell'opera europea* (Palermo, 1982), 60

U. Günther: ›Wagnerism in Verdi's *Don Carlos* von 1867?‹, *Wagnerliteratur – Wagnerforschung*, Hrsg. C. Dahlhaus und E. Voss (Mainz, 1985), 101–108

P. Robinson: ›Realpolitik: Giuseppe Verdi's *Don Carlo*‹, in P. Robinson: *Opera and Ideas: from Mozart to Strauss* (Ithaca, NY, 1985), 155–209

U. Günther: ›La genèse du *Don Carlos* de Verdi: nouveaux documents‹, *RdM*, lxxii (1986), 104–177

B. Schenkel, Hrsg.: ›Verdi. Don Carlos‹, *Der Opernführer* 1/2 (Taufkirchen, 1988)

D. Rosen: ›The Operatic Origins of Verdi's »Lacrimosa«‹, *Studi verdiani*, v (1988–1989), 65–84

N. John, Hrsg.: *Don Carlos* (London, 1992) [English National Opera Guide]

Aida

E. Prime-Stevenson: ›Verdi and the Theme-structure of *Aida*‹, *Long-haired Iopas* (Florenz, 1928)

A. Luzio: ›Come fu composta l'Aida‹, *Carteggi verdiani*, iv (Rom, 1947), 5

E. Lendvai: ›Verdis Formgeheimnisse‹, *I° congresso internazionale di studi verdiani: Venezia* 1966, 157

›Genesi dell' Aida‹, *Quaderni dell'Istituto di studi verdiani*, iv (1971)

A. Geck: ›*Aida*‹, *Die Oper: Schriftreihe über musikalische Bühnenwerke* (Berlin, 1973)

U. Günther: ›Zur Entstehung von Verdis *Aida*‹, *Studi musicali*, ii (1973), 15–71

G. Marchesi: ›»Aida« come fiaba‹, *Quadrivium*, xiv (1973), 283

P. Gossett: ›Verdi, Ghislanzoni, and *Aida*: the Uses of Convention‹, *Critical Inquiry*, i(1974), 291–334

J. Humbert: ›A propos de l'égyptomanie dans l'oeuvre de Verdi: attribution à Auguste Mariette d'un scénario anonyme de l'opéra *Aida*, *RdM*, lxii (1976), 229–56

L. Alberti: ›I progressi attuali [1872] del dramma musicale: note sulla *Disposizione scenica per l'opera* ›Aida‹‹, *Il melodramma italiano dell'ottocento: studi e ricerche per Massimo Mila* (Turin, 1977), 125–155

H. Busch: *Verdi's Aida: the History of an Opera in Letters and Documents* (Minneapolis, 1978)

N. John, Hrsg.: *Aida*, English National Opera Guide, Nr. 2 (London, 1980)

P. Petrobelli: ›Music in the Theatre (a propos of *Aida*, Act III), *Themes in Drama*, iii (1980), 129–142

G. de Bosio: *Aida 1913, 1982: diario per una regia all'Arena* (Mailand, 1982)

M. Conati: ›Aspetti di melodrammaturgia verdiana: a proposito di una sconosciuta versione del finale del duetto Aida-Amneris‹, *Studi verdiani*, iii (1985), 45–78

A. Csampai u. D. Holland: *Giuseppe Verdi. Aida. Texte, Materialien, Kommentare* (Reinbek bei Hamburg, 1985)

D. Lawton: ›The Autograph of *Aida* and the New Verdi Edition‹, *Verdi Newsletter*, Nr. 14 (1986). 4–14

G. Erasmi: ›*Norma* ed *Aida*: momenti estremi della concezione romantica‹, *Studi verdiani*, v (1988–1989), 85–108

D. Lawton: ›Tonal Systems in *Aida*‹, *Analyzing Opera: Verdi and Wagner*, Hrsg. C. Abbate und R. Parker (Berkeley, 1989), 262–275

R. Parker: ›Motives and Recurring Themes in *Aida*‹, ibid., 222–238

K. A. Jürgensen: ›Le coreografie originali di »Aida« (Paris, Théâtre de L'Opéra, 1880)‹, *Studi verdiani*, vi (1990), 146–158

Otello

›L'Otello di Verdi‹, *Corriere della sera* (1887),Februarbeilage

F. Busoni: ›Verdi's *Otello*: eine kritische Studie‹, *NZM*, liv (1887), 125

V. Maurel: ›A propos de la mise-en-scène du drame lyrique Otello‹ [1888], *Dix ans de carrière* (Paris, 1898; Repr. New York, 1977), 1–148

J. Kerman: ›Verdi's *Otello*, or Shakespeare Explained‹, *Hudson Review*, vi (1953–1954), 266; überarb. in J. Kerman: *Opera as Drama* (New York, 1956, 2/1988), 100–139

H. Schueller: ›*Othello* Transformes: Verdi's Interpretation of Shakespeare‹, *Studies in Honor of John Wilcox* (Detroit, 1958), 129

W. Dean: ›Verdi's *Otello*: a Shakespearian Masterpiece‹, *Shakespeare Survey*, xxi (1969), 87–96

D. Lawton: ›On the »bacio« theme in *Otello*‹, *19th Century Music*, i (1977–1978), 211–20

N. John, Hrsg.: *Otello*, English National Opera Guide, Nr. 7 (London, 1981)

D. Coe: ›The Original Production Book for *Otello*: an Introduction‹, *19th Century Music*, ii (1978–1979), 148–158

F. Degrada: ›*Otello*: da Boito a Verdi‹, *Il palazzo incantato: studi sulla tradizione del melodramma dal Barocco al Romanticismo*, ii (Fiesole, 1979), 155–166

J. Budden: ›Time Stands Still in *Otello*‹, *Opera*, xxxii (1981), 888–893

A. Csampai u. D. Holland, Hrsg.: *Giuseppe Verdi. Otello. Texte, Materialien, Kommentare* (Reinbek bei Hamburg, 1981)

N. John, Hrsg.: *Otello* (London, 1981) [English National Opera Guide]

R. Parker und M. Brown: ›»Ancora un bacio«: Three Scenes from Verdi's *Otello*‹, *19th Century Music*, ix (1985–1986), 51–62

J. A. Hepokoski: *Giuseppe Verdi: Otello* (Cambridge, 1987)

K. Bergeron: ›How to Avoid Believing (While Reading Iago's »Credo«)‹, *Reading Opera*, Hrsg. A. Groos und R. Parker (Princeton, 1988), 184–199

H. Busch: *Verdi's ›Otello‹ and ›Simon Boccanegra‹ (revised version) in Letters and Documents* (Oxford, 1988)

J. A. Hepokoski: ›Boito and F.-V. Hugo's »Magnificent Translation«: a Study in the Genesis of the *Otello* Libretto‹, *Reading Opera*, Hrsg. A. Groos und R. Parker (Princeton, 1988), 34–59

–: ›Verdi's Composition of *Otello*: the Act II Quartet‹, *Analyzing Opera: Verdi and Wagner*, Hrsg. C. Abbate und R. Parker (Berkeley, 1989), 125–149

J. A. Hepokoski und M. Viale Ferrero: *Otello di Giuseppe Verdi*, Collana di disposizioni sceniche, Hrsg. F. Degrada und M. Viale Ferrero (Mailand, 1990)
siehe auch >Shakespeare-Opern<

Falstaff

H. Gál: >A Deleted Episode in Verdi's *Falstaff*<, *MR*, ii (1941), 266–72

E. T. Cone: >The Stature of *Falstaff*: Technique and Content in Verdi's Last Opera<, *Center*, i (1954), 17–23

G. Barblan: *Un prezioso spartito del* >*Falstaff*< (Mailand, 1957)

–: >Spunti rivelatori nella genesi del *Falstaff*, *I° congresso internazionale di studi verdiani: Venezia 1966*, 16

D. Sabbeth: >Dramatic and Musical Organization in *Falstaff*<, *3° congresso internazionale di studi verdiani: Milano 1972*, 415–42

W. Osthoff: >Il sonetto nel *Falstaff* di Verdi<, *Il melodramma italiano dell'ottocento: studi e ricerche per Massimo Mila* (Turin, 1977), 157–83

D. Linthicum: >Verdi's *Falstaff* and Classical Sonata Form<, *MR*, xxxix (1978), 39–53

J. A. Hepokoski: *The Compositional History of Verdi's* >*Falstaff*<: *a Study of the Autograph Score and the Early Editions* (Diss., Harvard Univ., 1979)

–: >Verdi, Giuseppina Pasqua and the Composition of *Falstaff*<, *19th Century Music*, iii (1979–1980), 239–50

N. John, Hrsg.: *Falstaff* (London, 1982) [English National Opera Guide]

J. A. Hepokoski: *Giuseppe Verdi: Falstaff* (Cambridge, 1983)

–: >Under the Eye of the Verdian Bear: Notes on the Rehearsals and Première of *Falstaff*<, *MQ*, lxxi (1985), 135–156

T. Baumann: >The Young Lovers in *Falstaff*<, *19th Century Music*, ix (1985–1986), 62–69

A. Csampai u. D. Holland, Hrsg.: *Giuseppe Verdi. Falstaff. Texte, Materialien, Kommentare* (Reinbek bei Hamburg, 1986)

L'avant-scène opéra, Nr. 87–88 (1986) [*Falstaff*-Nummer]
siehe auch Shakespeare-Opern

Il re Lear

A. Pascolato: *Rè Lear e Ballo in maschera: lettere di Giuseppe Verdi* (Città di Castello, 1902)

M. Medici: >Lettere su Re Lear<, *Verdi: Bollettino dell'Istituto di studi verdiani*, i (1960), 1039–56

L. K. Gerhartz: >Il *Re Lear* di Antonio Somme ed il modello melodrammatico dell'opera verdiana: principi per una definizione del libretto verdiano<, *1° cingresso internazionale di studi verdiani: Venezia 1966*, 110–15

–: *Die Auseinandersetzungen des jungen Giuseppe Verdi mit dem literarischen Drama: ein Beitrag zur szenischen Strukturbestimmung der Oper*, Berliner Studien zur Musikwissenschaft, xv (Berlin, 1968), 277 ff, 497 ff

G. Martin: >Verdi, *King Lear* and Maria Piccolomini<, *Columbia Library Columns*, xxi (1971), 12–20

G. Schmidgall: >Verdi's *King Lear* Project<, *19th Century Music*, ix (1985–1986), 83–101

siehe auch Shakespeare-Opern

Shakespeare-Opern

P. Nardi: *Vita di Arrigo Boito* (Mailand, 1942), 458–516, 587 ff

E. T. Cone: >Verdis letzte Opern: die Spielzeuge eines alten Mannes: die Spätwerke Verdis im Lichte der modernen Kritik<, *Perspektiven*, vi (1953), 127; engl. Original >The Old Man's Toys<, *Perspectives USA*, vi (1954), 114

W. Dean: >Shakespeare and Opera<, *Shakespeare in Music*, Hrsg. P. Hartnoll (London, 1964), 89–175

–: >Shakespeare in the Opera House<, *Shakespeare Survey*, xviii (1965), 75

A. Porter: >Translating Shakespeare<, *Opera*, xxxi (1980), 527, 753

siehe auch >Macbeth<, >Otello<, >Falstaff<, >Il re Lear<

Requiem

I. Pizzetti: >La religiosità di Verdi: introduzione alla Messa da Requiem<, *Nuova antologia*, i (1941)

D. Rosen: >Verdi's»Liber scriptus« Rewritten<, *MQ*, lv (1969), 151

–: >La *Messa* a Rossini e il *Requiem* per Manzoni<, *RIM*, iv (1969), 127; v (1970), 216

–: *The Genesis of Verdi's Requiem* (Diss. Univ. of California, Berkeley, 1976)

G. Martin: >Verdi, Manzoni, and the *Requiem*<, *Aspects of Verdi* (New York, 1988), 31–58

Messa per Rossini. Geschichte, Quellen, Musik (Internationale Bachakademie, Stuttgart 1988 [Schriftenreihe, i])

Quattro pezzi sacri, etc

M.C. Caputo: ›La Scala-Rebus e le *Ave maria* di G. Verdi‹, *Gazzetta musicale di Milano*, 1 (1895), 453

H. Scherchen: ›I quattro pezzi sacri‹, *Il diaposon* (1951), Febr.

F. Walker: ›Verdi's *Four Sacred Pieces*‹, *Ricordiana*, vi/2 (1961), 1

D. Stivender: ›The Composer of *Gesù morì*‹, *Newsletter of the American Institute for Verdi Studies*, Nr. 2 (1976), 6

M. Conati: ›Le *Ave Maria* su scala enigmatica di Verdi dalla prima alla seconda stesura (1889–1897)‹, *RIM*, xiii (1978), 280–311

GIACOMO PUCCINI

MOSCO CARNER

ERSTES KAPITEL
LEBEN

Ausbildung und frühe Kompositionen

Giacomo Puccini wurde am 23. Dezember 1858 in der toskanischen Stadt Lucca geboren und auf den Namen Giacomo Antonio Domenico Michele Secondo Maria Puccini getauft. Er war das herausragendste Mitglied einer Familie, die sich im musikalischen Leben der Stadt seit langem einen Namen gemacht hatte. Sein Ururgroßvater Giacomo (1712 bis 1781) und sein Urgroßvater Antonio (1747 bis 1832) waren beide Organisten an der Kirche San Martino und komponierten eine große Anzahl hauptsächlich geistlicher Werke. Antonios Sohn Domenico, (1772 bis 1825, Puccinis Großvater), erfreute sich als Komponist großer Wertschätzung: Seine Werke, besonders seine Opern (er war ein Schüler Paisiellos), zeugen von einem herausragenden Gespür für das Theater. Puccinis Vater Michele (1813 bis 1864), ein Schüler Donizettis und Mercadantes, war ein bedeutender Lehrer, starb aber, als Giacomo gerade fünf Jahre alt war. Da von ihm erwartet wurde, daß er als Organist und Chorleiter an San Martino der Familientradition folgen solle, erließen die Stadtväter 1864 ein Dekret, das besagte, sein Onkel Fortunato Magi solle die Stelle so lange verwalten, bis Giacomo alt genug sei, sie zu übernehmen. Magi war sein erster Lehrer, hatte mit dem Knaben indes wenig Erfolg, und auf Drängen seiner energischen Mutter setzte Puccini seine Studien bei dem Direktor des Istituto Musicale Pacini, Carlo Angeloni, fort, der, wie schon Magi, ein Schüler Michele Puccinis gewesen war. Im Alter von zehn Jahren trat Puccini den Chören von San Martino und San Michele bei, und vier Jahre später begann seine Organistentätigkeit daselbst und in anderen Kirchen in der Nähe von Lucca, darunter Mutigliano, Celle und Pascaglia.

Mit siebzehn begann er ernsthaft zu komponieren und schrieb Stücke für Orgel, die weitgehend das Ergebnis von

Improvisationen waren und in die er, sehr zum Erstaunen der Gemeinde, Stücke aus toskanischen Volksliedern und Opern wie *Rigoletto*, *Il trovatore* und *La traviata* einbaute, die er durch Angeloni kennengelernt hatte. Eine Aufführung von *Aida* in Pisa machte 1876 auf ihn einen derart gewaltigen Eindruck, daß er beschloß, mit der Familientradition zu brechen und seinem inneren Drang hin zur Komposition von Opern zu folgen. Später sagte er, daß die Aufführung in Pisa ihm ein musikalisches Fenster geöffnet hatte. Lucca indes war nicht der Ort, wo er das Opernhandwerk erlernen konnte, und es wurde Puccinis sehnlichster Wunsch, nach Mailand zu gehen, das mit der Scala und dem Konservatorium das Mekka aller angehenden Komponisten war.

Vier Jahre sollten vergehen, bevor sich sein Wunsch erfüllen ließ. Aus dieser ersten Zeit in Lucca stammen zwei sinfonische Präludien (1876), eine 1877 für einen Wettbewerb entstandene Kantate mit dem Titel *I figli d'Italia bella* sowie eine Motette und ein Credo (1878), die Puccini später in der As-Dur-Messe, seiner letzten Übung am Istituto Musicale Pacini (1880), verwendete. Mit Hilfe eines von Königin Margherita gestifteten Stipendiums für begabte Söhne aus armen Familien und der finanziellen Unterstützung eines Großonkels, Dottore Nicolao Cerù, trat Puccini im Herbst 1880 in das Mailänder Konservatorium ein und blieb dort drei Jahre. Seine wichtigsten Lehrer waren Antonio Bazzini und Ponchielli. Seine Erfahrungen in diesen drei Jahren hatten viel gemein mit denen der armen jungen Künstler, die in *La bohème* so eindringlich geschildert werden. Im Juli 1883 beendete er sein Studium mit einem Instrumentalstück, dem *Capriccio sinfonico*, das vom Studentenorchester unter Franco Faccio aufgeführt wurde und erstmals seine Begabung für melodischen Einfallsreichtum und farbenprächtige Orchestrierung offenbarte.

1884 bis 1904

Im April 1883 hatte der Mailänder Musikverlag von Edoardo
Sonzogno in der hauseigenen Zeitschrift *Il teatro illustrato*
einen Wettbewerb für Operneinakter ausgeschrieben (1889
wurde Mascagnis *Cavalleria Rusticana* auf diese Weise ent-
deckt), und Puccini, zu diesem Zeitpunkt immer noch Schüler
des Konservatoriums, hatte, von Ponchielli ermutigt, beschlossen, daran teilzunehmen. Durch Ponchiellis Vermittlung gewann er Ferdinando Fontana als Librettisten, der ihm zu einem
Stoff mit phantastischen, übernatürlichen Elementen riet: *Le
villi*. Das Stück geht auf eine erstmals von Heine erzählte
Legende zurück und wurde von Adolphe Adam für sein Ballett
Giselle, ou Les willis (Paris 1841) und von Edward Loder in
seiner Oper *The Night Dancers* (London, 1846) verwendet.
Solche Themen waren in der italienischen Oper jener Zeit,
die im Kielwasser der deutschen romantischen Opern von
Weber, Marschner und dem frühen Wagner segelte, beliebt.
(Catalani's *Loreley* [1880] ist ein weiteres Beispiel dieses Ein-
flusses). Als das Ergebnis des Wettbewerbs Anfang 1884 veröffentlicht wurde, erwähnte man *Le villi* nicht einmal: Die Jury
scheint sich nicht die Mühe gemacht zu haben, die hastig nie-
dergeschriebene und so gut wie unleserliche Partitur zu prü-
fen. Während einer Einladung im Hause des wohlhabenden
Mailänder Musikliebhabers Marco Sala, bei der eine Anzahl
einflußreicher Leute anwesend war, darunter Arrigo Boito,
spielte und sang kurze Zeit später Puccini seine Oper am Klavier mit so allgemeinem Erfolg, daß man beschloß, sie am
Teatro del Verme aufzuführen. Die dortige Aufführung am
31. Mai 1884 hatte so durchschlagenden Erfolg, daß die Oper
von Ricordi erworben wurde, auf dessen Rat hin Puccini sie zu
einem Zweiakter ausbaute (Turin, 1884). Darüberhinaus gab
der Verleger eine weitere Oper in Auftrag, wiederum mit
Fontana als Librettist. Dies war der Beginn von Puccinis le-
benslanger Bindung an das Hause Ricordi, in dessen Direktor
er einen väterlichen Mentor und Freund finden sollte. Die
neue Oper war der Vierakter *Edgar*, nach Alfred de Mussets

Giacomo Puccini (Mitte) mit seiner Frau Elvira und dem Sohn Antonio in Torre del Lago.

verwickeltem und schwülstigem Lese-Drama *La coupe et les lèvres*, das von Fontana offenbar wegen der zufälligen Ähnlichkeit der Handlung mit *Carmen* ausgewählt wurde. Für Puccinis ausgeprägt dramatisches Talent war dieses Libretto höchst ungeeignet, und er arbeitete vier Jahre daran. *Edgar* wurde am 21. April 1889 an der Scala uraufgeführt und sehr kühl aufgenommen, und obwohl der Komponist das Werk in der Folge auf drei Akte zusammenstrich (Ferrara, 1892) und 1901 und 1905 noch zweimal überarbeitete, konnte es sich doch nicht im Repertoire halten. In Puccinis eigenen Worten war es »una cantonata« – »ein Fehlschlag«. Während der Arbeit an *Edgar* begann Puccinis Beziehung zu Elvira Gemignani, der Frau eines Großhändlers aus Lucca, die ihm 1886 einen Sohn, Antonio, gebar. Erst 1904, nach dem Tod von Elviras Ehemann, konnte die Verbindung legalisiert werden.

Manon Lescaut war die erste von Puccinis Opern, für die er den Stoff selbst aussuchte. Der internationale Erfolg von Massenets *Manon* (1884) zog seine Aufmerksamkeit auf Abbé Prévosts berühmten Roman, dessen Handlung, Figuren und Atmosphäre seinem inneren Wesen auf besondere Weise entgegenkamen. Am Zustandekommen des Librettos waren fünf verschiedene Autoren beteiligt: zuerst Leoncavallo, dann Marco Praga und Domenico Oliva und schließlich Luigi Illica und Giuseppe Giacosa, daneben stand Ricordi noch hilfreich zur Seite und Puccini überwachte den gesamten Vorgang. Wegen ihrer zahlreichen Väter wurde *Manon Lescaut*, wie man die Oper dann nannte, um sie von Massenets Vertonung zu unterscheiden, ohne die Namen der Librettisten veröffentlicht. Bei der Uraufführung in Turin am 1. Februar 1893 erzielte das Werk einen Erfolg, wie er Puccini nie wieder beschieden sein sollte, und machte seinen Namen auch außerhalb Italiens bekannt. Die Londoner Aufführung 1894 veranlaßte Bernard Shaw, zu dieser Zeit Musikkritiker von *The World*, zu den prophetischen Worten: »Puccini scheint mir mehr als irgendeiner seiner Rivalen der Erbe Verdis zu sein«. 1891, als er an der Oper arbeitete, erwarb der Komponist ein Haus in Torre del Lago am Lago di Massaciuccoli, wo er bis 1921 lebte und alle seine Opern, mit Ausnahme von *Turandot*, schrieb. Nach Puccinis Tod baute sein Sohn das Haus in ein Mausoleum mit Museum um, in welchem der Komponist und seine 1930 verstorbene Frau beigesetzt wurden.

La bohème war die erste der drei Opern, an denen Puccini erfolgreich mit Illica und Giacosa zusammenarbeitete, eine Gemeinschaft, die Ricordi scherzhaft die »Heilige Dreifaltigkeit« nannte. Es handelte sich vielleicht um das beste Autorengespann, das Puccini in seiner gesamten Karriere hatte. Es gab eine klare Arbeitsteilung: Illica erfand das Szenarium und die anschaulichen Begebenheiten, wohingegen Giacosa für das literarische Profil und das Verseschreiben zuständig war, Puccini aber einen äußerst aktiven Part in der Ausformung des

Librettos innehatte. Dies führte unausweichlich zu häufigen Streitereien unter den dreien, und Giacosa, selbst ein angesehener Dichter und Schriftsteller, drohte mehr als einmal, sich von den anderen zu trennen. Letzten Endes setzte sich aber immer Puccini durch, wegen seines ausgeprägten Sinns für das Theater. Zum Beispiel entwickelte er aus einem kleinen Hinweis in Prévosts Roman den einzigartigen Deportationsakt in *Manon Lescaut*, hatte im letzten Akt von *La fanciulla del West* die Idee der Banditenjagd und schuf die Figur der Liù und ihren Selbstmord in *Turandot*. Die neue Oper nach Henry Murgers autobiographischen *Scènes de la vie de Bohème* kam am 1. Februar 1896 in Turin unter Toscaninis Leitung zur Uraufführung, hatte indes keinen unmittelbaren Erfolg, da die Kritik eine Oper nach Art der romantischen Tragik von *Manon Lescaut* erwartet hatte. In ihrer Mischung aus leichtherzigen und sentimentalen Szenen und ihrem vorherrschenden Konversationsstil erinnerte *La bohème* an eine Operette und wies dazu noch in Harmonik und Instrumentierung impressionistische Züge auf. Die fortschreitenden parallelen Quinten zu Beginn des dritten Aktes wurden besonders angeprangert. Heute sehen manche Kritiker in dieser Oper Puccinis Meisterwerk.

Das Vorhaben, Victorien Sardous *Tosca* zu vertonen, reicht bis ins Jahr 1889 zurück, in die Zeit unmittelbar nach der Premiere von *Edgar*. Puccini hegte zunächst ernsthafte Zweifel, ob dieses blutrünstige Melodram überhaupt für ihn geeignet wäre. Es war sein erster Ausflug in die Sphäre des *verismo*. Die Uraufführung fand am 14. Januar 1900 in Rom im Teatro Costanzi statt, in angespannter Atmosphäre und belastet vom wilden Gerücht eines Bombenattentats. Doch nichts passierte und *Tosca* war ein überragender römischer Publikumserfolg beschieden. Andererseits griffen die Kritiker das Stück wegen der sadistischen Grausamkeit und Brutalität der Handlung an, die ihrer Meinung nach ernsthaft den angeborenen Lyrismus des Komponisten tangierte. Doch erkannten sie sein enormes Geschick bei der musikalischen Charakterisierung der Atmosphäre und der Hauptdarsteller an, darüber hinaus die ideale Anpassung der Musik an die raschen Stimmungswechsel auf der Bühne. Aus heutiger Sicht ist es gerade bewundernswert, daß Puccini den brutalen Szenen des Librettos so viele gefühlvolle Momente abringen konnte.

Im Sommer 1900 sah Puccini in London David Belascos einaktiges Schauspiel *Madam Butterfly*, das auf eine Zeitungsgeschichte über eine wahre Begebenheit von John Luther Long zurückgeht. Obgleich er kaum Englisch verstand, war er doch zutiefst beeindruckt von der Person und dem Schicksal der kleinen Geisha, außerdem faszinierte ihn die exotische Atmosphäre. In Anlehnung an das Stück erwog Puccini zuerst eine einaktige Oper mit einem Vorspiel – den jetzigen ersten Akt –, entschied sich dann aber für zwei Akte, wobei die beiden Teile des zweiten Aktes durch Butterflys Nachtwache, die von einem Orchesterzwischenspiel begleitet ist, voneinander getrennt wurden. Da er diese Oper als sein gelungenstes und, vom kompositionstechnischen Standpunkt aus gesehen, reifstes Werk betrachtete, setzte er in die Premiere an der Scala am 17. Februar 1904 große Erwartungen. Doch der Abend wurde zu einem Fiasko, wie es in den Annalen der Oper nur selten vorkommt. Das Publikum pfiff, schrie dazwischen und machte ironische Bemerkungen über die Heldin. Das Chaos scheint von seinen eifersüchtigen Rivalen inszeniert worden zu sein, die, wie schon im Falle von *Tosca*, die Vorstellung zu Fall bringen wollten. Puccini zog die Oper nach einer einzigen Vorstellung zurück, nahm in der Musik und im Text kluge Kürzungen vor und teilte die Handlung in drei Akte ein, wobei das Orchesterzwischenspiel zum dritten Akt überleitet. In dieser Fassung wurde die Oper mit großem Erfolg im Mai 1904 in Brescia gespielt. Es existieren noch zwei weitere Fassungen, 1905 für London und 1906 für Paris, wobei letztere die endgültige darstellt.

Mittlere und späte Jahre

Sechs Jahre vergingen bis zu Puccinis nächster Oper. Einer der Hauptgründe für sein langsames Vorankommen war eine häusliche Tragödie, die im Januar 1909 mit dem Selbstmord von Doria Manfredi, einem Hausmädchen der Puccinis, endete. Puccinis krankhaft eifersüchtige Ehefrau Elvira hatte sie einer intimen Beziehung mit ihrem Ehemann verdächtigt. Die Affäre kam vor Gericht, das aufgrund der Ergebnisse einer Autopsie die Unschuld des Mädchens feststellte und Elvira schuldig sprach. Der Fall erregte ungeheueres Aufsehen in Italien, und die damit einhergehende Publizität beeinträchtigte den hypersensiblen und extrem verletzlichen Komponisten so sehr, daß noch einige Zeit danach seine kreative Energie und seine Arbeitslust wie gelähmt waren. Darüber hinaus war er in seiner Karriere an einen Punkt gelangt, an dem er sich von der ›empfindsamen Tragik‹ seiner bisherigen Opern abwenden wollte und eine härtere, männlichere Gangart anstrebte, wie er es zuerst in *Tosca* versucht hatte. In Belascos *The Girl of the Golden West*, fand er einen Stoff dieser Art. Er hatte das Stück 1907 in New York gesehen, wo er sich anläßlich eines Puccini-Festivals an der Metropolitan Opera aufhielt. Es scheint, daß die Mischung aus krassem Realismus und gefühlsgeladener Romantik in diesem Wildwest-Melodram, das unter Goldgräbern zur Zeit des ersten kalifornischen Goldrausches spielt, von ganz besonderem Reiz für ihn war. Carlo Zangarini und Guelfo Civinini waren die Librettisten, da nach Giacosas Tod 1906 Illica als alleiniger Mitarbeiter Puccini nicht länger zufriedenstellen konnte. Da es sich bei *La fanciulla del West* um eine ›amerikanische‹ Oper handelte, sicherte sich Gatti-Casazza, der damalige Direktor der Metropolitan Opera, die Weltpremiere für sein Theater am 10. Dezember 1910, mit Toscanini am Pult, Enrico Caruso als Johnson und Emmy Destin als Minnie (siehe Abb., S. 350). Mit einer solchen Besetzung konnte die Oper einen Publikumserfolg nicht verfehlen; die Kritiker hingegen waren eher zurückhaltend. Kompositionstechnisch gesehen ist die Oper in jeder Hinsicht ein Meister-

Schlußszene der Uraufführung von »La fanciulla del West« (New York, Metropolitan Opera, 1910) mit Emmy Destinn (Minnie), Enrico Caruso (Johnson) und Pasquale Amato (Rance).

werk, vor allem was die an Debussy erinnernde Harmonik und die an Strauss angelehnte Orchestrierung angeht, und Puccinis Antwort auf die harte Kritik, die jeder seiner neuen Opern entgegenscholl. Allerdings fehlt ihr der strahlende lyrische Ausdruck, was aber weitgehend beabsichtigt war, bedenkt man, daß dies mit dem sich wandelnden melodischen Stil des Komponisten einhergeht.

In der Zwischenzeit wuchs eine neue Generation italienischer Komponisten heran (Pizzetti, Casella, Malipiero), die das *melodramma* des 19. Jahrhunderts und den Gesang insgesamt verdammten (und doch ist es interessant, daß in späteren Jahren gerade diese Gruppe einstiger Feuerköpfe selbst Opern schrieb). Diese Anti-Opern-Bewegung vertrat eine verjüngte Rückkehr zum Geist und Charakter der alten Meister italienischer Instrumentalmusik (Frescobaldi, Corelli, Legrenzi, Vivaldi). Die Attacken richteten sich hauptsächliche gegen Puccini, dem man eine bürgerliche Mentalität, fehlende Ideale und Geschäftstüchtigkeit vorwarf. Intellektueller Wortführer dieser Bewegung war der Musikwissenschaftler Fausto Torrefranca, der 1912 ein Buch mit dem bezeichnenden Titel *Giacomo Puccini e l'opera internazionale* herausgab. Soweit bekannt, äußerte sich Puccini öffentlich nie zu diesen Angriffen.

Ernstliche Differenzen mit Giulio Ricordis Sohn Tito, der nach dem Tod seines Vaters 1912 die Leitung der Firma übernahm, waren ausschlaggebend dafür, daß Puccini 1913 das lukrative Angebot der Direktoren des Wiener Karltheaters, Eibenschütz und Berté, annahm, eine Operette zu schreiben. Er sollte lediglich acht oder zehn Numern komponieren, der Rest sollte aus gesprochenen Dialogen bestehen. Das erste, von den Wienern vorgelegte Libretto lehnte er ab, das nächste vertraute er dem jungen Schriftsteller Giuseppe Adami an, der nach mancherlei Umarbeitungen schließlich ein annehmbares ›Buch‹ mit dem Titel *La rondine* vorlegte. Obwohl das Stück bei der Premiere am 27. März 1917 in Monte Carlo herzlich aufgenommen wurde, gilt es doch als Puccinis schwächstes Werk, das unsicher zwischen Oper und Operette schwankt und bar jeglicher packender lyrischer Melodik ist. Technisch

ist es geschickt gearbeitet und besitzt zudem einen gewissen
Reiz, besonders in der Walzermusik. *La rondine* ist das einzige
Werk Puccinis, das bei Ricordis Konkurrenten Sonzogno erschien. Seinetwegen wurde Puccini von Léon Daudet und dessen nationalistischem Blatt *L'action française* des fehlenden Pa-
triotismus angeklagt, nachdem Italien auf der Seite der Alliier-
ten in den Krieg eingetreten war.

Noch während der Arbeit an der Operette begann Puccini
mit der Komposition von *Il tabarro*, nach dem französischen
Schauspiel *La houppelande* von Didier Gold, das er 1913 in Paris
gesehen hatte. Dies war der erste von drei Einaktern, die unter
dem Obertitel *Il trittico* bekannt sind, und in denen Puccini
dem Schema des Pariser Grand Guignol folgte – eine grauen-
erregende Episode, eine sentimentale Tragödie und eine Komödie oder Farce. Adami war der Librettist von *Il tabarro*, die
Texte zu *Suor Angelica* und *Gianni Schicchi* stammen von Giovacchino Forzano, der die Komödie nach einigen wenigen Zeilen aus Dantes *Inferno* schuf. Da immer noch Krieg herrschte
und die meisten italienischen Musiker in der Armee dienten,
nahm Puccini das Angebot der Metropolitan Opera Anfang
des Jahres 1918 bereitwillig an, die Premiere am 14. Dezember
dort stattfinden zu lassen. Die europäische Erstaufführung erfolgte am 11. Januar 1919 in Rom. Beide Male erzielte die Komödie den größten Erfolg, wohingegen die ersten beiden Einakter lauwarm aufgenommen wurden. *Gianni Schicchi*, der eine
ungeahnte komische Ader Puccinis enthüllt (eine verblüffende
Parallele zu Verdi und dessen *Falstaff*), wurde in den folgenden Jahren, sehr zum Leidwesen des Komponisten, ohne die
anderen beiden Stücke gegeben, normalerweise zusammen
mit einem fremden Werk. In jüngerer Zeit konnte *Il tabarro*,
der wegen seiner düsteren Atmosphäre und dramatischen
Konzentration so außergewöhnlich ist, zeigen, was in ihm
steckt, und gelegentliche Aufführungen des gesamten Tripty-
chons haben die Lebensfähigkeit von Puccinis Konzeption bewiesen.

Als Puccini die Sechzig überschritten hatte, war er an einem
entscheidenden Wendepunkt angekommen: Er war entschlos-

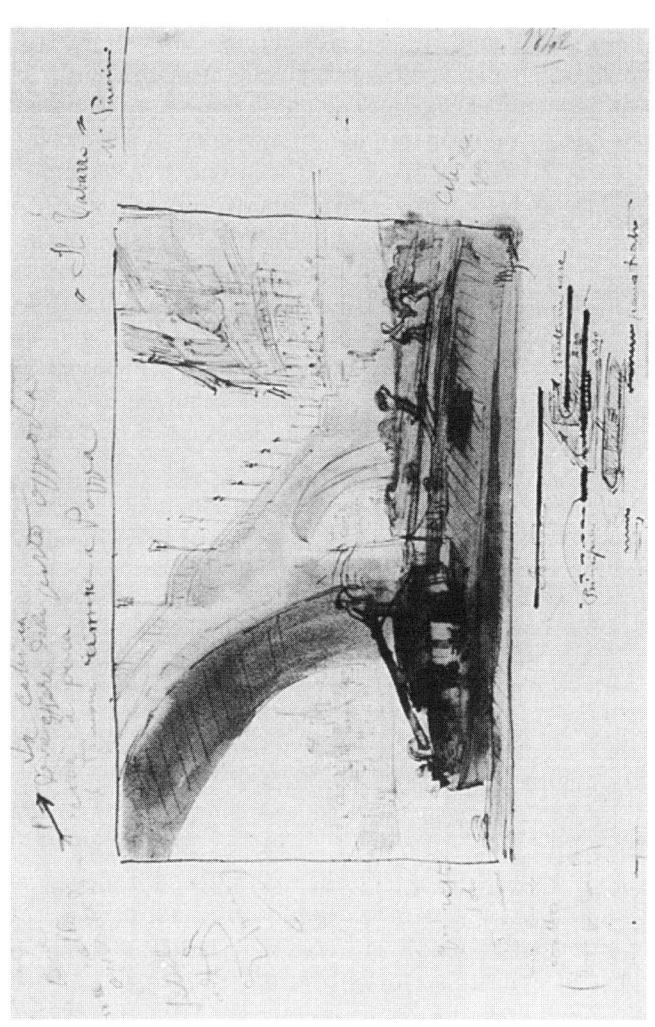

Bühnenbild-
entwurf von
G. B. Santoni
für Puccinis
Einakter »Il
tabarro«, mit
Randbemerkun-
gen des Kompo-
nisten.

sen »tentar vie non battute«, sich abseits der ausgetretenen Wege zu begeben, und hielt nach einem phantastischen, märchenartigen Stoff Ausschau, der gleichzeitig Charaktere aus Fleisch und Blut enthalten sollte. Er entschied sich schließlich für Gozzis *Turandotte*, einen Stoff, den ihm Renato Simoni vorgeschlagen hatte, ein Gozzi-Experte und selbst Autor eines Stückes über ihn; Simoni und Adami arbeiteten mit dem Komponisten zusammen. Für Puccini war dieses fünfaktige Schauspiel das menschlichste von Gozzis dramatischen *fiabe*, und schon Gozzi selbst hatte dies so empfunden, als er das Stück schrieb. Puccini fühlte, daß er sich mit *Turandot* auf eine andere Ebene erhob, daß ein »originelles und vielleicht einzigartiges Werk im Entstehen« war, im Vergleich mit dem seine ganze bisherige Musik »ein Farce« zu sein schien. Aber keine andere seiner Opern kostete ihn so viel Arbeit und Mühe, besonders das große Liebesduett im dritten Akt, und keine andere seiner Opern hatte ihn je in so viele Zweifel über seine schöpferische Kraft gestürzt. Seine Briefe an die beiden Textdichter drückten eine fieberhafte Dringlichkeit und Qual aus, und er flehte sie ständig an, mit der Arbeit an dem Libretto fortzufahren; es scheint, als habe er eine Vorahnung gehabt, daß er nicht lange genug leben würde, um die Oper zu vollenden. In einem Augenblick der schrecklichsten Verzweiflung schrieb er einen Brief an Adami, in dem er klar die Grenzen seiner Begabung erkannte:

»Ich lege die Hände aufs Klavier und beschmutze sie mir mit Staub! Mein Schreibtisch ist ein Meer von Briefen – aber es gibt keine Spur von Musik. Die Musik? eine nutzlose Sache. Da ich kein Libretto habe, wie mache ich Musik? Ich habe diesen großen Mangel, nur zu komponieren, wenn meine Marionetten aus Fleisch und Blut sich auf der Bühne bewegen... Ich bin vor so vielen Jahren geboren, so vielen, zu vielen, fast ein Jahrhundert... und der heilige Gott berührte mich mit dem kleinen Finger und sagte: ›Schreib für das Theater: hörst du – nur für das Theater‹, und ich habe den höchsten Rat befolgt. O ihr, die ihr zu arbeiten behauptet und

statt dessen alles andere macht, hier Filme, dort Theaterstücke,
hier Gedichte, dort Artikel... und nicht denkt, wie ihr denken
solltet, an einen Mann, dem der Boden unter den Füßen brennt
und der jede Stunde, jeden Tag den Grund wegbrechen spürt
wie bei einem Erdrutsch, der ihn davonreißt!«

Mitten in der Arbeit an *Turandot* entschloß sich Puccini, aus
seinem geliebten Torre del Lago wegzuziehen, wo die Errich-
tung einer Torffabrik ihm das Leben unmöglich gemacht hatte,
und ließ sich im Dezember 1921 in Viareggio nieder. Gegen
Ende des Jahres 1923 fing er an, über Schmerzen im Hals zu
klagen. Im Herbst 1924 diagnostizierten drei Spezialisten
Krebs. In Begleitung seines Sohnes begab er sich nach Brüssel
in die Klinik La Couronne und unterzog sich einer Strahlen-
behandlung. Obgleich die Behandlung erfolgreich schien, hielt
sein Herz den Strapazen nicht stand, und er starb am 29. November. Seine Leiche wurde nach Mailand überführt und vor-
übergehend in Mussolinis Familiengruft beigesetzt. Ganz Italien trug Trauer und Mussolini hielt die Grabrede. Zwei Jahre
später wurden seine sterblichen Überreste in Torre del Lago
beigesetzt.

Puccini hinterließ ein Bündel mit Skizzen für die letzten
beiden Szenen von *Turandot* (siehe Abb., S. 366). Sie wurden, wenn auch nicht komplett, von Franco Alfano für die
Vollendung der Oper benützt. Die Uraufführung erfolgte am
25. April 1926 in der Mailänder Scala, und Toscanini brach die
Vorstellung nach dem Tod Liùs ab, der letzten Szene, die
Puccini noch vollenden konnte. Zwei Abende später, am
27. April, wurde die Oper mit einer überarbeiteten und stark
gekürzten Fassung von Alfanos Schluß aufgeführt.

ZWEITES KAPITEL
PUCCINI UND DIE OPER

Konzeption

Puccini hatte eine genaue Vorstellung von der Oper, die sich durch eine konsequente und eigenwillige Auffassung von musikdramatischem Denken auszeichnete. Gewiß handelte es sich um eine enge Vorstellung – wenngleich er versuchte, sie mit *Gianni Schicchi* und *Turandot* zu erweitern –, die auch nicht frei von neurotischen Zügen war. Verglichen mit den größten Musikdramatikern lebte Puccini in einer Welt künstlerischer Überzeugungen, die sich auf Probleme der Handlung, Vielfalt und Beschaffenheit der Personen und musikalische Tiefe beschränkte. Es ist für das Ethos seiner Opern bezeichnend, daß von den zwölf, die er schrieb, sieben den Namen der Heldinnen tragen, die, mit Ausnahme von Minnie und Turandot, alle ein und demselben Typus angehören. Puccini hebt uns nicht auf so viele unterschiedliche Ebenen wie Mozart, Wagner, Verdi und Strauss, sondern auf seine eigene, so sehr charakteristische Ebene, wo Erotik, Leidenschaft, Sinnlichkeit, Zärtlichkeit, Pathos und Verzweiflung aufeinanderstoßen und sich verschmelzen. Und hier war er der unbestrittene Meister seines Fachs.

Wie für jeden geborenen Musikdramatiker war für ihn die Arbeit am Libretto ein schöpferischer Vorgang, der ebenso wichtig wie die Vertonung selbst ist. In seinen eigenen Worten: »Die Grundlage einer Oper ist der Stoff und seine dramatische Behandlung.« Was immer man auch der Beschränkung auf den Stoff und dessen dramatischer und psychologischer Handhabung kritisch entgegenhalten kann, so bleibt doch die Tatsache bestehen, daß seine Libretti außerordentlich bühnenwirksam sind und ihm genau die Möglichkeiten verschafften, die er zur vollen Entfaltung seiner Phantasie benötigte. Puccinis Ziel war nicht ein Musik-Drama im Wagnerschen Sinne, sondern ein musikalisches Drama; und doch dachte er auf seine Art in den Begriffen eines ›Gesamtkunstwerks‹, in dem der gesamte theatralische Vorgang – Gesang, Spiel, Deklamation, Mimik, Gestik, Bewegung, Kostüme, Bühnenbild und Beleuchtung – ein Höchstmaß an Wirkung hervorrufen sollte. So bestand er darauf, daß die Beleuchtung und, unmittelbar damit verbunden, die Verwandlungen »mit einem aufmerksamen Ohr« ausgeführt werden sollten, und er war, wie Berg im *Wozzeck*, von dem genauen Moment besessen, an dem der Vorhang aufgehen oder fallen sollte – denn »ein Vorhang, der zu früh oder zu spät fällt, bedeutet oft den Mißerfolg einer Oper«. Von *Tosca* an waren seine Szenenanweisungen weitaus genauer als die von Verdi, und seine Opern verlangen wandlungsfähigere singende Schauspieler, als die Werke des älteren Komponisten.

Dramaturgie

Puccinis Dramaturgie hat viel mit der Technik von Kurzgeschichten gemein. Die Handlung entwickelt sich stets klar und logisch, geht von einem klaren Ausgangspunkt aus, besitzt eine Mitte und ein Ende. Die Handlungsführung war für Puccini das Hauptmittel, um die Aufmerksamkeit des Zuschauers zu lenken und aufrecht zu erhalten. Er wünschte sie sich stets geradlinig und einfach, so daß die Vorkommnisse und ihre Motive sich so weit wie möglich von selbst erklärten. Er bestand auf der von ihm so genannten »evidenza della situazione«, der Deutlichkeit der Situation, die den Zuschauer dazu befähigen würde, dem Drama zu folgen, selbst wenn er die Worte nicht verstand. Dies war eines seiner höchsten Kriterien, wenn er, auf seiner ständigen Suche nach geeigneten Stoffen, Aufführungen von Dramen in fremden Sprachen sah, wie *Madam Butterfly* und *Tosca*. Er verlangte nach dramatischen Stoffen von äußerster Sparsamkeit, und so wurden, mit Ausnahme von *La bohème*, Nebenhandlungen im ursprünglichen Drama oder Roman eliminiert und historische oder lokale Schilderungen entfernt, sofern sie nicht der Schaffung einer

besonderen Atmosphäre dienten. Diese Vorliebe für Ge-
drängtheit und Konzentration führte zu einer raschen Entfaltung des Dramas und einer stetig wachsenden Spannung. Ist
die Handlung bei Puccini erst einmal in Gang gekommen, gibt
es kaum etwas, was das Interesse unterbricht oder ablenkt.
Spannung und überraschende Wendungen stellen sich durch
rechtzeitige Ereignisse ein, und die Katastrophe nähert sich in
Riesenschritten. Doch in seinem Bestreben, ein Höchstmaß an
Verknappung herzustellen, schoß Puccini manchmal über das
Ziel hinaus. Er unterdrückte und/oder komprimierte narrative
und psychologische Details zu stark, die notwendig wären, um
die Figuren wirklich überzeugend zu begründen. Darin stand
er indes nicht allein: Auch in der Dramaturgie des frühen und
mittleren Verdi war ein zu starkes Zusammendrängen ein
Schwachpunkt.

Fünf von Puccinis Opern beherzigen die klassische Einheit
von Handlung, Zeit und Ort – ein unwägbarer aber bedeutsa-
mer Faktor, der in hohem Maße zu der konzentrierten Wirkung auf den Zuschauer beiträgt. In *Tosca* und *Turandot* läuft
die Handlung innerhalb von 24 Stunden ab, im *Trittico* zwang
schon die einaktige Form der Episoden den Komponisten unweigerlich dazu, der klassischen Einheit streng zu folgen. Jede
Episode hat eine Aufführungsdauer von weniger als einer
Stunde, und ist doch so gut gebaut, daß sie die verkürzte Version einer abendfüllenden, dreiaktigen Oper mit Exposition,
Peripetie und Auflösung darstellt.

Der Theatermann Puccini besaß eine Begabung, um die ihn
so mancher Dramatiker beneiden würde und über die nur wenige Opernkomponisten verfügten. Die Franzosen nennen
dies »l'optique du théâtre«, also einen Blick für den rein vi-
suellen Effekt einer Szene. »Sei sparsam mit Worten und
versuche, die Ereignisse fürs Auge mehr als fürs Ohr klar und
brillant darzustellen«, schrieb Puccini an Adami während der
Arbeit an *Turandot.* Jede Puccini-Oper enthält mindestens
eine als Bühnenereignis überwältigende Szene, z.B. die Ein-
schiffung im dritten Akt von *Manon Lescaut* oder der Trauer-
zug für Liù im dritten Akt von *Turandot.* Diese Szenen feuer-

Giacomo Puccini

ten die Phantasie des Komponisten natürlich besonders stark
an. Diesem Sinn für das rein Visuelle als dramatischem Mittel
entsprang Puccinis Vorliebe für stumme Szenen; in ihnen verließ er sich für die gewünschte Wirkung fast immer ausschließlich auf das Bühnengeschehen und schrieb dafür lediglich eine Begleitmusik. Ein glänzendes Beispiel stellt etwa die
stumme Handlung dar, die dem Mord Toscas an Scarpia folgt,
ein anderes Ankunft und Abschied der Tante in *Suor Angelica*.
Auch die meisterhafte Verwendung der dramatischen Pause
durch den Komponisten sollte nicht unerwähnt bleiben. Sie
wird vor allem im Augenblick der höchsten Spannung eingesetzt, wo sie eine Wirkung erzielt, die Worten oder Musik
weit überlegen ist. Puccini nannte dies »musica sottintesa« –
»stillschweigende Musik«. In dieser Hinsicht tat er es Verdi
gleich, der einmal bemerkte, »daß es Augenblicke im Theater
gibt, wo Dichter und Komponist die Fähigkeit haben müssen,
weder Dichtung noch Musik zu schreiben«.

In den Augen Puccinis hatte das Theater seine festen und
unwandelbaren Gesetze: es sollte, so sagte er, Teilnahme erre-
gen, überraschen, zu Tränen rühren oder zum Lachen reizen.
Ein Teil seines Erfolgsgeheimnisses ist, daß er in praktisch all
seinen Opern diese Forderungen voll beherzigte. Darüberhinaus war er sich sehr wohl bewußt, daß eine Oper, wie dramatisch sie auch immer sei, nicht nur aus Handlung, Bewegung
und Konflikten besteht, sondern auch ihre Augenblicke des
Stillstands und der Ruhe benötigte, Augenblicke, die mit einer
poetisch-lyrischen Musik erfüllt werden mußten. Puccini ran-
giert weit über Mascagni, Leoncavallo, Giordano, Cilea und
seinen anderen italienischen Zeitgenossen: Er war ihnen allen
an melodischer Erfindungskraft, Einsicht in die Unwägbarkei-
ten der musikalischen und dramatischen Struktur sowie aufgrund seines hochentwickelten Gespürs für die Beziehung
zwischen Text und Musik überlegen. Selbst seine veristischen
Opern *Tosca*, *Butterfly*, *La fanciulla del West* und *Il tabarro*
besitzen eine Dimension, die sie über die begrenzten Maß-
stäbe des puren Realismus hinaushebt. Daher rühren seine
ständigen Forderungen an seine Librettisten, ihm Raum für

die Ausarbeitung seiner lyrischen Klangfarben zu lassen, Raum
für eine »liebevolle kleine Phrase«, für »empfindsame, zärtliche, lichte und außergewöhnliche Episoden« mit einer »Spur
von fröhlichem, frischem Lachen«. Er besaß äußerst empfind-
liche Antennen für »le cose piccole«, die kleinen Dinge im
Leben von kleinen, unbedeutenden Leuten und für »grande
dolore in piccole anime«, die großen Schmerzen in kleinen
Seelen. Aber dies war nur eine Seite seines Genies. Er fühlte
sich ebenso stark vom Vollblütigen angezogen, wie *Tosca, La
fanciulla* und *Turandot* beweisen.

Puccinis Heldin

»Chi ha vissuto per amore, per amore si morì« – »wer für die
Liebe gelebt hat, starb für die Liebe«, singt der Straßenverkäu-
fer in *Il tabarro*. Dies könnte die Beschreibung des von seinen
Protagonisten erlittenen Schicksals sein, vor allem seiner Heldinnen, die, meist sind es zerbrechliche Kreaturen, für die
Liebe leben und sterben. Diese Gleichung von Eros und Tha-
natos, die Vorstellung von der Liebe als tragischer Schuld, die
mit dem Tod gesühnt werden muß, ist natürlich ein ewig wiederkehrendes Thema in Drama und Oper und wurde nirgends
so erhaben vorgeführt und mit solch psychologischer und me-
taphysischer Tiefe ausgelotet wie in Wagners *Tristan*. Bei
Puccini war diese Vorstellung nicht mit solcher Bedeutung
aufgeladen, sondern im wesentlichen Ausdruck eines eroti-
schen Nihilismus, der im krassen Gegensatz zum Hedonismus
seines Privatlebens stand. Und doch ist das eigentümliche dramatische Muster, das er dem Thema aufzwingt, verblüffend. In
einer Puccini-Oper wird die Heldin, um die sich die Handlung spinnt wie um einen Dreh- und Angelpunkt, stets als
aufrichtig und grenzenlos liebende Frau gezeigt. In der Sicht
des Komponisten liegt hierin eine Schuld, für die sie mit physischen und psychischen Leiden bestraft und stufenweise zer-
mürbt werden muß, bis sie zugrunde geht. In diesem Prozeß
des Zermürbens, in dem ausgeklügelte Grausamkeit gegen

tiefe Leidenschaft steht, hat Puccini ein ganz persönliches dramatisches Muster geschaffen. Die männlichen Rollen haben, mit ein oder zwei Ausnahmen, die Funktion des Katalysators (Tenorliebhaber) oder des Verfolgers (Bariton) inne. In *Suor Angelica* und *Turandot* kommt einer weiblichen Rolle die Funktion des Verfolgers zu – im ersten Fall der Tante, im zweiten der chinesischen Prinzessin. Die Tatsache, daß Puccini in so gut wie allen seinen Opern an diesem Muster festhielt, läßt vermuten, daß es einem tief in seinem Unterbewußtsein verankerten Bild entsprang und dadurch die Macht eines inneren Zwanges erhielt.

Musikalische Atmosphäre

Ein weiteres Kennzeichen von Puccinis dramatischem Stil ist sein Vermögen, die Atmosphäre einer Handlung wiederzugeben. Man kann drei Arten in seinem Werk unterscheiden. Einmal die ›dokumentarische‹ Atmosphäre, z.B. die Glockenklänge im dritten Akt von *Tosca*, für die Puccini eigens eine Reise nach Rom unternahm, um aus erster Hand einen Eindruck der Morgengeläuts der Kirchen rund um die Engelsburg zu gewinnen. Dies erinnert an Zola, der für seinen Roman *Germinal* in die nordfranzösischen Kohleminen hinabstieg. Und Flauberts vorbereitende archäologische Studien zu *Salammbô* finden ihre Parallele in Puccinis Studium ethnographischer und musikologischer Literatur über Japan und China, das der *Butterfly* und später der *Turandot* vorausging. Der musikalische Exotismus dieser Opern – ähnliches gilt für *La fanciulla* – sollte indes nicht nur eine authentische Atmosphäre suggerieren, sondern entsprang auch dem Verlangen des Komponisten, ein poetisches Ambiente zu schaffen. Die japanischen, chinesischen und nordamerikanischen Melodien in diesen Werken sind keine reinen Zitate, sondern organisch in das Gewebe von Puccinis eigener Musik eingearbeitet, um es mit Lokalkolorit anzureichern. Puccini absorbierte ihre Melodik, ihre Rhythmik und ihren instrumentalen Tonfall so völlig in seinen eigenen Stil, daß es keinen Unterschied gibt zwischen seinem >westlichen< und seinem >exotischen< Stil. *Butterfly*, *La fanciulla* und *Turandot* sind stilistisch völlig homogen. Die befruchtende Wirkung, die dieses exotische Material auf sein Werk ausübte, kann mit Bartók, de Falla und Vaughan Williams verglichen werden, deren Musik von der heimischen Folklore beeinflußt ist.

Zur dokumentarischen und poetischen Atmosphäre tritt die psychologische Atmosphäre hinzu, die das Nervenzentrum jeder Puccini-Oper ist und ihren besonderen emotionalen Charakter bestimmt. Obgleich der dramatische Kosmos überschaubar ist, hat doch jede Oper ihren eigenen emotionalen Tonfall, der sich von seinen Schwesterwerken unterscheidet. Nur ein Komponist, der ein so hoch entwickelten Gespür für psychologische Atmosphäre besaß, konnte *Il trittico* schaffen, in dem drei in ihrem emotionalen Umfeld so radikal unterschiedene Episoden nebeneinander gestellt werden. Nicht zuletzt kann Puccinis Rang als Musikdramatiker an seiner Fähigkeit gemessen werden, seine Erfindungsgabe so vollständig dem psychologischen Charakter eines Librettos zu unterwerfen. Darüberhinaus beginnt praktisch jede seiner zwölf Opern mit einem von ihm so genannten »motivo di prima intenzione«, das den Zuschauer in dessen Ambiente katapultiert. Bezeichnend in diesem Zusammenhang sind seine an Adami gerichteten Worte: »Die Schwierigkeit liegt darin, wie man eine Oper beginnt, also, wie man ihre musikalische Atmosphäre findet. Wenn der Auftrag einmal festgelegt und geschrieben ist, gibt es nichts mehr zu befürchten«.

Melodik und Arientypen

Puccini schrieb einmal: »Ohne eine frische und eindringliche Melodik kann es keine Musik geben«. Damit legte er den Finger auf eben jenen Punkt, in dem viele sein größtes Talent als Opernkomponist sehen. Es ist in der Tat fraglich, ob seinen Opern, trotz seines außerordentlichen Theaterinstinkts und der Aufmerksamkeit, die er der Handlungsführung beimaß, ein so allgemeiner und anhaltender Erfolg zuteil geworden wäre, hätte er nicht über so bemerkenswerte Fähigkeiten als Melodiker verfügt. Hierin zeigte sich seine tiefe Verwurzelung in der Tradition der italienischen Oper und erwies er sich als der wahre Nachfolger Verdis, auch wenn sein melodisches Kapital nicht so reich und vielgestalt war, wie das des älteren Meisters. Sein melodischer Stil kann am besten in den Arien untersucht werden, die auf ganz natürliche Weise aus der Handlung heraus entstehen und den Höhepunkt im lyrischen Ausdruck einer Figur darstellen. Puccini war ein zu ernsthafter Dramatiker, um sich Giordanos halb scherzhafter Äußerung anzuschließen: »Erfinde ein gutes Lied und schreib dann eine Oper darum herum!« In späteren Jahren war er sogar der Überzeugung, daß Toscas Gebet »Vissi d'arte« das Drama aufhalten würde und neigte dazu, es zu streichen. Dabei handelt es sich hier um jene Arie, in der sich seine Melodik am vollkommensten verwirklicht. Obwohl sie sich durch große sinnliche Wärme und strahlende Leuchtkraft auszeichnet, wird ihre Sanglichkeit durch die überwiegend diatonisch geführte Melodik noch beträchtlich erhöht. Puccinis Arien beginnen fast immer langsam und zögernd, wobei das Thema zuerst vom Orchester gespielt wird, während die Stimme, wie bei Massenet und Debussy, rezitativisch auf sanft wiederholten Noten dahingleitet. Puccinis zärtliche, anmutige und unendlich geschmeidige Kantilene nähert sich mit ihrem schmachtenden Tonfall Massenets typischer, jedoch auf italienischen Boden verpflanzten *phrase décadente*. Wie jeder geborene Musidramatiker konzentrierte Puccini in einer einzigen Phrase alles, was zu einem bestimmten Zeitpunkt im Drama ausgedrückt werden sollte und erreichte so eine dichte Einheit von Text, Gefühl und Situation – also jene unwiderstehliche Wirkung, die eine Puccinische Kantilene auf den Zuhörer ausübt.

Es gibt unterschiedliche Arientypen bei Puccini, aber den charakteristischsten finden wir in seinen ›Abschieds‹- und ›Todes‹-Arien, genauer gesagt in jenen ›povera faccia‹-Themen, die den gewohnten melancholischen Ausdruck auf seinem Gesicht widerzuspiegeln scheinen und über den diejenigen sich häufig geäußert haben, die ihn kannten. Diese Themen weisen gewisse konstante Merkmale auf: eine Molltonart, ein langsam schleppendes Tempo, ein Fallen der Melodielinie meist in Quarten und Quinten sowie das Bemühen, dem durch ein gewolltes Hinaufschrauben der Phrase entgegenzusteuern. Diese matten und rückgratlosen Themen verströmen einen Hauch völligen Überdrusses und totaler Verzweiflung – wovon es bereits in *Le villi* ein charakteristisches Beispiel gibt. In krassem Gegensatz hierzu stehen Puccinis *ballabile*-Melodien, jene tänzerisch wirbelnden Weisen im Zweiviertel- oder Sechsachteltakt, die stets in Verbindung gebracht werden mit beschwingten Gefühlen und jugendlicher Fröhlichkeit (*Bohème* und *Butterfly*), Verspieltheit und Sorglosigkeit (das Liebesduett im ersten Akt von *Tosca*) oder grotesker Komik (der Mesner in *Tosca*, die drei Masken in *Turandot* und unzählige Passagen in *Gianni Schicchi*).

Harmonik und Leitmotiv

Puccinis Überlegenheit über seine italienischen Zeitgenossen gründet sich auch auf sein harmonisches Idiom. Je nachdem ist es duftig, zart, glänzend, bittersüß oder beißend und entfaltet nicht nur Reichtum und Mannigfaltigkeit, sondern auch einen bemerkenswerten Wechsel, der die Wendungen des Dramas widerspiegelt und, auf einer eher persönlichen Ebene, auch das Ansteigen und Fallen der inneren Anteilnahme des Komponisten. Puccinis Maxime, mit den Neuerungen seiner Zeit zu gehen, kann nirgends besser beobachtet werden, als in seinem harmonischen Vokabular. Er begann mit chromatischen Alterationen des Dreiklangs sowie chromatischen ›Seitensprüngen‹ durch hinzugefügte Septen und Nonen in *Le villi* und *Edgar*. In *Manon Lescaut* übernahm er *Tristan*-Harmonien und verwandte noch vor Debussy parallele Quinten. Unter dem Einfluß des französischen Impressionismus kultivierte er

Erste Seite von Puccinis Entwurfsskizzen für das Finale von
»Turandot«, das Franco Alfano 1926 vollendete.

fauxbourdon-artige Sext-Fortschreitungen, Subdominantak-
korde mit der sixte ajouté, übermäßige Dreiklänge und unauf-
gelöste Dissonanzen (*Bohème*). Etwa seit der Jahrhundert-
wende machte er in pointierter Weise von der Ganztonleiter
Gebrauch (*Tosca, Butterfly* und *La fanciulla*) und experimentierte anschließend mit Bitonalität, Quartakkorden und expo-
nierten, unaufgelösten Dissonanzen (*Il trittico, Turandot*).
Selbst die Atonalität von Schönbergs *Pierrot lunaire*, den Puccini im April 1924 in Florenz hörte, scheint im Gespensterchor
des ersten Aktes aus *Turandot* seine Spuren hinterlassen zu
haben. Es ist bezeichnend, daß die Mehrzahl von Puccinis
verblüffendsten harmonischen Einfällen in emotional ›negativ‹ besetzten Situationen auftreten: Angst, Entsetzen, Verzweiflung, psychische Qual und Tod. Darüber hinaus griff der
Komponist gerade in solchen Situationen im Orchester zu
bedrohlichen, düsteren Ostinati, wie z.B. jenen, die im dritten
Akt von *Tosca* die Vorbereitungen zur Hinrichtung Cavarados-
sis begleiten. Puccini übernahm diesen Kunstgriff ganz offensichtlich von Verdi, der ihn benutzte, um eine dramatische
Stimmung zu schaffen und diese dem Zuschauer aufzuzwingen. Der jüngere Komponist verwandelte ihn in ein Mittel, mit
dem sich eine steigende Spannung erzeugen ließ.

Kein Komponist nach Wagner konnte es sich leisten, auf das
Leitmotiv zu verzichten, und Puccini stellte in dieser Hinsicht
keine Ausnahme dar. Seine Leitmotive sind klar umrissen und
scharf akzentuiert (das Motiv der Bohemiens, das ›Scarpia‹-
und ›Turandot‹-Motiv), werden indes nicht streng gehandhabt, sodaß die gleiche musikalische Figur unterschiedliche
Dinge symbolisieren kann – eine Person, eine Situation, eine
Atmosphäre, einen Gegenstand (wie in *Tosca*) –, oder auch
einfach nur dazu dient, um die musikalische Textur ohne
wahrnehmbare Verknüpfung mit dem Bühnengeschehen
interessanter zu machen. Puccinis Leitmotive werden eher in
der Art des alten ›Erinnerungs‹-Motivs verwendet; sie behal-
ten ihre melodische Gestalt und ändern sich lediglich in
Tempo und Harmonik. Eine wirkliche Metamorphose im
Wagnerschen Sinne beschränkt sich fast ausschließlich auf die

Themen der Fürstin in *Suor Angelica* und der chinesischen
Prinzessin in *Turandot.*

Orchestermosaik

Das Orchester sorgt für einen kontinuierlichen Klanghinter-
grund, ist indes lediglich dem Anschein nach sinfonisch organisiert. Dies sollte einem Komponisten, nach dessen Meinung
das musikalische Gewicht einer Oper auf den Sängern beruhte, nicht vorgehalten werden. Kontinuität des Orchesters
wird nicht so sehr durch die Verwebung unterschiedlicher
Themen, sondern durch ein Nebeneinander kleinster Motive
erreicht. Es ist dies die Technik des musikalischen Mosaiks, bei
der winzige melodische ›Bausteine‹ wiederholt und sequenz-
artig behandelt werden – ein Vorgang, der sich mit jedem
weiteren Baustein wiederholt. Puccini beherrschte diese
Technik jedoch mit solch vollendeter Fertigkeit, daß sie den
Eindruck eines fast organischen Wachstums vermittelt.

In der Art, wie Puccini das Orchester behandelte, kann man
zwei grundlegende und stark unterschiedliche Elemente ausmachen. Einerseits gibt es jenen Puccini, der, wie Strauss, rei-
che, üppige Farben liebte, und andererseits jenen Puccini mit
einem Ohr für raffinierteste, sinnliche Reize, der, wie Debussy, den Klang um seiner selbst Willen zu genießen schien
und der seine Palette stets mit aristokratischer Zurückhaltung
verwendete. Ein charakteristisches Merkmal seines üppigen
Stils ist die instrumentale Verdopplung, Verdreifachung und
sogar Vervierfachung der Gesangsmelodie – ein Kunstgriff,
der als *sviolinata* bekannt ist. Puccini wurde seinetwegen scharf
kritisiert, und doch wurde diese Technik bereits von Rossini,
Bellini und Donizetti, ja sogar schon von der neapolitanischen
Schule des 18. Jahhunderts eingesetzt (Rousseau erwähnt sie
1753 ausdrücklich in seinem *Lettre sur la musique française*).
Hinter diesem Verdoppeln und Verdreifachen lag das Bedürf-
nis, der Gesangslinie ein Höchstmaß an Sinnlichkeit und Klang
zu verleihen. Doch steht die Wirkung eines bestimmten Ef-

fekts im umgekehrten Verhältnis zur Häufigkeit seiner Verwendung, und da Puccini die *sviolinata* allzu oft verwendete, neigt sie dazu, sinnlos zu werden.

Puccini schrieb stets für ein großes Orchester, das er in seinen ›großen‹ Opern *Tosca*, *La fanciulla* und *Turandot* noch beträchtlich erweiterte. Wie bei allen italienischen Opernkomponisten des 19. Jahrhunderts stehen die warmen und ausdrucksstarken Streicher im Mittelpunkt. Häufig wird bei Puccini der erste Teil einer Arie oder eines Duetts von den Streichern allein – oder lediglich sparsam von den Holzbläsern unterstützt – begleitet. Die Holzbläser dominieren in den unbeschwerten Szenen, wohingegen das Blech meist aufgeboten wird, um Spannung zu artikulieren und den dramatischen Höhepunkt hervorzuheben. In seinen drei ›exotischen‹ Opern kombinierte Puccini Blech, Holz und Schlagzeug (darunter auch eine Anzahl ungestimmter Instrumente), um damit ein bestimmtes Lokalkolorit zu evozieren. Jede seiner Opern besitzt ihren besonderen Orchesterklang oder -charakter und es gibt kaum einen größeren Kontrast als das fließende und durchscheinende Timbre einer *Butterfly* und den explosiven, wilden Klang von *La fanciulla* und *Turandot*.

Chor

Wie Verdi war auch Puccini ein Meister großer Chorszenen. Er behandelte den Chor weder als reines Anhängsel der Handlung, noch als szenische Requisite, sondern als ein Kollektiv, das eine aktive Rolle im Drama spielt, wie zum Beispiel im Deportationsakt von *Manon Lescaut*, in der Verbrecherjagd im dritten Akt von *La fanciulla* oder im ersten Akt von *Turandot*. Selbst dann, wenn der Chor lediglich dekorative Funktion hat, belebt Puccini diesen Effekt mit einem scheinbar ungezwungenen musikalischen Wechselspiel zwischen den Solisten und der Menge, wie im Eröffnungsakt von *Madame Butterfly* und *La fanciulla* und dem hinreißenden Quartier-Latin-

Akt in *La bohème*. Und gibt es etwas Beschwörenderes als der Summ-Chor zu Beginn von Butterflys Nachtwache?

Würdigung

Puccini war Perfektionist. Selbst in der glücklosen *La rondine*, legte er fast besessenen Wert auf die kleinsten Details. Mag sein, daß er dieses hohe professionelle Niveau der Tatsache verdankt, ein Nachfahre von vier Generationen respektabler Handwerker zu sein, deren Geschichte als die musikalische Geschichte Luccas bezeichnet werden kann. Auf Puccini trifft Henry James' bedenkenswerter Satz zu: »Ein Künstler kann von Glück sagen, wenn seine Theorien und Grenzen genau übereinstimmen«. Puccini war sich seiner Grenzen völlig bewußt und beging nur ein oder zweimal den Fehler, sich darüber hinaus zu wagen, da er innerhalb dieser Grenzen alles erreichen konnte, wonach er strebte. Dies läßt ihn jedoch nicht zum ‹Kleinmeister› werden, ebensowenig wie ein Chopin, Wolf, Ravel oder in der Literatur ein Maupassant oder Tschechow Meister minderen Ranges waren. Sie alle waren Künstler mit einem klaren Bewußtsein vom Ausmaß ihrer schöpferischen Bedeutung. Sie waren Stilisten im wahrsten Sinne und wußten ihre Phantasie und Kunstfertigkeit vollständig in den Dienst der Anforderungen ihres besonderen Mediums zu stellen; dies erklärt Puccinis unablässige und unermüdliche Suche nach einem Stoff, der genau zu seinen Anlagen paßte. Anders als Verdi besaß Puccini als Mensch keine völlig in sich gefestigte Persönlichkeit – es gab zu viele augenscheinlich unversöhnliche Widersprüche unter seiner psychologischen Maske. Aber dem Künstler in ihm gelang es, einen vollkommen eigenen, homogenen und zwingenden Stil zu schaffen. Zwar besaß er weniger Genie als Verdi, und doch verkörperte er den einzig wirklichen Nachfolger Verdis. Sein größtes Meisterwerk und sein Schwanengesang, *Turandot*, gehört zu den letzten Bühnenwerken des 20. Jahrhunderts, die ihren Platz im regulären Repertoire der Opernhäuser behauptet haben.

WERKVERZEICHNIS

OPERN

veröffentlicht in Mailand, falls nicht anders angegeben; ausführliche bibliographische Angaben bei Hopkinson

Titel	Genre, Akte	Libretto	Uraufführung	Quellen, Bemerkungen	Register
Le villi	leggenda drammatica in due quadri, 1	F.Fontana, nach A. Karr: *les willis*	Mailand, Del Verme, 31. Mai 1884	*I–Mr**; unveröffentl.	344, 365
2. Fassung	opera ballo, 2		Turin, Regio, 26. Dez. 1884	Klavierauszug (1885); überarb. Ausg. (1888 und 1892)	344
Edgar	dramma lirico, 4	Fontana, nach A. de Musset: *La coupe et les lèvres*	Mailand, Scala, 21. April 1889	*Mr** (1. und 3. Akt); Klavierauszug (1890)	344f., 365
2. Fassung	3		Ferrara, Comunale, 28. Feb. 1892	Kopie der 1. Fassung mit handschriftl. Änderungen, *Mr*; Klavierauszug (1892)	345
3. (endgültige Fassung)	3		Buenos Aires, Teatro Colon, 8. Juli 1905	Klavierauszug (1905)	345
Manon Lescaut	dramma lirico, 4	D. Oliva und L. Illica, nach Abbé Prévost: *L'histoire du chevalier des Grieux et de Manon Lescaut*	Turin, Regio, 1. Febr. 1893	*Mr**; Partitur und Klavierauszug (1893)	346f., 358, 365, 369
La bohème	opera, 4	Illica und G. Giacosa, nach H. Murger: *Scènes de la vie de bohème*	Turin, Regio, 1. Feb. 1896	*Mr**; Partitur (1898), Klavierauszug (1896)	343, 347, 357, 365, 367, 370
Tosca	melodramma, 3	Illica und Giacosa, nach V. Sardou: *La Tosca*	Rom, Costanzi, 14. Jan. 1900	*Mr**; Partitur und Klavierauszug (1899)	347ff., 357f., 360ff., 364f., 367, 369

Werk	Gattung	Text	Uraufführung	Ausgaben	Seiten
Madama Butterfly	tragedia giapponese, 2	Illica und Giacosa nach D. Belascos Bühnenversion einer Zeitungsgeschichte von J.L.Long	Mailand, Scala, 17. Febr. 1904	Mr*; Klavierauszug (1904)	348, 357, 360, 362f., 365, 367, 369
2. Fassung	2		Brescia, Grande, 28. Mai 1904	Änderungen im Autograph, Mr; Klavierauszug (1904)	348
3. Fassung	2		London, CG, 10. Juli 1905	Klavierauszug (1905)	348
4. Fassung	3		Paris, OC (Feydeau), 28. Dez. 1906	Partitur (1906; 1907, mit Änderungen)	348
La fanciulla del West	opera, 3	G. Civinini und C. Zangarini, nach Belasco: *The Girl of the Golden West*	New York, Met, 10. Dez. 1910	Mr*; Partitur (1911), Klavierauszug (1910)	347, 349ff., 360–363, 367, 369
La rondine	commedia lirica, 3	G. Adami, nach A.M. Willner und H. Reichert	Monte Carlo, Opéra, 27. März 1917	Autograph verschollen; Partitur und Klavierauszug (1917)	351f., 370
Il trittico			New York, Met, 14. Dez. 1918	Mr*; Partitur und Klavierauszug (1918)	352, 358, 363, 367
Il tabarro,	opera, 1	Adami, nach D. Gold: *La houppelande*			352f., 360f.
Suor Angelica	opera, 1	G. Forzano			352, 360, 362, 368
Gianni Schicchi	opera, 1	Forzano, aus einigen Zeilen von Dantes *Inferno*, xxx: 32–33, 42–45 entwickelt			352, 356, 365
Turandot	dramma lirico, 3	Adami und R. Simoni, nach C. Gozzi und F. von Schiller	Mailand, Scala, 25. April 1926	Mr*; Klavierauszug (1926); unvoll, Vervollständigung des Schlusses von F. Alfano	346f., 354ff., 358, 361ff., 365–370

WEITERE VOKALWERKE

Geistlich: Motette, Credo, zu Ehren von S. Paolino, 1878, unveröffentl.; Messe, T, Bar, B, Chor, Orchester, 1880, Autograph *I-TLP*, Klavierauszug (New York, 1951) [einschl. Motette, Credo]; Salve del ciel regina, S, Harmonium, vor 1880, Autograph *Li*, unveröffentl.; Requiem, S, T, B, Orgel/Harmonium, vor 1905, Fragm. des Autographs *Mi*

Chorwerke: I figli d'Italia bella, cantata, Solostimmen, Orchester, 1877; Cantata a Giove (1897)

Lieder: Melancolia (A. Ghislanzoni), 1881, unveröffentl.; Allor ch'io sarò morto (Ghislanzoni), 1881, unveröffentl.; Spirto gentil (Ghislanzoni), 1882, unveröff.; Noi leggeremo (Ghislanzoni), 1882, unveröffentl.; Storiella d'amore (Ghislanzoni), 1883, in *Musica popolare* (4. Okt. 1883); Menti all'avviso (Romani), romanza, 1883; Sole e amore (Puccini), mattinata, 1888, in *Pagamini* (1888); Avanti, Urania! (R. Fucini) (Florenz und Rom, 1899); E l'uccellino (Fucini) (1899); Inno a Diana (C. Abeniacar [F. Salvatori]) (Florenz und Rom, 1899); Terra e mare (E. Panzacchi) in *Novissima* (1902); Morire? (Adami), in *Per la Croce rossa italiana* (c1917–1918); Inno di Roma (Salvatori) (Florenz und Rom, 1923)

Lehrwerke: Solfeggi, 1888, unveröffentl.

INSTRUMENTALWERKE

Orchesterwerke: Preludio sinfonico, A, 1876, Autograph *Li*, unveröffentl.; Preludio sinfonico, e, 1876, Autograph, Privatsammlung von Natale Gallini, Mailand, unveröffentl.; Adagietto, 1883, handschriftl. Skizze *Li*, unveröffentl.; Capriccio sinfonico, aufgef. Mailand 14. Juli 1883, Autograph *Mi*, bearb. f. Klavier zu 4 Händen (1884), Partitur (1978); Preludio, A, für die Auff. von Edgar in Madrid, 1892 (1978); Scossa elettrica, Marsch, 1896, unveröffentl.

Kammermusikwerke: Scherzo, Streichquartett, c1880–1883, Autograph *Li*, unveröffentl.; Streichquartett, D, ca. 1880–83, autogr. Stimmen *Li*, unveröffentl.; Crisantemi, Streichquartett (1890); 3 Menuette, Streichquartett (1892), Nos. 1, 3 überarb. (Paris, 1898); La sconsolata, Violine, Klavier, 1883, unveröffentl.

Tasteninstrumente: Mehrere unveröffentl. Orgelstücke, vor 1880; Foglio d'album, Klavier, ?1907 (New York, 1942); Piccolo tango, Klavier, ?1907 (New York, 1942)

BIBLIOGRAPHIE

Quellen

G. Adami: *Giacomo Puccini: Epistolario* (Mailand, 1928, *R* 1982; engl. Übersetzung 1931, überarb. 2/1974; dt. Übersetzung Lindau, 1948)

V. Seligman: *Puccini among Friends* (London, 1938)

G. M. Gatti: *Puccini in un gruppo di lettere inedite a un amico* (Mailand, 1944)

E. Gara: *Carteggi pucciniani* (Mailand, 1958)

C. A. Hopkinson: *Bibliography of the Works of Giacomo Puccini 1858-1924* (New York, 1968)

A. Marchetti: *Puccini: com'era* (Mailand, 1973)

G. Pintorno: *Puccini: 276 lettere inedite* (Montecatini, 1974)

Critica Pucciniana (Lucca, 1976) [enth. u.a. Briefwechsel mit M. B. Ginori Lisci]

S. Puccini, Hrsg.: *Giacomo Puccini: lettere a Riccardo Schnabl* (Mailand, 1981)

S. Puccini: *Quaderni Pucciniani*, vol. 1/1982, vol. 2/1985, vol. 3/1992 *(Edgar)*: vol. 4/1992 *(Lettere di Ferdinando Fontana a Giacomo Puccini, 1884–1919)*, Milano (Istituto di Studi Pucciniani)

E. M. Ferrando: *Tutti i libretti di Puccini* (Mailand, 1984)

M. Kaye: *The Unknown Puccini* (Oxford, 1985)

Biographie und Werk

F. Fontana: ›Giacomo Puccini‹, *Gazzetta musicale di Milano*, xxxix (1884), 381; erneut unter ›Puccini visto dal suo primo librettista‹, *Musica d'oggi*, xv (1933), 148

F. Torrefranca: *Giacomo Puccini e l'opera internazionale* (Turin, 1912)

I. Pizzetti: ›Giacomo Puccini‹, *Musicisti contemporanei: saggi critici* (Mailand, 1914)

A. Coppotelli: *Per la musica d'Italia: Puccini nella critica del Torrefranca* (Orvieto, 1919)

A. Weissmann: *Giacomo Puccini* (München, 1922)

A. Coeuroy: *La Tosca de Puccini: étude historique et critique* (Paris, 1923)

G. Monaldi: *Giacomo Puccini e la sua opera* (Rom, 1924)

A. Fraccaroli: *La vita di Giacomo Puccini* (Mailand, 1925; dt. Übers. Leipzig, 1926)

Anon. [Giovacchino Forzano]: *Turandot* (Milano, 1926)

A. Neisser: *Giacomo Puccini: sein Leben und sein Werk* (Leipzig, 1928)

R. Specht: *Giacomo Puccini: das Leben – der Mensch – das Werk* (Berlin, 1931)

G. Adami: *Giulio Ricordi e i suoi musicisti* (Milano, 1933)

W. Maisch: *Puccinis musikalische Formgebung, untersucht an der Oper ›La Bohème‹* (Neustadt an der Aisch, 1934)

G. Adami: *Puccini* (Mailand, 1935, 2/1938; dt. Übers. Berlin/Stuttgart, 1943)

K.G. Fellerer: *Giacomo Puccini* (Potsdam, 1937)

K.G. Fellerer: *Von Puccinis Arbeitsweise*, in: *Die Musik* 29 (1937), 692–695

H. Gerigk: *Puccini* (Potsdam, 1937)

P. Panichelli: *Il ›Pretino‹ di Giacomo Puccini racconta* (Pisa, 1940, 3/1949)

G. Adami: *Il romanzo della vita di Giacomo Puccini* (Mailand, 1944)

M. Carner: *Of Man and Music: Collected Essays and Articles* (London, 1944, 3/1945) [enth. ›In Defence of Puccini‹, ›The First Version of *Madama Butterfly*‹, ›The Two *Manons*‹, ›Puccini's Early Operas‹, ›*Puccinis Operetta:* La rondine‹, ›*The Exotic Element in Puccini*‹]

L. Marchetti: *Puccini nelle immagini* (Mailand, 1949)

G. Marotti: *Giacomo Puccini* (Florenz, 1949)

A. Bonaccorsi: *Giacomo Puccini e i suoi antenati musicali* (Mailand, 1950)

G.R. Marek: *Puccini: a Biography* (New York, 1951)

D. Del Fiorentino: *Immortal Bohemian: an Intimate Memoir of Giacomo Puccini* (London, 1952)

L. Ricci: *Puccini interprete di se stesso* (Mailand, 1954)

M. Carner: *Puccini: a Critical Biography* (London, 1958, 2/1974, 3/1992; dt. Übers. [ed. J. Maehder], Frankfurt/M. 1994)

E. Greenfield: *Puccini: Keeper of the Seal* (London, 1958)

C. Sartori: *Puccini* (Mailand, 1958, 4/1978)

Sp. Hughes: *Famous Puccini Operas* (London, 1959)

C. Sartori, Hrsg.: *Puccini* (Mailand, 1959) [Sammlung von Aufsätzen verschiedener Autoren]

K. Schuller: *Verismo Opera and the Verists. Supplementary volume: Annotated Vocal Score of Puccini's »Tosca«*, Diss. Washington Univ. (St. Louis/MO, 1960)

G. A. D'Ecclesiis: *The Aria Techniques of Giacomo Puccini: A Study in Musico-Dramatic Style*, Diss. New York University, School of Education (New York, 1961)

A. Gauthier: *Puccini* (Paris, 1961)

P. Zappa: *The Revisions of Three Operas by Giacomo Puccini: »Manon Lescaut«, »La Bohème«, »Madame Butterfly«*, Diss. Univ. of Cincinnati (Cincinnati/OH, 1963)

P. Wright: *The Musico-Dramatic Techniques of the Italian Verists.* Dissertation Univ. of Rochester, Eastman School of Music (Rochester/NY, 1965)

Ch. S. Hiss: *Abbé Prevost's »Manon Lescaut« as Novel, Libretto, and Opera,* Dissertation University of Illinois (1967)

A. Nicastro: *Reminiscenza e populismo nella poetica di Puccini (Appunti sul »Tabarro«),* in: *Nuova rivista musicale italiana,* 2 (1968), 1092—1104

W. Ashbrook: *The Operas of Puccini (*London, 1969, 2/1985)

D. Amy: *Giacomo Puccini: L'homme et son œuvre* (Paris, 1970)

R. Leibowitz: ›Comment faut-il jouer *La Bohème?*‹, *Le compositeur et son double* (Paris, 1971), 406—428

R. Valente: *The Verismo of Giacomo Puccini: From Scapigliatura to Expressionism,* Thèse lettres (Fribourg, 1971)

A. Titone: *Vissi d'arte: Puccini e il disfacimento del melodramma* (Milano, 1972)

H.-J. Winterhoff: *Analytische Untersuchungen zu Puccinis »Tosca«* (Regensburg, 1973)

N. Andreini Galli: *Puccini e la sua terra* (Lucca, 1974)

G. Magri: *Puccini e le sue rime* (Mailand, 1974)

L. Pinzauti: *Puccini: una vita* (Florenz, 1974)

A. Marchetti: ›Tutta la verità sull' »Inno a Roma« di Puccini‹, *NRMI,* ix (1975), 396

L. Pinzauti: *Giacomo Puccini* (Torino, 1975)

C. Casini: ›Introduzione a Puccini‹, *Il melodramma italiano dell'Ottocento: studie e ricerche per Massimo Mila* (Turin, 1977)

L. Gherardi: ›Appunti per una lettura delle varianti nelle opera di Giacomo Puccini‹, *Studi musicali,* vi (1977), 269–321

S. Martinotti: ›I travagliati Avant-Propos di Puccini‹, *Il melodramma italiano dell'Ottocento: studi e ricerche per Massimo Mila* (Turin, 1977), 451–510

C. Sartori: ›I sospetti di Puccini‹, *NRMI,* xi (1977), 233

W. Weaver: *Puccini: The Man and his Music* (London/New York, 1977)

H. Bögel: *Studien zur Instrumentation in den Opern Giacomo Puccinis* (Diss. Tübingen, 1978)

C. Casini: *Giacomo Puccini* (Turin, 1978)

N. Christen: *Giacomo Puccini. Analytische Untersuchungen der Melodik, Harmonik und Instrumentation* (Hamburg, 1978)

R. Tedeschi: *Addio, fiorito asil. Il melodramma italiano da Boito al Verismo,* (Milano, 1978)

E. Voss: *Verismo in der Oper,* in: *Musikforschung* 31 (1978), 303—313

P. Revers: *Analytische Betrachtungen zu Puccinis »Turandot«,* in: ÖMZ 34 (1979), 342—351

P. Ross/D. Schwendimann-Berra: *Sette lettere di Puccini a Giulio Ricordi*, in: *Nuova rivista musicale italiana* 13 (1979), 851—865

J. Smith: *A Metamorphic Tragedy*, in: *Procedings of the Royal Musical Association* 106 (1979/80), 105—114

H. Greenfield: *Puccini* (London, 1980; dt. Übers. Königstein, 1982)

C. Osborne: *The Complete Operas of Puccini* (London, 1981)

J. Nicolaisen: *Italian Opera in Transition, 1871-1893*, (Ann Arbor, 1980)

M. Girardi: ›*Turandot*: il futuro interrotto del melodramma italiano‹, *RIM*, xvii (1982), 155-181

M. Bortolotto: *La signora Pinkerton, uno e due*, in: *Chigiana* 31 (=n.s. 11) (1976), 347-363; rpt. in: idem, *Consacrazione della casa*, Milano 1982, 131-151

A. Ceresa/G. Marchesi: *Puccini a casa* (Udine 1982; Pordenone, 1982; dt. Übers.: *Puccini, Schauplätze seines Lebens*, Wien/München, 1982)

A. Nicastro: *Il melodramma e gli italiani* (Milano, 1982)

F. Nicolodi: *Gusti e tendenze del Novecento musicale in Italia* (Firenze, 1982)

S. Puccini (ed.): *Puccini e i pittori* (Milano, 1982)

S. Bussotti/J. Maehder: *Turandot* (Torre del Lago, 1983)

D. A. De Sanctis: *Literary Realism and Verismo Opera*, Diss. City University of New York (New York, 1983)

J. Leukel: *Studien zu Puccinis »Il Trittico«. Il Tabarro – Suor Angelica – Gianni Schicchi* (München/Salzburg, 1983)

St. M. Shrader: *Realism in Late Nineteenth-Century Opera: A Comparative View*, Diss. Northwestern University (Evanston/IL, 1983)

C. Höslinger: *Giacomo Puccini* (Reinbek bei Hamburg, 1984)

J. Maehder: ›Studien zum Fragmentcharakter von Giacomo Puccinis *Turandot*‹, *AnMc* xxii (1984), 297—379

S. Döhring: *Musikalischer Realismus in Puccinis Tosca*, in: *Analecta musicologica* 22 (1984), 249—296

M. Kelkel: *Naturalisme, vérisme et réalisme dans l'opéra de 1890 à 1930* (Paris, 1984)

K. Ringger: ›*Che gelida manina*« – Betrachtungen zum italienischen Opernlibretto, in: *Arcadia: Zeitschrift für vergleichende Literaturwissenschaft* 19 (1984), 113—129

M. Carner: *Giacomo Puccini: Tosca* (Cambridge, 1985)

E. Krause: *Puccini. Beschreibung eines Welterfolgs* (Berlin, 1984; München, 2/1986)

J. Maehder, Hrsg.: *Esotismo e colore locale nell'opera di Puccini* (Pisa, 1985)

K. G. M. Berg: *Das Liebesduett aus »Madama Butterfly«. Überlegungen zur Szenendramaturgie bei Giacomo Puccini*, in: *Die Musikforschung* 38 (1985), 183-194

D. Goldin: *Drammaturgia e linguaggio della »Bohème« di Puccini*, in: idem, *La vera fenice. Librettisti e libretti tra Sette e Ottocento* (Torino, 1985), 335–374

D. A. Martino: *Metamorfosi del femminino nei libretti per Puccini* (Turin, 1985)

C. Foucart: ›De la conversation romanesque à l'air d'opéra: d'Henry Muerger à Giacomo Puccini‹, *Oper als Text: romanistische Beiträge zur Libretto-Forschung*, Hrsg. A. Gier (Heidelberg, 1986), 277–287

A. Groos und R. Parker: *Giacomo Puccini: La bohème* (Cambridge, 1986)

M. Beghelli: *Quel »Lago di Massaciuccoli tanto ... povero d'ispirazione!« D'Annunzio-Puccini: Lettere di un accordo mai nato*, in: *Nuova rivista musicale italiana*, 20 (1986), 605–625

J. Maehder: *Paris-Bilder – Zur Transformation von Henry Murgers Roman in den »Bohème«-Opern Puccinis und Leoncavallos*, in: *Jahrbuch für Opernforschung* 2 (1986), 109—176

K. Powils-Okano: *Puccinis »Madama Butterfly«* (Bonn, 1986)

J. L. DiGaetani: *Puccini the Thinker: the Composer's Intellectual and Dramatic Development* (New York, 1987)

A. Groos: ›Lieutenant F. B. Pinkerton: Problems in the Genesis of an Operatic Hero‹, *Italica*, lxiv (1987), 654–675

J. Budden: *Wagnerian Tendencies in Italian Opera*, in: N. Fortune (ed.), *Music and Theatre: Essays in Honour of Winton Dean* (Cambridge, 1987), 299–332

R. Tedeschi: *D'Annunzio e la musica* (Scandicci, 1988)

J. Budden: ›The Genesis and Literary Source of Giacomo Puccini's First Opera‹, *COJ*, i/1 (1989), 79–85

M. Girardi: *Puccini: la vita e l'opera* (Rom, 1989)

A. Groos: ›Return of the Native: Japan in *Madama Butterfly/Madama Butterfly* in Japan‹, *COJ*, i/2 (1989), 167–194

M. Sansone: ›Verga, Puccini and *La lupa*‹, *Italian Studies*, xliv (1989), 63–76

G. Musco: *Musica e teatro in Giacomo Puccini*, i (Cortona, 1989)

D. Schickling: *Giacomo Puccini: Biographie* (Stuttgart, 1989)

G. Dotto: *Opera, Four Hands: Collaborative Alterations in Puccini's »Fanciulla«*, in: *Journal of the American Musicological Society* 42 (1989), 604—624

J. Maehder: *»Quest'è Mimì, gaia fioraia ...« – Zur Transformation der Gestalt Mimìs in Puccinis und Leoncavallos Bohème-Opern*, in: U. Müller et al. (edd.), *Opern und Opernfiguren, Festschrift für Joachim Herz* (Anif/Salzburg, 1989), 301—319

S. Scherr: *Editing Puccini's Operas. The Case of »Manon Lescaut«*, in: *Acta Musicologica* 61 (1989), 62—81

A. W. Atlas: *Crossed Stars and Crossed Tonal Areas in Puccini's »Madama Butterfly«*, *19th-Century Music* 14/1990, 186-196

W. Ashbrook und H. Powers: *Puccini's Turandot: the End of the Great Tradition* (Princeton, NJ, 1991)

A. W. Atlas: ›Newly Discovered Sketches for Puccini's *Turandot* at the Pierpont Morgan Library‹, *COJ*, iii/2 (1991), 173-193

A. Groos: ›Madama Butterfly: the Story‹, *COJ*, iii/1 (1991), 125-158

A. W. Atlas: *Belasco and Puccini: »Old Dog Tray« and the Zuni Indians*, MQ 75/1991, 362-398

K. G. M. Berg: Giacomo Puccinis Opern. Musik und Dramaturgie (Kassel, 1991)

H. Greenwald: *Dramatic Exposition and Musical Structure in Puccini's Operas*, Diss. City University of New York (New York, 1991)

J. Budden: ›Puccini, Giacomo‹, *The New Grove Dictionary of Opera*, iii (London, 1992), 1166–1172

A. W. Atlas: *Lontano-Tornare-Redenzione: Verbal Leitmotives and their musical resonance in Puccini's »La Fanciulla del West«*, Studi Musicali XXI/1992, 359-398

A. W. Atlas/R. Parker: *A Key for Chi? Tonal Areas in Puccini*, 19th-Century Music 15/1992, 229-234

R. Giazzotto: *Puccini in casa Puccini* (Lucca, 1992)

J.-H. Lederer: *Verismo auf der deutschsprachigen Opernbühne 1891-1926*, (Wien/Köln/Weimar 1992)

J. Maehder: *Die italienische Oper des Fin de siècle als Spiegel politischer Strömungen im umbertinischen Italien*, in: U. Bermbach/W. Konold (edd.), *Der schöne Abglanz. Stationen der Operngeschichte*, »Hamburger Beiträge zur öffentlichen Wissenschaft«, vol. 9 (Berlin/Hamburg, 1992), 181—210

G. Paduano: *Il giro di vite* (Scandicci, 1992)

A. W. Atlas: *Multivalence, Ambiguity and Non-ambiguity: Puccini and the Polemicists*, JRMA 118/1993, 73-93

L. Fairtile: *Giacomo Puccini's Operatic Revisions as Manifestations of his Compositional Priorities*, Diss. New York University (New York, 1993)

A. Guarnieri Corrazol: *Opera and verismo: Regressive points of view and the artifice of alienation*, COJ 5/1993, 39-53

Kii-Ming Lo: *Turandot auf der Opernbühne*, Diss. Heidelberg 1988 (Frankfurt/Bern/New York, 1993)

J. Maehder: *Giacomo Puccinis Schaffensprozeß im Spiegel seiner Skizzen für Libretto und Komposition*, in: H. Danuser/G. Katzenberger (edd.), *Vom Einfall zum Kunstwerk – Der Kompositionsprozeß in der Musik des 20. Jahrhunderts* (Laaber, 1993), 35—64

J. Maehder: *Szenische Imagination und Stoffwahl in der italienischen Oper des Fin de siècle*, in: J. Maehder/J. Stenzl (edd.), *Perspektiven der Opernforschung I*, Kongreßbericht Bad Homburg 1985/86 (Bern/ Frankfurt/New York, 1993)

D. Martino: *Catastrofi sentimentali. Puccini e la sindrome pucciniana* (Torino, 1993)

S. Scherr: *Puccini's »Manon Lescaut«: Compositional Process, Stylistic Revisions and Editorial Problems*, Diss. Univ. of Chicago 1993

W. Weaver (ed.): *The Puccini Companion* (London, 1993)

H. Greenwald: *Recent Puccini Research*, Acta Musicologica 1993 [im Druck]

J. Maehder: *I libretti di Puccini e la letteratura del suo tempo*, (= »Perspektiven der Opernforschung III«) (Frankfurt/Bern/New York, in Vorbereitung)

ALLGEMEINE ABKÜRZUNGEN

A	Alt
acc.	accompagnato
Auff., aufgef.	Aufführung, aufgeführt
B	Baß
b	Baß (Instrument)
b. c.	Basso continuo
Bar.	Bariton
Bear., bear.	Bearbeitung, bearbeitet
c	circa
Cel.	Celesta
Dir.	Dirigent
Ed.	Edition
einger.	eingerichtet
Engl. Hr.	Englisch Horn
Ens.	Ensemble
Fak.	Faksimile
Fg	Fagott
Fl.	Flöte
Frag.	Fragment
geb.	geboren
gew.	gewidmet
Git.	Gitarre
Gl	Gloria
Grad	Graduale
Hr.	Horn
Instr.	Instrument, instrumental
Jb.	Jahrbuch
Jg.	Jahrgang
Kb.	Kontrabaß
Kl. A.	Klavierauszug
Kl.	Klavier
Klar.	Klarinette
Konz.	Konzert
Ky.	Kyrie
Lib	Libretto
Mand.	Mandoline
Mez	Mezzosopran
o. J.	ohne Veröffentlichungsjahr
Ob.	Oboe
Off	Offertorium
Orch.	Orchester
orchest.	orchestriert
Org.	Orgel
Ouv.	Ouvertüre
Pic	Piccolo
Pos.	Posaune

Prol	Prolog
Quart.	Quartett
Quint.	Quintett
Pos	Posaune
R, Repr.	Reprint, Nachdruck
Rev., rev.	Revision, revidiert
Rez.	Rezitativ
RISM	Répertoire International des Sources Musicales
Sax.	Saxophon
Sinf.	Sinfonie
Sop., S	Sopran
S	San, Santa, Santo
st.	Stimme(n)
Str.	Streicher
T	Tenor
Tl.	Teil
Trp.	Trompete
Übers.	Übersetzung
U., Univ	Universität
unveröff.	unveröffentlicht
unvollst.	unvollständig
V.	Violine
v., vv.	Vers(e)
Va.	Viola
Vc.	Violoncello
veröff.	veröffentlicht

Die Bibliothekssigeln (kursiv gedruckt) entsprechen den in *Répertoire International des Sources Musicales* (RISM), Serie A verwendeten.

BIBLIOGRAPHISCHE ABKÜRZUNGEN

AcM	Acta musicologica
AMw	Archiv für Musikwissenschaft
AnMc	Analecta musicologica
BCRS	Bollettino del centro Rossiniano di studi
DBI	Dizionario biografico degli italiani
ERO	Early Romantic Opera (New York: Garland)
ES	Enciclopedia dello spettacolo
HMYB	Hinrichsen's Musical Year Book
IMSCR	International Musicological Society Congress Report
JAMS	Journal of the American Musicological Society
LaMusicaE	La musica: Enciclopedia storica
Mf	Die Musikforschung
ML	Music and Letters
MMR	The Monthly Musical Record
MQ	The Musical Quarterly
MR	The Music Review
MT	The Musical Times
MZ	Muzikološki zbornik
NRMI	Nuova rivista musicale italiana
NZM	Neue Zeitschrift für Musik
ÖMz	Österreichische Musikzeitschrift
PNM	Perspectives of New Music
PRMA	Proceedings of the Royal Musical Association
QR	Quaderni Rossiniani
RaM	La rassegna musicale
RBM	Revue belge de musicologie
RdM	Revue de musicologie
RIM	Rivista italiana di musicologia
RMI	Rivista musicale italiana
SovM	Sovetskaya muzïka
ZfM	Zeitschrift für Musik
ZIMG	Zeitschrift der Internationalen Musik-Gesellschaft

PERSONEN- UND ORTSREGISTER

BILDQUELLENVERZEICHNIS

Archivo Storico Ricordi Mailand   *Seite 192, 278, 290, 298, 303, 345, 366*

Bibliothéque Nationale Paris   *Seite 134, 243*

Bildarchiv preussischer Kulturbesitz, Berlin   *Seite 65, 116, 176, 267, 359*

British Library, London   *Seite 67*

International Museum of Photography at George Eastman House, Rochester
Seite 224

Mary Flagler Cary Collection in the Piermont Morgan Library, New York
Seite 215, 258, 294

Metropolitan Opera Archives, New York   *Seite 350*

Museo Correr – Civici Musei Veneziani d'arte e di Storia – Venedig   *Seite 234*

Museo Donizettiano, Bergamo   *Seite 121*

Museo teatrale alla Scala, Mailand   *Seite 45, 113, 143, 353*

Elisabeth Eleonore Bauer
Wie Beethoven auf den Sockel kam
Die Entstehung eines musikalischen Mythos
1992. 368 Seiten, 2 Abb. und 6 Notenbeispiele, kartoniert.
ISBN 3-476-00849-5

Catherine Clément
Die Frau in der Oper –
Besiegt, verraten und verkauft
Aus dem Französischen von Annette Holoch.
Mit einem Vorwort von Silke Leopold.
1992. 239 Seiten mit 24 Seiten Abb., geb., mit Schutzumschlag.
ISBN 3-476-00785-5

Alfred Einstein
Die Romantik in der Musik
Mit einem Vorwort von Arnold Feil
1992. VIII, 333 Seiten, geb., mit Schutzumschlag.
ISBN 3-476-00848-7

Anselm Gerhard
Die Verstädterung der Oper
Paris und das Musiktheater
des 19. Jahrhunderts
1992. VIII, 491 Seiten, 24 Abb., geb., mit Schutzumschlag.
ISBN 3-476-00850-9

Christopher Hogwood
Georg Friedrich Händel
Aus dem Englischen von Bettina Obrecht
1992. XII, 411 Seiten, 100 Abb., geb., mit Schutzumschlag.
ISBN 3-476-00851-7

THE NEW GROVE
Joseph Kerman / Alan Tyson
Beethoven
Aus dem Englischen von Annette Holoch
1992. 208 Seiten, 13 Abb., engl. brosch.
ISBN 3-476-00853-3

Oliver Neighbour / Paul Griffiths / George Perle
Schönberg, Webern, Berg –
Die Zweite Wiener Schule
Aus dem Englischen von Sebastian Loelgen
1992. 238 Seiten, 14 Abb., engl. brosch.
ISBN 3-476-00854-1

Verlag J.B. Metzler · Stuttgart · Weimar